주님
너는
없는
복음

THE GOSPEL ACCORDING TO JESUS
by John F. MacArthur

Originally published in the U.S.A. under the title: *The Gospel According to Jesus*
Copyright ⓒ 1988, 1993, 2008 by John F. MacArthur Jr.

Published by arrangement with the Zondervan Corporation L.L.C.,
a division of HarperCollins Christian Publishing, Inc. through rMaeng2, Seoul, Republic of Korea.
All rights reserved.

This Korean translation edition Copyright ⓒ 2017 by Word of Life Press, Seoul, Republic of Korea

이 한국어판의 저작권은 알맹2 에이전시를 통하여 Zondervan과 독점 계약한 생명의말씀사에 있습니다.
신저작권법에 의하여 한국 내에서 보호 받는 저작물이므로 무단 전재와 무단 복제를 금합니다.

[일러두기] 본서는 『존 맥아더의 참된 무릎꿇음』(살림, 2008)을 새롭게 번역·출간한 것입니다.
본서가 다루는 내용이 지금 우리에게도 중요하고 필요한 주제이기에 재출간하였습니다.

주님 없는 복음

ⓒ 생명의말씀사 2017

2017년 5월 31일 1판 1쇄 발행
2024년 6월 7일   5쇄 발행

펴낸이 | 김창영
펴낸곳 | 생명의말씀사

등록 | 1962. 1. 10. No.300-1962-1
주소 | 서울시 종로구 경희궁1길 6 (03176)
전화 | 02)738-6555(본사) · 02)3159-7979(영업)
팩스 | 02)739-3824(본사) · 080-022-8585(영업)

기획편집 | 박미현, 유영란
디자인 | 박소정, 윤보람
인쇄 | 주손디앤피
제본 | 주손디앤피

ISBN 978-89-04-08244-5 (03230)

저작권자의 허락없이 이 책의 일부 또는 전체를
무단 복제, 전재, 발췌하면 저작권법에 의해 처벌을 받습니다.

존 맥아더 지음
황을호 옮김

주님
※는
복음

The Gospel According to Jesus

생명의말씀사

차례

20주년 기념판 서문	6
제2판 서문	11
초판 서문	16
머리말 _우리 시대 대중화된 쉬운 복음	22

1부 오늘날의 복음은 예수님의 복음인가?

1장 "나를 따라오라"는 말씀의 진짜 의미	30
2장 어느 쪽이 예수님이 선포하신 복음인가?	50

2부 예수님은 어떤 복음을 전하셨나?

3장 종교지도자에게 거듭남을 요구하시다	72
4장 사마리아 여인에게 구원을 제시하시다	90
5장 죄인은 영접하고 의인은 거절하시다	108
6장 맹인의 육적 눈과 영적 눈을 여시다	120
7장 간절히 나아온 부자 청년을 도전하시다	136
8장 죄인을 먼저 찾으시고 완전히 바꾸시다	154
9장 제자 같은 거짓 제자에게 경고하시다	168
10장 쉼의 멍에를 메고 따르라 초청하시다	182

3부 예수님의 비유는 무엇을 가르치는가?

11장 씨 뿌리는 비유: 복음을 받는 네 가지 마음	196
12장 알곡과 가라지: 세상 속 교회를 위한 교훈	212
13장 천국 보화: 더 큰 가치에 전부를 투자하라	222
14장 포도원의 품꾼: 하나님 나라의 통치 방식	234

The Gospel According to Jesus

15장 세 가지 비유: 잃은 자를 찾은 하나님의 마음	246
16장 포도나무와 가지: 열매 없는 가지의 마지막	256

4부 예수님은 어떻게 구원을 설명하셨나?

17장 죄를 버리는 회개 없이는 구원도 없다	272
18장 죽은 믿음은 구원을 보장하지 않는다	286
19장 칭의 없이는 문제가 해결되지 않는다	300
20장 모든 길이 생명으로 연결되지 않는다	312
21장 참된 신자에게는 순종하는 삶이 나타난다	324
22장 제자는 별개의 헌신된 집단이 아니다	338
23장 그리스도는 구주이면서 주님이시다	350

5부 예수님이 복음을 완전히 성취하셨다!

24장 만유의 주께서 승리를 완성하셨다	366

부록1 사도들이 전한 복음	376
부록2 역사적 기독교가 전한 복음	388
부록3 흔한 질문들에 대한 답변	418
참고 문헌	436

20주년 기념판 서문

"모든 사람에게 구원을 주시는 하나님의 은혜가 나타나 우리를 양육하시되 경건하지 않은 것과 이 세상 정욕을 다 버리고 신중함과 의로움과 경건함으로 이 세상에 살고"(딛 2:11-12).

30년 전(1978년 1월) 나는 마태복음을 한 절씩 설교하기 시작했다. 그 시리즈 설교는 7년 반 동안 계속되어 총 226회의 설교가 되었다. 이 과정에서 그레이스 커뮤니티 교회는 극적으로 변화되었다. 산상수훈이 특별히 중심 축이 되었다. 마태복음 7장을 마칠 때쯤 이르자 하나님의 말씀의 권위와 중요성에 대한 우리 교인들의 집단적인 헌신이 뚜렷하게 나타났다. 교인 전체가 새로운 활력과 이 진리에 대한 확고한 열정을 얻은 듯했다. 감사하게도 30년도 더 지났지만 이 분위기는 여전히 식지 않고 있다.

마태복음을 연구하던 이 기간 배운 것들이 그 이후 나의 사역 과정을 결정지었다. 분명 마태복음은 기도와 그리스도인의 성품, 그리스도를 따른다는 것의 의미 등 많은 실제적인 문제에 대한 나의 이해를 형성하고 명확하게 했다. (주기도문, 팔복, 그리스도의 십자가, 열두 제자 등에 대한 나의 책은 모두 이 시리즈 설교에서 왔다고 할 수 있다.) 그렇지만 더 중요한 것은, 마태복음을 설교한 기간 동안 교리에 대한 나의 확신이 명확해졌고, 몇 가지 진리들은 내 마음과 머릿속에서 확장되어서 내가 설교하는 모든 것(물론 복음 메시지 자체부터 시작해)의 근간이 되었다.

솔직히 말해서, 마태복음 설교를 시작할 때는 교리적으로 그렇게 힘든 일이 될 줄 예상하지 못했다. 길었던 고린도전서 시리즈 설교가 끝나서 단순하게 이 시리즈를 시작한 것이었다. 나는 복음서에 대한 역사적 내러티브적 접근이 우리 교인들에게 바울 서신의 교훈적 교리적 스타일로부터 쉼을 주리라 생각하고 마태복음 설교를 시작했다. 그런데 마태복음은 우리가 복음을 더욱더 깊이 연구하도록 이끌었다.

사실 모든 주요한 신학 주제들은 마태복음의 어느 한 부분에 반드시 나온다. 마태복음에 기록된 예수님의 설교와 강화들은 교리적 진리를 풍성하게 담고 있다. 그리고 구원 교리에 관한 중요한 진리가, 주의 사자가 요셉에게 전하는 메시지인 "아들을 낳으리니 이름을 예수라 하라 이는 그가 자기 백성을 그들의 죄에서 구원할 자이심이라"(마 1:21)를 핵심 구절로 하는 1장에서부터 시작해 책 전체에 스며들어 있다. 그래서 마태복음 시리즈 설교는 결국 성경적 구원론에 대한 7년간의 길고 풍성한 연구로 우리를 이끌어주었다.

처음부터 나의 관심을 사로잡은 것은 예수님의 복음전도 전략이었다. 지난 두어 세대 동안 유행한 전도법과 어떤 차이가 있는지 궁금했다. 모던과 포스트모던 복음주의는 복음이 가능한 한 쉽고 호소력 있게 보이도록 하는 데 목표를 두었다. 그러나 예수님의 복음전도 접근법은 이와 정반대였다. 예수님은 영생을 얻는 방법에 대한 사람들의 질문에 구원이 거의 불가능한 것처럼 들리도록 대응하셨다(막 10:17-26). 스스로 구원하려고 노력하는 타락한 죄인은 구원이 불가능하기 때문이었다(27절).

마태복음 시리즈 설교를 마치고 몇 년이 지난 후, 이 책을 쓰게 되었다. 예수님이 자신의 복음을 선포하신 방법에 대해 내가 관찰한 것을 정리하고, 그가 복음 메시지에 포함시키신 진리를 엄밀하게 살피려는 의도였다.

당연히 나는 이 책이 논쟁을 일으킬 것을 예상했다. 이 책을 쓴 이유 중에는 이미 시작된 논쟁에 응답하려는 것도 있었다. 그렇지만 이 책이 그토록 크고 널리 논쟁을 일으킬 줄은 예상하지 못했다. 그 후 2년 동안은 이 책에서 다룬 주제가 복음주의권의 논의를 지배하는 듯했다. 그 이후에도 정도는 줄었지만 논쟁은 계속되었다. 지난 1-2년 동안은 이 책에서 다룬 몇몇 이슈가 주요한 논의 주제가 되리라는 조짐을 느꼈다. 특히 이머징 처치(emerging church) 운동에서 그리스도를 믿는 것과 그리스도인이 되는 것의 의미를 계속 완화시켜 제시하는 것을 볼 때 그랬다.

오늘날 자기중심적 문화에 맞춰 복음을 순치(馴致)하고 강도를 낮춤으로써 성경의 진리를 "상황화"하라는 압박이 가중되고 있다. 그래서 사람들은 이런 것이 어떤 새롭고 신선하고 놀랍고 진보적인 생각을 반영하고 있다는 생각조차 하지 못한다. 그러나 이것은 그저 복음이 포스트모던화된 또다른 버전의 주재권 없는 복음일 뿐이다(그래도 오직 이번에는 성경을 근거로 이를 옹호하려는 시도가 없었다).

오랫동안 사람들은 예수님의 메시지를 순치하려고 애써왔다. 이 책이 처음 출간되기 오래전부터 복음 메시지에서 예수님의 주재권에 대한 언급을 배제하는 것이 특정 집단들 가운데 유행이었다. 그들은 예수님의 주재권을 선포하는 것은 행위를 설교하는 것과 마찬가지라고 주장했다. 주재권은 암묵적으로 순종을 요구하는데, 순종 그 자체는 자연히 행위로 그려지기 때문이다. 일부는 순종의 자세(십자가에 달린 강도의 단순하고 순종적인 마음이나 삭개오의 보상 의도와 같은 것)를 격려하는 것조차 행위에 기초한 신앙을 전파하는 것이라고 주장했다. 그들은 겉으로는 가능한 한 복음이 행위 신앙에 오염되지 않도록 노력한다고 하면서, 불신자에게 복음을 전할 때 예수님이 만유의 주시라는 진리를 포함시키면 안 된다고 주장하기에 이르렀다.

회심하지 않은 죄인에게 회개를 요구하면 안 된다는 것이다. 제자도의 대가, 자기 죄를 미워해야 할 필요, 자기를 부인하라는 그리스도의 요구, 자기를 따르라는 그리스도의 명령 그리고 (특히) 그리스도를 주님으로 복종하라는 모든 언급은 그리스도인들이 불신자에게 선포하는 메시지에서 삭제되었다. 그들은 완전히 새로운 범주("육적 그리스도인")를 만들어, 그리스도께 회심해 영원한 생명을 얻은 사람도 마음과 삶이 전혀 변화되지 않을 수 있다고 설명했다.

대부분의 복음주의자들의 생각과 방법 속에서는 복음 전체가 마침내 하나의 쉬운 사상, 즉 예수님은 죄인이 그를 "영접하기"(즉, 그들의 마음으로 초청해 들이기)를 끈기 있게 기다리는 친절한 구세주이며, 누구든지 그렇게 하겠다고 결심하면 그 대가로 영원한 생명을 (아무 조건 없이) 주신다는 것으로 축소되었다.

이 책은 한 가지 단순한 사항(그리고 내 생각에는 부정할 수 없는 사항), 즉 예수님은 그런 메시지를 선포하지 않았다고 말한다. 그가 죄인에게 요구한 신앙은, 그 진리(여기에는 그의 주재권의 진리도 포함됨)에 부응해 회개하고 굴복하는 것이다. 이 메시지는 오늘날에도 여전히 유효하다. 새로운 세대는 이른바 "주재권 논쟁"을 발견하고 이 문제에 대한 성경적 대답을 찾고 있다. 나는 이 책에서 예수님이 복음에 대해 말씀하셨다고 내가 믿는 바를 내가 아는 한 최선의 방법으로 요약해 제시하려 했다.

1994년 개정된 제2판에서는 일부 모호한 부분들을 명확하게 보강하고 용어들을 전체적으로 다듬었다. 그 판에는 또한 칭의 교리와 십자가의 의미에 관한 중요한 장들을 추가했다. 이번 판은 1994년 판을 특별하게 개정하지는 않았지만 새로 한 장(1장)을 추가해 이 책의 요점을 상세히 하고 요약했다.

요즘은 한 책이 20년 동안 끊임없이 출판되는 일이 드물다. 논쟁의 대상이 되는 성경의 교리를 다루는 책은 특별히 더 그렇다. 이 책이 장수한다는 것은 그만큼 책이 다루는 문제가 중요하다는 증거일 것이다. 이 책의 문체나 내용의 깊이, 논리의 탁월성 등에 대해서는 칭송받지 못했다. 그러나 이 책은 반드시 다루어 해결해야 하는 중대한 문제들에 대해 단순하고 분명하며 직설적이고 단호한 성경적 답을 제시한다. 적어도 이것은 내가 처음 이 책을 쓸 때 마음먹었던 것이다. 그리고 이 책이 오늘까지 출판된다는 것은 어느 정도 내가 목표한 바를 정확하게 달성했기 때문이라고 생각하고 싶다.

새로운 세대가 예수님이 보여주신 사역을 통해 복음을 이해하기를, 그리고 이 혼란 가운데 죽어가는 세상에 복음을 전하고 또 살아가는 데 있어 오직 우리 주님만을 따라 헌신하기를 기도한다.

제2판 서문

무리와 제자들을 불러 이르시되 누구든지 나를 따라오려거든 자기를 부인하고 자기 십자가를 지고 나를 따를 것이니라(막 8:34).

예수님은 무슨 뜻으로 "나를 따라오라"고 하셨을까? 예수님이 그 부르심을 자기 부인, 십자가에 못 박힘, 날마다 죽는 것 등을 나타내는 용어와 자주 연결시키셨음을 주목해야 한다(눅 9:23 참조). "나를 따라오라"는 말씀 앞에는 종종 기꺼이 자기 자신에 대해 죽고 이 세상에서 자기 자신의 생명까지 미워하며 그를 섬기는 것(요 12:24-26)에 대한 훈계가 서두로 나온다. 다음은 예수님이 무리를 향해 어떻게 메시지를 전하셨는지 보여준다.

수많은 무리가 함께 갈새 예수께서 돌이키사 이르시되 무릇 내게 오는 자가 자기 부모와 처자와 형제와 자매와 더욱이 자기 목숨까지 미워하지 아니하면 능히 내 제자가 되지 못하고 누구든지 자기 십자가를 지고 나를 따르지 않는 자도 능히 내 제자가 되지 못하리라 너희 중의 누가 망대를 세우고자 할진대 자기의 가진 것이 준공하기까지에 족할는지 먼저 앉아 그 비용을 계산하지 아니하겠느냐 그렇게 아니하여 그 기초만 쌓고 능히 이루지 못하면 보는 자가 다 비웃어 이르되 이 사람이 공사를 시작하고 능히 이루지 못하였다 하리라 또 어떤 임금이 다른 임금과 싸우러

갈 때에 먼저 앉아 일만 명으로써 저 이만 명을 거느리고 오는 자를 대적할 수 있을까 헤아리지 아니하겠느냐 만일 못할 터이면 그가 아직 멀리 있을 때에 사신을 보내어 화친을 청할지니라 이와 같이 너희 중의 누구든지 자기의 모든 소유를 버리지 아니하면 능히 내 제자가 되지 못하리라(눅 14:25-33).

그런데 일부는 그리스도께 열심히 반응을 보이면서도 값을 계산하는 일을 소홀히 했다. 그들은 예수님의 칭찬을 받지 못했다.

길 가실 때에 어떤 사람이 여짜오되 어디로 가시든지 나는 따르리이다 예수께서 이르시되 여우도 굴이 있고 공중의 새도 집이 있으되 인자는 머리 둘 곳이 없도다 하시고 또 다른 사람에게 나를 따르라 하시니 그가 이르되 나로 먼저 가서 내 아버지를 장사하게 허락하옵소서 이르시되 죽은 자들로 자기의 죽은 자들을 장사하게 하고 너는 가서 하나님의 나라를 전파하라 하시고 또 다른 사람이 이르되 주여 내가 주를 따르겠나이다마는 나로 먼저 내 가족을 작별하게 허락하소서 예수께서 이르시되 손에 쟁기를 잡고 뒤를 돌아보는 자는 하나님의 나라에 합당하지 아니하니라 하시니라(눅 9:57-62).

어려운 요구 같은가? 인간의 생각에는 불가능한 일 같겠지만, 이것이 정확히 예수님이 하신 말씀이다. 그는 설명을 하거나 적당히 합리화를 함으로써 단서를 달지도 않았고, 꾸미지도 않았고, 완화시키지도 않았다.

우리 주님은 오늘날 많은 복음전도에서 빠뜨리는 것을 역설하고 계신다. "나를 따라오라"는 말은 그의 주재권에 복종하라는 부르심이다.

사도 바울은 "우리는 …… 그리스도 예수의 주 되신 것 …… 을 전파"(고후 4:5)한다고 썼다. "예수님은 주님이시다"라는 고백은 초대 교회 신앙고백의 핵심이요, 모든 참된 그리스도인이 고백하는 진리의 중핵이었다(고전 12:3). 그렇다면 우리는 어떻게 해야 구원을 얻는가?

주 예수를 믿으라 그리하면 …… 구원을 받으리라(행 16:31, 강조는 저자 추가).

네가 만일 네 입으로 **예수를 주**로 시인하며 또 하나님께서 그를 죽은 자 가운데서 살리신 것을 네 마음에 믿으면 구원을 받으리라(롬 10:9).

그리스도의 주재권은 분명히 구원 얻는 참된 신앙의 핵심이다.

그럼에도 불구하고 현대 복음주의권에 큰 영향력을 미치는 사람들은 대부분 불신자에게 그리스도를 주로 여겨 굴복해야 한다고 말하면 안 된다고 열렬히 설교한다. 그들은 그리스도의 주재권은 복음과 상관이 없다고 주장한다. 그들은 그리스도께 굴복하라고 불신자에게 요구하는 것은 행위 구원을 전하는 것과 다름없다는 어처구니없는 주장을 한다.

그리스도의 주재권에 대한 주요 논쟁은 5년 전 이 책을 출판하면서 터져 나왔다. 그런 논쟁에 불을 지피는 것이 나의 의도는 아니었다. 수십 년간 일부 복음주의자들 사이에 이것이 논쟁거리인 것은 알고 있었다. 나의 목표는 단순히 그즈음 주재권 없는 복음전도를 주장한 몇몇 저자에게 답하려는 것이었다. 그들이 나머지 교회를 이단으로 비난하고 있었기에 나는 그들의 비난에 응답이 필요하다고 생각했다. 물론 나는 내가 말하는 것이 널리 읽히고 논의되기를 바랐다. 그러나 궁극적으로 일어날 격렬하고 광범위한 논쟁을 대비하지는 못했는데, 그 논쟁은 오늘까지 계속되고 있다.

근래에 나는 후속작 『구원이란 무엇인가』(Faith Works: The Gospel According to the Apostles, 부흥과개혁사)를 썼는데, 그 책을 준비하는 동안 본서의 내용 중 일부를 개정할 필요를 느꼈다. 우리는 늘 우리를 비판하는 사람들에게서 배울 수 있다. 본서의 서평을 세심하게 살피는 동안 용어를 명확하게 해야 할 필요와, 세부 사항을 첨가해야 할 필요 그리고 표현을 달리해야 할 곳들이 보였다. 친절하게도 출판사에서 개정판을 내는 데 동의해 주었고, 그 결과 개정판이 나오게 되었다.

초판에서는 이신칭의 교리를 다루지 않았다. 당연히 내가 이 책을 쓴 목적은 조직신학의 구원론을 제시하려는 것이 아니라, 단순히 우리 주님의 주요 복음전도 메시지를 상세히 설명하는 것이었다. 나는 복음주의자들이 주재권 문제에는 의견을 달리하지만, 양측 모두 칭의에 있어서는 기본적으로 의견이 일치한다고 생각했다. 그래서 이 부분을 다루지 않았는데, 이것이 실수였음을 솔직히 인정한다. 이 때문에 일부 독자들이 나의 견해를 오해한 것 같다. 소수이긴 하지만, "오직 믿음으로 의롭다 하심을 얻는 것"에 대한 종교개혁의 중대한 강조점을 내가 노골적으로 무시한다고 생각하는 사람들까지 있었다. 당연히 그것은 내가 말하려던 것이 전혀 아니다.

개정판에서 칭의에 관한 장을 추가하게 되어 기쁘다. 이 중대한 종교개혁의 원리를 바르게 이해하는 것이, 구원론의 다른 사항들에 대해 바른 교리를 유지하는 전제조건이라고 확신하기 때문이다. 기록된 예수님의 말씀에는 "칭의"나 "의롭다 하다" 등의 말이 거의 나오지 않지만, 나는 이 교리가 예수님이 선포하신 복음의 핵심이라고 여긴다. 이신칭의에 대한 나의 이해와 평가는 주재권 문제를 연구하는 과정에서 더욱 깊어졌다. 나는 "주재권 구원"이 이신칭의를 부인한다고 주장하는 사람들에게 어떤 빌미도 주고 싶지 않다.

초판에는 없었는데 개정판에서 수정된 부분이 또 하나 있다. 그리스도께서 십자가에서 하신 일을 다루는 장을 하나 추가했다. 분명히, 그리스도의 십자가 죽음을 온전히 평가하지 않는 복음 소개는 심각한 문제가 있다. 물론 초판에서도 십자가를 충분히 언급했지만, 주님의 구속 사역의 의미만 따로 다루는 장이 없었다. 이것을 중요하게 여겨, 혹시 내가 신자의 행위는 강조하면서 의도적으로 그리스도의 사역을 평가절하한 것이 아닌가 하고 평을 한 사람이 있었다. 한 사람의 독자라도 그런 그릇된 인상을 가지지 않도록 이 새로운 장을 추가함으로써 십자가의 의미와 중요성을 더욱 강조하려 했다.

개정판을 낸 그 외의 이유들은 독자들이 금세 분명하게 알 것이다. 예를 들어, 요한복음 15장에 관한 장을 추가했는데, 그 본문이 많은 사람에게 걸림돌이 되는 것 같았기 때문이다. 이 과정에서 독자들이 질문할 것을 예상하고 대답을 제시하려 했는데, 때에 따라 언어를 부드럽게 하기도 하고 강하게 하기도 했다.

지금까지 이 책을 사용해 주신 하나님께 감사드린다. 이 개정판이 복음 제시 방법, 만물의 주이신 분을 믿는 신자로 사는 방법에 대해 복음주의 교회들로 하여금 깊고 신중하게 생각하도록 하는 열매를 더욱 많이 맺기를 기도한다(행 10:36, 롬 10:12).

초판 서문

> 우리는 우리를 전파하는 것이 아니라 오직 그리스도 예수의 주 되신 것과 또 예수를 위하여 우리가 너희의 종 된 것을 전파함이라(고후 4:5).

나는 거의 4년 동안 이 책에 나의 생각과 시간 대부분을 쏟았다. 몇 번은 내가 이 책을 작업하고 있다고 공개적으로 말했는데, 분명 그 말이 널리 퍼진 것 같다. 언제 어디서 그 책을 구할 수 있는지 알려고 하는 사람들의 요청이 빗발쳤다. 종종 그들은 이 책을 "주재권 구원에 관한 책", "복음에 관한 책" 또는 "복음전도에 관한 책"이라고 불렀다.

이 책은 이 모든 주제를 다루고 있지만, 애당초 나의 목적은 단순히 내 편의 주장을 제시하거나 내게 우호적인 주장만 늘어놓으려는 것이 아니었다. 나는 예수님의 복음과 그의 복음전도 방법을 정직하고 깊이 있게 살피고 싶었다. 이 연구는 나 자신의 마음을 찌르고 나의 사역 방식을 확립해 주었다. 그래서 책으로 내기를 열망했지만 동시에 약간의 두려움도 느꼈다. 내 의도를 오해할 사람들이 있을 것을 알았기 때문이다.

일례로, 일부는 내가 행위 구원을 가르친다고 비난할 것을 예상했다. 지금 당장 최대한 분명하게 말하겠다. 구원은 하나님의 주권적 은혜로 그것도 오직 은혜로만 이루어진다. 잃은 바 되고, 타락했으며, 영적으로 죽은 죄인이 구원에 기여할 수 있는 것은 아무것도 없다. 구원 얻는 믿음, 회개, 헌신, 순종은 모두 하나님이 하시는 일로, 구원을 얻는 사람의 마음속에서 성령에 의해 이루어지는 일이다. 나는 구원 이전의 의로운 행위가 구원에 필요하거나 구원의 일부라고 가르친 적이 없다. 오히려 내가 타협 없이 믿는 바는, 참된 구원은 참된 신자의 삶에서 의로운 행위를 만들 수밖에 없고 또 만들어낸다는 것이다. 하나님의 구원 사역의 정수는 바로 의지의 변화이며, 그 결과 참된 신자에게는 하나님을 향한 사랑이 나타난다. 이처럼 구원은 반드시 뿌리를 만들어 열매를 맺게 한다.

어떤 사람은 내가 그리스도의 주재권을 완전히 이해하지 못한 채 회심한 사람의 진정성을 의심한다고 생각할지 모르겠다. 그렇지 않다. 사실 나는 좀 더 많이 이해하거나 덜 이해하는 정도의 차이는 있겠지만, 구원을 얻는 사람이 회심의 순간에 예수님의 주재권의 의미를 모두 완전히 이해하지는 못한다고 확신한다. 그렇지만 이와 동시에 그리스도께 순종할 의사가 없거나 그의 주재권을 의식적으로 냉담하게 거역하는 사람은 구원받을 수 없다고도 확신한다.

진정한 구원은, 그리스도의 주재권이라는 늘 각성시키는 그 사실에 자발적으로 부응하는 마음을 낳는다. 우리는 범죄한 피조물이기에 우리가 원하는 대로 순종할 수 없다. 솔직히 우리는 종종 병적인 실패를 경험하고 장기간 영적 둔감함과 죄 가운데 머문다. 그러나 우리가 진정한 신자라면 냉담하고 굳은 마음과 고집스런 불신과 거역을 하는 이전의 상태로 돌아가지 않는다. 그렇게 사는 사람은 자신이 구속받았다고 생각할 근거가 없다.

나아가 구원의 메시지에는 예수님을 주로 여기고 굴복하라는 부르심이 포함된다. 구원을 얻기 위해 예수님께 나아오는 사람들은 반드시 그의 주권적 권위에 순복해야 한다. 예수님의 통치권을 거부하는 사람들은 그를 구세주로 주장할 수 없다.

현대 복음주의 안에서 복음이 처한 상태 때문에, "주재권 구원"이라고 알려진 이 문제를 별도로 다루지 않고는 구원에 대해 가르칠 길이 없다. 오늘날 교회에 닥친 문제 가운데 이보다 심각한 것은 없다. 문제는 곧 "복음이란 무엇인가? 구원받기 위해서는 반드시 예수님을 구주와 주님으로 받아들여야만 하는가? 구원 얻는 믿음이란 무엇인가? 사람들을 그리스도께로 초청할 때 어떻게 해야 하는가? 구원이란 무엇인가?" 등 여러 가지로 말할 수 있다.

이 지극히 기본적인 주제를 놓고 그토록 많은 논쟁이 있다는 것은 이 말세에 원수의 역사가 얼마나 효과적인지를 입증해 준다. 나의 견해에 동의하지 않는 몇몇 사람은, 주재권 논쟁은 영원한 결과를 낳는 문제이므로 이 문제에서 누가 잘못되었든 한쪽은 기독교의 가장 기초적인 진리에 있어서 심각하게 잘못된 것이라고 글을 통해 말했다.

그 말에 동의한다. 나는 처음에 이 논쟁이 전적으로 오해이거나 혹은 단어의 의미에 대한 논쟁일 수 있다고 생각했다. 그러나 이 문제를 연구하면서 깨달은 것은 서로 주장하는 교리가 근본적으로 다르다는 사실이다. 나와 의견을 달리하는 사람들과 많은 대화를 하고 또 그들이 하는 말을 장시간 연구한 끝에 이제 나는 이 논쟁의 양측이 분명히 다른 구원관을 가지고 있음을 확신하게 되었다. 회중석에 있는 보통 신자들은 동일하게 보수적이고 근본주의이며 복음주의 진영에서 나오는 두 가지 상반되는 메시지를 듣고 혼란스러워한다.

나는 회중석에 있는 그 사람들을 위해 이 책을 쓴다. 복음은 신학생과 목사뿐 아니라 평신도에게도 분명하게 이해되어야 하기 때문이다. 적절한 자료를 포함시키고자 많은 각주를 달기는 했지만, 건조한 학술 논문을 만들려는 것은 절대 아니다.

또한 목사들이 이 책을 통해 자신의 사역을 살펴보길 바란다. 강단에서 하나님의 말씀을 선포하는 우리에게는 복음을 분명하고 정확하게 전파하는 일이 더 없이 중요하다. 우리가 복음 메시지를 혼동하면 어떤 다른 말을 해도 그 손실을 복구할 수 없다.

나는 성경이 가르치는 것에 대해 새롭거나 급진적인 이해를 제안하는 것은 아니다. 분명히 나는 행위 구원을 옹호하지 않는다. 절대로 나는 은혜를 최소화하거나, 진정으로 구원받은 사람들의 마음에 불필요한 의심을 부추기려는 것이 아니다. 이것에 관해서 나는 참된 교회가 늘 고수해 온 것을 그대로 믿는다. 만일 우리 주님께서 우리를 보내사 선포하라고 하신 그 복음으로 돌아가지 않는다면, 오늘날의 교회는 우리 메시지의 핵심이요 그리하여 우리 생명력의 원천을 잃고 말 것이다.

이 문제에서 나와 의견을 달리하는 사람들 대부분은 하나님의 신실한 종들로 그들의 사역은 하나님 나라를 위한 열매를 풍성하게 거두고 있다. 이 책에서 그들 중 다수의 이름을 인용하고 반박할 수밖에 없었는데, 그들이나 그들의 사역을 평가하려는 것이 아니라 교회 안에 두루 퍼진 복음의 개념을 다루려면 그것을 가르치는 사람들의 이름을 제시해야 했기 때문이다. 우리가 믿고 선포해야 하는 복음이 무엇인가 하는 문제보다 중요한 것은 없다. 예언이나 세례 방식, 예배 형태 등의 문제를 다루는 다른 논쟁들은 더 뜨거웠고 더 많은 책을 나오게 했다. 그러나 그런 문제들은 진정한 문제에 비하면 부차적인 것에 불과하다. 복음은 부차적이지 않다. 복음은 진정한 문제이다.

나는 특정인을 낙인찍거나 인신공격하려고 하지 않았다. 여기서 내가 동의하지 않는 사람들 대부분은 나의 친구들이다. 나는 제인 호지스(Zane Hodges)의 작품을 많이 인용했다. 그가 전통적인 구원관을 공격하는 글을 쓴 최근 저자들 가운데 중심인물이고, 그의 글이 학생들과 목사들, 교사들에게 상당한 영향력을 미치기 때문이다. 나는 해마다 목회자 대회에서 수많은 교회 지도자를 만나는데, 그들이 가장 많이 하는 질문이 호지스 박사의 글에서 발생한 혼란과 관련되어 있었다. 그러므로 반드시 그가 쓴 글을 이해하고 성경적으로 대응해야 했다.

찰스 라이리 박사(Dr. Charles C. Ryrie)의 글도 비우호적으로 인용했다. 나는 라이리 박사를 아주 존경하며 그분이 사역자 훈련을 위해 한 모든 일에 대해 감사드린다. 그동안 그분이 쓰신 글 대부분은 나에게 개인적으로 극히 소중했으며, 또한 그분과의 우정도 귀하게 여긴다. 그러나 이 한 가지 중대한 부분에 있어서 그의 가르침은 성경의 빛에 비추는 면밀한 검토를 버틸 수 없다.

내가 인용하는 다른 사람들 가운데는 동료 목회자, 동역자, 개인적인 친구, 존경받는 동료도 있다. 그들의 견해는 그동안 출판되거나 방송되었기에 더욱이 하나님의 말씀으로 살펴봄이 마땅하다. 그렇지만 독자들은 나의 비평을 그 사람들이나 그들의 인격 또는 사역에 대한 정죄로 해석하지 않기를 바란다.

이 책을 두고 기도하면서 주님의 인도하심을 부지런히 구했다. 물론 많은 사람들이 동의하지 않고, 일부는 분노할 것이며, 다수는 베뢰아 사람들처럼 성경을 상고하게 될 것이다(행 17:11). 나의 가르침에 대한 그들의 반응을 환영하는 바이다. 이 책이 논의를 자극하고 기도와 자기 성찰을 하게 하여, 궁극적으로는 보수 복음주의 진영 안에서 이 문제가 해결되기를 기도한다. 모든 것 가운데 가장 기본적인 것, 즉 복음이 명확하지 않다는 것이 오늘날 교회 사역의 가장 큰 손해라고 나는 믿는다.

그동안 도움을 준 많은 사람들에게 감사드린다. 나의 동료 목회자이자 소중한 친구인 크리스 뮬러는 이 프로젝트를 시작하도록 권면했고, 마스터스 신학교의 마크 뮬러 박사는 초기 원고를 읽고 의견을 줌으로써 나의 열정을 거듭 새롭게 했다. 같은 마스터스 신학교의 제임스 로스컵 박사는 이 문제에 대한 가르침으로 나를 많이 깨우쳐 주었다. 랜스 퀸, 브라이언 몰리, 카일 헨더슨, 데이브 에노스, 리치 디에리코, 존 바네트, 앨러신 모리미추를 비롯해 그레이스 커뮤니티 교회와 그레이스 투유의 수많은 친구들이 격려하고 편집 작업을 도와주었다.

무엇보다도 나의 충실한 친구이자 동료인 필 존슨의 정성스럽고 능숙한 수고에 깊이 감사한다. 그는 탁월한 통찰을 동원해 이 책 모든 페이지의 편집을 도왔다.

하나님께서 자신의 영광을 위해 이 책을 크게 사용하시기를 기원한다.

머리말
우리 시대 대중화된 쉬운 복음

"복음이란 무엇인가?"

나의 사역 기간 내내 나의 열정에 불을 지핀 질문이다. 이는 단순히 학문적인 질문이 아니다. 나는 하나님의 말씀이 가르치는 것을 알아서 그것을 정확하고 명료하게 선포할 수 있기 원한다. 무엇보다도 내가 가르치는 교리가 순전히 성경적인 것이기를, 대중적인 신학 체제를 따른 것이 아니라 성경 자체에서 나온 것이기를 원한다. 이런저런 교리에 대한 특정 신학자의 견해는 나에게 사소한 관심거리에 지나지 않는다. 진정으로 중요한 것은 하나님의 말씀이 말하는 것이다.

구원의 기쁜 소식에 대해 성경이 말하는 것보다 더 중요한 것은 없다.

7년 전 나는 마태복음을 연구하여 설교하기 시작했다. 우리 주님의 생애와 사역을 연구하는 동안 그가 선포한 메시지와 그가 사용한 복음전도 방법이 내 머릿속에서 분명하게 이해되었다. 나는 예수님의 복음이 신약의 모든 교리가 선 기초임을 깨달았다. 서신서들에 있는 많은 난해한 본문들도 여기에 비추어 보니 더욱 분명해졌다.

이 책은 복음서들을 7년간 연구한 끝에 나오게 되었다. 예수님이 가르치신 복음에 빠져들면서 나는 현대의 복음전도 대부분은 (전도와 설교 둘 다) 성경의 복음을 균형 있고 성경적 방법으로 제시하는 데 전혀 미치지 못한다는 사실을 심각하게 인식하게 되었다. 예수님의 공적 사역과 구도자들을 대하시는 모습을 살펴보면서 현대의 복음전도 방법과 내용을 더욱 잘 보게 되었는데, 충격적으로 많은 면에서 오늘날 선포되는 메시지는 예수님이 전한 복음이 아니었다.

오늘날 유행하는 복음은 죄인들에게 거짓 소망을 제공한다. 하나님을 거역하는 삶을 계속하면서도 영원한 생명을 얻을 수 있다고 약속하는 것이다. 예수님을 구세주라고 부르되, 주님이신 그분께 순종하겠다는 헌신은 나중으로 미루라고 부추긴다.[1] 이 메시지는 지옥으로부터의 구원은 약속하지만 죄악으로부터의 자유는 굳이 약속하지 않는다. 육체의 죄 가운데 거역을 일삼고 거룩의 길을 거부하는 사람에게 거짓된 안전을 약속한다. 신앙을 신실함과 분리함으로써[2] 지적 동의만 있어도 전심으로 진리에 순종하는 것과 동일한 효력을 얻는다고 가르친다.

그리하여 그리스도의 좋은 소식은, 죄인들에게 도덕적 요구를 하지 않는 사악한 쉬운 믿음의 나쁜 소식에 지고 말았다. 이것은 예수님이 선포하신 것과 동일한 메시지가 아니다.

이 새 복음은, 하나님을 거역하는 불신자들과 그 행위로는 구별할 수 없는 자칭 그리스도인 세대를 만들었다. 통계에 따르면 전 세계에 16억 명의 그리스도인이 있다고 한다. 널리 알려진 여론조사에 의하면 미국인 전체

---

1) 루이스 스페리 체이퍼의 가르침은 오늘날 대중화된 복음이 태동하는 데 기여했다. 그는 "구원의 부대조건으로 하나님께 삶을 드려야 할 필요를 부과하는 것은 가장 불합리한 일이다. 불신자를 향한 하나님의 부르심은 결코 그리스도의 주재권으로 부르신 것이 아니다."라고 주장했다. *Systematic Theology*(Dallas: Dallas Seminary, 1948), 3:385. Rich Wager, "This So-Called 'Lordship Salvation,'" *Confident Living*(July-August 1987), 54-55도 참조하라. 체이퍼는 구원받지 못한 사람에게 예수 그리스도를 구주와 주님으로 영접하라고 초청하는 것은 복음을 왜곡하는 일이라는 경악스런 결론을 내린다. 비기독교인에게 그리스도를 주님으로 소개하는 것은 "구원에 관한 성경의 가르침에 더하는 것이다"라고 그는 선언한다.

2) Chafer, *Systemic Theology*, 3:385.

의 거의 3분의 1이 거듭난 그리스도인이라고 주장한다.[3] 이 수치는 분명 수백만 명이 비극적으로 속고 있음을 보여준다. 그들의 확신은 저주받은 거짓 확신이다.

세상을 향한 교회의 증거가 값싼 은혜의 제단에서 제물이 되고 있다. 그리스도인이라는 사람이 공개적으로 부도덕을 행하는 충격적인 행태가 일상적인 일이 되었다. 왜 그러지 않겠는가? 하나님의 권위에 굴복하지 않아도 영생을 얻는다는 약속이 거듭나지 않은 마음의 비참한 상태를 유지시킨다. 이 새 복음에 열광하여 회심한 사람들은, 극악한 죄와 인간의 부패성을 드러내는 방탕한 삶을 계속한다 해도 자신의 행위는 영적 상태와 상관이 없다고 믿는다.[4]

우리 세대의 교회의 모습은 일부 널리 알려진 대중매체 전도자들의 부패한 삶이 폭로된 추악한 스캔들의 릴레이로 기억될 것 같다. 그중 가장 곤혹스러운 것은 대부분의 그리스도인들이 이 사람들을 양 떼에 몰래 들어온 이리와 거짓 목자(마 7:15 참조)가 아닌 내부자로 여긴다는 뼈저린 현실이다. 간음과 음행, 동성애, 사기 등 온갖 일탈을 노골적으로 일삼는 사람들을 진정으로 거듭난 사람이라 여길 이유가 어디에 있는가?

그러나 이 시대 그리스도인들은 정확히 이렇게 배워왔다. 그들은 구원의 유일한 기준은 그리스도에 대해 약간의 기본적인 사실들을 알고 믿는 것이라 들어왔다. 그들은 처음부터 순종은 선택사항이라고 듣는다. 그러면 논리적으로, 어떤 사람이 참된 신자인지를 판단하는 데 한 번의 신앙

---

3) George Gallup Jr., and David Poling, *The Search for America's Faith* (Nashville: Abingdon, 1980), 92.
4) 적어도 한 저자에 의하면, 고린도전서 6장 9-10절과 갈라디아서 5장 19-21절에서 바울이 제시하는 극악한 죄인과 그들의 악의 목록은 실제로 참된 신자들을 설명하는 것이다. 그러나 그들은 죄 때문에 하나님 나라를 "유업으로 받는" 상급을 얻지 못하는 그리스도인이라고 한다. Zane C. Hodges, *The Gospel Under Siege* (Dallas: Redencion Viva, 1981), 114-15.

고백이 그 사람의 지속적인 생활보다 더 효력 있는 증거가 된다. 이 시대 가시적 교회의 특징에서 이 신학의 혐오스러운 결과를 본다.

나는 목사로서, 한때 "결신하고" 세례를 받았지만 아무 변화를 경험하지 못한 사람에게 꼬박꼬박 다시 세례를 주고 있다. 이들은 후에 참된 회심을 하고서 진정한 구원의 표시로 다시 세례를 받으려는 사람들이다. 우리 그레이스 커뮤니티 교회 세례당에서는 거의 매주 그런 간증을 듣는다.

복음을 완전히 재검토해야 한다. 구원에 관한 신약 전체의 가르침이 기초하는 것, 즉 예수님이 선포하신 복음으로 돌아가야 한다. 그리스도의 메시지와, 우리가 개인전도 세미나에서 배운 것이 얼마나 근본적으로 다른지 발견하면 여러분도 놀랄 것이다.

나는 예수님이 전도 과정에서 만난 주요한 사건들과 구원 방법에 대한 그의 가르침에 성경이 무엇을 말하는지 살피고자 이 책을 썼다. 우리는 "예수님은 누구인가? 복음 선포 과정에서 그는 죄인들에게 어떻게 인식되고 받아들여졌는가? 무엇이 구원을 얻는 믿음인가? 구원의 행위에서는 어떤 일이 일어나는가?" 등과 같은 질문들을 살펴볼 것이다. 이것은 기본적인 질문으로, 우리가 그리스도를 믿는 신자로서 확언하고 선포하는 모든 것에 영향을 미친다. 신학적으로 사소한 질문이 아니다. 결국 우리가 선포하는 메시지는 영원한 결과를 낳는다. 그런데 감히 혼동이나 거짓 소망을 심는 메시지를 전파할 수 있겠는가.

갈라디아서 1장 6-9절은 그리스도의 복음을 왜곡하는 사람들에 대한 저주의 글이다.

그리스도의 은혜로 너희를 부르신 이를 이같이 속히 떠나 다른 복음을 따르는 것을 내가 이상하게 여기노라 다른 복음은 없나니 다만 어떤 사람들이 너희를 교란하여 그리스도의 복음을 변하게 하려 함이라 그러나 우리나 혹은 하늘로부터 온 천사라도 우리가 너희에게 전한 복음 외에 다른 복음을 전하면 저주를 받을지어다 우리가 전에 말하였거니와 내가 지금 다시 말하노니 만일 누구든지 너희가 받은 것 외에 다른 복음을 전하면 저주를 받을지어다.

이 말씀은 구원의 메시지를 조작하고 변질시켜 "다른 복음"으로 만드는 사람들에게 영원한 저주를 내리는 엄중한 경고이다. 이는 사도 바울이 유대주의자들에게 한 말인데, 그들이 은혜의 복음을 행위의 복음으로 바꾸었기 때문이다. 바울의 경고는 복음을 바로잡는 일의 중요성을 강조한다. 그리스도의 복음과 "다른 복음" 사이의 차이는 복 받은 자와 저주 받은 자, 양과 염소, 구원받은 자와 잃어버린 자, 참 교회와 이단, 진리와 거짓 사이의 차이이다.

나는 우리 시대에 인기 있는 복음이 심각하게 불순한 "다른 복음"이어서, 즉 매우 부패해서 그것을 전하는 사람은 영원한 형벌을 받을 거라고 말하려는 것이 아니다. 나는 누구를 이단으로 낙인찍기 위해 이 책을 쓰는 것이 아니다. 그렇지만 "다른 복음"의 위험은 실제적인 위협이라고 믿는다. 메시지가 더 약화되고 값싸게 됨에 따라 우리는 교회를 경계해야만 하는 상황에 이르렀다. 그러지 않으면 성경의 메시지와는 전혀 다른 심히 변질된 메시지를 받아들이게 된다.

나는 "주재권 구원"이 일부 반대자들에 의해 이미 "다른 복음"으로 낙인찍힌 것을 안다.[5] 그러기에 나는 이 연구를 가볍게 시작하지 않았다.

---

5) Charles C. Ryrie, *Balancing the Christian Life* (Chicago: Moody, 1969), 170.

그러나 수년간 이 문제들과 씨름하면서 복음을 둘러싼 혼란을 보니 침묵할 수 없었다. 구원 교리는 우리가 가르치는 모든 것의 기본이다. 복음을 바로잡지 않는 한, 우리는 사람들에게 생명의 길을 자신 있게 가리킬 수 없다.

이 연구가 그저 이미 혼란에 빠진 대화에 또 하나의 혼란을 더하는 목소리가 되지 않기를 기도한다. 이것이 우리 모두가 영원한 복음을 분명하고 정확하게 이해하는 길로 나아가는 진정한 발걸음이 되기를 바란다(계 14:6 참조). 나는 예수님이 가르치신 복음을 온전히 이해해 내가 생명의 길을 더욱 신실하고 효과적으로 전하는 사람이 되기를 원한다(행 5:20 참조).

구원의 어느 한 면도 인간의 행위로 획득되지 않는다. 모두 다 하나님이 하시는 일이다(딛 3:5-7). 그러므로 구원은 어떤 차원에서도 흠이 있을 수 없다. 하나님은 그의 구원 사역의 요소로서 회개, 믿음, 성화, 복종, 순종 그리고 궁극적 영화를 이루어내신다. 하나님은 이 일들을 이루시며 인간의 노력에 의존하지 않으신다. 그러기에 이 요소들 가운데 어느 하나도 누락될 가능성이 없으며, 어느 하나라도 빠진 경험은 하나님의 구원 역사일 수 없다.

1부

오늘날의 복음은
예수님의 복음인가?

1장

"나를 따라오라"는
말씀의 진짜 의미

예수님은 주님이시다(고전 12:3).

이것은 기독교의 유일하고, 중심적이며, 근본적이고 구별이 되는 신조이다. 또한 참된 그리스도인 모두가 반드시 고백해야 하는 가장 핵심적인 고백이다.

네가 만일 네 입으로 예수를 주로 시인하며 또 하나님께서 그를 죽은 자 가운데서 살리신 것을 네 마음에 믿으면 구원을 받으리라(롬 10:9).

생활 방식과 가치 체계, 언어, 태도로는 주님이신 그리스도께 굴복하기를 완강히 거부하면서도 참된 그리스도인이 될 수 있다는 신념은 반박할 가치조차 없다. 이런 생각은, 초대 교회 교부들에서 시작해 개신교 종교개혁 시대를 거쳐 그 후 최소한 3세기 반 동안 나온 신뢰할 만한 기독교 교리서나 경건서에서는 찾아볼 수조차 없다. 현재 복음주의자들 사이에서 주재권 없는 구원 교리가 상당한 영향력을 미친다는 사실은 현대 복음주의 운동의 천박함과 영적 빈곤을 그대로 드러낸다. 또한 이는 의심할 나위 없이 복음주의 쇠퇴의 주원인 중 하나이다. 복음에서 그리스도의 주재권을 제거하면 반드시 신앙의 핵심이 훼손된다. 그러나 이것은 정확하게 오늘날 교회에서 일어나는 일이다.

예수님은 그의 가르침과 사역에서 늘 자신의 주재권을 중심에 두셨다. 이 책에서 예수님의 지상 삶과 사역을 조사하며 우리는 그 패턴을 분명히 보게 될 것이다. 예수님은 주권적 주인으로서 자신의 권위를 선포하기를 주저하신 적이 없다. 그는 자신의 권위를 제자들과 대적들 그리고 우연히 만나는 질문자들에게 꼭 함께 선포하셨다. 그는 자신이 무조건적 복종을 요구한다는 점을 완화시키지 않으셨다. 그러기에 예수님이 전한 참 복음은 그의 주재권과 분리될 수 없다. 자기를 따라오라는 예수님의 부르심은 그와 함께 다닐 조수가 되거나 자신의 기적을 보고 존경을 표할 사람이 되라는 부르심이 아니다. 그의 주재권에 남김없이 완전히 굴복하라는 부르심이다.

"둘로스"라는 단어의 뜻

영어 신약성경에서 대개 "Lord"(주)로 번역된 표현은 헬라어 "퀴리오스"(kurios)를 번역한 것이다. 이 단어는 권세와 소유권, 반론 불가능한 명령권을 가진 사람을 뜻한다. 이와 거의 동의어로서, 영어 신약성경에서 때로 "주"로 번역된 헬라어는 (영어 "despot"의 어원인) "데스포테스"(despotes)이다. 이 단어는 부하들에 대해 절대적 권세를 지닌 통치자를 뜻한다. 머레이 해리스 교수는 두 단어를 다음과 같이 구별했다. "분명히 데스포테스와 퀴리오스는 의미가 많이 중복된다. 둘 다 '주'(lord)나 '주인'(master)으로 번역할 수 있다. 만일 두 단어의 의미를 강조점을 기준으로 구별한다면, 퀴리오스는 '주권적 주'(sovereign Lord), 데스포테스는 '절대적 주'(absolute Lord)가 될 것이다." [1)]

신약에서 두 단어는 그리스도를 "주"로 언급할 때 사용되었다. 예를 들어, 요한복음 13장 13절에서 예수님은 자신을 가리켜 퀴리오스라고 하셨다. "너희가 나를 선생이라 또는 주라 하니 너희 말이 옳도다 내가 그러하다." 예수님의 이 세상 이부형제(異父兄弟)가 쓴 유다서 4절에서는 두 단어를 나란히 사용한다.

이는 가만히 들어온 사람 몇이 있음이라 그들은 옛적부터 이 판결을 받기로 미리 기록된 자니 경건하지 아니하여 우리 하나님의 은혜를 도리어 방탕한 것으로 바꾸고 홀로 하나이신 주재(데스포테스) 곧 우리 주(퀴리오스) 예수 그리스도를 부인하는 자니라.

두 단어 모두 매우 강력하다. 둘 다 신약시대 당시 노예제와 관련된 어휘이다. 이 둘은 다른 사람에게 절대적 지배권을 가진 주인(노예 소유자)을 가리킨다. 그에게 속한 자들은 주인의 지시에 순종할 의무가 있다. 그들이 그렇게 하기로 선택했기 때문이 아니라, 그들에게 순종하지 않을 정당한 자유가 없기 때문이다. 그러므로 주(퀴리오스)나 주인(데스포테스)이 있는 곳에는 반드시 노예(둘로스)가 있다. 한 개념은 필연적으로 그리고 명제적으로

---

1) Murray J. Harris, *Slave of Christ: A New Testament Metaphor for Total Devotion to Christ*(Downers Grove, Ill.: Apollos/InterVarsity, 1999), 112.

다른 개념을 암시한다. 예수님이 입술로는 그를 존경한다 하면서도 삶으로는 그러지 않는 사람들을 책망하신 이유가 이 개념으로 설명된다. "너희는 나를 불러 주여 주여 하면서도 어찌하여 내가 말하는 것을 행하지 아니하느냐"(눅 6:46).

"둘로스"(*doulos*)라는 헬라어는 신약성경에 아주 흔하게 나오는 단어이다. 이 단어와 그 파생어는 신약에 130회 이상 나오는데 흔히 참된 그리스도인이 된다는 것의 의미를 설명하는 데 사용된다.

주 안에서 부르심을 받은 자는 종이라도 주께 속한 자유인이요 또 그와 같이 자유인으로 있을 때에 부르심을 받은 자는 그리스도의 종이니라 너희는 값으로 사신 것이니 사람들의 종이 되지 말라(고전 7:22-23).

둘로스는 모호한 말이 아니다. 우리 문화와 육적 생각으로는 불쾌하게 들리는 단어이지만, 의미를 약화시키거나 회피해서는 안 되는 아주 구체적인 개념이다. 둘로스는 가장 낮은 노예, 문자 그대로 한 주인의 소유로서, 주인이 합법적으로 임금을 주지 않고 일을 시킬 수 있는 사람을 말할 때 사용된 주요 헬라어이다. 달리 말하자면, 둘로스는 지위나 권리가 없는 사람이다. 키텔의 신약 용어 사전에 의하면 둘로스 어군의 단어는 다음과 같은 의미를 지닌다.

노예 신분이나 노예 신분에 상응하는 태도를 설명한다. …… 그 의미는 매우 한결같고 자명해서 개별 단어의 예를 들거나 그 어군의 역사를 추적할 필요조차 없다. 동의어와 동의 어군과의 구별은 …… 여기서는 강조점이 항상 "노예로 섬기는 것"에 있다. 그러므로 섬김은, 섬김을 행하는 사람이 선택할 문제가 아니다. 좋든 싫든 해야만 하는 것으로, 그가 노예로서 외인의 의지, 곧 그의 소유자의 의지에 종속되어 있기 때문이다. 노예는 그의 주에게 의존되어 있다(이 용어는 이 사실을 강조한다.)[2]

불행히도 영어 성경을 읽는 사람들은 둘로스라는 단어의 온전한 의미를 접하지 못하고 있다. 오래전부터 그랬다. 예부터 성경 번역자들은 이 단어의 문자적 의미를 완화시키는 경향이 있어서 둘로스를 "노예"가 아닌 "종"이나 "매인 종"(bond servant)으로 번역했기 때문이다. 이런 관행은 수백 년 전, 심지어 킹제임스 역 이전까지 거슬러 올라간다. 청교도 시대의 주요 성경인 제네바 성경은 둘로스를 한결같이 "종"으로 번역했다(물론 당시의 별난 철자법으로 "seruant"로 표기했다). 머리 해리스는 주요 영어판 신약성경 20가지를 조사했는데 단 한 가지, 굿스피드(E. J. Goodspeed)의 신약성경(*The New Testament: An American Translation* [1923])만이 둘로스를 한결같이 "노예"로 번역했다.[3] 이런 결과는 노예 관습, 곧 인간 노예가 제도화된 곳에서 늘 발생하는 노예 학대를 우리 사회가 오래전부터 불편하게 여겨온 것의 반영이 분명하다.[4]

---

2) Karl Heinrich Rengstorf, "Doulos," in Gerhard Kittel and Gerhard Friedrich, eds., Geoffrey Bromiley, trans., *Theological Dictionary of the New Testament*, 10 vols.(Grand Rapids: Eerdmans, 1964), 2:261
3) Harris, *Slave of Christ*, 17.
4) 초기 영어 성경 번역자들이 둘로스를 "노예"로 번역하기를 꺼린 것에 대한 탁월한 논의를 보려면 Edwin Yamauchi, "Slaves of God," *Journal of the Evangelical Theological Society* 9, no. 1(Winter 1966): 31-49를 참조하라. 야마우치는 13세기 말에 이르러 "노예제는 서북 유럽에서 사라졌다. …… 그러므로 노예제는 17세기(적어도 그 세기 초반) 영국인들에게 친숙하고 용인되는 제도가 아니라 막연한 사실로 받아들여졌다"(p. 37)고 설명한다. "종"이 되는 것의 의미에 대한 그들의 개념은 농노제(노동자가 자신이 일하는 땅에 매이는 형태의 종)에 대한 지식에 의해 형성되었다. 반면에 "노예"는 그들의 마음속에서 "족쇄에 매인 포로라는 극단적인 경우"(p. 37)를 연상하게 했고, 따라서 부지중에 실제 성경의 표현이 가진 의미를 축소하려고 하였다. 야마우치의 표현을 빌자면, " '노예제'가 고대인들에게 의미하는 것을 마음에 두고 우리가 17세기 이론가들에게 의미하는 것을 생각하지 않는다면, 우리는 신약성경의 많은 본문을 더욱 잘 이해할 수 있을 것이다."

그렇지만 섬기는 상태(service)와 노예 상태(slavery)는 실제로 같지 않다. 그러기에 둘로스라는 표현의 온전한 의미가 영어 번역본에서 오랫동안 모호하게 된 것은 극히 유감스러운 일이다.

종을 의미하는 헬라어는 최소 여섯 가지가 있는데, 둘로스는 거기에 포함되지 않는다. 예를 들어 "디아코노스"(*diaknos*. 이 말에서 집사[deacon]라는 말이 나옴)는 "종들"을 의미한다. "오이케테스"(*oiketes*)는 집안의 종을 말하고, "파이스"(*pais*)는 심부름을 하는 어린 소년을 가리킨다. "휘페레테스"(*hupertes*. 보통 사역자[minister]로 번역됨)는 문자적으로 큰 배의 아래층 갑판에서 노를 젓는 하층 종을 가리킨다. "레이투르고스"(*leitourgos*)도 사역자를 뜻하는데 이 단어는 종교적 의식들을 수행하는 사람을 가리킨다. 히브리서 3장 5절에서 모세를 가리킨 단어 "테라폰"(*therapon*. "하나님의 온 집에서 종으로서 신실하였고")은 고차원의 섬김을 수행하는 품위 있는 종을 말한다. 그 외에도 둘로스보다 훨씬 고상하고 존경할 만한 섬김을 나타내는 헬라어가 몇 가지 더 있다.

둘로스는 순전히 그리고 단순히 노예를 뜻한다. 그 의미가 전혀 애매하거나 모호하지 않다. 개인의 자유와 권리가 없고 그저 다른 사람을 섬기기 위해 존재하는 사람을 말한다. 그는 일종의 노예로 "인간의 자율권이 배제되어 타인의 자율권이 그 자신의 자율권보다 우선한다."[5] 노예란 스스로 분별하여 섬기는 사람이 아니라 더 높은 권위자의 통제와 지시에 완전히 무조건적으로 복종하는 사람이다.

예를 들어 마태복음 6장 24절에서 예수님은 "한 사람이 두 주인의 노예가 될 수 없다"(저자 직역)고 말씀하셨다. 이는 "한 사람이 두 주인을 섬길 수 없다"고 한 대부분의 번역보다 훨씬 강력한 말씀이다.

---

5) Ibid.

여기에는 해리스가 지적하듯 "중요한 차이가 있다. 종은 다른 사람에게 섬김을 제공하지만, 노예는 다른 사람의 소유이다."[6] 이는 단순히 뉘앙스의 문제가 아니다. 성경은 그리스도인이 후자의 범주임을 반복하여 강조한다. "너희 몸은 너희가 하나님께로부터 받은 바 너희 가운데 계신 성령의 전인 줄을 알지 못하느냐 너희는 너희 자신의 것이 아니라 값으로 산 것이 되었으니 그런즉 너희 몸으로 하나님께 영광을 돌리라"(고전 6:19-20). 우리의 주인은 우리를 값 주고 사셨다(벧후 2:1). 구체적으로 말하자면, 우리는 하나님을 위해 그리스도의 고귀한 피 값으로 하나님께 팔린 것이다(계 5:9). 이것이 바로 그리스도인의 본질적인 의미이다.

우리 중에 누구든지 자기를 위하여 사는 자가 없고 자기를 위하여 죽는 자도 없도다 우리가 살아도 주를 위하여 살고 죽어도 주를 위하여 죽나니 그러므로 사나 죽으나 우리가 주의 것이로다 이를 위하여 그리스도께서 죽었다가 다시 살아나셨으니 곧 죽은 자와 산 자의 주가 되려 하심이라(롬 14:7-9).

왜 그런 혐오스러운 개념을 사용했을까?

한편으로 우리는 성경 번역자들이 둘로스의 의미를 완화시킨 이유를 알 만도 하다. 노예라는 말은 너무도 부정적인 이미지와 너무도 심한 수난을 떠올리게 하기에 우리는 본능적으로 그것을 피한다. 오래전 나는 이 주제로 노스캐롤라이나에서 열린 목회자 대회에서 강의한 적이 있다. 강의 후

---

6) Harris, *Slave of Christ*, 18.

질의응답 시간에 한 점잖은 흑인 목사가 일어서서 정중하게 물었다. "노예제는 극히 혐오스러운 것이었습니다. 그런데 어떻게 우리 회중에게 그들이 예수 그리스도의 노예라고 전할 수 있겠습니까?"

물론 그 목사는 모든 설교자와 신실한 사역자가 우리 시대의 불신자들에게 그 순수한 복음을 전할 때 맞닥뜨리는 동일한 딜레마를 말했을 뿐이다. 우리는 본질적으로 인간의 지혜에 반하는 메시지를 선포하고 있다(고전 1:22-31, 고후 4:5). 노예제는 상식을 지닌 모든 사람에게 혐오스러운 것이다. 서너 세대 전 조상이 노예였던 사람은, 조상이 노예도 노예 소유주도 아닌 사람에 비해 노예제에 대한 혐오가 훨씬 클 것이다. 어쨌거나 노예가 된다는 것은 자신의 배경과 상관없이 누구에게도 매력적이지(혹은 고상하지) 않다. 특히 현대 서구 문화에서 자란 사람들은, 예수님이 자신의 주재권을 선포하시며 노예와 같은 절대적 순종을 명령하신 것이 어떤 의미인지 이해하기 어렵다. 그러나 이를 이유로, 그리스도를 주로 여기며 그분께 복종해야 한다고 성경이 우리에게 분명히 가르치는 의무를 무시하거나 완화할 수 없다.

우리가 알아둘 것이 있다. 노예제는 1세기에도 결코 매력적인 제도가 아니었다. 당시 노예제는 로마 사회에 확고하게 자리 잡고 있었는데, 완벽하게 합법적이고 만연하여 거의 문제시되지 않았다. 모든 노예가 부당한 대우를 받지는 않았지만, 대부분은 그랬다. 특히 로마 스타일의 노예제는 끔찍한 학대를 막을 수 없기로 악명이 높았다. 물론 노예 자신은 좋은 대접을 받든, 억압을 당하든 할 수 있는 일이 아무것도 없었다. 정리하자면, 비록 노예제가 사회 경제적 구조상 필요하다는 생각이 널리 퍼져 있기는 했어도 노예라는 신분에 대한 개념은 보편적으로 혐오스러운 것이었다. 다른 사람의 둘로스가 되기 원하는 사람은 한 사람도 없었다.

이렇게 볼 때, 예수님이 제자를 노예로 묘사하신 것은 현재에도 당시에도 대중의 취향이나 느끼는 필요(felt needs)에 호응받지 못하는 것이었다. 오히려 당시의 사람들은 실생활에서 노예를 부리거나 접했기에, 예수님이 절대적으로 자기를 부인하고 그의 주재권에 복종하라고 하신 그 요구의 의미를 현재 우리보다 훨씬 더 생생하게 이해했다. 예수님이 자기를 따르는 비용을 말하실 때, 분명히 그는 자존감에 호소하지도 않으셨으며, 노예가 아닌 제자를 구한다는 듯 갈릴리와 유대 사람을 속이지도 않으셨다. 예수님이 말씀하시는 지위가 얼마나 비천한지 그들은 우리보다 훨씬 잘 이해했다. 사실상 초대 교회의 많은 사람이 노예였다. 그래서 서신서에는 노예가 그리스도의 성품과 거룩함을 반영하기 위해 어떻게 행동해야 하는지 지침을 주는 본문이 많다(엡 6:5-8, 골 3:22, 딤전 6:1-2, 딛 2:9-10, 벧전 2:18-21).

기분 좋은 복음의 문제점

그리스도는 주인이시고 그리스도인은 노예라는 개념은 현재 복음주의 기독교 어휘에서는 거의 완전히 사라졌다. 이제 노예라는 말은 정치적으로 옳지 못하고 나쁜 어감의 말이다. 뿐만 아니라 우리 세대는 자유와 개인의 성취라는 개념을 좋아한다. 모던 및 포스트모던 시대 사람들은 자율을 갈망한다. 게다가 교회가 갈수록 세상적으로 되어감에 따라 성경이 가르치는 진리, 곧 예수님을 우리의 절대적 주와 주인으로 받아들여야 한다는 의무는 복음주의 의식에서 거의 사라졌다. 우리 세대의 교회는 구원 얻는 신앙과 그리스도인의 제자도 전부를 몰지각한(그러나 정치적으로는 옳은) 상투적인 용어, 즉 "예수님과 인격적 관계"라는 말로 축소시켜버렸다. 이 모호한 말은 지난 30-40년 동안 복음주의자들이 복음을 얼마나 파괴적으로 모호하게 다루어 왔는지(잘못 다루어 왔는지) 보여준다. 마치 그리스도가 우리의 친밀한 친구는 되시지만 우리의 주는 아니시라는 듯 다루어 온 것이다.

결론적으로 이것이 주재권 없는 메시지의 골자이다. 즉 지금 여기서 예수님을 구주와 친구로 삼되 그의 권위에 굴복할지는 나중에 결정해도 된다는 것이다. 그리스도인이 된다는 것의 의미를 이 이상 심하게 왜곡할 수 없다. 열두 제자 중에도 주와 주인이신 예수님의 권위에 진정으로 굴복하지 않고 예수님의 "친구"로만 보이려 했던 제자가 있었다. 바로 유다이다. 수많은 사람이(그리고 사탄도) 예수님의 지상 사역 기간에 그와 "인격적 관계"를 맺었지만 주로 받아들이지 않았다. 그러나 이제 곧 살펴보겠지만 예수님의 참된 친구는 오직 그의 말씀을 행하는 사람들이었다(요 15:14).

주재권으로 장난을 치기 시작한 사람들이 둘로스라는 단어의 의미와 그것이 필연적으로 퀴리오스와 연관된다는 사실을 이해했더라면 이 논쟁은 훨씬 덜 시끄러웠을 것이다. 그리고 주재권을 없앤 교리도 분명 엄청난 저항에 부딪혔을 것이다. 솔직히 지난 몇 세대의 그리스도인들이 그리스도의 노예가 된다는 것이 무엇인지 기본적인 이해만 했어도 현재의 복음주의가 이처럼 크게 빗나가지는 않았을 것이다.

이 진리가 번영 신학, 즉 그리스도인은 건강과 부와 성공을 자신의 말로 만들 수 있다는 사상에 어떤 의미가 될지 생각해보라. 또 느끼는 필요의 충족과 개인적 만족의 성취를 그리스도를 따르는 인센티브로 약속하는 시장 지향적 교회 성장 철학이나, "지금 당신의 최고의 삶"(『잘되는 나』로 번역 출판된 조엘 오스틴의 책 제목_옮긴이)을 보장하는 허황된 신앙 추구, 우리 스스로가 진리를 정의할 수 있다는 포스트모던 개념 등에 어떤 의미일지 생각해보라. 이런 사상들은 모두 그리스도인이 다른 이, 즉 절대적 주인이신 그리스도의 뜻에 완전히 종속된 노예라는 성경의 원리와 맞지 않는다.

우리는 성경의 가르침을 들어야 한다. 그리고 지금은 이 어려운 진리의 실상을 정직하게 마주해야 할 때다. 그리스도의 노예는 진정한 제자도의 작은 부분 혹은 부차적인 특징이 아니다. 문자적으로는 해석할 필요가 없는 상징적인 혹은 예증적인 말이 아니다. 이 말은 정확하게 예수님이 자기를 따르는 자들과 반드시 가지실 "인격적 관계"를 친히 규정하신 것이다(요 12:26, 15:20). 그리고 이 사실은 신약 성경 전체에 걸쳐 강조되고 있다. 신약의 몇몇 서신서 서두에서 여러 저자가 자신을 그리스도의 노예로 고백하는 것은 의미심장하다(롬 1:1, 빌 1:1, 딛 1:1, 약 1:1, 벧후 1:1, 유 1:1, 계 1:1). 사도 교회의 참된 신자는 누구나 이 진리를 완벽하게 이해하고 있었다. 사도들이 모두 자신은 예수님의 노예라 고백했다면, 그들의 감독 아래 있는 사람들도 분명히 그리스도의 노예가 되어야 했을 것이기 때문이다.

사실 노예의 근본적인 특징들은 성경이 가장 강조하는 우리 구속의 특징이기도 하다. 우리는 선택받았고(엡 1:4-5, 벧전 1:2, 2:9), 값으로 사신 바 되었으며(고전 6:20, 7:23), 우리 주인의 소유이며(롬 14:7-9, 고전 6:19, 딛 2:14), 주인의 뜻과 통제 아래 있고(행 5:29, 롬 6:16-19, 빌 2:5-8), 삶의 모든 면에서 주인을 전적으로 의존한다(고후 9:8-11, 빌 4:19). 궁극적으로 우리는 하나님께 해명을 해야 하고(롬 14:12), 심판을 받아(고후 5:10), 징계나 상을 받는다(히 12:5-11, 고전 3:14). 이것은 모두 노예의 본질적인 요소들이다.

예수님은 뭐라고 하시는가?

예수님은 친히 신약에서 노예 비유를 사용하셨다. 그는 자주 노예와 제자를 직접적으로 연관시키셨다. 예를 들어 마태복음 10장 24-25절에서는 "제자가 그 선생보다, 또는 종이 그 상전보다 높지 못하나니 제자가 그 선생 같고 종이 그 상전 같으면 족하도다 집 주인을 바알세불이라 하였거든 하물며 그 집 사람들이랴"라고 하셨다. 예수님은 비유를 말씀하시면서 종종 노예를 제자의 상징으로 사용하셨다. "잘하였도다 착하고 충성된 종아 네가 적은 일에 충성하였으매 내가 많은 것을 네게 맡기리니 네 주인의 즐거움에 참여할지어다"(마 25:21)는 모든 참된 제자들이 인생의 마지막에 듣기 원하는 말씀이다.

예수님은 항상 참된 제자를 그런 말로 묘사하셨는데, 그 메시지가 세상에 마음을 둔 죄인에게 매력적으로 들리게끔 하려는 노력을 전혀 하지 않으셨다. 예수님의 설교와 사적인 강론은 모두 어떤 꾸밈도 없이 직설적이기로 유명하다. 예수님은 제자도에 따르는 대가를 말씀하시며 조금도 강도를 낮추거나 단순화하거나 얼버무리거나 가볍게 말하거나 완화시키거나 대충 말하거나 부드러운 말로 포장하지 않으셨다.

예수님은 단지 먹을 것과 기적을 위해 따르는 사람들에게 어떤 격려의 말을 조금도 하지 않으셨다. 사실 그런 사람들을 포기하게 하려는 온갖 일을 하셨다(요 6장). 오직 자기 죄로 인해 아파하는 사람, 자신의 절망적인 상황을 이해하는 사람, 그래서 다른 모든 것을 버리고 그의 제자가 되기 원하는 상한 마음을 가진 사람들만 부르셨다(눅 5:32, 14:33). 그를 따르려면 어떤 대가를 치러야 하는지 설명을 건너뛰지 않으셨다. 그리고 (오늘날 일부 교회 지도자들이 옹호하는 것과는 반대로) 이미 신자가 된 사람들에게 가혹한 말씀을 삼가지 않으셨다. 회심하지 않은 무리에게나(눅 14:25-35), 어디든 주를 따를 준비가 되었다고 주장하는 제자 후보생들에게나(눅 9:57-58) 동일한 말씀을 하셨다. 때로는 가능한 한 많은 구도자를 돌려보내려는 듯 말씀하셨다. 실제로도 단순한 호기심과 반마음(halfhearted)으로 따르는 사람들의 무리를 돌려보내셨다(요 6:66-67).

예수님은 사람들에게 완전한 자기 부인을 요구하셨다. 그들에게 명시적인 순종을 요구하셨다. 예수님을 위해 죽을 준비를 하라고 가르치셨다. 가족과 친구, 개인 계획, 야망을 비롯한 이 세상의 다른 모든 것을 포함해 그들의 모든 정상적인 우선순위를 포기하라고 요구하셨다. 그들의 삶은 모두 분명히 그리고 돌이킬 수 없이 예수님의 권위 아래 있어야 한다. 이것이 그의 요구 조건이다. 그래서 다른 조건을 고집하는 제자 후보생들은 언제나 거부당했다.

노예이지만 친구였다

절대적 순종에 대한 가장 핵심적인 본문은, 이미 간단히 언급한 요한복음 15장 14-15절일 것이다.

너희는 내가 명하는 대로 행하면 곧 나의 친구라 이제부터는 너희를 종이라 하지 아니하리니 종은 주인이 하는 것을 알지 못함이라 너희를 친구라 하였노니 내가 내 아버지께 들은 것을 다 너희에게 알게 하였음이라.

우선 이 본문이 순종이라는 근본적인 원리에서 시작하는 것에 주목하라. 예수님은 주로서 그들에게 명령을 내리시며, 그들은 예수님께 순종해야 한다. 예수님은 그들의 주인이고 그들은 예수님의 말은 무엇이든 해야 할 의무를 지닌 종이다. 그들에 대한 예수님의 권위는 절대적이며, 그들의 순종은 여지가 없다. 그러지 않으면 그의 친구가 아니다.

예수님은 순종하면 친구가 된다고(다시 말해서 섬김을 통해 그의 호의를 획득할 수 있다고) 말씀하신 것이 아니다. 이를 이해하는 일이 중요하다. 예수님은 그렇지만 순종이 그의 친구가 누구인지 보여주는 유일한 증거라고 말씀하셨다. 주님의 계명에 대한 무조건적인 순종은 주님을 향한 진정한 사랑에 기대되며 또 필요로 하는 자연스러운 열매이다. 그러므로 순종은 진정으로 구원 얻는 믿음의 숨길 수 없는 표시이기도 하다. 다시 말하지만 여기서 추론되는 사실은 예수님의 말씀을 행하지 않는 사람은 절대로 그의 친구가 아니라는 것이다. 예수님은 주인과 노예의 관계를 최대한 분명하게 설명하고 계신다.

그렇다면 예수님은 왜 "이제부터는 너희를 종이라 하지 아니하리니······ 너희를 친구라 하였노니"라고 말씀하셨을까? 그들의 관계가 이제는 권위와 복종에 의해 지배되는 주인-노예의 관계가 아니라 친구 사이처럼 친밀한 인격적인 동료 관계라고 말씀하시는 것일까? 이 부분의 말씀은 노예 비유 전체를 부정하는 것 같다.

그러나 전혀 그렇지 않다. 문맥을 보자. 먼저 예수님은 분명하게 자신이 그들을 노예로 불렀다고 밝히신다. 이것이 그들의 정확한 신분(둘로스)이며, 예수님은 그들에게 이론의 여지가 없는 퀴리오스이시기 때문이다. 그 관계는 정의상 변할 수가 없다. 그래서 15절에서 예수님은 단순하게 그들이 자신의 노예이면서 동시에 친구라고 말씀하신다. 그리고 노예와 친구 사이를 구분하는 이유를 "종은 주인이 하는 것을 알지 못함이라"고 분명하게 설명하신다. 다시 말해서 노예의 순종은 무조건적이고 망설임이 없다. 주인에게 설명이나 이유를 요구할 권리가 없다. 이해가 되든 안 되든 순종해야 한다.

그러나 예수님은 제자들에게 아무것도 비밀로 하지 않으셨다. 그들에게 자신의 의도를 모두 알려주셨다. "내가 내 아버지께 들은 것을 다 너희에게 알게 하였음이라." 그러므로 제자들은 예수님에게 단순한 노예 이상이었다. 그들은 예수님의 생각과 의도를 공유하는 친구도 되었다(고전 2:16 참조). 이와 비슷하게 통치자들은 누구나 자신의 신하 가운데 친구가 있어서 개인적인 일을 드러낼 수 있었다. 그러나 그들은 여전히 부하였다. 자신의 주 혹은 주인과 친구가 되는 것이 그들의 관계에 내재하는 권위를 없애버리지는 않는다.

주인과 노예 사이의 이런 친구 개념은 로마 시대에 생소한 것은 아니었지만(몬 1:15-17 참조) 매우 이례적인 것이기는 했다. 노예와 주인 사이의 긴장은 (당연히 예상되듯) 대체로 적대감으로 채워졌다. 머레이 해리스는 노예를 많이 소유한 사람은 대적도 많다는 라틴 속담을 인용한다.[7] 예수님은 제자들을 친밀한 친구 그룹에 넣음으로써 이 긴장을 안전히 해소하셨다. 자신의 노예에 대한 사랑으로 그들을 자신의 친구로 삼으신 것이다.

사랑은 상호적이지만 신분은 그렇지 않다. 여전히 예수님은 그들의 주이시고 그들도 여전히 그의 둘로스이다. 다시 말해 그들이 친구라 해서 허물없는 단짝이나 또래 관계는 아니라는 의미이다. 예수님은 여전히 그들의 주와 주인이었고 그들은 완전히 그에게 속한 자들이었다. 머레이 해리스의 말을 다시 들어보자.

비록 예수님은 그분께 순종하는 제자들을 친구라 불렀지만, 그렇다고 그들이 예수님을 친구라 부를 자격을 얻은 것은 아니다. 구약에서 아브라함은 하나님의 친구로 불렸다(대하 20:7, 사 41:8). 그러나 야고보는 "하나님은 아브라함의 친구라 불렀다"라고 하지 않고 "그(아브라함)는 하나님의 친구로 불렸다"(약 2:23 참조)라고 했다. 물론 이것은 하나님 혹은 예수님이 친구와 같

---

7) Ibid., 145-46.

지 않다는 말이 아니라, 두 분 다 우리에게 친구처럼 편한 동료 관계가 아닌 여전히 순종해야 할 주로 남아 계시다는 말이다.[8]

그러므로 제자는 (친구로서 그들의 주인과 사랑으로 관계를 맺고 있지만) 여전히 순종을 특징으로 하는 노예이다.

이것은 그리스도가 아버지의 사랑을 받지만 그의 노예인 것과 정확하게 같다. 예수님이 아버지의 뜻에 완전히 그리고 무조건적으로 순종하신 것은 우리가 따르도록 제시된 순종의 유형과 정확하게 같다.

너희 안에 이 마음을 품으라 곧 그리스도 예수의 마음이니 그는 근본 하나님의 본체시나 하나님과 동등됨을 취할 것으로 여기지 아니하시고 오히려 자기를 비워 종의 형체를 가지사 사람들과 같이 되셨고 사람의 모양으로 나타나사 자기를 낮추시고 죽기까지 복종하셨으니 곧 십자가에 죽으심이라(빌 2:5-8).

노예와 진정한 자유

바로 이해한다면, 복음은 노예로의 초청이다. 사람들에게 그리스도를 믿으라고 할 때 우리는 예수님이 하셨던 것과 꼭 같이 그 사실을 강조해야 한다. 복음은 한편으로 죄의 포로 된 자에게 해방을, 죄의 권세라는 굴레에 짓눌린 자에게 자유를 선포하지만, 다른 한편으로는 완전히 다른 종류의 노예로 소환한다. "죄로부터 해방되어 의에게 종이 되었느니라"(롬 6:18).

---

8) Ibid., 145.

사도 베드로는 "너희는 자유가 있으나 그 자유로 악을 가리는 데 쓰지 말고 오직 하나님의 종과 같이 하라"(벧전 2:16)고 말했다.

두 가지 다 중요하다. 그리스도의 노예에게는 영광스러운 자유가 있다. "아들이 너희를 자유롭게 하면 너희가 참으로 자유로우리라"(요 8:36). 또 그리스도의 참된 제자가 된다는 것은 인간의 자율에 종지부를 찍는 것이다. 사실 인간의 자기 결정권은 환상에 불과하다. 그것이 제공하는 단 한 가지 자유는 바로 "의로부터의 자유"(롬 6:20 참조)인데, 이야말로 죄의 종이 되는 핵심이며, 그 필연적 결말은 사망과 파멸이다. 만일 우리가 죄와 그 모든 결과들로부터 진정한 자유를 원한다면 우리에게 필요한 것은 자율이 아니라 다른 종류의 속박, 즉 그리스도의 주재권에 대한 완전한 굴복이다.

다시 말해서, 모든 사람은 누군가를 주인으로 섬기고 있다. 진정으로 독립하여 자치(自治)를 하는 사람은 없다. 우리는 모두 이런저런 방법으로 노예가 되어 있다. 사도 바울의 말을 들어 보자.

> 너희 자신을 종으로 내주어 누구에게 순종하든지 그 순종함을 받는 자의 종이 되는 줄을 너희가 알지 못하느냐 혹은 죄의 종으로 사망에 이르고 혹은 순종의 종으로 의에 이르느니라 하나님께 감사하리로다 너희가 본래 죄의 종이더니 너희에게 전하여 준 바 교훈의 본을 마음으로 순종하여 죄로부터 해방되어 의에게 종이 되었느니라 너희 육신이 연약하므로 내가 사람의 예대로 말하노니 전에 너희가 너희 지체를 부정과 불법에 내주어 불법에 이른 것 같이 이제는 너희 지체를 의에게 종으로 내주어 거룩함에 이르라 너희가 죄의 종이 되었을 때에는 의에 대하여 자유로웠느니라(롬 6:16-20).

이 진리를 얼버무리거나 부정한다면 복음이라고 할 수 없다. 예수님이 전한 복음은 죄인들에게 그들의 독립을 포기하고 자신을 부인하며 나 아닌 그분의 의지에 굴복하고 모든 권리를 버림으로써 주님의 소유가 되고 다스림을 받으라고 부른다. 우리가 예수님을 주(퀴리오스)라고 고백한다면 자동적으로 우리는 그의 노예(둘로스)라고 고백하는 것이다.

이 말이 실제적으로 의미하는 것은 무엇일까? 에드윈 야마우치의 말을 들어보자.

> 그것은 우리가 포로가 되고 패배하여 노예가 되었다는 의미이다. 그러나 우리는 우리를 사로잡은 자가 사랑과 자비의 군주임을 발견한다. 우리의 노예살이에는 노예 같은 면이 전혀 없다. 우리는 두려워하는 속박의 영을 다시 받지 아니하고 오히려 양자의 영을 받았기 때문이다(롬 8:15). 또한 우리가 노예로 전락한 것은 굴욕도 악화도 아니다. …… 우리는 하늘 궁전에서 섬기도록 높임 받았고, 더 높은 본성을 부여받았다.
>
> …… [그것은 또한] 다른 주인이 믿을 수 없을 정도의 값을 치르게 한 우리의 속전을 생각하게 한다. 왕이 가진 엄청난 양의 재산 전부로 우리를 산 것도 아니고, 어떤 귀한 기술로 우리를 산 것도 아니다. 사랑스럽지도 않고 공로도 없고 거역하는 마음을 지닌 우리를 주님 자신의 고귀한 보혈로 구속하셨다.
>
> 이렇게 그리스도께서 우리를 값 주고 사셨으므로 우리는 완전히 그의 것이다.[9]

---

9) Yamauchi, "Slaves of God," 48-49.

이를 달리 볼 수 있는 방법이 없다.

또한 예수님을 존경하지만 섬길 준비가 되지 않은 사람들에게 이 메시지가 매력적으로 들리도록 조정할 합당한 방법도 없다.

예수님은 자신의 메시지를 이 관점에 맞추신 적이 없다. 예수님은 자신을 존경해줄 사람을 찾지 않으셨다. 제자, 그것도 대충하는 제자가 아니라 노예를 부르셨다. 이것은 그가 제자들에게 무조건적인 순종을 요구하신 이유를 설명한다. 또한 무조건적으로 순종하지 않는 사람들에게 아예 따르지 말라고 만류하신 이유도 설명한다.

이처럼 예수님은 주저함도 변명도 없이 자신의 주재권을 선포하셨다. 그분께 대한 참된 믿음은 무조건적인 복종으로 시작됨을 분명히 하셨다. 그러므로 구원 얻는 믿음의 자세는 노예의 자세로 비유된다. 이것은 영광스러운 복종이다. 그리스도의 노예가 된다는 것은 모든 참된 신자의 최고의 기쁨이다. 그러나 이 복종의 자세가 없다면, 그리스도께 마음 깊은 곳에서부터 대단한 "존경심"을 갖는다 해도 전혀 참된 믿음이 아니다. 그리스도의 주재권에 완전히 굴복하는 것이 진정으로 구원 얻는 믿음의 가장 중요한 요소이다. 그러므로 그리스도의 주재권을 선포하는 일은 참된 복음에 절대적으로 필요하다.

앞으로 이 책에서 예수님의 생애와 사역 그리고 공적 강화를 다룬 장들을 탐구하는 동안, 우리는 예수님이 한결같이 자신의 주재권을 중요한 주제로 삼았음을 분명히 보게 될 것이다. 이 주제는 예수님의 공적 설교와 가르침을 지배했다. 또 그가 하신 비유의 공통된 모티프였고, 그가 설명하는 대부분의 교리적 주제들 기저에 있는 것이었다.

"하늘에 있는 자들과 땅에 있는 자들과 땅 아래에 있는 자들로 모든 무릎을 예수의 이름에 꿇게 하시고 모든 입으로 예수 그리스도를 주라 시인하여 하나님 아버지께 영광을 돌리게 하셨느니라"(빌 2:10-11).

이 말씀에서 나는 구속 이야기와 구속받은 자의 노래와 복음의 이유를 관통하는 사상을 발견한다.

2장

어느 쪽이 예수님이 선포하신 복음인가?

오늘날 복음을 전하는 전형적인 메시지를 들어보라. "예수 그리스도를 개인의 구주로 영접하십시오." "예수님을 당신의 마음에 모셔 들이십시오." "그리스도를 당신의 삶에 모셔 들이십시오." "그리스도를 향해 결단하십시오." 등과 같이 죄인들에게 간청하는 말을 들을 수 있다. 너무나도 익숙하게 들어온 말이기에 이들 중 어느 하나도 성경에 나오지 않는다는 사실을 알면 놀랄 것이다. 이런 것들은 희석된 복음의 산물이다. 예수님이 전하신 복음이 아니다.

예수님이 선포하신 복음은 제자도로의 부르심이요 굴복적인 순종으로 그를 따르라는 부르심이었지, 단순히 결신을 하거나 어떤 기도를 하라는 호소가 아니었다. 예수님의 메시지는 사람들을 죄의 속박에서 해방시켰지만, 다른 한편으로는 그들의 위선을 지적하고 정죄했다. 회개하는 죄인에게는 영생과 용서를 제공했지만, 동시에 진정한 의로움 없이 살면서 겉으로만 신앙이 있는 체하는 사람들에게는 꾸지람이었다. 또한 죄인들에게는 죄로부터 돌아서서 하나님의 의를 받아들여야만 한다고 하는 경고였다. 어느 모로 보나 기쁜 소식이었지만 결코 "쉬운 믿음"(easy-believism)은 아니었다.

영원한 생명을 전하는 우리 주님의 말씀에는, 구원을 가볍게 여길 유혹에 처한 사람들을 향한 경고가 예외 없이 따랐다. 주님은 그를 따르는 데는 치러야 할 대가가 크며, 그 길은 협착하여 찾는 이가 적다고 가르치셨다. 또한 그를 주라고 부르는 사람들 가운데 많은 이가 천국에 들어가지 못할 것이라고 말씀하셨다(마 7:13-23 참조).

오늘날의 복음주의는 대체로 그런 경고를 무시해버린다. 구원 얻는 믿음의 조건에 대한 일반적인 관점이 계속 넓어지며 얕아지고 있다. 설교와 증거에서 그리스도에 대한 설명이 갈수록 불분명해지고 있다. 오늘날의 복음주의는 그리스도인이라 자처하는 사람은 누구든 한 번 신앙을 고백했으면 그의 현재 행위가 그리스도께 헌신하는 증거를 보이든 말든 기꺼이 받아들인다.

몇 년 전, 한 매체는 자신이 "거듭났다"고 주장하면서도 극악한 외설물을 계속 출판하는 악명 높은 포르노물 제작자의 비행을 폭로했다. 어떤 유명 스포츠인은 그리스도를 믿는다고 고백하며 떠들썩하게 세례를 받았는데, 몇 주 후 강간죄로 고소를 당해 유죄를 인정받았다. 자신이 그리스도인이라고 주장하는 다른 유명인사는 방탕한 삶으로도 유명하다. 이런 일을 보면서 더욱 괴로운 것은, 많은 그리스도인들이 이들을 진정으로 거듭난 사람이라 인정하면서 교회가 그들을 참된 신자로 포용해야 한다고 주장하는 것이다.

예수님의 복음을 버렸다

복음주의 한편에서는, 그리스도께로 회심하는 것에는 "어떠한 영적 헌신도 포함되지 않는다"[1]라고 주장하기까지 한다. 이들은 단순히 그리스도에 관한 사실을 믿고 영원한 생명을 주장하면 누구든 영생을 약속받는다고 가르친다. 이것이 성경의 가르침이라는 것이다. 죄로부터 돌아설 필요도 없고, 그에 따르는 삶의 변화와 헌신도 필요 없다. 심지어 그리스도의 주재권에 굴복할 의사가 없어도 된다.[2] 이런 것들은 인간의 행위로, 은혜를 변질시키며 믿음과는 아무런 상관이 없다고 가르친다.

그런 사고의 결과, 문제 많은 구원 교리가 나왔다. 곧 성화 없는 칭의로, 이것이 교회에 주는 영향은 재앙 수준이다. 그리스도인이라는 사람들의 집단을 보면, 천박하고 열매 없는 신앙을 장려하는 시스템 안에 받아들여진 사람들로 넘쳐난다. 많은 사람이 자신은 구원받았다고 진실하게 믿지만, 삶에서 그것을 증명하는 열매를 전혀 맺지 못한다. 예수님은 이런 엄중한 경고를 하셨다.

나더러 주여 주여 하는 자마다 다 천국에 들어갈 것이 아니요 **다만 하늘에 계신 내 아버지의 뜻대로 행하는 자라야** 들어가리라 그 날에 많은 사람이 나더러 이르되 주여 주여 우리가 주의 이름으로 선지자 노릇 하며 주의 이름으로 귀신을 쫓아 내며 주의 이름으로 많은 권능을 행하지 아니하였나이까 하리니 그 때에 내가 그들에게 밝히 말하되 내가 너희를 도무지 알지 못하니 **불법을 행하는 자들아** 내게서 떠나가라 하리라 (마 7:21-23, 강조는 저자 추가).

---

1) Zane C. Hodges, *The Gospel Under Siege* (Dallas: Redencion Viva, 1981), 14.
2) Charles C. Ryrie, *Balancing the Christian Life* (Chicago: Moody, 1969), 169-70.

분명 과거의 어떤 경험도(예언도, 귀신을 쫓아낸 일도, 기적과 이사를 행한 일도) 순종하는 삶이 없다면 구원의 증거로 여겨질 수 없다.

우리 주님은 어떤 특별한 집단을 향해 이 말씀을 하신 것이 아니다. 그날에 주님 앞에 설 사람들 가운데 다수가 하나님 나라에 들어갈 수 없음을 알고 경악할 것이다. 지금 주류 복음주의 운동권 교회의 회중석을 채우는 수많은 사람이 아버지의 뜻대로 행하지 않아 쫓겨나는 사람들 가운데 속할 것이다.

현대의 그리스도인들은 기도문을 따라하거나 결신서에 서명하거나 초청에 응해 줄을 서거나 기타 다른 경험을 하면 구원을 받는다고 배운다. 그뿐 아니라 자신의 구원을 절대 의심하지 않도록 조건화되어 있다. 나는 여러 전도훈련 세미나에 참석했는데, 거기서는 "개종자"가 자신의 구원을 의심할 경우, 구원에 대한 의심은 무엇이든 사탄이 주는 것이므로 떨쳐야 한다고 말하도록 상담자들을 가르쳤다. 이처럼 자신의 구원을 의심하는 것은 하나님의 말씀의 진실성에 도전하는 행위라는 그릇된 생각이 널리 퍼져 있다.

이 얼마나 그릇된 생각인가! 성경은 우리가 믿음 안에 있는가 자신을 시험해 보라고 한다(고후 13:5). 베드로는 "그러므로 형제들아 더욱 힘써 너희 부르심과 택하심을 굳게 하라"(벧후 1:10)고 했다. 우리의 삶을 점검하고 우리가 맺는 열매를 평가하는 것이 마땅하다. 나무는 그 열매로 알기 때문이다(눅 6:44).

하나님께서 우리의 삶에 역사하셨다면 필연적으로 변화된 삶이 열매로 맺히며 이것이 구원의 증거라고 성경은 가르친다(요일 3:10). 의로운 삶이라는 결과를 내지 못하는 신앙은 죽은 신앙이요, 그러기에 구원을 주지 못한다(약 2:14-17).³⁾ 그리스도인이라 하면서도 참된 의의 열매가 없는 사람은 구원의 확신을 가질 성경적 근거가 없다(요일 2:4).

진정한 구원은 오직 칭의에서 끝나지 않는다. 진정한 구원은 중생, 성화 그리고 궁극적 영화와 분리될 수 없다. 구원은 하나님께서 하시는 일로, 이를 통해 우리는 그의 아들의 형상을 본받게 된다(롬 8:29. 롬 13:11 참조). 진정한 확신은 어떤 체험에 대한 기억에 매달리는 것이 아니라 우리 삶을 변화시키는 성령의 변화를 보는 데서 온다.

쉬운 복음이 등장한 배경

예수님의 복음을 연구하면서 우리는 신학의 학문 체계나 어떤 교리에 대한 특정 신학자들의 견해에 일차적으로 관심을 가지지 않을 수 없다. 어쨌거나 이 문제를 이해하려면 복음을 대하는 현대의 관점이 어떻게 발전했는지 반드시 살펴보아야 한다.

20세기 이전만 해도 진지한 신학자들은 구원을 받아도 생활방식과 행위에서는 중생의 흔적이 보이지 않을 수 있다는 생각을 받아들이지 않았다.⁴⁾ 그러다 1918년 루이스 스페리 체이퍼는『영적인 사람』(He that is Spiritual)이라는 책을 출판했는데, 고린도전서 2장 15절에서 3장 3절은 육적 그리스도인과 영적 그리스도인 두 부류의 그리스도인에 대해 말한 것이라는 개념

---

3) 야고보는 "내 형제들아 만일 사람이 믿음이 있노라 하고 행함이 없으면 무슨 유익이 있으리요 그 믿음이 능히 자기를 구원하겠느냐"(약 2:14)라는 수사적 질문을 한다. 현대신학의 한 부류는 여기에 "예"라고 하는 것 같다. Hodges, *Gospel Under Siege*, 19-33을 참조하라. 그렇지만 야고보의 메시지는 명확하다. 심지어 귀신도 기초적인 사실을 받아들일 만큼 믿음이 있었다(19절). 그러나 그것이 구원을 얻는 믿음은 아니다. "행함이 없는 믿음은 헛것"(20절)이며, "행함이 없는 믿음은 죽은 것이다"(26절). 이 세 구절을 요약하면, 본문은 효력이 없는 믿음에 대한 설명이지, 한때는 산 믿음이었지만 지금은 죽은 믿음에 대한 설명이 아니라는 결론을 내릴 수밖에 없다.
4) 부록1 "사도들이 전한 복음"을 보라. 믿음과 행위 사이의 관계에 대한 교회의 역사적 이해에 관해 설명했다.

을 정리한 책이다.

체이퍼는 "육적 그리스도인은 …… 자연인(구원받지 못한 사람)과 차이가 없는 '행위'를 하는 특징을 지닌다"[5]고 말했다. 이는 체이퍼 박사 당대의 그리스도인 대부분에게는 낯선 개념이었다.[6] 그러나 오늘날 교회 대부분은 이 개념을 핵심 전제로 받아들인다. 체이퍼 박사의 영성 교리는 일부 그의 다른 가르침과 함께 복음을 완전히 새롭게 보는 기초가 되었다. 그렇기에 그의 가르침을 직면하는 일은 필수적이다.

워필드 박사는 육적 그리스도인과 영적 그리스도인으로 나누는 체이퍼 박사의 이분법을 "더 높은 삶을 가르치는 사람들(Higher Life teachers)의 말"[7]이 반영된 것으로 본다. 이들은 더 높은 차원의 승리하는 삶은 믿음으로 그것을 붙드는 사람에게 주어진다고 가르쳤다. 이 두 부류의 그리스도인 개념은 의심할 여지 없이 체이퍼 박사가 세대주의자들의 구별을 편애한 데서 온 불행한 결과이다. 이것은 세대주의의 방법론이 얼마나 그릇될 수 있는지 보여주는 고전적인 예다.

---

5) Lewis Sperry Chafer, *He That Is Spiritual*, rev. ed.(Grand Rapids: Zondervan, 1967), 21.
6) 세대주의 신학교에서 공부한 사람들은 체이퍼 박사의 책이 처음에 출간되었을 때 극도의 논란이 있었다는 사실을 알면 놀랄 것이다. B. B. 워필드 박사는 준엄한 서평을 통해 체이퍼의 기본 전제에 문제를 제기한다. 워필드는 그리스도인들도 육적으로 행동할 수 있다는 명백한 진리를 부정하지 않지만, 육적 행위를 영적인 삶과 별개의 상태로 분류하는 것에 강력하게 반대한다. 워필드는 몇 가지 탁월한 지적을 한다.
"이 가르침은 일반적으로 "두 번째 축복", "은혜의 두 번째 역사", "더 높은 삶" 등으로 이해되는 교리와 구분되지 않는다. …… 그리스도인 안에 남아 있는 육은 그의 특징이 되지 않는다. 그는 성령 안에 있고 비록 절름거리기는 하지만 성령의 도움으로 걷는다. 그리고 "죄가 너희를 주장하지 못하리니"라는 약속은 일부 그리스도인이 아니라 모든 그리스도인에게 주어진 것이다. 또 "이는 너희가 법 아래에 있지 아니하고 은혜 아래에 있음이라"는 큰 확언도 있다. 예수 그리스도를 믿는 사람은 은혜 아래 있다. 그래서 그의 길 전체가, 그 과정과 문제가 다같이, 은혜에 의해 결정된다. 그러므로 그는 하나님의 아들의 형상을 본받도록 예정되었기에, 분명 그 형상을 본받아가고 있다. 하나님께서 친히 그가 부름 받고 의롭다 하심을 얻고 또한 영화롭게 되도록 하신다. 우리는 이 과정의 모든 단계에 있는 그리스도인을 찾아볼 수 있을 것이다. 모든 사람이 반드시 거쳐야 하는 과정이기 때문이다. 그러나 하나님이 보시기에 좋은 때와 방법으로 그 모든 단계를 거치지 않는 사람은 볼 수 없을 것이다. 그리스도인은 모두가 나아가고 있으며 그 모두가 도착할 목적지를 향해 나아가는 각 단계에 있을 수는 있다. 그러나 두 종류의 그리스도인은 없다"(Benjamin B. Warfield, review in Princeton Theological Review[April 1919], 322-27).
7) Ibid., 322.

세대주의는 세대를 통한 하나님의 프로그램을 시대별로 이해하는 근본적으로는 바른 체계이다. 그 주된 요소는 이스라엘을 위한 하나님의 계획은 철회되거나 교회를 위한 하나님의 프로그램으로 대체되지 않는다는 인식이다. 이스라엘과 교회는 별개이다. 그래서 하나님은 이스라엘 민족을 메시아이신 예수님의 지상 통치 아래서 회복하실 것이다. 나는 그 교리를 받아들이고 동의한다. 그것이 일관된 문자적 성경 해석으로부터 나오기 때문이다(동시에 성경에는 합법적인 은유가 존재한다는 것도 인정한다). 이 점에서 나는 자신을 전통적인 전천년설 세대주의자라고 여긴다.[8]

체이퍼 박사는 세대주의 초기의 대변인으로, 그의 가르침은 이 운동이 나아가는 길에 많은 도움을 주었다. 그는 명석한 사람으로 예리한 분석적 두뇌와 명쾌하게 소통하는 능력을 모두 갖춘 천재였다. 전통적 세대주의의 체계적 방법론은 부분적으로 그의 유산이다.

그렇지만 세대주의자들은 비성경적일 정도로 구분해 진리를 파편화하는 데까지 나아가는 경향이 있다. 다양한 세대주의 해석자들은 관련된 진리들을 범주화하고 대조하려는 거의 강박관념에 가까운 욕구로 인해 이스라엘과 교회 사이의 합당한 구분을 훨씬 넘어서게 되었다. 또한 많은 사람들이 구원과 제자도, 교회와 하나님 나라, 그리스도의 가르침과 사도들의 메시지, 신앙과 회개, 율법 시대와 은혜 시대 사이를 엄격하게 구분하고 있다.

율법 시대와 은혜 시대의 구분은 특별히 세대주의 신학에 대파멸을 초래해 구원 교리의 혼란을 부추겼다. 물론 율법과 은혜 사이에는 중요한 차이가 있다. 그러나 체이퍼 박사처럼 어느 시대들이 하나님의 프로그램에

---

8) 성경적인 세대주의의 정의는 Charles C. Ryrie, *Dispensationalism Today*(Chicago: Moody, 1965), 43-44에 나와 있다.

있어서 상호배타적이라고 결론짓는 것은 옳지 않다.[9] 실제로 율법과 은혜라는 요소는 둘 다 모든 시대에 있어서 하나님의 프로그램의 일부이다. 그 중 가장 중요한 것은, 구원이 율법의 행위가 아니라 언제나 은혜를 인하여 믿음으로 말미암아 주어진다는 진리이다(갈 2:16). 분명히 모세의 법 아래 살았던 구약의 성도들도 은혜를 인하여 믿음으로 말미암아 구원을 받았다(롬 4:3, 6-8, 16). 분명히 이와 마찬가지로 신약의 성도들도 지켜야 할 법이 있었다(갈 6:2, 고전 7:19, 9:21). 이것은 체이퍼가 시사한 바처럼 "율법과 은혜를 무분별하게 뒤섞는 것"[10]이 아니다. 이것은 성경의 기본적인 진리이다.

체이퍼의 모든 성경관은 "순전한 은혜" 시대(교회 시대)와 이 시대를 앞뒤로 싸고 있는 두 "순전한 율법" 시대(모세 시대와 천년 왕국 시대) 사이의 확연한 구분을 유지하고픈 그의 소원에 의해 각색되었다.[11] 일례로 그는 산상 설교는 "하나님 나라의 복음", "왕의 선언문"의 일부라고 썼다.[12] 그는 그 목적이 "(천년) 왕국의 본질적 성격"을 선포하려는 것이었다고 믿었다. 그는 이것이 은혜가 아니라 율법이라 판단했고, 이는 구원에 대해서든 은혜에 대해서든 아무 언급이 없다고 결론을 내렸다. 그는 "이 은혜의 시대의 특징에 대해 그렇게 완전히 언급도 하지 않은 것은 주의 깊게 달아볼 사실이다."라고 했다.[13]

---

9) 체이퍼 박사는 이렇게 썼다. "신적 통치의 성격과 관련해 십자가 이전 시대와 그리스도의 재림 이후의 시대 둘 다 순전한 율법의 시행을 보여준다. 반면 두 시대 사이의 기간은 순전한 은혜의 시행을 보여준다. 그러므로 이런 중대한 시대 특징적 요소들을 부주의하게 서로 섞지 않아야 한다. 그러지 않으면 하나님과 사람 사이의 다양한 관계에 대한 중대한 구분을 보존할 수 없다. 그리고 그리스도의 죽음과 그의 재림의 참된 능력을 제대로 인식할 수 없다"(Lewis Sperry Chafer, *Grace*, 1922[reprint, Grand Rapids: Zondervan, 1965], 124).
10) Ibid. 스코필드 주석 성경(The New Scofield Reference Bible)이 율법의 중요성과 율법이 은혜 시대에 하는 일에 대해 체이퍼보다 훨씬 무게를 둔다는 점은 주목할 만하다(New York: Oxford, 1967), 3, 1254.
11) Chafer, *Grace*, 124.
12) Ibid., 138.
13) Ibid., 139. 이 말을 "산상 설교는 율법이 아니라 복음이다."라고 한 루터의 진술과 대조해 보라. John R. W. Stott, *Christian Counter-Culture*(Downers Grove, Ill.: InterVarsity, 1978), 37에서 인용함.

다른 세대주의 작가들은 이 개념을 달아본 후 체이퍼가 암시만 한 것을 더욱 명시적으로 진술하는 데까지 나아갔다. 즉 산상 설교는 "그리스도인들이 아니라 오직 율법 아래 있는 자들에게 적용된다. 그러므로 지금 우리 세대가 아닌 다른 세대에 적용하기 위한 것이다."라고 했다.[14] 정도의 차이는 있지만 이런 통탄스러운 해석학이 우리 주님이 지상에서 가르치신 것 대부분에 널리 적용되어 복음 메시지를 무력화한다.[15] 그런 시스템에서 나오는 복음전도 메시지가 예수님이 전한 복음과 심히 다른 것은 이상한 일이 아니다. 그리스도의 메시지 대부분이 다른 세대를 향한 것이라는 전제에서 시작한다면, 우리의 복음이 예수님이 전한 복음과 같아야 할 이유가 어디 있는가?

그러나 그런 전제는 위험하고 성립될 수 없다. 그리스도께서는 대환난기나 천년 왕국 시대가 아니면 효력이 없는 메시지를 선포하려고 오시지 않았다. 예수님은 잃어버린 자를 찾아 구원하려고 오셨다(눅 19:10). 죄인을 불러 회개케 하려고 오셨다(마 9:13). 자기를 통해 세상이 구원을 받게 하려고 오셨다(요 3:17). 그는 단순히 미래 어떤 시기를 위한 선언이 아닌 구원을 얻는 복음을 선포하셨다. 예수님의 복음은 우리가 전해야 할 유일한 메시지이다.

---

14) Clarence Larkin, *Dispensational Truth*(Philadelphia: Larkin, 1918), 87. 라킨의 책은 지금도 발행되어 많은 세대주의자에 의해 사용된다. 그 또한 주님의 기도에 나오는 "나라가 임하시오며"라는 어구를 들어 그 기도가 "대환난기"에 살 사람들만"을 위한 것으로 의도되었다는 증거라고 지적한다. 그러나 그의 결론은 증거가 없다. 하나님 나라는 대환난기 이전인 오늘을 사는 사람들에게도 임한다.

15) 많은 세대주의자들은 산상수훈을 비롯한 예수님의 가르침들이 미래 시대를 가리키는 것으로 여긴다는 비판을 싫어한다. 대부분의 세대주의자들은 산상수훈을 교회 시대에 적용되는 것으로 여긴다고 말하지만, 여전히 그 주된 메시지가 그리스도인들을 위한 것이라고까지 말하지는 않는다. 이런 비난에 대해 열정적인 반박의 글을 쓴 라이리 박사도 산상수훈을 오늘날을 위한 진리로 받아들이지는 않는다. 라이리는 산상수훈에 대한 전통적 세대주의자들의 견해를 길게 옹호한 후에, 그것은 "이 시대의 신자들에게 …… 일차적으로 그리고 완전히" 적용될 수 없다고 결론짓는다(Ryrie, *Dispensationalism Today*, 109). 그러나 산상수훈의 거의 모든 세부 내용이 서신서들에서 반복되고 있다.

하나님의 말씀을 잘못 분별하다

관련 진리 혹은 병행 진리들을 근거 없이 대비시키는 세대주의의 성향을 좀 더 자세히 살펴보자. 본질이 다른 성경의 명제들을 주의 깊게 구별하는 일은 중요하지만(딤후 2:15), 문제는 과도하게 구별할 가능성이 있다는 데 있다. 일부 세대주의자들은 이분법에 대한 무절제한 열정 때문에 복음에 상당한 폐해를 입혔다.

예를 들어, 예수님은 구세주이시며 주이시다(눅 2:11). 참된 신자라면 누구도 그것을 반박하지 않는다. "구세주"와 "주"는 별개의 직분이다. 그러나 우리는 그리스도를 나눌 정도로 둘을 구분하지 않도록 주의해야 한다(고전 1:13 참조). 그런데 세대주의 진영에서 큰 목소리를 내는 사람들은 그리스도를 주로서는 거부하면서도 구세주로서는 받아들이는 일이 가능하다는 가르침을 전파한다.

실제로 예수님을 주로 여겨 굴복하는 일 없이 구세주로만 영접하면 구원을 얻는다고 가르치는 사람들이 있다. 그들은 이와 다른 가르침은 "하나님의 말씀에 제시된 분명하고 단순한 조건에 교묘하게 행위를 더하기 때문에"[16] 거짓 복음에 해당한다는 터무니없는 주장을 한다. 그들은 자기들이 반대하는 견해에 "주재권 구원"이라는 꼬리표를 붙였다.

주재권 구원이란, 그것을 이단으로 낙인찍은 사람들의 정의에 의하면 "우리를 죄에서 구해줄 구세주로 예수 그리스도를 신뢰하고 또 그를 자신의 삶의 주로 여기고 헌신하여 그의 주권적 권위에 굴복해야 구원을 얻는다는 견해"[17]이다.

---

16) Livingston Blauvelt Jr., "Does the Bible Teach Lordship Salvation?" *Bibliotheca Sacra*(January-March 1986), 37.
17) Ibid.

이 진리를 비성경적 혹은 이단적이라고 하는 것이 놀랍다. 그런데 이 비난에 호응하는 사람들이 갈수록 늘고 있다. 그들은 그리스도의 주재권을 인정하는 것은 인간의 행위라고 말한다. 이 그릇된 개념은 사람들에게 "예수 그리스도를 자기 삶의 주로 만들라"[18]고 말하는 많은 책들의 지원을 받고 있다.

우리는 그리스도를 주로 "만들지" 않는다. 예수님은 **주님이시다!** 그리스도를 주로 받아들이지 않는 사람은 그를 거부하는 죄를 짓는 것이다. 그리스도의 주권적 권위를 거부하는 신앙은 진정한 불신이다. 반대로, 그리스도의 주재권을 인정하는 일은 인간의 행위가 아니라 회개(딤후 2:25 참조) 혹은 신앙 자체(엡 2:8-9 참조)이다. 실제로 그리스도께 굴복하는 일은 신앙에 무엇을 더하는 행위가 아니라 하나님이 주시는 구원 얻는 신앙의 중요한 측면이다.

주 예수를 믿으라 그리하면 너와 네 집이 구원을 받으리라(행 16:31).

네가 만일 네 입으로 예수를 주로 시인하며 또 하나님께서 그를 죽은 자 가운데서 살리신 것을 네 마음에 믿으면 구원을 받으리라(롬 10:9).

성경 전체를 통틀어 구원받는 방법에 관해 가장 분명하게 말하는 이 두 구절은 모두 예수님의 주재권을 강조한다.[19]

---

18) Ibid., 38
19) 일부 세대주의자들은 로마서 10장 9-10절은 불신 유대인에게만 적용된다고 제한한다. 로마서 9-10장이 이스라엘이 메시아를 거부한 문제와 하나님의 영원한 계획 가운데서 이 민족의 위치를 다루는 것은 사실이다. 그러나 이 구절들의 구원론적 의미를 이스라엘 민족에게만 제한시켜서는 안 된다. 12-13절 때문이다. "유대인이나 헬라인이나 차별이 없음이라 한 분이신 주께서 모든 사람의 주가 되사 그를 부르는 모든 사람에게 부요하시도다 누구든지 주의 이름을 부르는 자는 구원을 받으리라."

베드로는 오순절 설교를 이런 선언으로 결론지었다. "그런즉 이스라엘 온 집은 확실히 알지니 너희가 십자가에 못 박은 이 예수를 하나님이 **주와 그리스도**가 되게 하셨느니라"(행 2:36). 그리스도의 주재권에 응하기를 거부하는 사람들에게는 구원의 약속이 주어진 일이 없다. 그러므로 "주재권" 구원이 아니고서는 구원이 아니다.[20]

주재권 구원을 반대하는 사람들은 이 본문들에 나오는 "주"가 "주인"이 아닌 그의 신성에 대한 언급이라고 주장한다.[21] 그러나 그 주장이 성립된다 하더라도, 이는 구원을 위해 그리스도께 나아오는 사람은 반드시 그가 하나님이심을 인정해야 한다는 사실을 확인할 뿐이다. 그렇다면 "주"가 단지 "주인"을 의미할 경우보다 훨씬 많은 것을 요구하게 된다.

실상 이 모든 구절에서 "주"는 "하나님"을 의미한다. 더 정확하게는 "통치하시는 하나님"[22]으로 주재권 구원이 더욱 강조된다. 진정한 믿음을 가지고 구원을 위해 나아오는 사람, 예수님은 영원하며 전능하고 주권적인 하나님이라고 성실하게 믿는 사람은 그의 권위를 의도적으로 거부할 수

---

20) 나는 "주재권 구원"이라는 말을 좋아하지 않는다. 그것은 구원받는 신앙으로의 부르심에서 그리스도께 대한 복종 개념을 제거하려는 사람들이 덧씌운 말이기 때문이다. 여기에는 예수님의 주재권이 복음에 거짓을 더한다는 의미가 담겨 있다. 그러나 앞으로 살펴보겠지만, "주재권 구원"은 다만 성경적 역사적 복음주의 구원론이다. 이 책에서 나는 오직 논증을 목적으로 이 용어를 사용한다.
21) Ibid., 38-41. G. Michael Cocoris, *Lordship Salvation-Is It Biblical?* (Dallas: Redencion Viva, 1983), 13-15도 참조하라.
22) 성경의 용어에 대한 올바른 이해를 위해서는 어원과 콘텍스트, 역사를 살펴보아야 한다. 어원으로 볼 때 퀴리오스는 "통치, 지배, 혹은 권세"를 의미하는 헬라어에서 유래했다. 콘텍스트로 보아, 사도행전 2장 36절에서 베드로가 퀴리오스를 사용한 것을 살필 때는, 34-35절이 통치와 지배의 메시아 시편인 시편 110편을 인용한 것임을 주목해야 한다("주는 원수들 중에서 다스리소서"[2절]). 베드로는 단순히 "하나님이 그를 …… 하나님으로 만들었다"고 말하지 않는다. …… 그는 예수님의 통치할 권리를 단언하고 있다. 역사적으로, 베드로의 설교는 유대인들이 그들의 메시아를 십자가에 못 박을 때의 역할을 말했다(23절). 빌라도와 유대 무리 앞에서 예수님을 심문할 때, 문제는 분명히 그의 왕권으로, 요한복음 18장 33절-19장 22절에 거의 열두 번이나 언급되었다. 사도행전 2장 36절을 주의 깊게 역사적·문법적 석의를 해보면 분명히 단 한 가지 결론에 이르게 된다. 즉, 예수님은 친구들과 원수들 모두 가운데서 다스리시는 신적 왕이라는 것이다. 이렇게 그리스도를 만유의 주로 밝힌 다음, 베드로는 자신의 복음을 제시한다. 바울도 정확하게 이와 같은 방법으로 예수님을 전했다는 사실을 주의해 살펴보라(고후 4:3-5). 즉 예수님은 우리 주권적 주요, 우리는 그의 종이다.

없다. 참 신앙은 입발림이 아니다. 우리 주님도 입술로는 주님을 예배하면서 삶으로는 그러지 않는 사람들을 정죄하셨다(마 15:7-9). 예수님이 어떤 사람의 구주가 되시려면 먼저 그 사람이 예수님을 있는 그대로, 즉 만유의 주로 받아들여야 한다(행 10:36).

A. W. 토저는 이렇게 말했다. "주님은 자신이 명령할 수 없는 사람을 구원하지 않으신다. 주님은 자신의 직임을 분리하지 않으신다. 우리는 그리스도를 반쪽만 믿을 수 없다. 우리는 예수님을 있는 그대로, 즉 기름부음을 받으신 구세주와 만왕의 왕이요 만주의 주이신 주로 받아들인다! 만일 당신이 믿는 주님이 당신을 구원하고 당신을 부르고 당신을 선택하고 당신의 삶을 인도하고 통제할 수 있는 분이 아니라면, 그분은 있는 그대로의 주님이 아니시다."[23]

신자와 제자의 이분법

순종과 복종이 구원 얻는 신앙과 별개라고 가르치는 사람은 구원과 제자도를 확고히 나누는 비성경적인 구별을 할 수밖에 없다. 그렇게 하지 않고서는 예수님의 사역을 설명할 수 없기 때문이다. 이것은 마치 그리스도인을 육적/영적으로 나누는 이분법처럼 그리스도인을 그냥 신자와 참 제자 둘로 나눈다. 이 견해를 내세우는 사람들은 성경에 기록된 예수님의 초청이 대부분 복음전도를 의도했다는 사실을 부정하면서, 그 초청들은 구원이 아닌 제자도에 해당한다고 주장한다.[24] 이에 대해 한 저자는 다음과

---

23) A. W. Tozer, *I Call It Heresy!*(Harrisburg, Pa.: Christian Publications, 1974), 18-19.
24) Hodges, *Gospel Under Siege*, 35-45; Cocoris, *Lordship Salvation-Is It Biblical?* 15-16; Blauvelt, "Does the Bible Teach Lordship Salvation?" 41.

같이 말했다. "어떤 구분도 이보다 더 신학에 중요할 수 없다. 이보다 더 신약을 바로 이해하는 데 기본적일 수 없고, 모든 신자의 삶과 증거에 더 적절할 수 없다."[25]

그와 반대로 구별을 하지 않는 사람들은 예수님의 메시지에 담긴 권위를 너무 많이 훼손하는 결과를 낳았다. 예수님이 무리에게 자기를 부인하고(눅 14:26), 자기 십자가를 지고(27절), 모든 것을 버리고 그를 따르라(33절)고 하신 말씀은 군중 가운데 구원받지 않은 사람들에게는 전혀 의미가 없는가? 그렇다면 의인이 아닌 죄인을 불러 구원하러 온 분이 하시기에 적합한 말이겠는가?(마 9:13)

제임스 보이스는 구원/제자도의 이분법에 대해 통찰력 있는 글을 썼다. 그는 그것은 "결함 있는 신학"이라고 솔직하게 밝힌다.

이 신학은 믿음을 제자도로부터, 은혜를 순종으로부터 분리시킨다. 이것은 예수님을 자신의 구주로 영접하면서도 자신의 주로는 영접하지 않을 수 있다고 가르친다.

이는 번영 시대에 흔한 결함이다. 고난의 시대, 특히 박해의 시대에 그리스도인이 되는 과정에 있던 사람들은 그 나사렛 사람의 십자가를 지기 전에 먼저 주의 깊게 제자도의 대가를 계산했다. 설교자는 편안한 삶이나 죄 사함에 대한 약속으로 그들을 구슬리지 않았다. 그러나 평화로운 시대에는 그 대가가 그렇게 크게 여겨지지 않았고, 그래서 사람들은 참된 회심이 의미하는 삶의 근본적인 변화를 이해하지 못한 채 그리스도의 이름을 받아들였다.[26]

---

25) Charles C. Ryrie가 쓴 서문, Zane C. Hodges, *The Hungry Inherit*(Portland, Ore.: Multnomah, 1980), 7.
26) 26(James M. Boice, *Christ's Call to Discipleship*(Chicago: Moody, 1986), 14.

우리는 갈보리로의 부르심을 반드시 있는 그대로, 즉 예수 그리스도의 주재권에 속한 제자도의 부르심으로 인식해야 한다. 그 부르심을 받아들이는 것이 곧 신자가 되는 것이다. 이에 미치지 못하는 것은 무조건 불신이다.[27]

예수님이 전한 복음은 분명히 그리고 명백하게 쉬운 믿음주의를 배제한다. 우리 주님이 하신 어려운 명령들을 모두 높은 수준의 그리스도인에게만 적용한다면, 그것은 주님이 전하신 메시지의 힘을 약화시키는 행위이다. 또한 그것은 값싸고 의미 없는 믿음, 즉 죄로 물든 육적인 삶에는 절대적으로 아무 영향력을 끼치지 못하는 믿음이 존재할 수 있다는 여지를 남겨둔다.

은혜에 의하여 믿음으로

우리는 오직 은혜에 의하여 믿음으로 말미암아 구원을 얻는다(엡 2:8). 이 믿음이 우리가 가르치는 모든 것을 구분하는 성경적 분수령이다. 그런데 그 시작에서부터 은혜를 오해하거나 믿음의 정의를 잘못 내린다면, 구원을 이해하려는 우리의 노력은 헛된 일이 될 것이다.

하나님의 은혜는 정적인 속성을 지니지 않았다. 하나님은 은혜를 통해 완악하고 회개하지 않는 죄인을 수동적으로 받으시는 것이 아니다. 하나님의 은혜가 하나님 앞에서 어떤 사람의 위치를 변화시킬 때는 반드시 그의 인격도 다룬다. 체이퍼가 주장하는 "그리스도인이 자기 원하는 대로 할 자

---

[27] 마태복음 28장 18-20절에 나오는 예수님의 지상 명령은 제자들과 구분되는 다른 신자를 만들라고 하지 않는다. "제자를 삼아 세례를 주고"라는 말씀은 모든 새신자가 제자임을 의미한다. 어느 정도 깊은 헌신의 단계에 이른 사람만이 아니라, 모든 그리스도인이 세례를 받아야 하기 때문이다(행 2:38). (더 상세한 논의를 보려면 22장을 보라.)

유."[28]는 진정한 은혜에 포함되지 않는다. 성경에 의하면 참 은혜는 "우리를 양육하시되 경건하지 않은 것과 이 세상 정욕을 다 버리고 신중함과 의로움과 경건함으로 이 세상에 살도록"(딛 2:12) 우리를 가르친다. 참으로 은혜는 그리스도인으로 새 언약의 의무들을 충족하게 하는 하나님의 능력이다(고전 7:19 참조). 물론 그리스도인도 순종하지 않을 때가 있다. 그러나 분명히 말하지만 은혜는 그리스도인이 육체 가운데 사는 것을 허락하지 않는다. 은혜는 우리가 성령 안에 살 능력을 공급할 뿐이다.

은혜와 마찬가지로 믿음도 정적이지 않다. 구원 얻는 믿음은 단순히 사실을 이해하고 지적으로 동의하는 것 이상이다. 이 믿음은 회개, 굴복, 순종에 대한 초자연적 갈망과 분리될 수 없다. 이런 반응들 가운데 무엇도 인간의 행위로 따로 분류될 수 없다. 믿는 것 자체가 인간의 노력이 아니듯 말이다.

이 중요한 사항들에 대한 오해가 주재권 구원을 거부하는 사람들이 지닌 오류의 핵심이다. 그들은 성경이 믿음과 행위를 대비시키므로 믿음과 행위는 양립 불가능하다고 가정한다. 그들은 믿음을 복종, 굴복, 죄로부터 돌이키는 것과 반대되는 개념으로 여기고, 구원의 실제적인 요소들을 모두 인간의 행위로 분류한다. 구원은 선물이지만, 동시에 대가로 모든 것을 요구한다는 쌍둥이 진리(twin truths)에 걸려 넘어진 것이다.

이 개념은 역설적이지만 배타적이지 않다. 이와 동일한 부조화가 예수님의 말씀에도 있다. 그는 "내가 너희를 쉬게 하리라"고 하시고는 뒤이어 "나의 멍에를 메라"고 하셨다(마 11:28-29). 우리가 믿음으로 들어가는 그 쉼

---

28) Chafer, *Grace*, 345. 체이퍼는 그리스도인으로서 불량한 삶을 산 사람이 절대로 아닐 것이다. 그러나 "순전한 은혜"에 대한 그의 극단적인 강조 때문에, 종종 도덕률 폐기론자와 같은 이상한 말을 하여 자신이 뜻하지 않은 인상을 남기기도 했다.

은 아무것도 하지 않는 쉼이 아니다.

구원은 선물이다. 그러나 구원 얻는 믿음은 단순히 그 진리를 이해하고 동의하는 것 이상이다. 귀신들도 그런 종류의 믿음(약 2:19)은 가지고 있었다. 참된 신자의 특징은 구주의 자비하심에 이끌리는 동시에 죄에 속한 삶을 버리는 믿음이다. 그들은 그리스도께로 이끌리기에 다른 모든 것에서 멀어진다. 예수님은 참된 신자를 "심령이 가난한 자"(마 5:3)라고 묘사하셨다. 그들은 회개한 세리와 같아서, 상한 심령으로 감히 하늘을 우러러 보지도 못한다. 다만 가슴을 치면서 "하나님이여 불쌍히 여기소서 나는 죄인이로소이다"라고 할 뿐이다(눅 18:13).

그 절박한 기도는 모든 성경 가운데서도 하나님이 역사하신 진정한 회개의 모습을 가장 잘 보여준다. 어떻게 보든 그의 간청을 인간의 행위나 의를 획득하려는 시도로 생각할 수 없다. 오히려 반대로 그 간청은 그가 종교적 행위에 대한 신뢰를 완전히 버렸음을 보여준다. 이를 증명이라도 하는 듯 그는 기도하는 바리새인으로부터 "멀리 서서" 기도했다. 그는 자기가 구원받을 유일한 길은 하나님의 자비로운 은혜뿐임을 이해하고 있었다. 그런 기초 위에서 그는 먼저 자기 자신을 포기하고 은혜로 구원받았다. 예수님은 "이 사람이 의롭다 하심을 받고 그의 집으로 내려갔느니라"(14절)고 하셨다.

예수님께서 이 말씀을 하신 취지는 회개가 구원 얻는 믿음의 핵심임을 보여주려는 것이었다. 회개를 나타내는 헬라어 "메타노이아"는 문자적으로 "후에 생각하다"라는 의미를 지닌다. 이는 마음의 변화를 시사하는데, 주재권 구원을 반대하는 사람들 일부는 회개의 의미를 그쯤으로 제한하려고 했다.[29] 그러나 회개에 대한 정의를 헬라어 어원에서만 끌어내서는 안 된다.

---

29) Cocoris, *Lordship Salvation-Is It Biblical?* 11. 라이리 역시 회개는 "예수 그리스도께 대한 마음의 변화로, 그

이 사건에서 예수님이 말씀하신 회개의 특징은 자신이 죄인임을 철저히 인정하고 자기 자신과 죄로부터 돌이켜 하나님께로 가는 것이다(살전 1:9 참조). 이것은 인간의 행위이기는커녕, 하나님께서 인간의 마음에 역사하실 때 따르는 필연적 결과이다. 그래서 회개는 하나님의 호의를 획득하려는 인간의 시도에 종지부를 찍는 것을 나타낸다. 이는 단순한 생각의 변화를 훨씬 넘어서는 것으로 마음과 태도, 관심, 방향의 완전한 변화를 포함한다. 회심에는 이 모든 의미가 담겨 있다.

성경은 이런 근본적인 방향 변화가 없는 "회심"을 인정하지 않는다(눅 3:7-8). 참된 신자는 계속 거역할 수 없다. 심지어 무관심할 수도 없다. 진정한 믿음은 필연적으로 어느 정도의 순종을 일으킨다. 사실 성경은 종종 믿음을 순종과 동일시한다(요 3:36, 롬 1:5, 16:26, 살후 1:8).[30] "믿음으로 아브라함(참 믿음의 조상)은 …… 순종하여"(히 11:8). 이것이 믿음에 대한 위대한 논문인 히브리서 11장의 핵심 메시지이다.

믿음과 행위는 양립 불가능하지 않다. 예수님도 믿는 것을 일이라고 하셨다(요 6:29). 단순히 인간의 일이 아니라 하나님이 우리 안에서 하시는 은혜로운 일이다. 하나님이 우리에게 믿음을 주신다. 그리고 우리로 하여금 믿어 순종하도록 능력을 주신다(롬 16:26 참조).

바로 이 지점에서 중대한 구분이 정확히 이루어져야 한다. 믿음으로 얼

를 죄에서 구할 개인의 구주로 믿고 받아들이는 것"이라고 주장했다. 이 정의에 의하면 회개는 죄에 대한 태도의 변화와는 상관이 없으며, 따라서 반드시 생활의 변화가 뒤따를 필요는 없다. 이것은 오직 기독론에만 초점을 둘 뿐이다. Ryrie, *Balancing the Christian Life*, 175-76.

30) 주재권 구원을 거부하는 사람들은 종종 로마서 1장 5절("믿음의 순종", 한글 개역개정 성경은 "믿어 순종케 하나니"로 번역함_옮긴이)과 같은 본문들을 들어 믿는 것 자체가 구원에 요구되는 순종만을 의미한다고 주장한다. 우리는 아들을 믿음으로써 아버지의 뜻에 순종한다(요 6:29)는 것이다. 그들은 이것이 "믿음의 순종"이라고 말한다. 즉 아버지께 대한 한 번의 순종으로, 이것은 그리스도의 명령들에 대한 지속적인 순종을 의미하지는 않는다고 말한다. 그러나 그리스도의 권위에 대한 순종은 요한복음 3장 36절("아들을 믿는 자에게는 영생이 있고 아들에게 순종하지 아니하는 자는 영생을 보지 못하고 도리어 하나님의 진노가 그 위에 머물러 있느니라")과 히브리서 5장 9절("자기에게 순종하는 모든 자에게 영원한 구원의 근원이 되시고") 같은 본문에서는 분명하게 결합되어 있다.

는 구원은 행위 자체를 배제하지 않는다. 인간의 노력만으로 이루어진 행위를 배제하는 것이다(엡 2:8). 우리의 행위로 하나님의 은총을 얻으려는 시도는 모두 폐기될 것이다(9절). 그러나 이것이 우리의 걸음을 선행으로 특징 지으셨다고 하는, 하나님께서 미리 정하신 그 뜻을 단념시키지는 않는다(10절).

무엇보다도 구원은 하나님의 주권적인 역사임을 명심해야 한다. 성경적으로 구원은, 그것을 얻기 위해 하는 일이 아닌 그것이 낳은 결과로 확인된다. 우리는 행위로 구원을 획득하는 것이 아니다. 그러나 하나님이 이루신 참된 구원은 반드시 구원의 열매인 선한 행위를 우리 삶 가운데 맺는다(마 7:17 참조).

구원의 어느 한 면도 인간의 행위로 획득되지 않는다. 모두 다 하나님이 하시는 일이다(딛 3:5-7). 그러므로 구원은 어떤 차원에서도 흠이 있을 수 없다. "우리는 그가 만드신 바라 그리스도 예수 안에서 선한 일을 위하여 지으심을 받은 자니 이 일은 하나님이 전에 예비하사 우리로 그 가운데서 행하게 하려 하심이니라"(엡 2:10). 하나님은 그의 구원 사역의 요소로서 회개, 믿음, 성화, 복종, 순종 그리고 궁극적 영화를 이루어내신다. 하나님은 이 일들을 이루시며 인간의 노력에 의존하지 않으신다. 그러기에 이 요소들 가운데 어느 하나도 누락될 가능성이 없으며, 어느 하나라도 빠진 경험은 하나님의 구원 역사일 수 없다.

만일 우리가 하나님으로부터 났다면, 우리는 세상을 이길 수밖에 없는 믿음을 가진 것이다(요일 5:4). 우리는 죄를 지을 수도 있지만(요일 2:1)(분명 우리는 죄를 짓는다), 그렇다고 성화의 과정이 완전히 멈출 수는 없다. 하나님이 우리 안에서 역사하신다(빌 2:13). 그리고 그리스도의 날까지 계속해서 우리를 완전하게 하실 것이다(빌 1:6, 살전 5:23-24).

The
Gospel
According
to
Jesus

평강의 하나님이 친히 너희를 온전히 거룩하게 하시고
또 너희의 온 영과 혼과 몸이 우리 주 예수 그리스도께서
강림하실 때에 흠 없게 보전되기를 원하노라
너희를 부르시는 이는 미쁘시니 그가 또한 이루시리라

데살로니가전서 5장 23-24절

구원은 은혜를 인하여 믿음으로 얻는다(엡 2:8). 성경은 이를 일관적이며 분명하게 가르친다. 그러나 진정한 신앙을 가진 사람들은 자신에게 죄가 있음을 인정한다. 그들은 자신이 하나님의 거룩하심을 거슬렀음을 안다. 참 신앙은 죄와 자기를 버리고 어떤 값을 치르든 예수 그리스도를 따르라는 명령을 회피하지 않는다. 예수님의 요구 조건을 받아들일 수 없는 사람은 절대로 나아올 수 없다. 주님은 주가 되실 권리를 두고 우리와 거래하지 않으신다.

2부

예수님은
어떤 복음을 전하셨나?

3장

종교지도자에게
거듭남을 요구하시다

자신을 그리스도인이라 주장한다 해서 모두 진정한 그리스도인은 아니다. 불신자들도 그리스도를 믿는다고 거짓 고백을 할 수 있다. 또 진정한 그리스도인이 아닌데도 속아서 스스로를 그리스도인이라 생각할 수 있다.

수십 년 전만 해도 이럴 가능성이 당연하게 여겨졌지만 지금은 아니다. 값싼 은혜와 쉬운 믿음이라는 왜곡된 복음이 교회의 순결을 망치고 있다. 그 결과 신약성경의 메시지를 완화시키는 일과 함께, 예수님에 대한 긍정적인 반응이면 무엇이든 구원 얻는 믿음으로 여기는 부패한 포용주의가 따라왔다. 오늘날 그리스도인들은 그리스도에 대한 완전한 거부만 아니면 무엇이든 그리스도에 대한 진정한 믿음으로 받아들이려는 것 같다. 현대의 복음주의가 만든 크고 뚜렷한 가장자리는, 의심스러운 교리를 가진 사람들이나 하나님의 일을 거역하는 마음을 보이는 사람들까지도 포용하고 있다.

예수님이 선포하신 복음은 그런 식의 어리숙함이 없다. 우리 주님은 공적 사역을 처음 시작하실 때부터 경솔하거나 안이한 반응을 배척하셨다. 주님은 거짓된 소망을 주는 메시지를 선포하기를 거부함으로써, 받아들인 사람보다 훨씬 많은 사람들을 쫓아 보내셨다. 주님의 말씀은 늘 각 사람의 필요를 알아 반드시 구도자의 자기 의를 꿰뚫었고, 그릇된 동기를 드러냈으며, 거짓 믿음이나 경박한 헌신을 경고했다.

요한복음 3장에 나오는 예수님과 니고데모의 만남은 이를 보여주는 예다. 이 사건은 복음서에 기록된 일대일 복음전도 중 초기의 일이다. 자주 바리새인의 불신을 지적하고 노골적으로 대적하시던 예수님이 바리새인 지도자를 대상으로 복음전도 사역을 시작하신 것이 아이러니하다. 우리는 열정적으로 그분을 인정하며 다가온 니고데모를 예수님이 따뜻하게 맞아 주시고 그의 긍정적인 반응을 믿음 고백으로 해석하셨으리라 예상하기 쉽다. 그러나 예수님은 니고데모의 마음에 있는 불신과 자기 의를 아시기에 그를 격려하기는커녕 불신자로 취급하셨다.

일부에서는 이 본문을 예수 그리스도를 믿기가 얼마나 쉬운지 설명하는 글로 보기도 한다.[1]

그러나 이 이야기의 요지는 전혀 그런 것이 아니다. 여기에서 복음이 단순하고 분명하게 요약된 것은 사실이다. 그러나 예수님은 자기 의를 지닌 이 바리새인에게 쉬운 믿음의 메시지를 전하지 않으셨다. 오히려 반대로 이 사람이 옹호하는 모든 것에 도전하셨다. 대화 가운데 예수님은 니고데모의 겉으로만 그럴듯한 믿음을, 그의 행위에 근거한 신앙을, 그의 바리새

---

1) Cocoris는 요한복음 3장 14-15절이 헌신의 개념을 명백하게 배제하는 믿음의 정의를 지지하는 것으로 인용한다. G. Michael Cocoris, *Lordship Salvation-Is It Biblical?* (Dallas: Redencion Viva, 1983), 13.

인적인 의를, 그의 성경에 대한 무지를 지적하셨다. 구주께서는 바로 완전한 중생을 요구하셨다. 그런 영적인 중생이 없으면 누구도 영원한 생명을 가질 소망이 없다고 니고데모에게 말씀하셨다. 니고데모는 예수님의 말씀에 충격을 받은 것이 분명하다. 본문을 보면 그가 즉각 긍정적으로 반응했다는 증거가 없다.

요한은 예수님이 하나님이심을 논증하는 과정에서 이 기사를 포함시켰다. 요한의 복음은 예수님의 신성에 대한 선언으로 시작하고 끝난다(요 1:1, 20:30-31). 요한이 말하는 그 외의 것들도 거의 모두 이 주제를 확대 설명한 것이다. 예수님과 니고데모의 만남도 예외가 아니다. 이 기사는 예수님이 "친히 모든 사람을 아심이요 …… 친히 사람의 속에 있는 것을 아셨음이니라"고 한 요한복음 2장 23-25절로부터 나온다. 이 이야기는 니고데모의 마음을 읽는 예수님의 능력을 드러냄으로써 예수님의 전지하심을 증명한다. 나아가 예수님이 구원의 길임을 드러냄으로써 그의 신성을 확인하고 있다(요 3:14-17).

요한은 2장 끝부분에서 많은 사람이 예수님의 기적을 보고 그를 믿었다고 말했는데 니고데모도 그들 가운데 하나였다. 그런데 그런 사람들의 믿음은 구원 얻는 믿음과 상관이 없다. 바로 이어지는 "예수는 그의 몸을 그들에게 의탁하지 아니하셨으니 이는 친히 모든 사람을 아심이요"(요 2:24)라는 요한의 증언에서 알 수 있다. 이는 인위적 믿음의 무효성에 대한 분명한 진술이다.[2]

---

2) Zane Hodges, "Untrustworthy Believers-John 2:23-25," *Bibliotheca Sacra*(April-June 1978), 139-52을 참조하라. 호지스는 여기 소개된 사람들은 비록 은밀하기는 하지만 참된 신자라는 놀라운 주장을 한다. 그러면서도 요한복음 2장 23-25절과 니고데모 이야기의 분명한 관계는 인정한다(ibid., 150). 분명히 예수님은 니고데모를 불신자로 취급하셨다. 만일 그가 요한복음 2장 23-25절에 설명된 사람들 가운데 하나라면, 그는 그 당시 참된 신자일 수가 없다. 호지스 자신도 인정하듯이, 주석가들은 요한복음 2장 23-25절의 내용이 구원 얻는 믿음에 해당되지 않는다는 견해에 거의 만장일치를 보인다.

그러므로 니고데모는 온전하지 않은 믿음을 예증하는 사람이다. 그의 생각은 어느 정도 그리스도에 대한 진리를 받아들였지만, 그의 마음은 거듭나지 못한 상태였다.

니고데모는 다음과 같은 믿음을 고백하면서 대화를 시작한다. "랍비여 우리가 당신은 하나님께로부터 오신 선생인 줄 아나이다 하나님이 함께 하시지 아니하시면 당신이 행하시는 이 표적을 아무도 할 수 없음이니이다"(요 3:2). 니고데모는 예수님께 호기심을 가졌다. 종교 지도자인 그는 하늘로부터 보냄을 받은 것 같은 사람이면 누구에게든 큰 관심을 가졌을 것이다. 그는 예수님이 베푸시는 기적을 보았다. 그래서 예수님이 하나님으로부터 왔다는 것을 알았다. 400년 동안 선지자가 없었다. 아마 니고데모는 자신이 한 선지자를 찾았다고 생각한 것 같다. 심지어 예수님이 메시아가 아닐까 하는 생각까지 했지만, 그리스도를 성육신하신 하나님으로는 생각하지 못한 듯싶다.

"모든 사람을 아시는"(요 2:24) 예수님은 니고데모의 마음속에 있는 것을 아셨다. 그래서 니고데모의 믿음 고백을 무시하시고 대신 니고데모가 묻지도 않은 질문에 대답하셨다.

예수님은 "당신은 하나님께로부터 오신 선생인 줄 아나이다"라는 니고데모의 말에 긍정도, 부정도, 반박도, 심지어 인정도 하지 않은 채 자신의 전지하심을 드러내는 대답을 하셨다. 그럼으로써 니고데모가 완전한 진리를 아는 데 이르지 못했다는 사실을 지적하셨다. 니고데모는 단순히 하나님이 보내신 선생을 만나고 있지 않았다. 그는 육체로 오신 하나님 앞에 있는 것이었다. 요한복음 3장 3절은 "예수께서 대답하여 이르시되 진실로 진실로 네게 이르노니 사람이 거듭나지 아니하면 하나님의 나라를 볼 수 없느니라"라고 기록한다.

구세주의 이 대답은 니고데모에게 충격이었다(요 3:9). 우리는 이 점을 놓치거나, 이 사람을 향한 예수님의 도전을 축소하면 안 된다. 우리 주님이 증거할 때 사용하신 전략은 늘 솔직하고 직설적이며 핵심을 찔렀다. 주님은 이 첫 만남에서 니고데모를 직면하는 접근법을 택하셨고, 그는 예수님의 대답에 멈칫했다. 여기에는 그를 놀라게 했음이 분명한 네 가지 중대한 진리가 포함되었던 것이다.

종교의 헛됨

니고데모는 "유대인의 지도자"(요 3:1)로, 유대 민족의 강력한 통치 기구인 산헤드린의 구성원이었다. 아마도 그가 밤에 찾아온 것은 사람들이 그를 보고 그것이 산헤드린의 입장이라 생각하지 않기를 원했기 때문일 것이다. 아니면 다른 바리새인들이 어떻게 생각할지 두려웠을 수도 있다. 그들은 예수를 믿는다는 이유로 사람들을 회당에서 쫓아내고는 했다(요 9:22). 그럼에도 불구하고 니고데모는 동료들과 달리 배우고 싶은 진지한 열망을 가지고 찾아왔다.

바리새인들은 외형적인 신앙을 중시하는 극단적인 율법주의자였다. 그들은 경건(종교)의 모양만 추구하고 경건의 능력은 없는 사람의 전형이었다(딤후 3:5). 그들은 광적으로 종교적이었지만 창녀보다도 하나님 나라에 가깝지 못했다. 그들의 신조에 따르면 600가지가 넘는 까다로운 율법을 지켜야 했는데, 그중 다수는 그들 스스로 만든 것이었다. 예를 들어 그들은 안식일에 식초를 삼키는 것은 문제없지만 입가심을 하면 안 되었다. 입가심은 노동이기 때문이다. 바리새인의 가르침 가운데 안식일에 낳은 달걀은 먹어도 된다는 것이 있는데, 다만 알을 낳은 닭은 안식일을 범했기 때문에 다음 날 죽여야 한다는 조건이 붙었다! 바리새인들은 이처럼 온갖 율법과 종교로 치장하고 있었다. 그래서 그리스도께서 오셔서 가장 큰 죄인에게까지도 은혜와 구원을 제공하셨을 때, 그들은 그리스도를 받아들이려 하지 않았다.

니고데모는 그리스도께서 중생에 대해 말씀하셨을 때 분명 혼란에 빠졌을 것이다. 그는 늘 구원은 선행으로 획득되어야 한다고 믿었다. 아마 그는 그리스도께서 그의 엄격한 율법주의를 칭찬하시리라 기대했던 것 같다. 그런데 예수님은 반대로 종교 행위의 헛됨을 지적하셨다. 얼마나 허탈했을까? 종교 행위와 달리 중생하는 일은 니고데모가 어떻게 할 수 없는 일이었다. "사람이 늙으면 어떻게 날 수 있사옵나이까 두 번째 모태에 들어갔다가 날 수 있사옵나이까"(요 3:4)라는 니고데모의 대답을 많은 사람들이 오해한다. 니고데모의 말을 문자적으로 이해해서는 안 된다. 우리는 약간의 상식을 가지고 그를 이해해야 한다. 그는 예수님의 말씀이 문자 그대로 모태에 다시 들어가 다시 태어나야 한다는 뜻이라 생각할 정도로 식견이 짧지 않았다. 니고데모 자신도 선생이었기에 랍비들이 영적인 진리를 가르칠 때 사용하는 비유법을 알고 있었다. 그래서 예수님의 상징을 단순하게 받아들이지 않았다. 그가 진정으로 말하는 것은 "저는 다시 시작할 수 없습니다. 너무 늦었습니다. 저의 종교 체제에서 너무 많이 왔기 때문입니다. 처음부터 다시 시작해야 한다면 저에게는 희망이 없습니다."라는 것이었다.

예수님은 니고데모에게 그가 표방하던 모든 것을 버려야 한다고 요구하셨고, 니고데모도 그것을 알았다. 그리스도께서는 이 사람과 쉬운 대화를 하기는커녕 최대한 어려운 요구로 그를 도전하셨다. 니고데모는 만일 예수님이 요구하셨다면 돈을 포기하거나, 금식도 할 수 있었고, 어떤 의식이라도 기꺼이 행할 수 있었다. 그러나 예수님은 그에게 영적으로 거듭나라고 요구하셨다. 이는 자신의 부족함을 인정하고 그가 추구하던 모든 것에서 돌아서라는 것이었다.

예수님은 그저 "진실로 진실로 네게 이르노니 사람이 물과 성령으로 나지 아니하면 하나님의 나라에 들어갈 수 없느니라"(요 3:5)고 반복하셨다. 어떤 사람들은 이 말씀이 실제 물(H2O)을 의미한다고 말하지만, 그렇지 않다. 이것은 물이나 세례와는 상관이 없다. 구원은 씻는 것으로 이루어질 수 없다. 요한복음 4장 2절은 예수님이 누구에게도 세례를 주지 않으셨다고 말한다. 만일 세례가 구원의 조건이었다면 사람들에게 계속 세례를 주셨을 것이다. 그분은 잃어버린 자를 찾아 구원하러 오셨기 때문이다(눅 19:10). 예수님이 말씀하신 물은 단순히 정결케 함에 대한 상징이었다. 이것은 구약에 나타나 있다.

니고데모는 이 말씀이 구약의 정결케 하는 물을 가리킨다고 이해했을 것이다. 이 물은 제단에서 제물에 뿌려지는 것으로 거의 모든 의식에서 이 행위가 실행되었다. 니고데모는 학자였으므로 "맑은 물을 너희에게 뿌려서 너희로 정결하게 하되"라는 에스겔 36장 25절과 새 언약의 약속을 알았을 것이다. 두 절 후에는 "또 내 영을 너희 속에 두어"(27절)라는 약속이 나오는데, 물과 성령을 결합하는 두 말씀 사이에 다른 한 가지 약속인 "또 새 영을 너희 속에 두고 새 마음을 너희에게 주되 너희 육신에서 굳은 마음을 제거하고 부드러운 마음을 줄 것이며"(26절)라는 말씀이 나온다. 이것이 물과 성령으로 거듭나는 것에 대한 구약의 약속이다.

여기서 암시된 단 하나의 세례는 성령 세례이다. 세례 요한은 "나도 그를 알지 못하였으나 나를 보내어 물로 세례를 베풀라 하신 그이가 나에게 말씀하시되 성령이 내려서 누구 위에든지 머무는 것을 보거든 그가 곧 성령으로 세례를 베푸는 이인 줄 알라 하셨기에"(요 1:33)라고 말했다. 성령 세례는 구원받을 때 일어난다. 그때 주님은 성령을 수단으로 신자를 그리스도의 몸 안에 들어가게 하시고(고전 12:13), 말씀의 물로 신자를 깨끗하게 하신다(엡 5:26. 요 15:3 참조). 바울은 이를 "중생의 씻음과 성령의 새롭게 하심"(딛 3:5)이라 말했다. 이 표현은 "사람이 물(중생의 씻음)과 성령(성령의 새롭게 하심)으로 나지 아니하면 하나님의 나라에 들어갈 수 없느니라"(요 3:5)고 하신 예수님의 말씀을 완벽히 반영한다.

그러므로 예수님이 니고데모에게 하신 말씀은 "너는 영적으로 깨끗하게 되고 영적으로 거듭나야 한다."는 것이었다. 이 본문의 요점은 율법과 종교의식(세례를 포함하여)은 영생을 주지 못한다는 것이다. 이 말씀에 큰 충격을 받은 것으로 보아 니고데모는 그 메시지를 알아들었다고 볼 수 있다.

구약이 일관되게 계시하는 것

그다음 예수님은 충격에 빠진 이 선생을 부드럽게 꾸짖으셨다. "내가 네게 거듭나야 하겠다 하는 말을 놀랍게 여기지 말라"(요 3:7).

니고데모의 다음 질문은 그의 마음이 소용돌이치고 있음을 보여준다. "어찌 그러한 일이 있을 수 있나이까"(9절). 그는 자신이 들은 것을 믿을 수 없었다.

"예수께서 그에게 대답하여 이르시되 너는 이스라엘의 선생으로서 이러한 것들을 알지 못하느냐"(10절). 주님의 꾸짖음은 니고데모를 완전히 입다물게 만들었다. 그는 더 이상 대답하지 못했다. 어쩌면 그는 중생에 대한 예수님의 자상한 설명을 잠자코 들었을 것이다. 어쩌면 화를 내며 돌이켜 떠났을지 모른다. 요한은 이에 대해 말해 주지 않는다. 니고데모는 결국 신자가 된 것 같다. 여기서는 그러지 않았을지라도 얼마 후에는 그렇게 되었을 것이다. 예수님이 십자가에 달리신 후 그는 아리마대 요셉과 함께 그리스도의 시체를 달라고 하여 장례를 준비했다(요 19:38-39).

혹시 니고데모가 주님과의 이 대화에서 무슨 말을 더 했을지라도 요한은 기록하지 않았다. 기록하지 않은 이유를 이해할 만하다. 영적인 선생으로서 그의 태도에 대해 예수님이 문제를 제기하신 것은 엄청난 꾸중이었다. 주님은 "이스라엘의 선생"이라는 말씀에 정관사를 붙여 사용하셨는데(the teacher of Israel), 이는 니고데모가 온 이스라엘에서 탁월한 선생이라는 평을 받았음을 시사한다. 그런데 그리스도께서 그가 실제로는 성경의 진리를 거의 이해하지 못하고 있다고 꾸짖으신 것이다. 분명 니고데모의 자아에 고통스러운 충격이었을 것이다.

예수님의 도전은 또한 중요한 교리적 문제를 지적한다. 곧 구약이 구원의 방법을 분명히 가르치고 있다는 점(딤후 3:15 참조)이다. 예수님은 구약의 구속과는 다른 새로운 구원 방법을 선언하지 않으셨다(마 5:17 참조). 은혜 시대의 구원도 율법 시대의 구원과 전혀 다르지 않다는 것이다. 하나님의 말씀은 완전한 통일성이 있다. 그래서 구약에 나타난 구원 방법은 그리스도의 십자가 사역 이후의 구원 방법과 동일하다. 구원은 결코 인간의 행위에 대한 보상이 아니다. 늘 회개하는 죄인에게 주어지는 은혜의 선물로 그리스도의 역사로 인해 가능해진다.

회심 체험(중생의 씻음과 성령의 새롭게 하심을 포함하는 신생[new birth])은 하나님이 처음부터 계획하신 일이었다. 구약에서도 구원은 율법을 지키는 자들을 위한 보상이 아니었다. 믿음으로 겸손하게 죄로부터 구속을 구하는 자들에게 주어지는 선물이었다. 니고데모는 율법의 선생으로서 그것을 이해했어야 했다. 그는 이사야서에 기록된 주님의 말씀을 잘 알았어야 했다.

너희는 스스로 씻으며 스스로 깨끗하게 하여
내 목전에서 너희 악한 행실을 버리며
행악을 그치고 ……
여호와께서 말씀하시되
오라 우리가 서로 변론하자
너희의 죄가 주홍 같을지라도
눈과 같이 희어질 것이요
진홍같이 붉을지라도
양털같이 희게 되리라(사 1:16-18).

구약의 중심 주제는 은혜에 의한 구속이다. 그러나 바리새인들은 믿기지 않을 만큼 이것을 완전히 놓치고 있었다. 그들은 종교적 행위를 엄격하게 강조하면서, 구약 전체에 분명하게 나타나는, 죄인들을 향한 하나님의 은혜와 용서의 진리를 소홀히 했다. 그들은 주님께로 돌이키는 회심이 아닌 율법 준수를 영생을 얻는 방법으로 강조했다. 그들은 의를 획득하려고 노력하는 데 분주한 나머지 "의인은 그의 믿음으로 말미암아 살리라"(합 2:4)고 한 하박국의 놀라운 진리는 무시했다. 그들은 아브라함을 조상으로 여겼지만 아브라함의 삶이 주는 핵심 교훈인 "아브람이 여호와를 믿으니 여호와께서 이를 그의 의로 여기시고"(창 15:6)는 간과했다. 그들은 율법을 지지하는 시편은 갈고 닦아 규칙 목록을 늘리면서도 모든 것 가운데 가장 중요한 진리, 즉 하나님은 죄를 용서하시며 허물을 덮으시고, 자기에게로 돌아오는 죄인을 정죄하지 않으신다는 것(시 32:1-2)은 무시했다. 그들은 메시아의 강림을 고대했지만 그가 죄를 위한 희생제물로 죽기 위해 오신다는 사실에는 눈을 감았다(사 53:4-9). 그들은 자신이 눈먼 자의 안내자요, 어둠 속에 있는 자의 빛이요, 어리석음을 바로잡는 자요, 미숙한 자의 선생이라고 자부했지만(롬 2:19-20 참조), 하나님의 법의 가장 기본적인 교훈, 즉 그들 자신이 바로 구속이 필요한 죄인이라는 사실은 놓치고 있었다.

사람들은 항상 구원의 단순함 때문에 넘어진다. 그래서 그토록 많은 이단이 생겨났다. 이단들은 각각 독특한 구원 교리를 가지고 있다. 그런데 모두 인간의 행위에 의한 구원을 지지함으로써 하나님의 말씀에 계시된 구원의 단순함을 훼손한다(고후 11:3 참조). 주요 이단들은 하나같이 자기들이 구원의 비밀을 여는 열쇠를 가졌다고 주장하지만, 모두 하나님께 이르는 길로 자기 의에 의한 성취를 옹호한다.

하나님의 말씀은 처음부터 끝까지 그 모든 것을 인정하지 않는다. 그것도 놀라울 정도로 일관적이다. 그 메시지는 1,500여 년에 걸쳐 40명 이상의 저자들에게 쓰인 후 66권의 책으로 엮였지만 기이하게도 통일되고 일치한다. 그 일치된 메시지는, 하나님은 회개하고 믿음으로 나아오는 죄인들을 은혜로 받아주신다는 것이다. 비밀도 미스터리도 모호함도 복잡함도 없다. 만일 니고데모가 하나님의 말씀을 진정으로 이해했다면 그 정도는 알았을 것이다. 만일 그가 기록된 말씀을 성실하게 받아들여 믿었다면, 하나님의 영원한 진리의 길을 체현하여 자기 앞에 서 계시는 성육신하신 말씀을 저항하거나 거부하지 않았을 것이다(요 5:39 참조).

반드시 거듭나야만 한다

니고데모는 선생으로서 큰 능력을 가졌고 또 율법의 세세한 부분까지 집착했지만 충분하지 못했다. 예수님은 진리를 감추거나 감미롭게 하지 않으셨다. 니고데모는 자신도 의식하지 못하는 큰 죄, 즉 불신이라는 죄를 키우고 있었다. "나는 이해하지 못하겠습니다."라는 니고데모의 말은 사실 "나는 믿지 못하겠습니다."라는 의미였다. 불신은 언제나 무지를 낳는다.

요한복음 3장 11-12절은 불신이 진정한 문제임을 확인시켜준다. 여기서 예수님은 이렇게 말씀하신다.

진실로 진실로 네게 이르노니 우리는 아는 것을 말하고 본 것을 증언하노라 그러나 너희가 우리의 증언을 받지 아니하는도다 내가 땅의 일을 말하여도 너희가 믿지 아니하거든 하물며 하늘의 일을 말하면 어떻게 믿겠느냐.

"받지 아니하는 것"과 "믿지 아니하는 것"은 같은 것이다. 니고데모는 자신이 이해할 수 없다고 주장했다. 예수님은 완전한 이해 이전에 믿음이 있음을 그가 알기 원하셨다. 바울은 고린도전서 2장 14절에서 "육에 속한 사람은 하나님의 성령의 일들을 받지 아니하나니 이는 그것들이 그에게는 어리석게 보임이요 또 그는 그것들을 알 수도 없나니 그러한 일은 영적으로 분별되기 때문이라"고 말한다. 영적 진리는 믿지 않는 사람의 마음에 들어오지 않는다. 불신으로는 아무것도 이해하지 못한다.

이것은 니고데모에게 얼마나 큰 충격이었을까! 그는 예수님께 와서 의기양양하게 믿음을 고백했다. "랍비여 우리가 당신은 하나님께로부터 오신 선생인 줄 아나이다 하나님이 함께 하시지 아니하시면 당신이 행하시는 이 표적을 아무도 할 수 없음이니이다"(요 3:2). 예수님은 사실상 이렇게 대답하셨다. "아닙니다. 당신은 모릅니다. 당신은 성경을 이해하지 못합니다. 당신은 구원의 기초도 모릅니다. 당신은 세상 일도 이해하지 못합니다. 그러니 하늘의 진리를 당신에게 설명한들 무슨 소용이 있겠습니까?"

대부분의 종교적 불신자들이 그렇듯 니고데모도 자신이 어찌할 수 없는 죄인임을 고백하려 하지 않았다. 예수님은 그 진실을 아셨다. 니고데모는 자신이 위대한 영적 지도자라고 생각했다. 예수님은 그를 아무것도 아닌 사람으로 낮추셨다. "하늘에서 내려온 자 곧 인자 외에는 하늘에 올라간 자가 없느니라"(요 3:13). 예수님은 자신의 신적 기원을 말씀하시면서 니고데모의 얄팍한 신앙을 꾸짖으시고 그의 행위 신앙 시스템을 무너뜨리셨다. 자기 힘으로는 아무도 하늘에 올라갈 수 없다. 즉 아무도 하늘에 이르는 길을 자기 힘으로 얻을 수 없다. 하나님이 자기 아들을 통해 하늘에서 내려오셨다(히 1:1-2). 우리가 하늘에 올라가 우리를 위해 해답을 찾을 수 없다. 하나님께 나아갈 수 있는 유일한 분은 하늘로부터 내려오신 분이다. 그는 단순히 하나님께로부터 보내심을 받은 선생이 아니시다. 사실 그는 인간의 육신을 입으신 하나님이시다. 우리는 그의 말씀을 받아들이든지 아니면 우리 죄 가운데 머무르든지 해야 한다.

그러므로 그의 메시지는 이런 것이다. "너는 반드시 거듭나야 한다"(요 3:7). 중생은 선택사항이 아니라 절대적 필수사항이다. 아무도 (심지어 가장 종교적인 바리새인도) 중생해야 한다는 신적 부르심을 피할 수 없다. 예수님이 선포하신 복음의 출발점도 이렇다. 즉, 구원은 신적으로 이루어지는 거듭남이 아니고는 불가능하다.

구원 얻는 믿음의 실제

니고데모가 더 이상 대답하지 않자, 예수님은 자애롭게 중생을 아주 단순히 설명해 주셨다. 요한복음 3장 14절부터 예수님은 구원의 길을 자세하게 소개하신다. 예수님은 니고데모가 성경의 진리를 이해하지 못함을 강조하시려는 듯 구약의 구원 예화를 말씀하신다. "모세가 광야에서 뱀을

든 것 같이 인자도 들려야 하리니 이는 그를 믿는 자마다 영생을 얻게 하려 하심이니라"(14-15절). 분명 니고데모는 그 이야기를 알았을 것이다. 그런데 왜 거기에 담긴 진리는 이해하지 못했을까?

민수기 21장은 광야에서 있었던 뱀 이야기를 다루고 있다. 이스라엘 백성은 애굽을 떠나왔지만 아직 약속의 땅에 들어가지 못하고 방황하고 있었다. 그들은 끊임없이 불평했다. 양식에 대해 투덜댔고, 모세에 대해 원망했고, 자신들의 처지를 불평했다. 마침내 하나님은 더 이상 두고 볼 수 없어서 재앙으로 독뱀을 보내셨다. 뱀은 진영을 휘저었고 거역하던 백성들은 뱀에 물렸다. 그들은 자신이 죽게 되자 회개했다. 그들은 모세에게 와서 그들을 위해 대신 간구해 달라고 부탁했다. 하나님은 자비를 베푸셔서 그들을 용서하시고 모세에게 놋뱀을 만들어 장대 끝에 매달라고 하셨다. 모세는 그 장대를 진영 가운데 세웠다. 여호와는 이렇게 약속하셨다. "불뱀을 만들어 장대 위에 매달아라 물린 자마다 그것을 보면 살리라"(민 21:8). 하나님은 어떤 의식이나 주문을 요구하지 않으셨다. 구원도 이와 꼭 같이 종교적 의식을 통해 이루어지지 않는다. 이스라엘 백성이 광야에 있을 때도 그랬다. 니고데모에게도 그랬다. 오늘날도 그렇다.

그리스도께 대한 순종이 구원 얻는 믿음의 한 요소임을 거부하는 사람들은, 믿음이란 단순히 복음에 관한 사실을 받아들이는 것이라 보여주기 위해 예수님이 이 예화를 택하셨다고 주장한다. 한 저자는 "'본다는 것'에는 삶을 드린다는 개념이나 치유가 마땅하다는 생각이나, 본 이후의 삶에 대한 질문이나, 보는 대상에 대한 복종 가능성 등이 전혀 없다."고 썼다.[3]

---

3) William LeGrange Hogan, "The Relationship of the Lordship of Christ to Salvation"(Th.M. thesis, Dallas Theological Seminary). 호건은 이후로 주재권 없음 교리를 거부하고 있지만, 이 진술은 Cocoris, *Lordship Salvation-Is It Biblical?* 13의 동의하에 인용했다.

제인 호지스는 다음과 같이 말했다. "무엇이 이 이상 더 심오하게 단순할 수 있겠는가! 믿음으로 보는 사람에게 영원한 생명이 주어진다! 분명히 지금도 우리는 원하는 자는 누구든 얻을 수 있는 무조건적인 선물을 만나게 된다.…… 중요한 것은 하나님이 제공하신 것에 대한 단순한 믿음이다."[4]

정말 그런가? 절대로 그렇지 않다. 중요한 것은 제공받은 것에 대한 믿음이 아니라, 달리신 분에 대한 믿음이다. 민수기 21장을 주의 깊게 연구하면, 예수님이 쉬운 믿음을 그리지 않으셨음을 알 수 있다. 예수님은 니고데모에게 회개가 필수라는 사실을 알려주고 계셨다. 예수님은 이 특정한 예화를 정확히 사용해 니고데모의 바리새인적 생각에 도전하셨다. 니고데모는 놋뱀 이야기를 잘 알았다. 그는 분명 유대 민족의 지도자로서 자신을 모세와 동일시했을 것이다. 그런데 예수님은 오히려 범죄하고 거역하는 이스라엘 백성과 그 자신을 동일시해야 한다고 알려주셨다.

니고데모는 어쩔 수 없는 상태에 놓인 이스라엘 백성을 위해 놋뱀이 세워졌음 잘 알았다. 그들은 하나님께 범죄하고 반항하는 배역자였다. 그들은 심판을 받아 죽어가고 있었다. 그들은 심히 부끄러워하며 온전히 회개하는 자세로 모세에게 와서 이렇게 말했다. "우리가 여호와와 당신을 향하여 원망함으로 범죄하였사오니 여호와께 기도하여 이 뱀들을 우리에게서 떠나게 하소서"(민 21:7). 의심할 여지 없이 수많은 사람이 이미 병들어 급속히 기력을 잃고 죽어갔다. 그들은 가벼운 마음으로 장대를 쳐다보고 계속 거역하는 삶을 살 처지가 아니었다. 심판을 부른 그들의 거역을 성경이 더 이상 기록하지 않은 점에 주목하라. 그들은 간절함과 진정한 회개로 하나님께 나아갔다. 예수님은 니고데모가 그와 같이 할 것을 요구하셨다.

---

4) Zane C. Hodges, *The Gospel Under Siege*(Dallas: Redencion Viva, 1981), 17-18.

문제는 죄다. 예수님은 이 저명한 율법 선생에게 자신이 큰 뱀 사탄에게 물렸음을 시인하고 구원받기 위해 주님께 나아올 것을 요구하셨다. 바리새인에게는 이 생각 자체가 불쾌할 수 있었다. 그들이 지닌 자기 의의 핵심을 잘라버리는 것이기 때문이다. 우리 주님은 니고데모에게 쉬운 믿음의 예화를 보이시기는커녕 고통스러운 구원 조건을 제시하셨다. 니고데모는 자신의 악함을 인정하고 회개해야 했다. 그는 범죄하여 뱀에 물리고 회개하는 이스라엘 백성 가운데 자신을 포함시켜야 했다.

민수기에 나온 놋뱀 예화는 또한 구원의 대가로 예수님이 죽으실 것을 보여준다. 모세가 그 뱀을 장대 끝에 단 것처럼, 인자도 장대에 달릴 것이다(십자가에 달리심). 요한복음 3장 14절에서 "반드시"를 의미하는 "must"가 사용된 점이 중요하다. 그리스도는 반드시 죽어야 한다. "피흘림이 없은즉 사함이 없느니라"(히 9:22). 하나님의 제사 시스템은 피의 대속을 요구했다. "죄의 삯은 사망"(롬 6:23)이기 때문이다. 누군가가 죗값을 치르기 위해 반드시 죽어야 한다.

이 진리는 성경 전체에서 가장 익숙하고 장엄한 말씀으로 우리를 인도한다. "하나님이 세상을 이처럼 사랑하사 독생자를 주셨으니 이는 그를 믿는 자마다 멸망하지 않고 영생을 얻게 하려 하심이라"(요 3:16). 그리스도를 믿는다는 것은 무엇인가? 그것은 그리스도가 누구신가에 대한 진리(육체로 오신 하나님)를 받아들이고 시인하며 그가 하신 말씀을 믿는 것 이상이다. 이 본문을 보면 그 진리를 제거할 길이 없다. 예수님은 그 진리를 입술로만 인정하고 계속 죄를 범하는 "믿음"을 허용하지 않으신다. 20-21절을 보자. "악을 행하는 자마다 빛을 미워하여 빛으로 오지 아니하나니 이는 그 행위가 드러날까 함이요 진리를 따르는 자는 빛으로 오나니 이는 그 행위가 하나님 안에서 행한 것임을 나타내려 함이라 하시니라."

36절은 더 나아가 불순종을 불신과 동일시한다. "아들을 믿는 자에게는 영생이 있고 아들에게 순종하지 아니하는 자는 영생을 보지 못하고 도리어 하나님의 진노가 그 위에 머물러 있느니라." 그러므로 참된 믿음을 점검하는 질문은 "이 믿음이 순종을 낳는가?"이다. 만일 그러지 않다면 구원 얻는 믿음이 아니다. 불순종은 불신이다. 참된 믿음은 순종한다.

요한복음 3장 17절은 니고데모가 표방한 종교 시스템에 대한 또 하나의 꾸짖음이다. 바리새인들은 이방인을 쳐부수고 유대인을 위한 유토피아를 세울 메시아를 기다렸다. 그러나 예수님은 "하나님이 그 아들을 세상에 보내신 것은 세상을 심판하려 하심이 아니요 그로 말미암아 세상이 구원을 받게 하려 하심이라"고 하셨다. 메시아의 강림이 이스라엘에게는 영광이요 다른 모든 사람에게는 멸망이라고 생각하던 사람들은 실망했다. 그리스도는 단지 이스라엘만이 아니라 온 세상을 구원하려고 오셨다. 이것이 구속의 실상이다. 구속은 바리새인들, 유대인들에게만이 아니라 "그를 믿는 모든 자에게" 주어진다(16절).

예수님은 죄인들에게 이런 놀라운 약속을 하셨다. "그를 믿는 자는 심판을 받지 아니하는 것이요"(요 3:18). 예수님은 또한 그리스도를 거부하는 바리새인들을 비롯한 모든 사람에게 오싹한 경고를 하심으로써 균형을 이루신다. "(그를) 믿지 아니하는 자는 하나님의 독생자의 이름을 믿지 아니하므로 벌써 심판을 받은 것이니라"(18절). 예수님은 불신자들에 대한 심판을 미래에 있을 일로 이야기하지 않으셨다. 최후의 심판 때 마무리될 일이 이미 시작된 것이다. "그 정죄는 이것이니 곧 빛이 세상에 왔으되 사람들이 자기 행위가 악하므로 빛보다 어둠을 더 사랑한 것이니라"(19절). 자기 행위가 악한 자들은 빛을 미워하고 거부하여 자기 스스로를 영원한 어둠에 가둔다.

우리 주님은 이렇게 복음을 소개하셨다. 예수님이 구원의 유일한 근원이시다. 이 얼마나 배타적인가. 그의 이름을 믿지 않는 자들은 정죄받아 영원한 생명에서 배제된다. 아무리 성실하고 종교적이고 선행을 많이 하더라도 사람은 모두 반드시 거듭나야만 한다. 자신을 범죄하고 죽어가는 이스라엘 백성과 동일시하고, 그들을 구원하기 위해 매달린 자를 믿는 순종하는 믿음으로 죄에서 돌이켜야 한다. 그러지 않는 자들에게는 생명의 약속이 없고 다만 심판만 보장될 뿐이다.

4장

사마리아 여인에게 구원을 제시하시다

그리스도의 메시지는 바리새인의 자기 의와 간음한 자의 방탕한 삶 모두를 꾸짖는다. 요한복음 3장과 4장에 나오는 그리스도의 사역은 도덕의 양극단을 모두 다룬다.

요한복음 4장에는 성경 전체에서 가장 친숙하고 아름다운 대화가 나온다. 여기서 우리 주님은 버림받은 여인에게 마치 마실 물을 주시는 것처럼 구원을 제시하신다. 그러나 주님의 직설적인 제시를 경박한 메시지로 여기는 실수를 해서는 안 된다.

주재권 구원을 반대하는 이들은 종종 이 기사를 증거로 제시하며, 구원이란 죄인의 삶을 헌신하라는 어떤 요구도 없는 선물이라고 주장한다.[1] 그

---

1) Zane C. Hodges, *The Hungry Inherit*(Portland, Ore.: Multnomah, 1980)를 참조하라. 호지스는 "예수님은 …… 분명 매우 긴급하게 필요했을 그녀(사마리아 여인)의 삶을 정비하는 일에 대해서는 아무 말씀도 하지 않으셨다."(p. 25)는 사실에서 큰 의미를 찾는다. 이는 그녀를 향한 예수님의 말씀은 그녀가 지은 죄의 현실로 그녀를 직면했고(요 4:7-19), 영과 진리로 하나님을 예배해야 한다고 권면했으며(23-24절), 그녀의 마음이 분명한 회개로 반응했

러나 우리는 감히 우리의 구원 신학을 이 기사에 나온 정보에만 의지할 수 없다. 나아가 요한복음 4장에 나오지 않는다 해서 복음의 중대한 요소들을 비본질적이라 낙인찍을 수도 없다. 먼저 예수님은 그 여인의 마음을 아셔서 그녀가 믿음을 가지려면 정확히 어떤 메시지가 필요한지 아셨음을 명심해야 한다. 주님은 죄의 대가, 회개, 믿음, 대속, 죄를 위한 자신의 죽음 또는 자신의 부활 등에 대해 언급하지 않으셨다. 그렇다고 우리는 이런 것들이 복음 메시지에 필수적인 요소가 아니라고 결론지을 수 있겠는가? 절대 아니다.

그 여인은 이 순간을 위해 성령으로 특별히 준비되었다. 이 일이 있기 전 그녀가 영적 진리를 얼마나 알았는지 억측해 보았자 소용이 없다. 그녀는 니고데모와 달리 신학자가 아니었고, 그녀의 마음은 이미 자신의 죄를 인정하고 그리스도를 받아들였다. 그녀를 향한 예수님의 메시지는 그녀를 주님께로 이끌기 위한 것이었지, 모든 개인전도에 표준으로 사용할 종합적인 복음 개요를 제공하신 것이 아니었다. 우리는 주님의 방법에서 배워야 하지만, 이 본문만 따로 떼서 보편적 복음전도의 모델을 추출해서는 안 된다.

그 여인의 배경에 대해 우리가 아는 바는 오직 그녀의 삶이 간음과 깨진 결혼으로 엉망이었다는 것뿐이다. 그녀는 그것 때문에 사회에서 버림당해 매춘부와 다름없는 사회적 지위에 이르렀을 것이다. 예수님은 그녀를 자신에게로 부르기 위해 그녀의 냉담함과 정욕, 자기중심성, 부덕함, 종교적

다(29절)는 명백한 진실을 무시하는 것이다. 오히려 호지스는 "하나님의 뜻에 대한 순종의 의무에 대해 예수님이 아무 말씀도 하시지 않은 것은 아주 단순한 이유 때문이다. 그는 그녀에게 선물을 주고자 거기 계셨기 때문이다."(ibid)라고 결론 내린다. "만일 그가 삶을 개혁하라는 요구로 자신의 제의를 혼잡하게 했다면, 그녀는 그 선물의 눈부실 정도의 화려함, 그 지고하고 완전한 값없음을 이해할 수 없었을 것이다"(p. 26). 호지스는 이 본문을 복음 이해의 열쇠로 보고, 복음은 죄인의 삶에 도덕적 요구를 전혀 하지 않는다는 자신의 견해를 지지하기 위해 자주 이것을 언급한다.

편견 등을 직면하게 하셨다.

이 여인은 니고데모와 분명하게 대비된다. 둘은 사실상 정반대 상태이다. 니고데모는 유대인이고 여인은 사마리아인이다. 니고데모는 남자이고 그녀는 여인이다. 니고데모는 종교 지도자이고 그녀는 간음한 여인이다. 니고데모는 학식이 많았고 여인은 무지했다. 니고데모는 최상위층이었고 그녀는 최하위층이었다(그녀는 사마리아에서 버림받은 자였기에 이스라엘에서 버림받은 자보다도 낮았다). 니고데모는 부자였고 그녀는 가난했다. 니고데모는 예수님을 하나님이 보내신 선생으로 알았지만, 그녀는 예수님이 누구신지 전혀 아는 바가 없었다. 둘은 이 이상 다를 수 없을 정도로 달랐다.

그러나 동일하게 전능하시고 전지하신 그리스도께서 그녀에게 자신을 드러내셨다. 이 이야기가 사마리아 여인에 관한 이야기가 아님을 주목해야 한다. 오히려 이 이야기는 예수님이 자신을 메시아로 계시하신 이야기이다. 예수님이 자신이 누구인가를 드러낸 모든 사건들 가운데서도 이 무명의 사마리아 여인에게 드러내신 이야기가 첫 번째이다. 예수님은 왜 예루살렘 중심으로 가서 성전에 들어가, 거기 모인 지도자들에게 자신이 메시아라고 선포하지 않으셨을까? 왜 보잘것없는 간음한 여인에게 최초로 자신을 드러내셨을까?

분명 예수님의 의도는 복음이 히브리 민족뿐 아니라 온 세상을 위한 것이며, 자신의 사역 대상은 종교 엘리트뿐 아니라 가난하고 소외된 자들임을 보여주려는 것이었다. 유대인의 메시아가 사마리아인 간음녀에게 자신을 먼저 보이셨다는 것은 유대 지도자들에게 있어 일종의 책망이었다. 아무튼, 마침내 그가 이 진리를 이스라엘의 지도자들에게 드러내셨을 때 그들은 그 진리를 믿지 않았다.

우리는 예수님과 그 여인 사이의 대화 중 핵심적인 사항만 겨우 알 뿐이다. 성경은 그녀의 생각이나 감정에 대해 아무것도 구체적으로 드러내지 않는다. 주님께서 그녀에게 생수를 주신다고 했을 때 그녀가 얼마나 이해했는지, 아니 이해하기라도 했는지 전혀 알 길이 없다. 주님의 말씀이 실제로는 영적인 생명에 대한 것임을 그녀가 언제 깨달았는지도 분명하지 않다. 우리는 오직 그녀의 말과 행동을 근거로 그녀의 마음의 반응을 추론할 뿐이다.

사실 그녀가 그리스도를 메시아로 받아들여 신자가 되었으리라는 가정도 본문에 분명하게 언급되어 있지 않다. 우리는 그녀의 행위, 특별히 그녀가 달려가 다른 사람에게 주님에 대해 말하여 그들이 믿게 되었다는 사실을 바탕으로 그런 판단을 한다.

그러므로 우리는 주의하여 이 본문 자체가 복음의 구성 요소를 이해하는 기초로 삼기에는 적절한 토대가 되지 못함을 깨달아야 한다. 우리와 달리 예수님은 그 여인의 마음을 아셨다. 예수님은 그녀와 이야기하시면서 그녀의 반응을 판단하시고 그녀가 어느 정도 이해하고 믿는지 정확하게 아셨다. 주님은 그녀가 들을 필요가 있는 진리를 정확하게 제시할 수 있으셨다. 예수님은 규격화된 제시법이나 네 가지 요점으로 정리한 복음을 사용하지 않으셨다.

그럼에도 불구하고 예수님이 사마리아 여인에게 하신 말씀은 개인전도를 위한 분명한 지침을 몇 가지 보여준다.

"우물가"에서 만나심 : 잃은 자를 찾아 구원하러 오셨다

이 만남이 있기까지의 사건을 주목해 보자. 예수님은 유대를 떠나 갈릴리로 가시는 중이었다(요 4:3). 1절은 예수님의 성공적 사역에 관해 말이 퍼졌음을 전한다. 수많은 사람이 예수님을 보러 몰려왔고, 이로 인해 심각한 문제가 발생했다. 유대 지도자들이 세례 요한을 미워한 것은 그가 진리를 가르침으로써 그들을 정죄했기 때문이다. 그러므로 우리는 그들이 예수님에 대해 어떤 생각을 했을지 짐작할 수 있다. 예수님을 찾는 사람이 많아질수록 종교 지도자들은 더 불편해졌다. 사실상, 예수님의 사역 중 이 시점부터 바리새인들과의 다툼이 끝없는 주제가 되었다. 그리고 마침내 그들이 그리스도를 죽임으로써 절정에 이른다.

예수님이 유대를 떠난 것은 바리새인들이 두려워서가 아니라 그들과 맞서야 할 하나님의 때가 아니었기 때문이다. 게다가 떠나야 할 합당한 이유도 있었다. "사마리아를 통과하여야 하겠는지라"(요 4:4). 이것은 지리적인 이유 때문이 아니었다. 사실상 사마리아를 통과하는 여행은 유대인에게 일상적이지 않았다. 사마리아인들은 유대인에게 매우 적대적이어서 그들은 사마리아에 발도 들여놓지 않으려 했다. 물론 사마리아를 통과하는 길이 가장 빠르긴 했지만, 유대인들은 절대로 그 길로 가지 않았다. 유대인들이 다니는 길이 따로 있었는데, 유대 북쪽의 요단 동쪽으로 가서 갈릴리로 돌아가는 길이었다. 예수님은 유대에서 갈릴리로 갈 때 흔히 사용되는 그 길을 따라 갈 수도 있었다.

그러나 사마리아를 통과함으로써 우리 주님은 죄인들을 향한 자신의 사랑을 보이셨다. 사마리아인은 BC 722년 이스라엘이 포로로 잡혀갔을 때 주변 민족들과 결혼한 혼혈 유대인이었다(왕하 17:23-25 참조). 그들은 예루살렘을 예배의 중심지로 인정하지 않고 사마리아의 그리심 산에 그들만의 성전을 세웠다. 그들의 혼혈 결혼과 우상숭배는 매우 큰 범죄여서 정통 유대인들은 일반적으로 그들과 상대하지 않았다(요 4:9). 사마리아는 본질상 별개의 민족으로 되어서, 유대인들은 그들을 이방인보다 더 가증스럽게 여겼다. 유대인과 사마리아인 사이의 이런 증오와 원한이 수 세기 동안 이어졌다. 그런데 우리 주님은 단순히 사마리아를 통과하는 것으로 이 해묵은 장벽을 무너뜨리셨다.

주님께서 그 길로 가셔야만 했던 이유는 야곱의 우물에서 하신 하나님의 약속을 이루셔야 했기 때문이다. 주님은 잃은 자를 찾아 구원하려고 오셨다(눅 19:10). 그래서 주님은 때가 되자 문화적 규약을 심각하게 어기면서까지 거기에 가셨다. 그런데 그의 시간 선택이 결정적이었다. 만일 주님께서 그 우물에 10분만 빨리 혹은 늦게 도착하셨다면 여인을 만나지 못했을 것이다. 그러나 주님의 스케줄은 완벽했다. 주님은 창세전에도 스스로 대본을 쓰셨다.

그리스도는 정해진 장소, 야곱이 사서 요셉에게 주었던 땅의 한 지점에 도착하셨다. 요한복음 4장 6절은 이렇게 말한다. "거기 또 야곱의 우물이 있더라 예수께서 길 가시다가 피곤하여 우물 곁에 그대로 앉으시니 때가 여섯 시쯤 되었더라." 여기서 우리는 그리스도의 인성을 엿볼 수 있다. 그는 완전한 사람이었기에 피곤하셨다. 히브리서 기자는 주님이 우리의 연약함을 함께 느끼셨다고 말한다(히 4:15).

아마도 요한은 로마식 시간법을 사용한 것 같다. 로마 시간은 정오에 시작한다. 그래서 제육 시는 여섯 시가 된다. 수가성 사람들은 대부분 일을 마쳤을 것이고 여인들은 물을 긷는 등 일상적인 일을 할 시간이다. 우리 주님은 해가 쬐는 길고 뜨거웠던 여행의 끝에 이르러 피로와 목마름을 느끼셨다. 그는 하나님이 정하신 때에 정해진 장소에서 하나님의 뜻을 행하기로 하셨다. 주님은 거기서 비참하고 가엾은 한 여인을 찾아 구원하실 참이었다.

"여인"을 부르심 : 사람을 차별하지 않으신다

"사마리아 여자 한 사람이 물을 길으러 왔으매"(요 4:7). 이 여인은 도덕적으로 버림받은 자요 사회로부터 추방당한 자였다. 물을 길을 도구가 없는 예수님이 그녀에게 "물을 좀 달라"(7절)고 했을 때 그 여인이 받았을 충격을 생각해 보라. 그녀는 분명 깜짝 놀랐을 것이다. 그녀는 모든 사람들의 회피 대상이었다. 게다가 그 문화에서는 남자들이 공개적으로 여자에게 (심지어 아내에게도) 말을 하지 않았다. 더 나아가 예수님은 인종적 장벽을 무너뜨리셨다. 그 여인은 예수님이 그녀에게 말을 한 것에 놀랐는데, 자기의 "부정한" 그릇으로 물을 마시겠다는 요구에는 더욱 충격을 받았다. 그래서 그녀는 "당신은 유대인으로서 어찌하여 사마리아 여자인 나에게 물을 달라 하나이까"(9절)라고 물었다.

하나님은 사람을 차별하지 않으신다(행 10:34). 그러기에 예수님은 여인의 그릇으로 물을 마시기를 부끄러워하지 않으셨다. 예수님은 그녀를 위해 죽으러 오셨다. 이 여인도, 니고데모 같은 바리새인도, 심지어 심한 혐오 대상인 나병환자도, 누구도 예수님의 신적 사랑이 닿지 않는 사람은 없다.

"물"을 권하심 : 목마른 자는 누구든지 오라

"예수께서 대답하여 이르시되 네가 만일 하나님의 선물과 또 네게 물 좀 달라 하는 이가 누구인 줄 알았더라면 네가 그에게 구하였을 것이요 그가 생수를 네게 주었으리라"(요 4:10). 주님은 갑자기 상황을 반전시키셨다. 처음에는 예수님이 목마르셨고 그 여인에게 물이 있었다. 그런데 이제 예수님은 그녀가 목마르고 자신은 물을 가진 것처럼 말씀하신다. 예수님은 물을 달라고 하는 대신 그녀가 자신의 샘에서 물을 마셔야 한다고 선언하셨다. 이제 화제는 예수님의 육신적 목마름이 아니라 그녀의 영적 필요가 되었다. 그녀는 아직 이해하지 못했지만, 예수님은 그녀의 메마른 영혼을 위해 생수를 제공하셨다.

구원 얻는 믿음이 순종이나 헌신과는 상관 없다고 주장하는 사람들은, 종종 이 사건을 증거로 들어 신적 권위에 복종이 요구되지 않는다고 말한다. 한 저자는 이렇게까지 말했다. "신약에서 '믿음'의 동의어는 '헌신'이 될 수 없다. 예를 들어 요한복음 4장 14절에서 예수님은 '내가 주는 물을 마시는 자는 영원히 목마르지 아니하리니'라고 말씀하신다. 후에 예수님은 '내 살을 먹고 내 피를 마시는 자는 영생을 가졌고'(요 6:54)라고 하신다. 분명히 이런 말씀들은 헌신이 아닌 '전유'(專有, appropriation)를 시사한다."[2]

"마시다"라는 동사가 헌신과 무관한 전유를 시사한다는 데 동의할 수 있을까? 그렇지 않다. 마태복음 20장 22절("내가 마시려는 잔을 너희가 마실 수 있느냐")과 요한복음 18장 11절("아버지께서 주신 잔을 내가 마시지 아니하겠느냐")은 "마시다"라는 말을 분명 온전한 순종과 복종의 의미로 사용한다. 나아가 믿음을 하나의 은유로 정의하려는 시도는 부당한 선택이다. 그러면 요한복음 3장 36절("아들에게 순종하지 아니하는 자는 영생을 보지 못하고")과 히브리서 3장 18-19절("순종하지 아니하던 자들에게가 아니냐 이로 보건대 그들이 믿지 아니하므로 능히 들어가지 못한 것이라")은 불순종과 불신을 명백하게 동일시하는데, 이런 구절들을 어떻게 설명할 것인가?

예수님이 이 여인에게 생수를 제공하셨다는 사실은 참된 믿음에 늘 수반하는 헌신을 전혀 극소화하지 않는다. 예수님이 그녀에게 제공하신 생수는 구원의 선물로, 구속에 내재하는 모든 것, 즉 죄로부터의 자유, 예수

---

[2] G. Michael Cocoris, *Lordship Salvation-Is It Biblical?*(Dallas: Redencion Viva, 1983), 12-13.

님을 따르는 헌신, 하나님의 법에 순종할 능력, 하나님을 영화롭게 하는 삶을 살 능력과 소원 등을 포함한다.

불행하게도 그녀는 여전히 문자 그대로의 물을 생각하는 듯하다. "여자가 이르되 주여 물 길을 그릇도 없고 이 우물은 깊은데 어디서 당신이 그 생수를 얻겠사옵나이까 우리 조상 야곱이 이 우물을 우리에게 주셨고 또 여기서 자기와 자기 아들들과 짐승이 다 마셨는데 당신이 야곱보다 더 크니이까"(요 4:11-12).

예수님은 야곱이 필적할 수 없을 만큼 크고, 예수님이 주시는 물은 야곱의 물보다 무한히 나음을 그녀가 알았다면 얼마나 좋았을까. 예수님은 자신이 주는 생수의 독특한 성격을 더 설명하신다. "예수께서 대답하여 이르시되 이 물을 마시는 자마다 다시 목마르려니와 내가 주는 물을 마시는 자는 영원히 목마르지 아니하리니 내가 주는 물은 그 속에서 영생하도록 솟아나는 샘물이 되리라"(13-14절). 이 물은 메마른 영혼의 갈증을 해소하는 물이었다.

그녀는 즉각 반응했다. "주여 그런 물을 내게 주사 목마르지도 않고 또 여기 물 길으러 오지도 않게 하옵소서"(15절). 아직도 그녀는 예수님이 말씀하시는 것이 실제 물인지 영적인 것인지 혼란을 겪고 있음이 분명하다. 어쨌든 그녀는 이 생수를 원했다!

한 저자는 이 대화에 대해 이렇게 말했다.

예수님이 죄에 눌린 사마리아 여인에게 제안하신 거래의 엄청난 단순함에 감동받지 않을 수 없다. 복잡함이 없다는 것 자체가 그 장엄함의 일부이다. 이것은 그저 주고받는 일로, 다른 아무 부대조건이 없다. …… 그 여인에게서 도덕적 삶을 바로잡겠다는 약속을 받으려는 노력도 없다. 그녀가 이 물을 원한다면 가질 수 있다. 무료다! …… 여기서 그녀에게 복종, 순종, 그리스도의 주재권 인정을 비롯한 이런 유의 다른 어떤 것도 요구되지 않았음을 반드시 강조해야 한다. 하나님의 은총을 받을 가치가 전혀 없는 자에게 선물이 제공되고 있다. 그 여인이 영적 헌신을 해야만 그것을 가질 수 있는 것이 아니다. 단순히 그것을 요청하라고만 하신다.[3]

그러나 이 해석은 핵심을 완전히 빗나간 것이다. 이 시점에서 예수님은 그녀가 물을 요구하여 생수를 주신 것이 아니다. 그녀가 물을 달라고 했고, 예수님이 직접 물을 주셨다면 그녀는 받았을 것이다. 그러나 예수님은 값싼 사이비 회심을 추구하지 않으셨다. 예수님은 그녀가 아직 생수를 받을 준비가 되지 않았음을 아셨다. 먼저 두 가지, 즉 그녀의 죄와 예수님의 진정한 정체성이 다루어져야 했다.

예수님은 어떤 형태의 값싼 은혜도 용인하지 않으셨다. 예수님은 고백하지 않은 죄로 점철된 삶에 영생을 덤으로 주지 않으셨다. 죄로 물든 삶을 지적하고 변화시키는 일 없이 생수를 주어 마시게 하는 일은 생각조차 할 수 없다. 예수님은 자기 백성을 저희 죄에서 구원하러 오셨지(마 1:21 참조), 사악함에 매인 사람들에게 불멸을 주러 오지 않으셨다(창 3:22-24 참조).

주님은 곧장 문제의 핵심으로 들어가 그녀가 자신의 죄를 감출 수 없음을 알게 하셨다. "가서 네 남편을 불러 오라"(요 4:16). 이는 의도적인 말씀이었다. 캠벨 몰간은 이 본문을 주석하면서 이렇게 썼다. "그가 어떻게 대

---

3) Zane C. Hodges, *The Gospel Under Siege*(Dallas: Redencion Viva, 1981), 14. 호지스는 이런 말을 덧붙인다. "참 복음과 다른 모든 거짓 복음을 구별 짓는 것은 정확하게 이 감동적인 사실(주님은 영적 헌신을 전혀 요구하지 않았다는 사실)이다." 그러나 다시 말하지만, 이 본문에 기록된 예수님의 말씀이 복음 제시의 모델이라고 가정하는 것은 실수다. 이 여인에게 주신 예수님의 메시지 중 어느 것도 예수님의 죽음, 장사 혹은 부활의 사실에 대해 암시조차 하지 않는다. 대리 속죄나 믿음 자체의 개념에 대한 언급도 없다. 그러나 호지스를 포함해 그 누구도 복음에는 이 진리들이 모두 배제된다고 주장하지는 않을 것이다.

답하셨는가? '가서 네 남편을 불러 오라.' 왜 그러셨을까? 그녀가 그 안에서 솟아나는 그 샘을 가지려면 반드시 먼저 도덕적으로 살피고 바로잡아야 했기 때문이다."[4] 자신의 죄와 끔찍함을 고백하는 자세는 진정한 영적 목마름을 보여주는 핵심 요소이다. 그러나 그물처럼 엉킨 이 여인의 간음죄는 너무도 복잡하고 죄 또한 커서 그녀는 설명할 엄두조차 내지 못했다. "나는 남편이 없나이다"(17절). 이것이 그녀가 대답할 수 있는 전부였다.

그래도 예수님은 진실을 모두 아셨다. "네가 남편이 없다 하는 말이 옳도다 너에게 남편 다섯이 있었고 지금 있는 자도 네 남편이 아니니 네 말이 참되도다"(17-18절). 예수님이 그녀의 모든 죄를 알고 계심을 깨달았을 때 그녀가 느꼈을 수치심을 생각해 보라! 분명 그녀는 차라리 감추고 싶었을 것이다. 그녀는 예수님께 거짓말을 하지 않았지만, 그렇다고 진실을 모두 말하지도 않았다. 이것은 마치 예수님이 "좋아. 너 자신의 죄를 고백하지 않는다 해도 나는 네 죄의 실상을 말함으로써 너를 직면할 것이다."라고 하시는 것과 같다.

그러자 그녀는 자신의 죄를 고백했다. "주여 내가 보니 선지자로소이다"(19절). 이 말은 사실상 "당신이 옳습니다. 그게 바로 접니다. 그것이 저의 죄악 된 삶입니다. 당신이 나에 대해 하신 말씀은 사실입니다."라는 말과 같다. 여기서 그녀는 이분이 누구시며, 그가 자신의 악한 삶을 세세히 아신다는 사실을 깨달았음이 분명하다. 예수님은 그 모든 가면을 벗기셨다. 그리고 그녀의 부패성을 속속들이 아시면서도 생수를 제공하셨다. 그녀가 성경을 잘 알았다면 이사야 55장 1절이 생각났을 것이다. "오호라 너희 모든 목마른 자들아 물로 나아오라." 예수님은 니고데모와 같은 종교적인 사

---

4) G. Campbell Morgan, *The Gospel According to John* (Old Tappan, N.J.: Revell, 1931), 75.

람에게만 생수를 주신 것이 아니다. 목마른 자는 누구나 생수를 들이 마시라고 초청하신다. 심지어 죄투성이 삶을 사는 간음한 여인도 초청받았다.

이사야는 사마리아 여인의 마음을 기쁘게 했을 놀라운 약속과 함께 죄인들에게 한 요구 사항을 덧붙인다.

악인은 그의 길을,
불의한 자는 그의 생각을 버리고
여호와께로 돌아오라
그리하면 그가 긍휼히 여기시리라
우리 하나님께로 돌아오라
그가 너그럽게 용서하시리라(사 55:7).

"참된 예배"를 답하심 : 지금이 적합한 때다

예수님이 단순한 나그네가 아님을 안 후, 그 여인은 처음으로 떠오르는 영적인 질문을 했다. "우리 조상들은 이 산에서 예배하였는데 당신들의 말은 예배할 곳이 예루살렘에 있다 하더이다"(요 4:20). 그는 참 선지자이므로 어느 쪽이 옳은지 알려줄 것이다.

예수님의 대답은 니고데모에게 한 대답과 마찬가지로, 그 여인의 그릇된 관심을 무시하고 진정한 필요(죄 사함)를 지적한다. "여자여 내 말을 믿으라 이 산에서도 말고 예루살렘에서도 말고 너희가 아버지께 예배할 때가 이르리라"(21절). 그리고 동시에 유대인은 옳으나 사마리아인은 그르다고 말씀하신다. "너희는 알지 못하는 것을 예배하고 우리는 아는 것을 예배하노니 이는 구원이 유대인에게서 남이라"(22절). 지금 그녀와 말하는 유대인이 바로 구원을 주러 오신 분임을 그녀가 알았다면 얼마나 좋았을까!

어디서 예배를 드리느냐는 진정한 문제가 아니다. 참으로 중요한 것은 누구를 언제 어떻게 예배하느냐이다. 예수님은 이렇게 말씀하셨다. "아버지께 참되게 예배하는 자들은 영과 진리로 예배할 때가 오나니 곧 이 때라 아버지께서는 자기에게 이렇게 예배하는 자들을 찾으시느니라 하나님은 영이시니 예배하는 자가 영과 진리로 예배할지니라"(23-24절). 참된 예배는 산이나 성전에서 이루어지는 것이 아니라 사람의 내면에서 이루어진다.

"예배할 때가 오나니 곧 이 때라"라는 예수님의 말씀은 여인에게 이것이 긴급하고 개인적인 초청임을 가르쳐주었다. 예수님의 말씀은 "너희는 예배하기 위해 산으로 올라가거나 예루살렘으로 내려갈 필요가 없다. 너희는 지금 여기서 예배할 수 있다."라는 뜻과 같다. 예수님은 그녀를 영생의 문턱까지 인도하신 후 구원의 긴급성을 확언하셨다. 이는 "보라 지금은 은혜 받을 만한 때요 보라 지금은 구원의 날이로다"(고후 6:2)라는 바울의 말과 연결된다. 메시아가 오셨다. 구원의 날이 이르렀다. 지금은 메시아의 때일 뿐 아니라 그녀의 때이기도 했다.

예수님이 구속받은 사람들의 집단을 지칭하며 "참되게 예배하는 자들"이라는 표현을 사용하신 것은 의미가 깊다. 구원받은 자들은 모두 참되게 예배하는 자들이다. 구원받았는데 영과 진리로 예배하지 않을 가능성은 없다. 하나님이 구원을 주신 목적은 참되게 예배하는 자들을 만들기 위함이다[5](빌 3:3 참조). 우리 주님은 잃은 자를 찾아 구원하기 위해 세상에 오셨다. 주님은 그가 죄인들을 찾아 구원하는 목적이 그들을 참된 예배자로 만들려는 하나님의 뜻을 이루기 위함임을 사마리아 여인에게 보여주셨다.

---

5) 참된 예배에 관한 상세한 설명을 보려면 John F. MacArthur, *The Ultimate Priority*(Chicago: Moody, 1983)를 참조하라.

그런 다음 그녀도 참된 예배자가 되도록 초청하셨다.

아버지께서 참되게 예배하는 자들을 찾으신다는 예수님의 말씀은 그저 사실에 대한 진술만이 아니었다. 그것은 사마리아 여인을 향한 개인적 초청이었다. 그 초청의 중요성을 간과해서는 안 된다. 이는 예수님이 영원한 생명만 주시고 영적인 헌신은 요구하지 않으신다는 생각이 틀렸음을 보여 준다. 영광의 주님께서는 "악한 자는 그 길을 버리고"라는 명령은 떼어놓고 "물로 나아오라"고만 하지 않으신다(사 55:1, 7 참조). 영과 진리로 아버지를 예배하라는 부르심은 가장 깊고 가장 종합적인 영적 순종을 하라는 분명한 부르심이다.

그러나 여인은 여전히 혼동하고 있었다. 그렇다고 그녀를 비난할 수는 없다. 그녀는 단순히 물 한 동이를 긷고자 우물로 왔다. 그런데 몇 마디 짤막한 대화로 그녀의 죄가 드러났고, 그녀는 살아 계신 하나님을 참되게 예배하는 자가 되라는 도전을 받았다. 그녀는 혼란스러운 자신의 생각과 감정을 정돈해 모든 것을 이해하게 해줄 누군가를 갈망했다. 그래서 이렇게 말했다. "메시야 곧 그리스도라 하는 이가 오실 줄을 내가 아노니 그가 오시면 모든 것을 우리에게 알려 주시리이다"(요 4:25).

이에 대한 예수님의 대답은 그녀를 송두리째 뒤흔들어 놓았다. "네게 말하는 내가 그라"(26절). 이 얼마나 역동적인 반전인가! 단순히 물 한 잔 부탁했던 이 사람이 이제는 생수를 내밀면서 그녀의 죄를 용서하고 살아 계신 하나님을 참되게 예배하는 자가 되게 하겠다고 약속하신 것이다!

본문은 그녀가 신자가 되었다고 구체적으로 말하지 않지만 분명 그랬을 것이다. 나는 그녀가 26절과 27절 사이의 어느 지점에서 예수님을 메시아와 구주로 받아들였다고 믿는다. 그녀에게 구원의 시간이 이르렀다. 그녀는 자발적으로 참된 예배자가 될 것이다. 생명수를 마실 것이다. 메시아의 불가항력적 은혜가 그녀의 마음을 파고들었다. 주님은 한 단계 한 단계 그녀의 죄로 물든 마음을 여시고 자신을 그녀에게 보이셨다. 그리고 그녀는 분명히 구원 얻는 믿음으로 화답했다.

여인의 반응: 그리스도의 증인이 되다

제자들은 먹을 것을 구하러 마을로 들어갔다. 요한은 "이 때에"(요 4:27) 그들이 돌아왔다고 말한다. 이 헬라어 표현은 "정확히 이 순간에"라는 의미이다. 주님께서 "네게 말하는 내가 그라"고 말씀하신 그때에 제자들이 돌아왔다. 조금이라도 늦게 돌아왔더라면 그들은 주님의 메시아 선언을 듣지 못했을 것이다. 이 버림받은 사마리아 여인에게 주님께서 자신이 메시아라고 하신 말씀을 듣고 그들은 충격을 받았을 것이다. 주님은 지금까지 누구에게도 이런 말씀을 하지 않으셨기 때문이다. 요한은 이렇게 말한다. "예수께서 여자와 말씀하시는 것을 이상히 여겼으나 무엇을 구하시나이까 어찌하여 그와 말씀하시나이까 묻는 자가 없더라"(27절).

이 시점에 여인이 한 행동은 그녀가 신자가 되었음을 강력이 시사한다. "여자가 물동이를 버려 두고 동네로 들어가서 사람들에게 이르되 내가 행한 모든 일을 내게 말한 사람을 와서 보라 이는 그리스도가 아니냐 하니"(28-29절). 그녀는 진정한 회심의 증거를 모두 보였다. 자신의 필요를 감지했고, 자신의 죄악을 고백했고, 예수님을 메시아로 인정했다. 그리고 이제는 다른 사람들을 예수님께 데려옴으로써 변화된 삶의 열매를 보였다.

신자로서 그녀의 첫 번째 반응이 다른 사람에게 가서 그리스도를 전한 것이라는 사실은 의미가 깊다. 실제로 그리스도를 가장 열심히 증거하는 사람들을 보면 지금 막 신자가 된 사람들이 많다. 자신의 큰 죄악에 대한 기억과 그것으로부터 해방된 환희가 마음에 생생하기 때문이다. 이 여인이 그랬다. 그녀가 마을 사람에게 가장 먼저 선포한 내용은 예수님이 자신의 행위를 모두 다 말하셨다는 것이다. 예수님은 그녀의 죄를 빛 가운데 드러내셨고, 그녀의 실상을 직면하게 하셨다. 그런 다음 예수님은 그 치욕으로부터 그녀를 해방시키셨다. 그녀가 이를 자유롭게 이야기했다는 사실은 그녀가 죄책의 굴레에서 해방되었음을 보여준다.

예수님은 그녀에게 생명수를 마시게 하셨다. 그러자 그녀는 영과 진리로 하나님을 예배하기 시작했다. 이제 그녀는 자신의 죄를 감출 필요가 없었다. 용서받았기 때문이다.

여인이 "이는 그리스도가 아니냐"라며 질문을 제기한 것은 언뜻 부정적인 반응처럼 보인다. 그러나 그녀는 의심을 표현한 것이 아니다. 만일 그녀가 마을로 와서 "여러분, 나는 메시아를 만났어요."라고 했다면, 사람들은 그녀의 말을 무시하거나 비웃으며 마을 밖으로 쫓아냈을 것이다. 그녀는 버림받은 간음자였으므로 메시아를 만나기에 가장 적합한 사람이 아니었다. 게다가 그 사회에서 여자는 남자에게 말을 건네지 않았다. 그래서 그녀는 질문 형태로 이야기했다. 정말 신중한 문제 제기였다. 그렇게 해서 그들은 열린 마음으로 예수님을 만날 수 있었다. 나머지는 그리스도께서 하실 것을 그녀는 알았다.

여인의 증거는 마을에 큰 충격을 주었다. 성경은 "여자의 말이 내가 행한 모든 것을 그가 내게 말하였다 증언하므로 그 동네 중에 많은 사마리아인이 예수를 믿는지라"(요 4:39)라고 말한다. 예수님이 그녀의 죄를 모두 드러냈다는 소식에 마을 사람들은 큰 충격을 받았다. 그리고 예수님께 열정적으로 반응했다(40-42절).

그들이 열정적으로 반응한 이유는 그들이 사마리아인이었기 때문이다.

어떤 면에서 볼 때 그들은 모두 그 여인과 같은 배를 타고 있었다. 그들은 메시아가 와서 모든 일을 바로잡을 것을 알았다. 그리고 그중 대부분은 메시아의 오심을 두려움 가운데 기다리고 있었다. 유대 지도자들은 그들의 대의를 성취하고 대적을 멸망시킬 정복자를 기다렸지만, 사마리아인들은 그런 기대를 가질 수 없었다. 만일 유대인이 옳다면 그들은 메시아의 진노의 대상이 되기 때문이다.

그래서 여인이 메시아라고 주장하는 분이 자기의 모든 죄를 알면서도 자비를 베푸셨다고 수가성 사람들에게 알렸을 때, 그들은 마음을 열고 열정적으로 그를 받아들였다.

그들의 반응과 대조적인 바리새인들의 반응이 누가복음 15장 2절에 나온다. "바리새인과 서기관들이 수군거려 이르되 이 사람이 죄인을 영접하고 음식을 같이 먹는다 하더라." 이는 사마리아 여인이 수가성 사람들에게 말한 것과 근본적으로 정확하게 같다. "그는 메시아시다. 그러나 그는 죄인들을 영접하신다." 서기관과 바리새인들에게는 불쾌한 소식이 사마리아인들에게는 좋은 소식이었다. 사마리아인들은 기꺼이 자신이 죄인임을 인정하고 있었기 때문이다.

예수님은 "나는 의인을 부르러 온 것이 아니요 죄인을 부르러 왔노라"(마 9:13)라고 말씀하셨다. 자기의 죄를 인정하지 않는 사람에게 예수님은 구주가 아닌 심판자가 되신다. 예수님은 그런 사람에게 격려나 위로나 소망을 제공하신 적이 없다. 그의 생명수는 자신이 죄악의 절망적인 상태에 있음을 인정하는 자에게만 주어진다.

하나님은 영과 진리로 하나님을 예배할 사람들을 찾으신다. 이 예배는 죄 가운데 안주하는 사람에게는 불가능하다. 그러나 자기 죄를 고백하고 죄를 버리는 자들은 그들을 영접하고 용서하고 죄에서 해방시킬 구주를 간절히 찾는다. 우물가의 여인처럼 그들은 어떠한 영적 갈증이라도 영원히 해결할 생수의 근원을 찾을 것이다.

성경의 마지막 장은 사마리아 여인의 모습을 떠올리게 하는 초청으로 끝을 맺는다. "성령과 신부가 말씀하시기를 오라 하시는도다 듣는 자도 오라 할 것이요 목마른 자도 올 것이요 또 원하는 자는 값없이 생명수를 받으라 하시더라"(계 22:17). 생명수는 거저 받는 것이지만 결코 값싸지 않다. 목마르고 회개하는 구도자들이 원하는 대로 실컷 마시도록 구주께서 친히 비싼 값을 치르셨다.

5장

죄인은 영접하고
의인은 거절하시다

 현대의 복음전도 방식이 낳은 가장 유해한 부산물 중 하나는 각 사람의 죄의 실상을 직면하지 못하는 복음이다. 가장 보수적인 교회들조차도 거듭났다고 주장하지만 이방인처럼 사는 사람들로 넘쳐난다. 현대의 그리스도인은 다른 사람의 신앙고백에 절대로 문제를 제기하지 않도록 길들여져 있다. 수많은 사람이 그리스도를 구주로 신뢰한다고 하면서도 하나님의 말씀과 명백하게 다른 삶에 빠져 지낸다. 그럼에도 누구도 감히 그들의 증거에 문제를 제기하지 않는다.
 한번은 동료 목사의 차를 타고 그가 사는 도시를 지나간 적이 있다. 큰 주류 판매점을 지나면서 나는 별 생각 없이 좀 달라 보인다고 말했다. 그가 대답했다. "맞습니다. 이 체인점이 도시 전체에 있는데, 모두 한 사람 소유입니다. 그는 우리 주일학교 성경공부반 멤버이지요." 내가 어떻게 그런 일이 있을 수 있냐며 큰소리로 놀라자 그 목사는 "그런데 그 사람 꽤 신실합니다. 매주 빠지지 않고 출석합니다."라고 대답했다.

내가 물었다. "그 사람은 모든 주류 판매점을 소유한 것이 부담이 되지 않는답니까?" "그것에 대해 함께 이야기해 봤는데요. 사람들은 어떻게 해서든 술을 살 것인데, 자기에게서 사면 어떠냐는 겁니다."

"그 사람의 삶은 어떻습니까?" "글쎄요. 자기 아내와 헤어지고 지금은 젊은 여자와 살고 있습니다." 내가 얼마 동안 당황하여 불편해하고 침묵하자 그가 덧붙여 말했다. "아시겠지만 그리스도인들이 어떻게 그렇게 살 수 있는지 저도 때로는 이해하기 힘듭니다."

나는 어떻게 성경을 가르치는 사람이, 누가 자신을 그리스도인이라 주장한다고 해서(그가 매주 빠짐없이 교회학교에 출석한다고 해서) 하나님의 기준을 거스르며 방탕하게 사는데도 그를 그리스도인이라 인정할 수 있는지 이해하기 힘들다고 토로해야 했다.

죄의 심각성

현대 교회는 구원은 단지 영원한 생명을 얻는 일일 뿐, 꼭 죄인이 죄의 굴레에서 해방되는 것은 아니라는 개념을 가지고 있다. 우리는 하나님은 그들을 사랑하시며 그들을 위해 놀라운 계획을 가지고 계신다고 말한다. 그러나 그것은 절반의 진리에 불과하다. 하나님은 죄를 미워하시며 회개하지 않는 죄인을 영원한 형벌로 벌하신다. 이런 사실을 언급하지 않거나 감춘다면 완전한 복음 제시라고 할 수 없다. 개인의 죄의 심각성을 설명하고 지적하지 않는 메시지는 문제가 있는 복음이다. 그리고 죄로 물든 삶의 방식을 고치고 죄인의 마음을 변화시키지 않는 "구원"은 어떤 것이든 하나님이 말씀하시는 구원이 아니다.

구원에 관한 한, 죄는 결코 사소한 문제가 아니다. 죄가 문제 그 자체이다. 사실상 기독교 메시지의 특징은 죄를 용서하고 정복하는 예수 그리스도의 능력이다. 복음에 관한 모든 사실 가운데 우리를 사로잡는 죄의 굴레가 깨뜨려졌다는 소식보다 더 놀라운 것은 없다. 이 진리가 기독교 메시지의 심장이요 생명이다. 이것을 배제한 메시지는 예수님이 전한 복음이라고 할 수 없다.

죄의 극악함을 알아 죄로부터 돌아서기를 갈망하지 않고도 성경의 거룩하신 하나님을 만나 구원을 받을 수 있다고 하는 것은 어불성설이다. 성경을 보면, 하나님을 만난 사람들은 반드시 자신의 악함을 통감했다. 베드로는 예수님이 누구신지를 알고는 "주여 나를 떠나소서 나는 죄인이로소이다"(눅 5:8)라고 했다. 바울은 "미쁘다 모든 사람이 받을 만한 이 말이여 그리스도 예수께서 죄인을 구원하시려고 세상에 임하셨다 하였도다 죄인 중에 내가 괴수니라"(딤전 1:15)라고 썼다. 하나님이 친히 의인이라 하신 욥(욥 1:1, 8)은 하나님을 직접 본 후에 "그러므로 내가 스스로 거두어들이고 티끌과 재 가운데에서 회개하나이다"(욥 42:6)라고 했다. 이사야는 하나님을 본 후 "화로다 나여 망하게 되었도다 나는 입술이 부정한 사람이요 나는 입술이 부정한 백성 중에 거주하면서 만군의 여호와이신 왕을 뵈었음이로다"라고 했다(사 6:5).

성경에는 이 외에도 하나님을 보고 죽음의 두려움을 느낀 사람이 많은데, 모두 자기 죄가 심각함에 충격을 받았기 때문이었다. 그러므로 마태가 말하는 그의 회심 경험에서 중심이 되는 진리가 죄인을 향한 그리스도의 자비인 것은 적절하다.

마태복음 9장 9-13절은 한 사건과 그로 인한 논쟁을 기술한다. 성경에 기록된 가장 중요한 말씀 중 하나인 이 본문에서 주님은 "나는 의인을 부르러 온 것이 아니요 죄인을 부르러 왔노라"(13절)고 하셨다. 이 말씀에는 예수님의 사역에 대한 온전한 시각, 기독교 메시지의 요약, 복음의 핵심, 성육신의 근본적 이유가 담겨 있다.

예수님은 왜 세상에 오셨는가? 죄인들을 부르러 오셨다. 자신이 불치의 병에 걸렸음을 아는 사람들, 소망이 없고 절망적인 사람들, 상처 입은 사람들, 배고프고 목마른 사람들, 약하고 힘없는 사람들, 무너진 사람들, 삶이 산산조각 난 사람들, 절박한 사람들, 즉 합당하지 않은 줄 알지만 용서를 갈망하는 죄인들을 부르러 오셨다.

예수님은 자기 의에 빠진 바리새인들을 겨냥했다. 그들은 오늘날 많은 사람처럼 자신은 의로우며 영적인 결핍이 없다고 생각했다. 그러나 자신에게 죄 문제가 있음을 깨닫지 못하면, 그리스도께로 와서 해결책을 구하지 않는 법이다. 자기에게 질병이 있음을 알지 못하면 치료받으러 오지 않는다. 자신이 사망의 형벌 아래 있음을 의식하지 못하면 생명을 찾으러 오지 않는다. 자신이 죄의 굴레에 매였음을 알지 못하면 구원을 얻으러 오지 않는다.

예수님은 우리 모두가 죄인임을 드러내기 위해 오셨다. 그래서 그의 메시지가 그토록 통렬하고 강력한 것이다. 그 메시지는 우리에게 있는 자기 의를 찢고 우리의 악한 마음을 드러내며 우리 자신을 죄인으로 보게 한다.

죄인들을 용납하심

마태는 그의 복음서 전체를 통해 그리스도가 이스라엘의 메시아라고 주장한다. 8장과 9장에서 그는 예수님의 이적들을 범주별로 선별해 그가 메시아이심을 보여준다. 그는 아홉 가지 이적을 제시하면서, 질병(8:1-17), 자연(8:23-27), 마귀(8:28-34), 죽음(9:18-26), 시각장애(9:27-31), 언어장애(9:32-34)를 이기는 예수님의 능력을 보여준다.

마태의 회심 자체도 이 이적들 가운데 속하는 것으로, 죄를 이기는 예수님의 능력을 드러내기 위한 장엄한 이적(9:1-8) 직후에 나온다. 그리스도께서는 지금 막 중풍병자의 죄를 용서하셨다. 그리고 자신의 신적 권위를 기념비적으로 드러내셔서, 바리새인들 앞에서 중풍병자에게 침상을 가지고 집으로 가라는 명령을 하시며 자신의 신성을 확인해 주셨다. 이 사건에 뒤이어 9절에서는 마태를 부르고 구원하시는 이야기가 나온다. "예수께서 그 곳을 떠나 지나가시다가 마태라 하는 사람이 세관에 앉아 있는 것을 보시고 이르시되 나를 따르라 하시니 일어나 따르니라."

마가복음과 누가복음에도 나오는 이 동일한 기사에서 주님은 단 두 마디 말씀을 하신다. "나를 따르라!" 그러자 마태는 순종했다. 누가복음 5장 28절은 "그가 모든 것을 버리고"라는 의미심장한 말을 덧붙인다. 마태는 모든 것을 버리고 그리스도를 따랐다. 마태는 너무나 겸손해 자신에 대해 그 말을 하지 못했다. 그러나 누가는 할 수 있었다. 이는 마태의 회심의 성격에 대해 많은 것을 말해준다. 그는 큰 값을 지불했다. 아마 어느 제자보다도 많은 값을 지불했을 것이다. 예수님을 따른 어부는 언제든지 고기잡이 생활로 돌아갈 수 있었다. 그러나 자신의 자리를 버린 세리는 그것으로 끝이었다. 다음 날이면 로마 당국이 다른 사람을 그의 자리에 앉힐 것이기 때문이다. 그런데도 마태는 즉시 모든 것을 버렸다. 그는 "예, 주님 가겠습니다. 그런데 이 가방을 가져가게 해주시면 제가 모든 운영 자금을 대겠습니다!"라고 하지 않았다. 그는 자신이 가진 모든 것을 버리고 돌아섰다.

마태는 큰 죄인이었고 모든 사람이 그것을 알았다. 당시 기준에 의하면 그는 분명 가버나움에서 가장 악한 자요 가장 비열한 죄인이었다. 그는 세리로서 동족에게 돈을 짜내는 역겨운 일을 위해 고용된 로마 정부의 앞잡이였다. 세리들은 로마 당국으로부터 독점권을 사들여 특정 지역의 세를 징수할 권리를 가졌다. 이처럼 마태는 로마 체제 안으로 들어감으로써 자신이 이스라엘의 배신자임을 보여주었다. 유대 사람들의 생각에 이 이상의 적대 행위는 없었다. 그는 동족을 억압하는 이방 정복자들에게 고용되었다. 그로써 그는 최악의 변절자요, 이단자요, 배교자라는 평을 얻었다.

　로마 당국은 각각의 세리에게 일정량의 세금을 걷으라 요구했는데, 그 이상으로 걷은 것은 세리가 가질 수 있었다. 로마 정부는 세리들이 만족하며 일을 잘하게 하고자 초과 징수와 남용을 무작정 허용했다. 사실상 그들은 자유롭게 과도한 세금을 부과하고 무엇이든 동족들로부터 착취할 수 있었다. 약삭빠른 세리는 짧은 기간에 거대한 재산을 모을 수 있었다. 물론 모두 억압당하는 동족을 희생해서 얻은 것이었다. 당연히 그들은 모든 이스라엘 사람들로부터 가장 경멸당하는 자가 되었다.

　세리들은 유대인들로부터 이토록 멸시당했기에 회당에 들어갈 수 없었다. 그들은 부정한 짐승으로 간주되었고, 돼지 취급을 받았다. 또 신뢰할 수 없는 사람이기에 법정에 증인으로 설 수도 없었다. 그들은 극악무도한 거짓말쟁이로 여겨져 강도나 살인자와 같은 부류로 취급되었다.

　유대인들은 대부분 로마에 세금을 내는 것은 부당한 일이라고 믿었다. 그들은 구약의 신정 정치를 돌아보면서 오직 하나님만이 그들의 돈을 받으셔야 한다고 생각했다. 그래서 바리새인들은 가이사에게 세를 바치는 것이 옳은지 그른지 하는 질문으로 예수님을 시험함으로써 동족들의 인기를 잃게 하려 했다(마 22:15-22).

　마태는 거의 모든 것에 대해 세금을 부과할 권한이 있었다. 수출과 수입세는 물론, 다리 통행세, 항만 이용료, 도로 사용세 등 무엇이든 마음대로 할 수 있었다. 길을 통과하는 모든 짐을 열어 볼 수도 있었다. 거래가 이루어지는지 확인하기 위해 사적 서신까지도 열어 보고 그래서 확인되면 세금을 부과할 수 있었다.

그의 사무실은 두 길이 만나는 지점, 아마도 갈릴리 호수 북쪽 항구 오른편에 있었을 것이다. 그곳은 다메섹과 동방에서 오는 길의 요충지로서, 동서로 가고 오는 모든 것에 대해 세금을 거둘 수 있었다. 그는 또한 그 지역에서 생산성이 높은 어업에 대해서도 과세할 수 있었다.

마태가 세금을 징수하는 책상에 앉아 있었다는 점에 주목하라. 일부 세리들은 평판을 생각해서 대중의 눈을 피해 자신은 다른 곳에 머무르고 다른 사람을 고용하여 세금을 걷었다. 그러나 정말 뻔뻔스러운 자들(사람들이 어떻게 생각하든 상관 않는 자들)은 다른 사람을 고용할 돈을 아끼고자 직접 세금을 걷는 책상에 앉았다. 세리가 되는 것도 문제지만 권리를 남용하는 것은 더 심한 문제였다. 랍비들의 전통에 의하면 자신의 자리를 지키면서 회개하기란 불가능하다. 예수님이 마태 앞에 멈추어 서서 "나를 따르라"고 하셨을 때, 군중이 경악하는 소리를 충분히 상상할 수 있을 것이다.

마태는 죄의식을 가졌던 사람임이 분명하다. 그는 마음 깊은 곳에서부터 죄로 물든 자신의 삶에서 해방되기를 갈망했을 것이다. 그렇기 때문에 마태는 실로 황급히 그리스도를 따랐을 것이다. 그는 그저 일시적인 기분으로 예수님을 따르지 않았을 것이다. 그러기에는 너무도 많은 것을 포기해야 했다. 마태는 또한 자신이 하려는 일이 무엇인지도 분명히 알았을 것이다. 예수님은 그 지역 전체에서 공개적으로 사역하셨다. 가버나움과 그 주변 사람들은 누구든 예수님이 누구시며 무엇을 가르치시는지 알았다. 그들은 예수님의 기적과 표적, 이적들을 보았다. 마태는 예수님이 제자도를 강력하게 요구하시는 것을 잘 알았다(마 8:18-22). 그는 자기가 무엇을 위해 부름 받았는지 알았다. 그는 대가를 계산해 보았고 따를 준비가 되어 있었다.

죄인들과 함께 식사하심

마태는 예수님을 자기 친구들에게 소개하기 위해 잔치를 열기로 했다. 대부분의 새신자들과 마찬가지로 그는 모든 사람이 그리스도를 알기 원했다. 누가복음 5장 29절은 마태(그는 레위로도 알려졌다)가 그의 집에서 잔치를 열었다고 전한다. 예수님은 귀한 손님이었다. 이 잔치에는 가장 악명 높고 비열하며 악랄한 사람들이 참석했다. 마태가 아는 사람들은 모두 부도덕한 사람들, 추악한 죄인들뿐이었다. 그 외의 사람들은 마태와 사귀려 들지 않았다. 훌륭한 사람들은 그를 멸시했다. 그의 친구는 도둑, 신성 모독자, 매춘부, 사기꾼, 협잡꾼, 세리 등 사회의 쓰레기들이었다.

거드름을 피우는 종교인들은 당연히 예수님이 그런 저급한 사람들과 같이 잔치에 참석하지 않을 거라고 생각했다. 그것이 바로 바리새인들의 생각이었다. 그러나 구주의 방식은 그렇지 않았다. 마태복음 11장 19절은 그가 "세리와 죄인의 친구"로 사람들에게 알려졌음을 시사한다. 아마 이 잔치 자체가 그런 인식을 주었을 것이다. 바리새인들은 조롱하는 의미로 그렇게 말했지만, 그럼에도 불구하고 인자에게는 적합한 말이었다.

마태복음 9장 10절에 그 장면이 그려진다. "예수께서 마태의 집에서 앉아 음식을 잡수실 때에 많은 세리와 죄인들이 와서 예수와 그의 제자들과 함께 앉았더니." 이 사건은 자기 의에 빠진 바리새인들에게는 너무나도 치욕스러워서 충격을 도무지 감출 수 없었다. 그들은 만일 그가 메시아라면 우리와 만찬을 해야 한다고 생각했다!

바리새인들은 잔치가 끝날 때까지 밖에서 서성대고 있었음이 분명하다. 그들은 예수님과 정면으로 부딪치지 않고 제자들을 한쪽으로 불러 물었다. "어찌하여 너희 선생은 세리와 죄인들과 함께 잡수시느냐"(11절). 이는 솔직한 질문이라기보다, 질문을 위장한 책망이요 증오심의 분출이었다.

그 대화를 들은 예수님은 오히려 그들을 꾸짖으셨다. "건강한 자에게는 의사가 쓸 데 없고 병든 자에게라야 쓸 데 있느니라 너희는 가서 내가 긍휼을 원하고 제사를 원하지 아니하노라 하신 뜻이 무엇인지 배우라 나는 의인을 부르러 온 것이 아니요 죄인을 부르러 왔노라"(12-13절). 예수님의 대답은 세 가지 강력한 논증이었다. 첫째는 인간의 경험에 호소하는 것이었고, 둘째는 성경을 근거로한 논증이었고, 셋째는 자신의 신적 권위에 근거한 것이었다.

첫째, 예수님은 인간의 경험에 호소해 죄인을 의사를 필요로 하는 병자에 비유하셨다. 이 유추는 단순하다. 의사가 환자를 찾아가는 것은 당연한 일이다(적어도 예수님 당시에는 그랬다). 그러므로 죄 사함을 베푸는 자가 범죄한 사람을 찾아가는 것이 당연하다. 그것은 바리새인의 완악한 마음에는 통렬한 꾸짖음이었다. "만일 너희가 그들을 죄인이라고 진단할 정도로 잘 안다면, 이제 그에 대해 어떻게 하겠느냐? 너희는 진단만 하고 치료하지 못하는 의사가 아니냐?"라는 것이다. 이처럼 예수님은 바리새인들이 마음대로 다른 사람을 죄인으로 정죄하면서 그들의 비참한 처지에는 전혀 무관심한 비현실적인 비판자들임을 폭로하셨다.

둘째, 예수님은 성경을 근거로 바리새인들의 교만을 맹렬히 공격하셨다. "너희는 가서 내가 긍휼을 원하고 제사를 원하지 아니하노라 하신 뜻이 무엇인지 배우라"(13절). 랍비들의 글에서 이 말은 마땅히 알아야 할 것을 모르는 학생들을 책망하는 데 사용되었다. 즉 "다시 책을 뒤져 보고 기본적인 사항을 배운 다음 다시 오라."는 말이었다. 예수님은 호세아 6장 6절인 "내가 긍휼(히브리어 "헤세드", 주로 "인애"로 번역됨)을 원하고 제사를 원하지 아니하며"라는 말씀을 인용하셨다. 다시 말해 하나님은 의식이 아니라 동정과 자비, 인애(긍휼)에 관심이 있으시다. 바리새인들은 의식은 잘 행하지만, 죄인들을 향한 사랑이 없었다. 하나님은 제사법을 제정하고 이스라엘에 정해진 의식들을 따르도록 명령하셨다. 그러나 그런 것은 상하고 통회하는 마음의 표현일 때만 하나님을 기쁘시게 하는 것이다(시 51:16-17). 마음이 바르지 못하면 의식은 가증할 뿐이다. 하나님은 개인의 삶에 의로움이 나타나지 않는 형식적인 신앙을 결코 기뻐하지 않으신다.

셋째, 예수님은 자신의 신적 권위에 근거해 바리새인들을 납작 눌러버리셨다. "나는 의인을 부르러 온 것이 아니요 죄인을 부르러 왔노라"(마 9:13). 누가복음 5장 32절에는 이 말에 "회개시키러"라는 말이 더 있다. 누가복음 18장 9절은 바리새인을 "자기를 의롭다고 믿고 다른 사람을 멸시하는 자들"이라고 설명한다. 여기서 예수님이 말씀하시는 것은 사실상 이렇다. "너희는 너희가 의롭다고 하지만, 모두 스스로에게 매기는 자기 평가일 뿐이다. 그렇다면 나는 너희에게 할 말이 없다. 나는 죄인을 불러 회개시키러 왔기 때문이다."

여기서 "불러"로 번역된 헬라어 "칼레오"는 종종 손님을 자신의 집으로 초대할 때 사용되는 단어이다. 이런 초대가 마태복음 22장 1-14절에 나오는데, 예수님이 이 바리새인들에게 하신 말씀과 완벽하게 맞아떨어진다. 거기서 예수님은 그의 나라를 잔치로 그리셨다. 한 왕이 모든 친구를 자기 아들의 혼인 잔치에 초대했다. 그러나 초대받은 자들이 모두 오기를 거절했다. 그래서 왕은 종들에게 누구든 만나는 대로 초청하라고 명했다. 경건하고 가슴이 차가우며 자기 의로 가득한 이 바리새인들은 왕의 초대를 거절한 사람들과 같다. 그들은 자신의 죄를 인정하지 않으려 했고, 따라서 예수님의 초청에 응할 수 없었다.

의인을 거절하심

하나님은 죄인을 영접하신다. 이 진리를 반대로 말하면 "하나님은 의인을 거절하신다."이다. 물론 진정으로 의로운 사람은 없다(롬 3:10). 그러나 자기가 충분히 선하다고 생각하는 사람(죄의 심각성을 이해하지 못하는 사람)은 복음에 응답할 수 없다. 그들은 구원받을 수 없다. 복음은 죄인들에게 하는 회개하고 용서받으라는 부르심이기 때문이다. "나는 의인을 부르러 온 것이 아니요"라는 말씀은 무서운 말씀이다. 분명한 사실은 그리스도의 은혜로운 구원의 부르심은 자기를 의롭다고 여기는 사람에게는 주어지지 않는다는 것이다.

예수님이 전하신 복음은 무엇보다도 회개하라는 명령이다. 마태의 회심 이야기를 다루면서 누가는 마태가 생략한 말을 포함시켰다고 했는데, 이를 설명하기 위함이다. "내가 의인을 부르러 온 것이 아니요 죄인을 불러 **회개시키러** 왔노라"(눅 5:32, 강조는 저자 추가). 예수님의 사역 초기부터 그의 메시지의 핵심은 회개하라는 부르심이었다. 사실 우리 주님이 가르침을 시작하실 때 그의 메시지를 여는 말은 "회개하라"(마 4:17)였다. 이는 세례 요한이 전한 메시지의 첫마디였고(마 3:2), 사도들이 전한 복음의 기초였다(행 3:19, 20:21, 26:20). 죄인들을 회개하라고 부르지 않는다면 예수님이 전한 복음을 전하는 것이 아니다.

이따금씩 죄에 대한 설교는 너무 부정적이어서 자신은 그런 설교를 하지 않는다고 잘난 체하는 설교자가 있다. 몇 년 전 전국적인 명성을 지닌 설교자가 자신이 쓴 책을 한 권 내게 보내주었는데, 그는 죄란 빈약한 자아상에 불과하다고 정의했다. 그가 사람들에게 접근하는 방법은 자신을 죄인이라고 생각하게 하는 것이 아니라 자존감을 높여주는 것이라고 했다. 그러나 그런 메시지 안에는 복음이 전혀 없다! 그런 메시지는 사람들을 구원으로 이끄는 것이 아니라, 자신의 자아를 스스로 정죄하는 허영으로 이끌 뿐이다.

예수님이 전한 복음의 진리는, 구원을 얻는 유일한 사람은 자신이 죄인인 줄 알고 기꺼이 회개하는 사람이라는 것이다. 예수님은 오직 그리스도가 절실히 필요함을 깨닫고 변화를 바라는 죄인들만 부르신다. 우리 주님은 죄인을 구원하러 오셨다. 자신의 죄를 시인하지 않으려는 사람에게는 심판을 선언하는 것 외에 다른 하실 말씀이 없다.

6장

맹인의 육적 눈과 영적 눈을 여시다

한 기독교 잡지가 예수님의 주재권은, 잃은 자들에게 증거하는 과정에서 제시하기에 적절하지 못한 주제라고 주장하는 글을 실었다. 그 글은 어쩌면 "그리스도를 주로 모시는" 결정은 이미 그를 구주로 신뢰하는 사람에게만 가능한 일이라고 하면서, 따라서 복음을 제시할 때는 그리스도의 주재권에 삶을 드리는 일은 아무것도 포함시키지 않아야 한다고 주장했다. 우리 교회 교인 한 사람이 널리 인정받는 잡지에 그런 글이 실린 것에 실망하여 그 잡지 편집자에게 우려를 표하는 편지를 보냈다.

그 편집자는 이런 회신을 보냈다. "우리가 발행한 그 글은 예수님이 주님, 곧 여호와 하나님이심에 대해 전혀 이의를 제기하지 않습니다. 다만 잃어버린 바 된 죄인이 그리스도인이 되는 데 먼저 신학자가 되어야 하는지 문제를 제기했을 뿐입니다."[1]

---

1) 그 편집자는 편지 끝부분에 이렇게 썼다. "분명히 죄인은 예수 그리스도가 하나님(주 여호와)임을 알아야만 합니

그것이 진정한 문제인가? 사람들이 구원받기 위해 신학자가 되어야 하는지와 주재권 논쟁은 정말 연관이 있는가?

분명 그렇지 않다. 그러나 이것은 한편 흥미로운 사실을 보여주는 말이다. 주재권 구원에 반대 주장을 펴는 사람들은, 일단의 기본적인 성경의 사실들을 믿음의 대상으로 보는 경향이 있다. 그들에게 복음은 대체로 학문적인 문제로, 그리스도의 죽음과 장사, 부활에 대한 역사적 교리적 자료를 믿는 것이다. 이런 것에 대한 신뢰가 구원 얻는 믿음의 구성 요소라고 그들은 말한다. 그 외의 요소들은 모두 지엽적이다. 순종, 복종 혹은 예수님의 통치권 등에 대한 논의는 복음에 무엇을 더하는 것이요, 이교도를 신학자로 바꾸려는 불합리한 시도라고 반박을 당한다.

혹시 나와 다른 입장을 불공정하게 제시하는 것 아닌지 이의를 제기하는 사람이 있을지 모르겠다. 그들을 위해 주재권 구원은 복음을 훼손한다고 주장하는 글을 소개하겠다.

> 이것(고린도전서 15장 3-4절을 가리킴)은 구원을 위해 반드시 믿어야 하는 복음의 핵심 메시지이다. 여기에는 다음과 같은 사실들이 포함된다. 1) 인간은 죄인이다. 2) 그리스도는 구주이시다. 3) 그리스도는 인간을 대신해 죽으셨다. 4) 그리스도는 죽은 자 가운데서 부활하셨다.[2]

이 글의 저자는 계속해서 그리스도의 권위에 대한 복종은 복음 메시지에 없다고 주장한다. "복음을 믿는 사람은 누구나 구주께서 자신의 삶에

다. 오직 하나님만이 잃은 바 된 죄인을 구원하실 수 있기 때문입니다." 이처럼 그는 한 개인이 구원받기 전에 먼저 알고 시인해야 할 신학적 진리의 핵심이 있다는 것에 동의한다. 또 마땅히 그래야 한다고 생각한다. 나의 의문은, 예수 그리스도를 여호와 하나님으로 시인하고도 여전히 죄와 거역의 삶을 계속하기를 허용한다면, 이것은 과연 어떤 종류의 믿음인가 하는 것이다. 귀신들이 가진 믿음인가(약 2:19), 정통적이지만 효력이 없는 믿음인가?
2) Thomas L. Constable, "The Gospel Message," in *Walvoord: A Tribute*(Chicago: Moody, 1982), 203-4.

주권을 가지실 권리가 있음을 깨닫는다. 하나님의 자녀는 또한 그리스도가 자신의 삶에 주권을 가지도록 해야 마땅하다(롬 12:1-2). 그러나 그 명령에 대한 순종은 구원의 조건이 아니다. …… 복음 메시지를 믿는 것이 구원을 위해 요구되는 전부이다."[3]

그러므로 그들은 불신자에게 "구주께서 자신의 삶에 주권을 가지실 권리가 있음"을 알리는 것은 복음에 무관한 교리를 더하는 것이라며 문제를 삼는다. 그것은 불신자를 신학자로 만들려는 것과 마찬가지라고 우리에게 말한다.

나는 그 주장을 거부한다. 그리스도의 신성을 부인하는 이단도 고린도전서 15장 3-4절에 나타난 네 가지 진리를 시인할 수 있다. 하지만 그렇다고 그들이 참된 신자인 것은 아니다. 복음 교리의 다른 요소들을 받아들인다 할지라도 그들은 구주의 주권을 거부하는 다른 모든 사람들처럼 불신자이다. 참된 믿음은 복음의 사실뿐만 아니라 그리스도의 인격도 받아들인다. 참된 믿음은 예수님이 죽고 부활하셨다는 진실뿐만 아니라 그것이 의미하는 것, 즉 그리스도께서 그렇게 하신 것은 우리를 우리의 죄에서 구하고 우리 삶의 주권적 주인이 되기 위함이라는 사실까지 이해하는 것이다(롬 14:9).

복음은 일단의 무미건조한 사실들이 아니다. 복음은 역동적이며, 이를 통해 하나님이 죄인들을 죄의 속박에서 구속하신다(롬 1:16). 단순히 생각의 동의만 요구하지 않고 마음과 목숨과 뜻과 힘을 모두 요구한다(막 12:30). 이방인을 신학자로 만드는 것이 아니라 영적으로 보지 못하는 자의 눈을 뜨게 하는 것이다.

---

3) Ibid., 209.

요한복음 9장은 이것을 잘 보여준다. 여기서 예수님은 날 때부터 맹인인 사람을 고치시고, 두 번째 만남에서는 그의 영적인 눈을 뜨게 하셨다. 그 과정에서 적대적인 바리새인들의 반발에 직면한 그 사람은 분명 신학자는 아니지만, 그럼에도 불구하고 그리스도에 대해 강력하고 정확한 증거를 했다. 그러나 그는 아직 그리스도를 완전히 믿지 않는, 거듭나지 못한 자였다. 예수님이 그의 육적인 시력을 회복시키셨만 그는 여전히 예수님이 누구신지에 대해서는 깜깜했다(25절). 그러나 예수님이 그의 영적인 눈을 열어주신 후에는 그리스도를 주로 경배했다(38절). 이런 변화를 일으킨 것은 신학 교육이 아니라 신적 은혜의 기적이었다.

육적인 기적

요한복음 9장에 나오는 사람은 맹인으로 태어났다. 이 기적은 주목할 만한데, 복음서에 기록된 예수님의 기적 중 유일하게 선천적인 질병을 고치신 장면이기 때문이다. 회의론자들도 이 기적을 두고 예수님이 그를 심리적으로 치유했거나 속임수를 사용하셨다고 할 수 없었다. 이 사람을 아는 모든 사람이 그가 맹인으로 태어난 것을 알았다. 그가 고치신 것은 선천적인 결함으로, 회복을 기대할 수 있는 일시적인 질병이 아니었다. 인류의 죄가 바로 이런 것이다.

이 치유를 목격한 사람들이 "이걸로 확실해졌어! 그분은 그리스도가 분명해!"라고 했을까? 그들은 그러지 않았다. 그들은 불신에 갇혀 있었다. 오히려 이 사건은 그리스도의 사역에 전환점이 되었다. 이때부터 예수님은 유대인 무리와 불신 지도자들로부터 떠나셨다. 대신 이방인들에게 관심을 쏟으셨다.

이 기적이 일어난 상황을 잘 살펴보라. 요한복음 8장 마지막 부분에서 예수님은 성전에서 종교 지도자들과 정면으로 맞서시며, "아브라함이 나기 전부터 내가 있느니라"(요 8:58)는 말씀으로 자신의 신성을 선포하셨다. 다음 구절은 그들이 분개해서 예수님을 돌로 치려 했다고 말한다. 그 혼란 속에서 예수님은 성전을 능히 빠져나오셨다.

요한복음 9장은 예수님이 성전을 떠나실 때의 이야기를 소개한다. "예수께서 길을 가실 때에 날 때부터 맹인 된 사람을 보신지라"(요 9:1). 예수님은 생명을 위협받고 계시며 또 성전의 폭도들이 분명 지켜보고 있을 터인데, 예수님은 이 맹인을 만나고자 걸음을 멈추셨다. 피에 굶주린 사람들로부터 급히 피해야 했음에도 예수님은 시간을 내어 멈추셔서 그 맹인인 죄인을 섬기셨다.

그 사람은 거지였다(8절). 그러나 그가 먼저 예수님을 접촉하지는 않았다. 그는 예수님께 고쳐달라고 부탁하지 않았다. 그는 예수님이 누구신지 몰랐던 것 같다. 그러나 주님은 그를 보셨다(1절). 주권적 은혜가 그를 선택하여 기적을 누리게 했다.

제자들은 흥미로운 신학적 질문을 했다. "랍비여 이 사람이 맹인으로 난 것이 누구의 죄로 인함이니이까 자기니이까 그의 부모니이까"(2절). 제자들이 보기에는 그 가능성밖에 없었다. 그것이 랍비들의 표준적인 가르침이었다. 욥기 시대에도 고난과 질병은 개인의 특정 범죄 때문이라는 것이 일반적인 생각이었다. 실제로 일부 랍비들은 아기가 배 속에서 범죄할 수 있으며, 태어나기 전에 지은 죄에 대한 형벌을 일생 받는다고 가르쳤다.

예수님은 죄와 고난 사이의 관계에 대해 길게 이야기하지 않으시고, 간단히 대답하셨다.

이 사람이나 그 부모의 죄로 인한 것이 아니라 그에게서 하나님이 하시는 일을 나타내고자 하심이라 때가 아직 낮이매 나를 보내신 이의 일을 우리가 하여야 하리라 밤이 오리니 그 때는 아무도 일할 수 없느니라(3-4절).

예수님은 몇 달 후면 십자가에 못 박히실 것이었다. 그러므로 사소한 신학적 문제를 논할 시간은 이미 지나갔다. 주님께서 이 사람을 고치심으로 이루실 일이 죄와 고난의 신학에 대해 강론해서 얻는 것보다 훨씬 더 많았다. 그 맹인은 기적을 위해 준비된 사람이었다. 그는 영원 전에 선택된 자로, 예수님이 그를 지나다가 자신의 영광을 드러내도록 특별히 준비된 사람이었다.

예수님과 제자들이 그를 놓고 이야기하는 동안 주님은 앉아 있는 그 맹인에게 아직 한 말씀도 하시지 않았다. 그 날 때부터 눈먼 사람은 예수님께 호의를 구하거나 능력을 베풀어달라고 구하지 않았다. 아마도 그는 예수님이 누구신지 또는 예수님이 어떤 일을 하시는지 몰랐던 것 같다. 예수님은 그에게 아무 말씀도 하지 않으시고 "땅에 침을 뱉어 진흙을 이겨 그의 눈에 바르셨다"(6절).

우리는 예수님이 이 사람을 고치고자 사용하신 방법에 대해 어떤 특별한 의미를 부여하기 어렵다. 예수님이 그를 고치신 방법은 다른 맹인을 고치신 방법과 달랐다. 예수님이 이 특정한 사람을 위해 주권적으로 선택하신 방법은 놀랍도록 단순한 기적이었다. 섬광이 비친다거나, 천사들이 노래한다거나, 나팔소리가 울려 퍼지는 것이 아니었다. 그저 침을 뱉어 이긴 진흙이었다.

예수님은 단순하게 "실로암 못에 가서 씻으라"(7절)고 하셨다. 눈에 진흙을 바른 사람이 예루살렘을 지나갔다. 정말 이상한 장면이었을 것이다. 그러나 무언가, 아마도 그 말씀을 하신 예수님의 권위가 그로 하여금 순종하지 않을 수 없게 했다. 그는 무조건적인 순종으로 반응했다. 성경은 그가 "이에 가서 씻고 밝은 눈으로 왔더라"(7절)라고 말한다. 이 순종의 행위를 통해 하나님은 이 사람의 육적인 눈을 뜨게 하셨다. 이렇게 하여 그는 그리스도께 일정한 패턴의 반응을 시작했고, 그가 영적인 눈을 뜸으로 절정에 이르렀다.

바리새인들의 심문

이 기적은 격렬한 반응을 불러왔다. 그가 밝은 눈으로 돌아오자 사람들은 그가 원래 어떠했으며 그에게 어떤 일이 일어났는지 알고 당연히 당황했다. "이는 앉아서 구걸하던 자가 아니냐."라고 묻는 사람도 있었다. 사람들은 "그 사람이 맞다."라고 하기도 하고, "아니다. 비슷하게 생긴 사람이다."라고 하기도 했다. 그는 계속해서 "내가 그라"고 말했다(요 9:8-9). 정말 믿기지 않는 일이었다!

사람들은 "그러면 네 눈이 어떻게 떠졌느냐"(10절)라고 물었다. 그때까지 이와 같은 기적을 본 사람이 없었기 때문이다.

이 사람의 신학적 순진함을 보라. 사람들은 설명을 원했다. 그러나 그가 할 수 있는 말은 일어난 일을 반복해 설명하는 것뿐이었다. "예수라 하는 그 사람이 진흙을 이겨 내 눈에 바르고 나더러 실로암에 가서 씻으라 하기에 가서 씻었더니 보게 되었노라"(11절). 그는 예수님이 누군지 몰랐고 어디에 있는지도 몰랐다. 자기에게 일어난 일을 논리적으로나 신학적으로 설명하지도 못했다. 사람들은 장시간 질문한 다음 그를 바리새인들에게 데리고 갔다.

그런데 갑자기 이야기가 고약해진다. 전에 맹인이었던 사람이 바리새인들에게 가서 "그 사람이 진흙을 내 눈에 바르매 내가 씻고 보나이다"(15절)라고 말하자 그들은 분개했다. 예수님이 그들의 안식일 전통을 어겼다는 것이다.

바리새인들은 "이 사람이 안식일을 지키지 아니하니 하나님께로부터 온 자가 아니라"(16절)고 결론을 내렸다.

바리새인들 가운데 몇몇은 "죄인으로서 어떻게 이러한 표적을 행하겠느냐"(16절)라고 하며 좀 더 이성적으로 판단하려 했다. 그리하여 그들 사이에 논쟁이 벌어졌다. 바리새인 가운데 호전적인 불신자들은 예수님을 가만두지 않으려 했다. 요한복음 9장을 보면 바리새인들이 이 사람 저 사람 두루 찾아다니며 예수님이 안식일을 범하는 죄를 지었다고 결사적으로 주장하고 그들의 불신을 뒷받침할 증거들을 열심히 찾아다니는 것을 볼 수 있다. 얼마나 한심한 모습인가. 이 율법주의적이고 믿지 않는 열심당원들은 여기저기 헤집고 다니면서 자신들이 보거나 믿을 능력도 없는 기적을 조사하고 있다.

또 얼마나 대조적인가! 이 거지는 자신에게 일어난 일에 어떤 신학적 설명이나 근거를 제시하지 못하고 그저 예수님이 하신 일을 기뻐한다. 그러나 신학적 지식이 충만한 바리새인들은 단지 그들이 가진 기존의 시스템과 부합하지 않다는 이유로, 분명히 일어난 일을 부인한다.

그들은 다시 맹인에게 물었다. "그 사람이 네 눈을 뜨게 하였으니 너는 그를 어떠한 사람이라 하느냐"(17절). 그것은 정직한 질문이 아니라 도전이었다.

이 사람은 신학적으로는 무식했지만 바리새인들을 무서워하지 않았다. 그는 솔직하게 "선지자니이다"(17절)라고 대답했다.

바리새인들은 거의 광적인 열정으로 기적의 타당성을 부정하고자 그 사람의 부모를 찾았다. "이는 너희 말에 맹인으로 났다 하는 너희 아들이냐 그러면 지금은 어떻게 해서 보느냐"(19절). 그들은 거듭 같은 질문을 했다. 해답을 찾으려는 것이 아니라 그 달갑잖은 기적을 부정할 길을 기어코 찾겠다는 것이었다.

부모는 이 사람이 자기의 아들이며 맹인으로 태어났음은 시인했다. 그러나 두 번째 질문은 회피했다. 22절은 그들이 바리새인을 두려워했다고 말한다. 바리새인들은 예수님을 그리스도로 시인하는 사람은 누구든 공회에서 쫓아내겠다고 위협했기 때문이다. 출교는 끔찍한 일이었다. 출교당한 사람은 모든 것으로부터 단절되었다. 물건을 사고팔 수도 없었고, 종교 생활도 할 수 없었다. 완전히 버림받았다. 그리고 죽어도 장례를 치를 수 없었다.

이 사람의 부모는 어떤 시도도 하지 않았다. 그저 바리새인들에게 "그에게 물어 보소서 그가 장성하였으니 자기 일을 말하리이다"(21절)라고 대답했다.

이 바리새인들은 호전적인 불신자였다. 그들은 다시 맹인이었던 사람에게로 가서 말했다. "너는 하나님께 영광을 돌리라 우리는 이 사람이 죄인인 줄 아노라"(24절). 당연히 그들은 예수님이 죄를 지었다는 증거를 찾지 못했다. 예수님은 죄가 없기 때문이다(히 4:15). 그러나 그들은 이제 공정한 판단을 포기하고, 그들이 만든 기준을 사용해 이미 그들이 내린 결론을 정당화하려고 했다. 어떤 증거를 찾든 불신은 늘 완고하다. 그들의 생각은 결정을 끝냈기에 어떤 사실 때문에 혼란을 겪기 원하지 않았다.

이 맹인이었던 사람의 대답은 빈정거리는 투였다. "그가 죄인인지 내가 알지 못하나 한 가지 아는 것은 내가 맹인으로 있다가 지금 보는 그것이니이다"(요 9:25). 이 말은 예수님이 죄인이라는 바리새인들의 확신에 도전하는 것으로 사실상 이런 의미였다. "나는 그가 죄인인지 모릅니다. 나는 그렇게 잘 알지는 못합니다. 다만 내가 아는 것은 그가 오시기 전에는 내가 볼 수 없었지만 지금을 볼 수 있다는 것입니다."

바리새인들은 어떻게 반응했을까? 아무 반응도 없었다. 그 명백하게 일어난 그 일을 논박할 수 없었다. 그들은 광적으로 같은 질문을 다시 했다. "그 사람이 네게 무엇을 하였느냐 어떻게 네 눈을 뜨게 하였느냐"(26절). 그는 "내가 이미 일렀어도 듣지 아니하고 어찌하여 다시 듣고자 하나이까 당신들도 그의 제자가 되려 하나이까"(27절)라고 쏘아붙였다. 그러자 바리새인들은 격노했다. 그를 욕하고 저주했다. "너는 그의 제자이나 우리는 모세의 제자라 하나님이 모세에게는 말씀하신 줄을 우리가 알거니와 이 사람은 어디서 왔는지 알지 못하노라"(28-29절).

이 맹인이었던 사람의 차분하고 단순하며 명료한 논리가 바리새인들의 공격을 격퇴한 것이다. 분명 그는 이 논쟁을 지배하고 있었다.

이상하다 이 사람이 내 눈을 뜨게 하였으되 당신들은 그가 어디서 왔는지 알지 못하는도다 하나님이 죄인의 말을 듣지 아니하시고 경건하여 그의 뜻대로 행하는 자의 말은 들으시는 줄을 우리가 아나이다 창세 이후로 맹인으로 난 자의 눈을 뜨게 하였다 함을 듣지 못하였으니 이 사람이 하나님께로부터 오지 아니하였으면 아무 일도 할 수 없으리이다(30-33절).

바리새인들이 적대적이 될수록 이 사람은 예수님이 하나님께로부터 오신 분임을 더욱 확신하게 되었다! 바리새인들이 도전할수록, 그의 증거가 더욱 분명해졌다.

마침내 바리새인들은 더 할 말이 없자, 조롱으로 돌아섰다. "네가 온전히 죄 가운데서 나서 우리를 가르치느냐"(34절). 성경은 "이에 쫓아내어 보내니라"라는 말을 덧붙였다. 이 말은 그를 건물 밖으로 내쫓았을 뿐 아니라 회당에서 출교시켰음을 의미한다. 이렇게 해서 한때 맹인이었던 사람은 그리스도 때문에 회당에서 쫓겨난 최초의 사람으로 성경에 기록되었다. 이 사건에서 결국 교회와 이스라엘의 분리를 낳은 분열이 시작되었다.

바리새인들의 심문이 끝났다. 그들은 증언을 들었고, 기적을 보았다. 그래도 여전히 흔들리지 않았다. 그들의 불신은 완고하고 사악하고 단호했다. 결국 그리스도에 대한 그들의 증오는 열기를 더하여 그를 죽이기 위해서라면 무슨 일이든 하기에 이르렀다.

한편 그 거지의 믿음은 아직 불완전했다. 그는 그리스도에 대해 긍정적으로 반응했고, 심지어 바리새인들에게 맞서서 그를 옹호하기도 했다. 그러나 아직 거듭나지는 못했다. 그의 육신의 눈은 치료받았지만 영적인 눈은 아직 고침받지 못했다.

영적인 기적

그 맹인이었던 거지가 회당에서 쫓겨났다는 소식을 들은 예수님은 다시 그를 찾아가 만나셨다. 이번에도 예수님이 시작하셨다. 그가 예수님을 찾은 것이 아니었다. 그는 구걸을 업으로 하는 사람이었지만, 그가 그리스도께 받은 두 가지 기적(육신적 치유와 영적인 구원)은 모두 그가 구해서 받은 것이 아니었다.

이 이야기는 신적 주권이 역사하는 모습을 완벽하게 보여준다. 언제나 구원은 하나님이 먼저 죄인을 찾으신 결과이지, 죄인이 먼저 하나님을 찾은 결과가 아니다. 요한복음 15장 16절에서 예수님은 제자들에게 "너희가 나를 택한 것이 아니요 내가 너희를 택하여 세웠나니"라고 말씀하셨다. 누가복음 19장 10절에서는 "인자가 온 것은 잃어버린 자를 찾아 구원하려 함이니라"고 하셨다. 성경에서 그리스도는 항상 찾으시는 구주로 그려진다. 그분이 신적 주도권을 행하심으로써 구속이 가능해진다. 구주의 주도권을 통해 개인이 찾아지고 구원받는 것이다.

하나님이 먼저 찾으시지 않는 한 누구도 하나님을 찾을 수 없다(롬 3:11 참조). 구원은 무엇보다도 하나님이 하시는 일로서 결코 인간의 활동이나 개인이 갈망한 결과가 아니다. 맹인은 자신의 시력을 회복할 능력이 없다. 영적인 시력의 회복은 신적이고 주권적인 은혜로 주어지는 하나님의 능력과 하나님의 주도권에 달려 있다.

여기에 중요한 사실이 있다. 요한복음 9장에서 맹인이 시력을 얻은 것은 그가 빛에 노출되었기 때문이 아니다. 빛을 아무리 비춰도 시력은 회복되지 않는다. 맹인은 낮에도 어둠 속에 있는 것처럼 볼 수 없다. 세상의 빛을 모두 동원해도 맹인을 보게 할 수 없다. 육적 맹인을 치료할 유일한 방법은 수술 아니면 기적이다. 그리고 영적인 맹인을 변화시킬 유일한 방법은 신적 기적이다. 빛에 노출되는 것이 아니다.

이방인에게 신학을 가르치는 것으로는 그리스도를 믿게 할 수 없다. 사람은 복음을 배우고 입으로 진리를 시인하며, 복음에 담긴 사실들을 지적으로 받아들일 수 있다. 그러나 그의 보이지 않는 눈을 열고 새 마음을 주는 신적 기적이 없는 한, 그는 단지 신학을 배운 이방인일 뿐 그리스도인은 될 수 없다.

구원은 진정 하나님이 하시는 일이기에 부족함이 있을 수 없다. 구원은 반드시 개인의 행위에 영향을 준다. 그 사람의 소원과 행위가 바뀌지 않을 수 없다. 열매 없는 삶이 있을 수 없다. 구원은 하나님이 하시는 일이기에 시작부터 최후의 완성 때까지 한결같이 지속된다(빌 1:6).

분명 하나님께서 이 맹인의 마음에 역사하기 시작하셨다. 그는 바리새인들 앞에서 그리스도를 옹호했고, 그에 따른 큰 값을 치렀다. 그는 회당에서 출교당했고 이스라엘 사회로부터 단교당했다. 그는 그리스도가 누구신지 온전히 알지 못했지만 전적으로 그분께 헌신했다.

그리스도께서는 "네가 인자를 믿느냐"(요 9:35)라고 물으셨다.[4] 그 거지는 기꺼이 믿으려 했다. 그의 마음은 완전히 열려 있었다. "주여 그가 누구시오니이까 내가 믿고자 하나이다"(36절). 그는 예수님을 매우 신뢰했기에 예수님이 인자라고 하는 분이면 누구든 즉시 받아들이려 했다. 그의 태도는, 모든 것을 다 알았지만 예수님의 가르침을 받아들이지 않았던 바리새인의 태도와는 정반대였다. 바리새인들은 하나님의 말씀을 잘 알았고 신학적 지식도 많았지만, 마음은 완고한 불신으로 가득해 눈먼 자와 같았다. 이 거지는 아직 믿지는 않았지만 열려 있었다.

믿음은 하나님의 주권을 필수적으로 따르는 것이다. 신적 주도권이 궁극적으로 구속을 책임지지만(비록 창세전에 사람이 택함을 받고 예정되고 선택되지만) 우리 편에서 예수 그리스도에 대한 개인적 믿음으로 순종하는 반응이 있어야 한다.

여기서 이 사람이 보인 단순한 믿음의 반응은 시사하는 바가 크다. "예수께서 이르시되 네가 그를 보았거니와 지금 너와 말하는 자가 그이니라 이르되 주여 내가 믿나이다 하고 절하는지라"(37-38절). 그는 주저하지 않았

---

4) 킹제임스 역은 "네가 하나님의 아들을 믿느냐?"로 번역한다. "인자"(Son of Man)와 "하나님의 아들"(Son of God)은 둘 다 예수님이 자신의 성육신한 신성을 강조하기 위해 사용하신 용어이다. 이 맹인은 분명 예수님이 자신을 하나님이라 주장하심을 이해했다. 그의 반응이 예수님께 대한 경배였기 때문이다(38절).

다. 증거를 요구하지도 않았다. 그리스도께서 그에게 영적인 눈을 열어주셨다. 그 눈이 열리는 순간 그에게 그리스도가 보였고, 그는 믿음으로 응답했다.

육체적 치유와 마찬가지로 이것도 신적인 기적이다. 사람이 그리스도에 대한 진리를 이해하는 것은 반드시 신적인 기적이다. 베드로의 위대한 고백을 기억하는가? 예수님이 "너희는 나를 누구라 하느냐"라고 물으셨을 때, 베드로는 "주는 그리스도시요 살아 계신 하나님의 아들이시니이다"라고 대답했다(마 16:15-16). 그가 어떻게 알았을까? 예수님은 "이를 네게 알게 한 이는 혈육이 아니요 하늘에 계신 내 아버지시니라"(17절)고 하셨다. 영적으로 감긴 눈을 뜨게 하는 하나님의 기적이 없이는 예수 그리스도가 누구신지 알 길이 없다. 그러나 그리스도께서 영혼의 눈을 열어주시면, 갑자기 진리를 알게 된다.

맹인이었던 이 거지는 평생 본 것이 아무것도 없었지만 하나님의 아들을 알아보았다. 반면에 모든 것을 안다고 자부하던 종교 지도자들은 자기들의 메시아를 알아보지 못했다. 믿음의 의지와 능력을 주는 영적인 시력은 하나님의 선물이다.

이 사람은 새로 열린 믿음의 눈으로 무엇을 보았을까? 그는 그리스도를 주권적 주로 보았다. 요한복음 9장 38절은 그가 예수님께 "절하는지라"라고 말한다. 그는 즉시 무릎을 꿇고 경배했다. 여기가 이 이야기의 아름다운 클라이맥스이다. 이것은 그가 그리스도를 주로 "모시는" 문제가 아니었다. 그의 영안에서 비늘이 벗겨지자 그는 예수님을 예수님으로 알아보았다. 그때 그가 할 수 있는 단 한 가지 반응은 무릎을 꿇는 것이었다.

요한복음 9장은 이런 말로 끝을 맺는다.

예수께서 이르시되 내가 심판하러 이 세상에 왔으니 보지 못하는 자들은 보게 하고 보는 자들은 맹인이 되게 하려 함이라 하시니 바리새인 중에 예수와 함께 있던 자들이 이 말씀을 듣고 이르되 우리도 맹인인가 예수께서 이르시되 너희가 맹인이 되었더라면 죄가 없으려니와 본다고 하니 너희 죄가 그대로 있느니라(39-41절).

영적 맹인이 되는 것은 비참한 일이다. 그러나 맹인이 되었으면서도 그 사실을 알지 못하는 것은 더욱 비참한 일이다. 이 바리새인들은 자기들이 본다고 생각했다. 신학적 지식 면에서 본다면 바리새인들은 이 거지보다 훨씬 뛰어났다. 그러나 거지와는 달리 그들은 영적인 눈을 뜨지 못했다. 그래서 예수님이 누구신지 알아보지 못했다. 그들은 교리는 알았지만 결과적으로 메시아를 알아보지 못했다. 그들은 맹인이었지만 그 사실조차 몰랐다.

영적인 시력을 얻은 결과는 복종하고 예배하는 마음으로 나타난다. 영적인 맹인이 된 결과는 더 눈멀고 더 많은 죄를 짓고 궁극적으로는 심판에 이른다. 교리만 알아서는 영적인 눈을 뜰 수 없다. 빛으로는 맹인을 고칠 수 없다. 영적인 맹인들의 유일한 소망은 하나님이 그들의 눈을 뜨게 하시는 기적밖에 없다. 이것이 하나님께서 그의 성령을 통해 하시는 일이다(고전 2:9-10). 구원을 받으려면 깊이 있는 신학 교육을 받아서 그리스도가 주시며 그분께 순종해야 한다는 사실을 알아야 하는 것이 아니다. 영적인 눈이 열리면 이 진리가 저절로 드러난다.

구원은 초자연적이고 신적인 변화이다. 영혼에서 일어나는 기적과 같다. 진정한 하나님의 일이다. 그러기에 영안이 열린 사람의 삶에 반드시 변화를 일으킨다. 믿는 사람은 그리스도가 누구신지(만물의 주권적 주) 알게 된다. 그리고 그 계시는 이전까지 볼 수 없었던 사람으로 하여금 필연적으로 경배와 찬양과 하나님의 뜻을 행하기 원하는 마음을 갖게 한다. 이는 결코 신학 교육의 결과가 아니다. 하나님의 성령이 구속받는 자의 마음에 역사하신 결과이다.

7장

간절히 나아온
부자 청년을 도전하시다

사역 초기에 미국 대륙을 횡단하는 비행기를 탄 적이 있다. 내 옆 좌석에 앉은 사람이 내가 성경을 읽는 것을 보고는 자기를 소개했다. 그리고 뜻밖에 "당신은 내가 예수 그리스도와 인격적 관계를 맺을 수 있는 방법을 알고 계시겠지요, 그렇죠?"라고 물었다.

물론, 그런 좋은 기회는 자주 찾아오지 않기에 나는 이 기회를 놓치고 싶지 않았다! 나는 "물론입니다. 그냥 주 예수 그리스도를 믿고 그를 당신의 구주로 받아들이면 됩니다."라고 말했다. 나는 그에게 예수님이 죽고 부활하셔서 우리가 영원한 생명을 얻을 수 있게 하셨다고 설명했다. 그가 할 일은 그리스도를 개인의 구주로 영접하는 것뿐이라고 말해 주었다.

그는 "그렇게 하고 싶습니다."라고 말했다. 나는 그가 기도하도록 인도했고 그는 주님을 그의 구주로 영접했다. 뒤이어 그달에 나는 그에게 세례를 주었다. 나는 그 일에 아주 신이 났고 열심히 제자도 양육을 하려고 했다. 그러나 얼마 되지 않아 그는 나와 연락을 끊었다. 얼마 후 나는 그가 그리스도에 대해 더 이상 관심이 없음을 알게 되었다.

어떻게 된 것일까? 이런 일이 비일비재한 까닭은 무엇일까? 그리스도를 전하는 사람들은 대부분 사람들로 믿음을 고백하게 하는 일은 상대적으로 쉽다고 인정한다. 주님을 따르게 하는 일이 훨씬 더 어렵다는 것이다. 처음에는 구원을 열렬히 받아들인 것 같던 "회심자들"이 실제로는 주님을 따르지 않았다. 왜 그럴까?

마태복음 19장에 나오는 부자 청년 기사를 공부하기 전까지는 나도 그 이유를 이해하지 못했다. 여기서 우리는 어떻게 하면 영생을 얻을 수 있는지 분명하게 질문하는 청년에 대한 이야기를 읽는다. 예수님이 전하신 복음이 직접적으로 제시된 곳을 보려면 이 본문을 읽으면 된다. 이야기는 놀랍게 전개된다.

어떤 사람이 주께 와서 이르되 선생님이여 내가 무슨 선한 일을 하여야 영생을 얻으리이까 예수께서 이르시되 어찌하여 선한 일을 내게 묻느냐 선한 이는 오직 한 분이시니라 네가 생명에 들어 가려면 계명들을 지키라 이르되 어느 계명이오니이까 예수께서 이르시되 살인하지 말라, 간음하지 말라, 도둑질하지 말라, 거짓 증언 하지 말라, 네 부모를 공경하라, 네 이웃을 네 자신과 같이 사랑하라 하신 것이니라 그 청년이 이르되 이 모든 것을 내가 지키었사온대 아직도 무엇이 부족하니이까 예수께서 이르시되 네가 온전하고자 할진대 가서 네 소유를 팔아 가난한 자들에게 주라 그리하면 하늘에서 보화가 네게 있으리라 그리고 와서 나를 따르라 하시니 그 청년이 재물이 많으므로 이 말씀을 듣고 근심하며 가니라 (16-22절).

처음에는, 도대체 예수님이 이 사람에게 주시려는 메시지가 무엇인지 의아할 수 있다. 그러나 자세히 살펴보면 알 수 있다. 이 본문 전체가 전하는 진리를 한 문장으로 요약한다면, "이와 같이 너희 중의 누구든지 자기의 모든 소유를 버리지 아니하면 능히 내 제자가 되지 못하리라"(눅 14:33)가 될 것이다.

주님은 이 청년을 시험하셨다. 자신의 소유와 예수님 중 하나를 선택하라고 하셨다. 그는 시험에 실패했다. 무슨 교리를 고백했든, 그는 사랑하는 다른 것들을 버리려 하지 않았기에, 그리스도의 제자가 될 수 없었다. 구원은 그리스도를 자기 삶의 첫 자리에 모시려는 사람만을 위한 것이다.

여기서 문제는 이 사람의 구원이지, 회심에 뒤따르는 제자도의 수준이 아니다. 그의 질문은 어떻게 하면 영생을 얻는가 하는 것이었다. 영생(eternal life)이라는 말은 성경에 50회 정도 사용되었는데 항상 회심, 전도, 신생 등 완전한 구원 체험을 가리킨다. 가장 친숙한 복음 구절인 요한복음 3장 16절은 "하나님이 세상을 이처럼 사랑하사 독생자를 주셨으니 이는 그를 믿는 자마다 멸망하지 않고 영생을 얻게 하려 하심이라"고 표현한다.

복음전도 시 대부분의 노력은 사람들이 구원받아야 할 필요성을 알게 하는 데 맞추어진다. 이 청년은 예수님께 그 질문을 하기 전 이미 그런 지점에 이르렀다. 그는 완벽한 전도 대상자였다. 그는 결신서에 서명을 하거나, 손을 들어 초청에 응하거나, 앞으로 나아오는 등 어떤 일이든 할 준비가 되어 있었다. 그는 이 모든 전도 이전의 과정을 통과했다. 어떻게 하나님의 존재를 알게 되었는지, 왜 성경을 신뢰할 수 있는지, 왜 영생에 관심을 가져야 하는지 등에 대해 설명할 필요가 없었다. 비행기에서 나에게 접근했던 그 젊은 사람처럼, 그 부자 청년도 준비가 된 듯했다. 인간의 눈으로 보면 그는 주님께서 이제까지 만난 사람들 가운데 가장 적절한 전도 대상자였다. 그의 영혼은 익어 추수할 때에 이르렀다. 열심도 있었다. 영생을 얻지 못하고 돌아갈 이유가 전혀 없었다.

그러나 그는 그냥 돌아갔다. 그가 돌아간 것은 그릇된 메시지를 들었다거나, 들은 것을 믿지 않았기 때문이 아니다. 그가 이 세상에서 사랑하는 것들을 버리고 그리스도를 주로 섬기기 원하지 않았기 때문이다. 예수님은 그를 있는 그대로 받아들여 "결신하게" 하지 않고, 그가 받아들일 수 없는 조건을 제시하셨다. 어떤 의미에서 보면 예수님은 그를 쫓아내셨다.

이것은 어떤 전도 방식인가? 예수님은 내가 아는 거의 모든 신학교와 신학대학원의 개인 전도법 과목에서 낙제하실 것이다! 예수님은 그 청년에게 율법을 말함으로써 시작하셨는데, 이 시점에서 믿음이나 구속의 요건들은 언급조차 하지 않으셨다. 믿으라고 권면하지도 않으셨다. 마무리에 이르지 못했다. 그물을 던지지 않으셨다. 아무튼, 영생을 원한다고 찾아온 사람을 쫓아 보내면 안 되지 않는가?

그렇지 않다. 복음전도에 대한 우리의 생각으로 예수님을 판단해서는 안 된다. 오히려 예수님이 현대의 복음전도 방법들을 판단하셔야 한다. 현대의 복음전도 방법은 결신, 통계, 초청에 응한 사람 수, 전략, 정형화된 제시법, 어투, 감정 조종 그리고 심지어 공포감 조성 등에 집착하고 있다. 예수님의 복음 메시지는, 쉬운 믿음과 단순주의적 접근법에 어울리지 않는 것이 되었다. 현대의 복음주의는 불신자들에게 예수님을 마음에 초청하거나, 그를 개인의 구주로 영접하거나, 복음의 조건들을 믿기만 하면 된다고, 그것이 전부라고 말한다. 그 후유증은 끔찍한 실패로 나타난다. 수많은 사람이 그리스도를 믿는다고 고백하지만 삶의 변화가 뒤따르지 않는다. 얼마나 많은 사람이 구원받지 못했으면서도 구원받았다고 믿도록 속고 있는지 누가 알겠는가?

이 청년은 무엇이 문제였을까? 잘 시작한 것 같았던 그가 영생을 얻지 못하고 그리스도를 떠나간 이유는 무엇인가? 그는 바른 동기와 바른 태도를 가진 듯 보였다. 바른 대상도 찾았다. 그리고 바른 질문도 했다. 그러나 구원을 받지 못하고 돌아갔다.

바른 동기

이 사람은 영생을 얻으려고 찾아왔다. 그는 자기가 원하는 것을 알았고, 그것을 가지지 못했음도 알았다. 그는 영생 말고는 다른 모든 것을 가지고 있었다.

그의 동기에는 잘못된 것이 없었다. 영생을 원하는 것은 좋은 일이다. 이 사람은 더 많은 부를 원하지 않고 그보다 훨씬 중요한 것, 즉 영생을 원했다. 예수님은 "그런즉 너희는 먼저 그의 나라와 그의 의를 구하라 그리하면 이 모든 것을 너희에게 더하시리라"(마 6:33)고 하셨다.

이 사람은 젊었고(마 19:20), 부자였다(22절). 누가복음 18장 18절에서 우리는 그가 관원(헬라어로 *archōn*)이었음을 알게 된다. 그는 회당의 관원이었을 가능성이 크다(마태복음 9장 18절에 이 단어가 동일하게 사용됨). 그러므로 그는 유대의 종교 지도자였던 것 같다. 경건하고 정직하고 젊고 부유하고 전도유망하고 크게 존경받고 영향력 있는 사람으로 모든 것을 가졌다. "보라"라는 말(and behold, 영역 성경에는 16절 처음 부분에 있음. 개역개정 성경에는 번역되지 않음_ 옮긴이)은 놀라움과 감탄을 나타낸다. 이 사람이 예수님을 찾아와 자기에게 영생이 필요하다고 인정했다는 사실에 마태가 놀란 것이 분명하다.

여기 분명 혼란에 빠진 사람이 있다. 그가 가진 모든 종교와 부는 확신과 평화, 기쁨 혹은 확실한 소망을 주지 못했다. 그의 영혼은 안식이 없었다. 그의 마음에 확신이 없었다. 그는 자신이 깊이 느끼는 필요 때문에 찾아왔다. 그는 자기에게 영생이 없음을 알았다.

성경적으로 영생은 내세의 삶에 대한 약속뿐 아니라, 구속받은 자의 삶에 나타나는 특징인 질적인 삶도 의미한다(요 17:3). 그냥 끝없이 사는 것만을 의미하지 않는다. 영생은 하나님이 거하시는 곳에 사는 것이다. 영생은 살아 계신 하나님과 끝없는 교제 가운데 동행하는 것이다.

젊은 부자 관원은 이것을 원했던 것 같다. 분명 그는 그 정도의 삶을 누리지 못함을 알았다. 그는 자기가 하나님과 동행하거나 하나님과 교제하지 못하고 있음을 알았다. 어쩌면 그는 하나님께 온전히 화답할 능력이 없음을 알았던 것 같다. 하나님의 사랑, 안식, 평안, 소망, 기쁨, 안전을 경험하지 못했다. 아무튼 그는 자신이 영적인 생명, 또는 하나님께 속했다는 확신을 가지지 못했음을 알았다.

이런 면에서 그 청년은 깊은 통찰이 있었다. 영적인 면에서 그는 바리새인보다 훨씬 나았다. 바리새인들은 스스로의 생각에 만족하며 남에게 보이려고 기도하는 사람이었기 때문이다. 그러나 그는 달랐다. 그는 자기에게 영생이 없는 것을 알았고, 그것을 얻기 원했다. 그 누구도 그가 그리스도를 찾아온 동기를 비난할 수는 없다.

바른 태도

그 청년은 바른 동기를 가졌을 뿐 아니라, 태도 역시 칭찬할 만했다. 그는 오만하거나 주제넘지 않았다. 자기의 곤경을 깊이 절감하는 듯했다. 영생이 없음을 아는 사람은 많지만 영생이 필요하다고 생각하는 사람은 많지 않다. 많은 사람이 신적인 차원의 구원이 자신에게 없음을 알지만 그것에 진심으로 관심을 가지지 않는다. 이 청년은 그러지 않았다. 그는 간절했다. 서두도 뜸 들임도 없이 단도직입적으로 "선생님이여 내가 무슨 선한 일을 하여야 영생을 얻으리이까"라고 물었다. 여기서 우리는 그의 긴급함을 느낄 수 있다.

마가복음 10장 17절은 그가 달려왔다고 말한다. 또 그는 공개적으로 나아왔다. 밤에 찾아온 니고데모와 달리 이 청년은 대낮에 많은 사람이 보는 데서 찾아왔다. 마가는 주님이 막 길을 가려고 출발하신 참이었다고 말한다. 분명 여느 때처럼 군중이 예수님을 에워쌌을 것이다. 이 사람은 군중을 헤집고 달려왔다. 사람들이 그를 알아볼 것도 개의치 않았다. 그는 자신에게 영생이 없음을 대중 앞에서 공개적으로 고백할 정도로 대담했다. 이런 위치에 있는 사람이 그런 질문을 하려면 큰 용기가 필요하다. 영생을 가지지 못했다고 공개적으로 시인함으로써 잃을 것이 많기 때문이다.

마가는 이 젊은 부자 관원이 예수님 앞에 무릎을 꿇었다고 말한다. 그는 주님 앞에서 치욕적인 자세로 자기가 바람직하지 못한 상태에 있다고 시인했다. 그는 그것을 감추지 않을 정도로 진실했다. 그는 정말 간절히 영생을 원했기에 그를 영적인 거물로 아는 사람들 앞에서 체면이 구겨질 위험도 무릅썼다. 그는 평안을 찾을 수 없다는 사실에 좌절하며 "아직도 무엇이 부족하니이까"라고 물었다. 여기서 그의 고민과 공허함과 실망감을 알 수 있다. 그는 평생 종교 생활을 했다. 그러나 무언가 부족하다. 이것은 깊은 곤경에 처한 마음의 부르짖음이었다.

율법을 다 지켰다는 이 청년의 주장에 대해 우리는 어떤 말을 할 수 있을까? 물론 과장이 있겠지만, 그는 분명 외적으로 모범적인 삶을 살았을 것이다. 그는 큰 죄인이 아닌 도덕적인 사람이었다. 그는 자기 종교의 엄격한 기준들을 지켰다.

그러나 이 사람은 깊은 공허감을 느꼈다. 만일 다른 사람이 그에게 찾아와서 "당신은 평안, 기쁨, 행복, 사랑을 얼마나 원하십니까?"라고 묻는다면 분명하게 대답했을 것이다. 그가 만일 복음전도 집회에 참석했다면 전도자는 이 사람을 위해 "내 모습 이대로 주 받으옵소서"라는 초청 찬송을 2절까지 부를 필요가 없었을 것이다. 그는 준비되어 있었다. 열정적으로 영생을 구했고 올바른 태도를 가진 듯했다.

얼마나 좋은 기회인가! 이 친구는 열심히 찾는 사람으로 "놓칠 수 없는" 회심자였다. 젊고, 부유하며, 똑똑하고, 영향력 있는 사람이었다. 그가 주님을 위해 할 수 있는 일을 생각해 보라. 간증을 할 수 있고, 책을 쓰고, 거금을 헌금할 수 있는 사람이었다. 제대로 된 전도자라면 이와 같은 기회를 놓치지 않을 것이다.

바른 대상

이 부자 청년은 단순히 한 전도자를 찾아온 것이 아니다. 예수님은 친히 영생의 근원이 되시는 분이다. 이분이야말로 그가 원하던 것을 얻을 수 있는 바른 대상이었다. 어떤 사람들은 정말 이상한 곳에서 영생을 찾는다. 거짓 확신에 관한 한 사탄은 최고의 위조꾼이다. 많은 사람이 영생을 얻지 못하는 이유는 평생 그릇된 곳에서 영생을 찾기 때문이다.

요한일서 5장 11절은 "또 증거는 이것이니 하나님이 우리에게 영생을 주신 것과 이 생명이 그의 아들 안에 있는 그것이니라"고 말하고, 20절은 예수님에 대해 "그는 참 하나님이시요 영생이시라"고 말한다. 예수님은 영생의 근원이실 뿐 아니라 그 자신이 영생이시다. 그러므로 그 젊은 관원은 바른 곳을 찾아온 것이다.

분명 이 사람은 예수님의 능력을 들었을 것이다. 그는 예수님을 주 혹은 선생(디다스칼로스)으로 불렀다. 그 호칭을 통해 그는 예수님이 신적 진리를 가지신 선생이심을 인정한 것이다. 마가와 누가는 그가 헬라어 "아가토스"를 사용해 예수님을 "선하다" 불렀다고 말한다. 이는 그가 주님의 본질과 본성을 선하다 여겼다는 뜻이다. 만일 그가 엄격하게 외적인 선함이나 선한 모양을 말하려 했다면 "칼로스"라는 단어를 사용했을 것이다. 그러므로 그는 "선한 선생님"이라고 부름으로써 예수님을 유능한 선생으로만 부른 것이 아니라, 주님의 본질적 선하심을 믿는다고 고백한 것이다.

그렇다고 이 청년이 예수님을 하나님으로 믿었다는 말은 아니다. 아마도 그는 예수님이 육신을 입으신 하나님이신 것은커녕 메시아이신 것도 몰랐을 것이다. 그는 예수님의 가르침의 권위와 도덕적 삶의 능력에 사로잡혔을 가능성이 높다. 그는 영생 문제에 관해 이 선생님의 지도를 받기 원했다. 예수님은 아실 것이라 믿었기 때문이다. "어찌하여 선한 일을 내게 묻느냐 선한 이는 오직 한 분이시니라"(마 19:17)고 하신 예수님의 대답은 그로 하여금 예수님이 실제로 누구신지 깨닫게 하려는 의도였을 것이다.

비록 그가 그리스도는 메시아이시며 육신을 입으신 하나님이라고 인정하지 않았더라도 올바른 사람을 찾아온 것만은 분명하다. "다른 이로써는 구원을 받을 수 없나니 천하 사람 중에 구원을 받을 만한 다른 이름을 우리에게 주신 일이 없음이라 하였더라"(행 4:12).

바른 질문

마태복음 19장을 읽는 많은 사람들은 이 청년의 질문에 문제가 있다고 생각한다. "내가 무슨 선한 일을 하여야 영생을 얻으리이까"라는 질문이

틀렸다는 것이다. 달리 말해 그는 행위 중심적 사고를 가지고 있었다는 것이다. 물론 그는 행위에 기반을 둔 종교에 맞춰져 있었다. 그는 바리새인의 전통 시스템에서 양육받았다. 종교는 신의 은총을 얻기 위한 시스템이라 생각하도록 훈련받았다. 그러나 모든 그의 배경에도 불구하고, 그는 올바른 질문을 했다. 예수님이 그의 의를 묵인하시게끔 계산해서 던진 유도 질문이 아니었다. "내가 무슨 선한 일을 하여야 영생을 얻으리이까"라는 말은 진리를 찾는 사람이 할 수 있는 단순하고 정직한 질문이었다. 어쨌든 영생을 얻으려면 우리가 할 일이 있다. 믿는 것이다. 이는 요한복음 6장 28절에서 무리가 질문한 "우리가 어떻게 하여야 하나님의 일을 하오리이까"와 별로 다르지 않다. 이 질문에 예수님은 단순하고 직설적으로 "하나님께서 보내신 이를 믿는 것이 하나님의 일이니라"(29절)고 대답하셨다.

그런데 여기서 기상천외한 반전이 일어난다. 예수님이 이 청년에게 말도 안 되는 대답을 하신 것이다. "네가 생명에 들어 가려면 계명들을 지키라"(마 19:17). 우리 주님은 자신에 대해서나 복음의 조건들에 대해 아무 말씀도 하지 않으셨다. 그를 믿으라고 초청하지도 않으셨다. 결신을 요청하지 않으셨다. 대신 그의 앞에 장벽을 세워서 그 구도자로 하여금 갑자기 멈추게 하셨다.

엄밀히 말해 예수님의 대답은 옳았다. 만일 어떤 사람이 평생 율법을 지키고 단 한 가지도 어기지 않았다면, 그는 완벽하고 죄 없는 사람일 것이다(약 2:10 참조). 그러나 구주 외에는 누구도 그럴 수 없다. 우리는 죄 가운데 태어났다(시 51:5). 그런데 율법이 영생을 얻는 수단이라는 듯 말씀하신 예수님의 대답은 믿음 문제를 혼란스럽게 한다. 도대체 왜 그렇게 말씀하셨을까? 그 청년이 바른 동기, 바른 태도를 가지고 바른 대상을 찾아왔다면, 그냥 믿음으로 구원 얻는 길을 말씀하시면 되는데 왜 그러지 않으셨을까?

교만

그 청년은 예수님을 찾아왔음에도 불구하고 한 가지 중요한 사실을 놓치고 있었다. 예수님은 이 젊은 관원이 자신의 죄성을 전혀 모르고 있는 것을 간파하셨다. 구원을 향한 그의 열망은 영혼의 공허함 때문이었다. 아마도 불안과 좌절감을 물리치고 기쁨, 사랑, 평안, 소망을 얻으려는 시도였을 것이다. 그러나 그것은 그리스도를 의지하는 타당한 이유가 될 수 없었다.

현대의 복음전도는 대부분 안타까울 정도로 죄의 실상을 지적하지 않는다. 설교자들은 행복과 기쁨과 만족 등 온갖 긍정적인 것들을 제시한다. 오늘날 그리스도인들은 자신의 심리적 필요들을 찾기만 하면 된다고 배운다. 그다음 예수님은 어떤 문제든 해결하는 만병통치약이라고 소개한다. 그래서 아주 쉽게 응답을 얻을 수 있다. 사람들은 자신이 느끼는 필요에 대해 빠른 해결을 원하기 때문이다. 그러나 우리가 하는 것이 이런 것뿐이라면 그것은 올바른 복음전도가 아니다.

우리 주님은 젊은 관원이 느끼는 필요에 대해 어떤 해결책도 주지 않으셨다. 오히려 주님의 대답은 그가 하나님을 거스르는 삶을 살고 있다는 지적이었다. 그는 반드시 자신이 죄인임을 알아야 했다. 자기의 죄를 깨닫는 것은 구원의 진리를 이해하는 데 필수적인 요소이다. 오직 걱정, 평안 결여, 절망감, 즐거움 부재, 행복 갈망 등 심리적 필요 때문에 구원을 얻고자 예수 그리스도께 나아오는 일은 있을 수 없다. 이미 살펴보았듯 구원은 죄를 미워하여 이 세상에 속한 것들로부터 돌아서기 원하는 사람들을 위한 것이다. 자신이 거룩한 하나님을 거스르는 삶을 살았음을 이해하는 사람들을 위한 것이다. 돌이켜서 하나님의 영광을 위해 살기 원하는 사람들을 위한 것이다. 구원은 단순히 심리적인 일이 아니다.

예수님의 대답은 대화의 초점을 청년이 느끼는 필요에서 하나님께로 돌려놓았다. "선한 이는 오직 한 분이시니라." 그다음 주님은 그를 하나님의 기준으로 몰아가셨다. "네가 생명에 들어가려면 계명들을 지키라." 이는 율법을 지킴으로써 영생을 얻을 수 있다는 뜻이 아니다. 예수님은 이를 통해 그가 얼마나 부족한지 깨닫게 하려고 하셨다. 그러나 그는 이를 무시하고 거부했다. 자신이 죄인이라는 사실을 전혀 인정하지 않으려 했다.

비행기에서 만난 사람과의 대화를 생각하면서 나는 이 점에서 실수했음을 깨달았다. 그가 죄인임을 인정하게 하지 않고 너무 성급하게 그의 심리적 필요를 위해 그리스도를 소개한 것이다.[1] 내가 그 사람에게 소개한 구원은 인간 중심적인 것이지 하나님 중심적인 것이 아니었다.

복음전도는 죄인이 자신을 하나님의 완전한 법에 비추어보게 함으로써 자신의 부족함을 알도록 해야 한다. 인간의 필요, 인간의 감정, 인간의 문제만 다루는 복음은 진정한 균형을 상실한 것이다. 이것이 회심했다고 하면서 근본적으로는 변한 것 없이 사는 사람들이 교회에 넘치는 이유이다.

하나님의 계시 방식을 보면 자기 죄를 이해하는 일이 얼마나 중요한지 알 수 있다. 로마서에서 바울은 온전히 세 장을 들여 인간의 죄악성을 선언한 후 비로소 구원 얻는 방법을 다루기 시작한다. 요한복음 1장 17절은 "율법은 모세로 말미암아 주어진 것이요 은혜와 진리는 예수 그리스도로 말미암아 온 것이라"고 한다. 언제나 율법이 먼저 나온다. 율법은 그리스도께로 인도하는 초등 교사이다(갈 3:24). 하나님이 계획하신 율법과 그것이 우리에게 미치는 영향이 없으면, 은혜는 의미가 없어진다. 그리고 죄의 실상과 심각성에 대한 이해가 없으면 구속도 있을 수 없다.

---

1) 만일 성령께서 진정으로 그가 구원받도록 마음을 준비시켰다면, 그는 죄를 깊이 자각하고 있었을 것이다(요 16:9-11 참조). 나는 구원을 위한 기도를 하도록 인도하기 전에 먼저 그런 자각의 증거를 살펴보았어야 했다.

우리는 복음을 제시하는 방법을 수정해야 한다. 하나님은 죄를 미워하시며 죄인에게 영원한 형벌을 내리신다는 사실을 빠뜨려서는 안 된다. 어떻게 해야 사람들에게 그들이 지금 지옥으로 가고 있다는 말로 시작해서, 하나님께서 그들을 위해 놀라운 계획을 가지고 계시다는 복음을 소개할 수 있을까? 성경은 "하나님은 악인에게 매일 분노하신다"(시 7:11, 킹제임스 성경 직역)고 말한다. 외롭고 거룩하며 정결하신 하나님은 악을 차마 보지 못하신다. 하나님은 죄를 품은 채 자기에게 나아오는 자들을 구원하지 않으신다.

그 부자 관원은 예수님께 어느 계명을 지켜야 하느냐고 물었다. 주님은 십계명 후반부를 제시하셨다. "살인하지 말라, 간음하지 말라, 도둑질하지 말라, 거짓 증언 하지 말라, 네 부모를 공경하라, 네 이웃을 네 자신과 같이 사랑하라 하신 것이니라"(마 19:18-19). 우리는 예수님께서 왜 특별히 이 계명을 선택해 강조하셨는지 알 길이 없다. 어쩌면 그 청년이 부모를 공경하지 않음을 아셨을 수도 있다. 이는 당시 종교 지도자들에게 흔한 죄였기 때문이다(마 15:3-6 참조). 그러나 중요한 것은 예수님이 그에게 율법을 전하셨다는 점이다.

우리는 하나님의 율법의 의미를 이해하지 못하는 사람들에게 은혜를 전할 권리가 없다. 의에 대한 하나님의 명령을 알지 못하는 사람에게는 은혜를 설명해도 의미가 없다. 자기의 죄악을 깨닫지 못하는 사람은 하나님의 자비를 이해할 수 없다. 하나님은 순종을 요구하시며 불순종을 벌하심을 듣지도 못한 사람에게 은혜의 복음을 전파할 수 없다.

예수님의 말씀으로 젊은 관원은 자기의 부족함을 깨달아야 했다. 이것이 요점이다. 그러나 그는 완전히 거부했다.

죄를 인정하지 않음

성경은 "그 청년이 이르되 이 모든 것을 내가 지키었사온대 아직도 무엇이 부족하니이까"(마 19:20)라고 말했다고 기록한다. 이 말은 그가 율법을 어떻게 알고 있었는지 보여준다. 아마 그는 살인한 적이 없었을 것이다. 간음을 하지도 않았을 것이다. 무죄 추정 원칙으로 볼 때, 도둑질하거나 거짓말한 일도 없었을 것이고 부모를 공경한다고 생각했을 것이다. 겉으로는 이 모든 것을 지켰다고 할 수 있다. 그러나 예수님의 가르침이 처음부터 강조하는 지점은 누구도(율법의 외적 조항들을 철저하게 지킨 사람들조차도) 계명에 비추어 의롭다 할 수 없다는 것이다(마 5:20-48, 롬 3:20 참조).

그는 하나님의 기준이 요구하는 것을 피할 수 없었다. 네 이웃을 네 몸과 같이 사랑하라는 계명에는 피할 수 없는 내적 의미가 있다. 누구도 그 계명을 항상 지켰다고 정직하게 말할 수 없다. 늘 진실을 말했다고 할 수 없다. 만일 거짓말한 적 없다고 생각한다면 분명 스스로 속은 것이다.

바리새인들은 율법을 외적으로 해석하는 데 익숙했다. 그들은 의식과 행위의 외면에 아주 민감했지만 핵심은 전혀 생각하지 않았다. 반면에 예수님은 남을 미워하는 것은 도덕적으로 살인하는 것과 마찬가지요, 음욕은 간음하는 것과 같으며, 원수를 미워하는 것은 이웃을 미워하는 것과 같이 잘못된 일이라고 가르치셨다(마 5:21-47). 젊은 관원은 예수님의 가르침의 의미를 이해하지 못했다. 그는 많은 사람들 앞에서 당당하게 자신은 율법을 지켰다고 주장했다. 사람들이 자기를 의로운 사람으로 인정해 주리라 생각했을 것이다. 아무튼 사람들이 아는 한 그는 의로운 사람이었다. 외적으로 볼 때 그는 율법을 지켰다.

이것은 그 청년이 원한 바가 마음의 공허함을 채울 무엇이었음을 증명한다. 그는 하나님을 거스르지 않았다고 말했다. 사실상 그는 "나는 실제적 죄가 전혀 없습니다. 나는 율법을 모두 지켰습니다. 나 자신을 살펴보아도 어떤 허물도 보이지 않습니다."라고 말한 것이다. 자기 의의 신앙은 스스로를 속이는 것이다. 이 사람은 실제로 자기가 의롭다고 믿었다. 율법에 순종했다고 믿었다. 규정을 지켰다고 생각했다. 자기가 얼마나 부족한지 전혀 알지 못했다.

이 사람이 자기 의를 붙들고 있는 한 구원받을 길은 없다. 구원은 감정적 고양을 원하는 사람들을 위한 것이 아니라, 용서받기 위해 하나님께 나아오는 죄인들을 위한 것이다. 자기의 죄를 부끄러워하지 않는 사람은 구원받을 수 없다.

마가복음 10장 21절은 이 지점에서 "예수께서 그를 보시고 사랑하사"라고 말한다. 이 말은 예수님의 안타까운 마음을 보여준다. 이 청년은 진실했다. 그의 영적 추구는 진실했다. 그는 정직하고 종교적인 사람이었다. 그래서 예수님은 그를 사랑했다. 우리 주님은 그와 같은 죄인들을 위해 죽을 계획이었다. 예수님은 아무도 멸망치 않고 회개에 이르기를 원하신다. 그러나 이 청년은 바로 그 회개를 원하지 않았다.

주 예수님은 죄인의 요구를 그대로 받아주지 않으신다. 예수님은 그 청년을 사랑하셨지만, 그럼에도 그가 요청하는 영생을 허락하지 않으셨다.

그리스도께 복종하지 않음

마지막으로, 예수님은 그를 궁극적으로 시험하셨다. "네가 온전하고자 할진대 가서 네 소유를 팔아 가난한 자들에게 주라 그리하면 하늘에서 보화가 네게 있으리라 그리고 와서 나를 따르라"(마 19:21). 이 말은 율법을 다 지켰다는 그의 주장에 도전하는 것이었다. 사실상 "너는 네 이웃을 네 몸과 같이 사랑한다고 한다. 좋다. 그러면 네가 가진 모든 것을 이웃에게 주어라. 네가 이웃을 네 몸 사랑하듯 정말로 사랑한다면 그런 건 문제 없을 것이다."라고 하신 말씀이었다.

이 시험은 궁극적으로 그가 주님께 순종하는지 묻는 것이었다. 주님은 자선행위를 통한 구원을 가르치려던 것이 아니었다. 자선으로 영생을 살 수 있다고 하신 말씀이 아니었다. 사실상 예수님의 말씀은 "이것이 참 믿음에 대한 시험이다. 내가 네게 원하는 것을 하겠느냐? 너의 생명을 누구에게 걸겠느냐, 너냐 나냐?"라는 것이었다. 주님은 이 사람의 존재 자체를 겨냥하고 계셨다. 주님은 그의 마음이 어디에 있는지 아시고 "내가 너의 삶에서 최고의 자리에 있을 수 없다면 너는 구원을 받을 수 없다."라고 말씀하셨다. 주님과 그의 부를 나란히 두고 선택하라고 함으로써, 주님은 그 청년의 진정한 마음 상태를 드러내셨다.

그리스도인이 되려면 우리가 가진 모든 것을 문자 그대로 나눠주어야 하는가? 그렇지 않다. 그러나 반드시 그리스도를 첫 자리에 모셔야 한다(골 3:17 참조). 이 말은 우리가 그리스도를 위해 기꺼이 모든 것을 버릴 각오를 해야 한다는 의미이다(눅 14:33). 즉, 그리스도보다 앞서는 것은 무엇도 있어서는 안 된다. 참된 신자는 주님의 요구는 무엇이든 행하려고 한다. 예수님이 이 사람에게 하신 요구는 그가 자기 생명에 대한 예수님의 주권에 복종할 각오가 되어 있는지 확인하신 것이었다. 주님은 이 사람의 약점(탐심, 탐닉, 물질주의 등)을 정면으로 공격하셨다. 그는 가난한 자들에 대해 무관심했다. 그는 자기 소유를 사랑했다. 주님은 거기에 도전하셨다.

이 부자 관원은 시험을 통과하지 못했다. 그는 예수님을 주권적 주로 인정하려 하지 않았다. 마태복음 19장 22절은 "그 청년이 재물이 많으므로 이 말씀을 듣고 근심하며 가니라"라고 말한다. 그에게는 그리스도보다 재물이 더 중요했다. 그래서 재물을 포기하고 예수님께 갈 수 없었다. 흥미로운 점은 그가 근심하며 갔다는 사실이다. 이 부자 관원은 진정으로 영생을 원했을 것이다. 그러나 예수님이 제시하신 방법(자기 죄를 고백하고 예수님의 주재권에 복종하는 것)을 따르려고 하지 않았다. 다시 말해서 그는 불신을 유지했다.

이 사람의 반응을 누가복음 19장에 나오는 삭개오의 반응과 대조해 보자. 삭개오는 자기 죄를 깊이 뉘우쳤다. 그는 예수 그리스도가 제시한 방법대로 예수님께 나아오기 위해 전부(그의 전 재산을 포기하는 것을 포함)를 버릴 각오가 되어 있었다. 그래서 예수님은 삭개오에게 이렇게 말씀하셨다. "오늘 구원이 이 집에 이르렀으니 이 사람도 아브라함의 자손임이로다 인자가 온 것은 잃어버린 자를 찾아 구원하려 함이니라"(눅 19:9-10).

그 젊은 관원은 자신이 원하던 영생을 얻지 못하고 떠났다. 정말 비극적이고 가슴 아픈 이야기이다. 잠언 13장 7절은 "스스로 부한 체하여도 아무 것도 없는 자가 있고 스스로 가난한 체하여도 재물이 많은 자가 있느니라"고 말한다. 이 청년은 자신이 부자라고 생각했지만 아무것도 가지지 못한 채 예수님을 떠나갔다.

구원은 은혜를 인하여 믿음으로 얻는다(엡 2:8). 성경은 이를 일관적이며 분명하게 가르친다. 그러나 진정한 신앙을 가진 사람들은 자신에게 죄가 있음을 인정한다. 그들은 자신이 하나님의 거룩하심을 거슬렀음을 안다. 그들은 그리스도의 주재권을 거부하지 않는다. 참 신앙에는 이런 속성들이 하나도 빠지지 않는다. 참 신앙은 죄와 자기를 버리고 어떤 값을 치르든 예수 그리스도를 따르라는 명령을 회피하지 않는다. 예수님의 요구 조건을 받아들일 수 없는 사람은 절대로 나아올 수 없다. 주님은 주가 되실 권리를 두고 우리와 거래하지 않으신다.

나는 그리스도께 나아오는 사람이 죄와 회개, 그리스도의 주재권 등의 의미를 완전히 이해해야 한다고 믿지도 생각하지도 않는다. 그리스도인으로 오랫동안 많은 이해가 쌓인 신자도 이 모든 것들을 완전히 알 수는 없다. 우리는 죄에 물든 피조물이기에 예수님의 주재권을 완벽하게 알고 순종할 수 없다. 그러나 반드시 순종하려는 마음 자세를 가져야 한다. 게다가 회개와 복종은 인간이 하는 일이 아니라 믿음 그 자체이다. 이 모두는 하나님이 하시는 일이다. 하나님이 신자의 마음속에서 하시는 일의 핵심적인 부분이다.

그저 심리적인 위로만 제시할 뿐 죄로부터 돌아서서 그리스도의 주재권에 대한 고백을 요구하지 않는 메시지는 거짓 복음으로 구원을 줄 수 없다. 예수 그리스도께 나아오려면 그분께 "예"라고 해야 한다. 그것은 예수 그리스도가 우리 삶에서 첫 번째 우선순위가 되고 최고의 주가 되신다는 의미이다.

젊은 부자 관원 이야기에서 배울 것은, 구원이 비록 하나님이 주시는 선물이기는 하지만, 하나님은 손에 다른 것을 움켜쥔 사람에게는 구원을 주시지 않는다는 것이다. 죄와 재물, 거짓 신앙, 혹은 이기심에서 돌아서기를 원하지 않는 사람은 믿음으로 그리스도께 돌아올 수 없다.

8장

죄인을 먼저 찾으시고 완전히 바꾸시다

"인자가 온 것은 잃어버린 자를 찾아 구원하려 함이니라"고 한 누가복음 19장 10절 말씀보다 더 영광스러운 진리는 없다. 이 구절은 그리스도의 지상 사역을 요약한다. 인간의 관점에서 보면 이 말씀은 성경에 기록된 진리 가운데 가장 중요한 진리를 나타내는 말씀일 수 있다.

불행하게도 전통적인 세대주의에서는 이 단순한 핵심을 놓치는 경향이 있다. 일부 세대주의자들은 예수님이 선포하신 "천국 복음"(마 4:23)은 하나님의 은혜의 복음과 다르다고 가르친다.[1] 한 인기 있는 자료는 이 "천국 복음"의 내용은 "하나님이 그리스도의 나라를 지상에 세우려는 것으로 …… 다윗 언약을 성취하시려는 것"[2]이라고 한다. 루이스 체이퍼는 천국 복음은 오직 이스라엘 민족을 위한 것으로서 "구원하는 은혜의 복음과 혼동하는

---

1) E. Schuyler English et al., eds., *The New Scofield Reference Bible*(New York: Oxford, 1967), 1366.
2) Ibid.

것은 지혜롭지 못하다."³⁾고 썼다. 또 한 사람의 초기 세대주의 저자는 예수님이 전하신 복음은 구원과 상관이 없고 다만 그리스도의 나라를 지상에 세울 때가 왔다는 선포일 뿐이라고 선언했다.⁴⁾

이런 주장은 특정 세대주의 구도에는 정확하게 맞을지 모른다. 그러나 성경은 이를 지지하지 않는다. 우리는 예수님이 단순히 지상 나라를 선포하러 오신 것이 아닌, 잃어버린 자를 찾아 구원하러 오셨음을 잊어서는 안 된다.

예수님은 그의 나라를 선포하실 때 구원을 전파하셨다. 마태복음 19장에서 젊은 관원과 나눈 대화는 그가 사용한 용어를 명확하게 이해하는 데 도움을 준다. 그 청년은 예수님께 어떻게 해야 영생을 얻을 수 있는지 물었다. 그리고 그 청년이 영생을 얻지 못하고 떠나간 후 예수님은 제자들에게 "내가 진실로 너희에게 이르노니 부자는 천국에 들어가기가 어려우니라"(23절)고 말씀하셨다. 이처럼 천국에 들어가는 것은 영생을 얻는 것과 동의어이다. 다음 절에서 주님은 "낙타가 바늘귀로 들어가는 것이 부자가 하나님의 나라에 들어가는 것보다 쉬우니라"(24절)고 말씀하셨다. 분명히 하나님 나라, 천국, 영생은 모두 구원을 말한다. 제자들도 이것을 분명하게 이해했다. 그들이 즉시 "그렇다면 누가 구원을 얻을 수 있으리이까"(25절)라고 물었기 때문이다.

예수님이 어떤 용어(영생을 얻는 것, 천국에 들어가는 것, 구원을 얻는 것)를 사용하셨든 그 메시지의 핵심은 늘 구원의 복음이다. 예수님은 자신의 사명에 대해 "내가 의인을 부르러 온 것이 아니요 죄인을 불러 회개시키러 왔노라"(눅 5:32)고 하셨다. 사도 바울은 디모데전서 1장 15절에서 "미쁘다 모든 사람

---

3) Lewis Sperry Chafer, *Grace*(Grand Rapids: Zondervan, 1922), 132.
4) Clarence Larkin, *Rightly Dividing the Word*(Philadelphia: Larkin, 1918), 61.

이 받을 만한 이 말이여 그리스도 예수께서 죄인을 구원하시려고 세상에 임하셨다 하였도다 죄인 중에 내가 괴수니라"고 했다.

그리스도의 임무

하나님의 본성은 죄인을 찾아 구원하시는 것이다. 인간 역사의 첫 페이지에서부터 하나님은 에덴동산에서 타락한 부부를 찾으셨다. 에스겔 34장 16절에서 하나님은 "그 잃어버린 자를 내가 찾으며 쫓기는 자를 내가 돌아오게 하며 상한 자를 내가 싸매 주며 병든 자를 내가 강하게 하려니와"라고 말씀하셨다. 이 전능자께서는 구약 전체에서 구주로 묘사된다(시 106:21, 사 43:11, 호 13:4). 그러므로 그리스도께서 인간의 육체를 입은 하나님으로 인간 세계에 들어오셨을 때 그분이 무엇보다도 구주로 알려지신 것은 당연한 일이다.

예수라는 이름도 하나님이 구주의 이름으로 선택하신 것이다. 요셉의 꿈에 나타난 천사는 "아들을 낳으리니 이름을 예수라 하라 이는 그가 자기 백성을 그들의 죄에서 구원할 자이심이라"(마 1:21)고 말했다. 구속에 대한 모든 가르침의 핵심은 예수님이 죄인을 찾아 구원할 임무를 가지고 이 세상에 오셨다는 것이다. 이 진리가 복음을 기쁜 소식이 되게 한다.

그러나 자신을 죄인으로 아는 사람에게만 기쁜 소식이다. 예수님의 분명한 가르침은 자기 죄를 인정하고 회개하지 않는 자들은 구원 얻는 은혜에 이르지 못한다는 것이다. 모든 사람이 죄인이다. 그러나 모든 사람이 자신의 부패를 인정하지는 않는다. 만일 자기 죄를 인정한다면 예수님은 그들의 친구가 되실 것이다(마 11:19 참조). 그러지 않는다면 그들은 예수님을 오직 심판자로만 알게 될 것이다(마 7:22 참조).

누가복음 18장 10-13절에 있는 예수님의 비유도 이 진리를 강조한다. 이는 "자기를 의롭다고 믿고 다른 사람을 멸시하는 자들에게"(9절) 하신 말씀이다.

두 사람이 기도하러 성전에 올라가니 하나는 바리새인이요 하나는 세리라 바리새인은 서서 따로 기도하여 이르되 하나님이여 나는 다른 사람들 곧 토색, 불의, 간음을 하는 자들과 같지 아니하고 이 세리와도 같지 아니함을 감사하나이다 나는 이레에 두 번씩 금식하고 또 소득의 십일조를 드리나이다 하고 세리는 멀리 서서 감히 눈을 들어 하늘을 쳐다보지도 못하고 다만 가슴을 치며 이르되 하나님이여 불쌍히 여기소서 나는 죄인이로소이다 하였느니라.

이 두 사람에 대한 우리 주님의 평가는 자기 의에 빠진 바리새인 청중을 당황하게 하고 분노하게 했다. "내가 너희에게 이르노니 이에 저 바리새인이 아니고 이 사람이 의롭다 하심을 받고 그의 집으로 내려갔느니라 무릇 자기를 높이는 자는 낮아지고 자기를 낮추는 자는 높아지리라 하시니라" (14절).

예수님의 복음에 대한 합당한 반응은 겸손하게 회개하는 것밖에 없다. 자기 죄를 고백하지 않은 사람들(부자 관원처럼)은 주께서 거절하신다. 그러나 마태와 사마리아 여인처럼 자신의 죄를 인정하고 구원을 원하는 사람에게는 은혜를 베푸신다. 죄가 많은 죄인일수록, 그 죄인의 구원을 통해 하나님의 은혜와 영광이 더욱 놀랍게 드러난다.

예수님의 지상 사역 기간에 수많은 죄인이 회개하는 반응을 보였다. 예수님은 끊임없이 세리와 여타 버림받은 자(죄인)들을 돌보셨다. 누가복음

15장 1절은 그런 사람들이 끝없이 주님을 찾아왔다고 한다. 실제로 예수님의 사역에 대한 바리새인들의 가장 큰 불평은 "이 사람이 죄인을 영접하고 음식을 같이 먹는다"(눅 15:2)는 것이었다. 그들은 자신을 구별했지만 바로 그 비교 때문에 정죄당했다. 그들은 버림받은 자들을 마음에 두지 않았고, 죄인을 사랑하지 않았으며, 잃어버린 자들을 동정하지 않았다. 더 나쁜 것은 그들 자신이 죄인임을 몰랐다는 것이다. 그리스도께서 그들을 위해 할 수 있는 일이 없었다.

기적의 배경

마태와 마찬가지로 삭개오도 세리였고, 그리스도를 영접하고 따르도록 하나님께서 마음을 준비시키신 사람이었다. 예수님과 그의 만남은 여리고에서 이루어졌다. 주님은 죽기 위해 예루살렘으로 가시는 중이었다. 예수님은 잠시 갈릴리에서 사역을 하셨는데, 예수님의 고향 나사렛이 거기에 있었다. 이제 예수님은 마지막 유월절을 위해 예루살렘으로 가고 계셨다. 거기서 유월절 양이 되어 죄인들을 위해 십자가에서 자기 생명을 내어줄 것이었다. 그런데 주님은 자신이 죽는 정확한 이유를 보여주시겠다는 듯 여리고에 멈추어서 불쌍한 세리를 만나셨다.

예수님이 가는 길에 유월절을 기념하고자 예루살렘으로 가던 순례단이 모여들었다. 예수님의 명성이 팔레스타인 전역에 퍼져 있었다. 이 일이 있기 얼마 전 예수님은 죽은 나사로를 살리셨다. 그 사건은 여리고에서 멀지 않은 베다니에서 일어났다. 소문이 퍼졌고 사람들은 예수님에 대한 호기심을 품었다. 여리고 사람들 가운데 활동 가능한 사람은 모두 나와서 길가에 줄을 서고 예수님이 지나가기를 기다렸다. 여리고 성은 북적댔다. 정말 그는 메시아일까? 왕이 되려고 오셨을까? 로마를 쳐부수고 그의 나라를 세우러 오셨을까?

여리고는 예루살렘 북쪽에서 약간 동편으로 치우쳐 있었다. 그곳은 국제적인 교차로로 동서남북으로 통하는 모든 큰 길이 만나는 곳이었다. 세리들이 세금을 걷는 세관이 있는 복잡한 곳으로, 삭개오는 그곳을 맡은 세리였다.

구주를 찾은 죄인

삭개오는 공동체 전체로부터 멸시당했다. 누가복음 19장 7절은 모든 사람이 그를 죄인이라 불렀다고 말한다. 그는 세리로서 민족의 배신자이기만 한 것이 아니었다. "죄인"이라는 호칭으로 볼 때 아마도 그는 성품부터가 방탕했던 것 같다. 대부분의 세리가 그랬다.

주 예수님은 세리들을 특별히 사랑하셨다. 누가는 특별히 집중해서 예수님이 그들을 만난 일들을 다룬다. 누가복음의 주제는 잃어버린 자를 향한 주님의 사랑으로, 거듭해서 예수님이 사회의 쓰레기들에게 다가가시는 모습을 설명한다. 누가가 세리를 언급할 때는 언제나 긍정적으로 다룬다(3:12, 5:27, 7:29, 15:1, 18:10-13, 19:2). 이들은 종교 사회에서 쫓겨난 자들(악명 높은 공적 죄인들)로서 예수님이 구원하러 오신 그런 사람들이었다.

어쩌면 삭개오가 스스로 먼저 예수님을 찾은 것처럼 보일 수 있다. 그러나 예수님이 먼저 그를 찾지 않으셨다면 그는 절대로 구주께 오지 않았을 것이다. 죄인은 스스로 하나님을 찾지 않는다(롬 3:11). 우리의 타고난, 타락한 상태는 죄와 허물로 죽은 상태로써(엡 2:1), 하나님의 생명에서 떠나 있다(4:18). 그러므로 우리가 하나님을 찾는 일은 완전히 불가능하며 우리 스스로는 그것을 원하지도 않는다. 죄를 깨닫게 하시는 하나님의 주권적인 능력이 역사할 때만 우리는 구주께로 나아갈 수 있다(요 6:44, 65). 이처럼 하나님이 먼저 영혼을 찾으시면 그 영혼이 반응하여 하나님을 찾는다. 한 익명의 찬송시 작가는 이렇게 썼다.

> 내가 주님을 찾았소.
> 그런데 후에 알았소.
> 그가 나를 움직여 그를 찾게 한 것이었소.
> 그가 나를 찾았소.
> 내가 찾은 것이 아니었소, 오 참되신 구주.
> 그렇소, 주님이 나를 찾은 것이었소.

누군가가 하나님을 찾는다면, 그것은 찾으시는 하나님의 자극에 대한 반응임을 확신할 수 있다. 하나님이 먼저 우리를 사랑해 주시지 않으면 우리는 하나님을 사랑하지 않는다(요일 4:19 참조).

그럼에도 불구하고 하나님은 죄인들에게 찾으라고 초청하신다.

> 너희는 여호와를 만날 만한 때에 찾으라 가까이 계실 때에 그를 부르라(사 55:6).
>
> 너희가 온 마음으로 나를 구하면 나를 찾을 것이요 나를 만나리라(렘 29:13).
>
> 너희는 나를 찾으라 그리하면 살리라(암 5:4).
>
> 그런즉 너희는 먼저 그의 나라와 그의 의를 구하라(마 6:33).
>
> 찾으라 그리하면 찾아낼 것이요(마 7:7).

하나님이 삭개오를 찾으셨으므로, 삭개오는 하나님을 찾았다. 그는 예수님에 대해 들었지만 분명 본 적은 없었다. 누가복음 19장 3절은 "그가 예수께서 어떠한 사람인가 하여 보고자" 했다고 말한다. 여기에 사용된 동사의 시제를 보면 그가 예수님을 보려고 계속 노력했음을 시사한다. 왜 그랬을까? 호기심 때문일까? 그럴 수도 있다. 양심 문제 때문일까? 그럴 것이다. 죄책감에서 자유를 얻고 싶어서? 그럴 가능성도 있다. 그러나 이 모든 요소를 차치하고 그가 궁극적으로 구원받았다는 사실은, 죄를 깨닫게 하는 성령의 불가항력적인 능력이 그를 그리스도께로 이끈 핵심적인 힘이었음을 보여준다.

분명히 하나님의 성령이 삭개오의 마음속에서 그를 그리스도께로 이끄는 일을 시작하셨다. 삭개오가 먼저 나서서 하나님을 찾은 것이 아니라 하나님의 성령이 그의 마음을 움직이셨다. 이에 반응해 그는 예수님을 찾고자 노력했다.

삭개오는 버림당한 자, 미움 받는 사람, 불쌍한 백성을 희생시켜 얻은 돈을 두 손에 움켜쥔 사람이었다. 그는 엄청난 죄를 지었다. 그런데도 도망가 숨지 않고 결사적으로 예수님을 보려고 했다. 그가 이렇게 하려면 몇 가지 장애를 극복해야 했다. 그 하나는 군중이었다. 여리고 주민들이 이미 길을 메우고 있었는데, 삭개오는 심지어 키가 작았다. 아마 그는 평상시 적당히 군중을 피해 다녔을 것이다. 키가 작은 그 세리장이 군중 속에 들어간다면 팔꿈치로 턱을 맞을 수도 있고, 육중한 부츠에 발을 밟힐 수도 있고, 심지어 등에 칼을 맞을 수도 있었다. 그렇지만 삭개오는 위험을 무릅썼다.

이날 삭개오는 이러한 위험들을 개의치 않았다. 그는 자신의 체면도 개의치 않았다. 그는 반드시 예수님을 보겠다는 마음으로 군중보다 앞서 달려갔다. 그리고 돌무화과나무에 올라가 구주가 오기를 기다렸다(눅 19:4). 돌무화과나무는 키가 작고 굵은 나무로 가지가 많았다. 키가 작은 한 사람이 재빨리 나무로 올라가 가지를 타고 나아가 길 위쪽에 매달렸다. 그것이 삭개오가 한 일이었다. 그 나무는 삭개오에게 행렬을 바라보기에 가장 좋은 자리를 제공했다. 물론 어른이 있을 만한 점잖은 자리는 아니었다. 그러나 이 시점에 그것은 중요하지 않았다. 삭개오는 오로지 예수님을 보기 원했다.

죄인을 먼저 찾으시는 구주

그다음에 삭개오를 충격에 빠뜨릴 일이 있어났다. 예수님은 그를 이제까지 만난 적이 없었지만, 수많은 사람 가운데 멈춰 서서 그 나무를 올려다보며 말씀하셨다. "삭개오야 속히 내려오라 내가 오늘 네 집에 유하여야 하겠다"(눅 19:5). 이 본문은 직접적인 전도 접근법으로 알려지는데, 이처럼 예수님의 접근법에는 애매한 것이 없다.

우리 주님은 그에게 하나님이 정하신 약속이 있으셨다. "내가 오늘 네 집에 유하여야 하겠다"는 말씀은 요청이 아닌 명령이었다. 주님은 요청하시지 않았다. 다만 "내가 간다", "내가 가야 한다"고 말씀하셨다. 삭개오의 마음은 하나님의 시간표에 따라 준비되어 있었다.

삭개오는 예수님을 보기 원했다. 그러나 예수님이 그를 보기 원하시는지 알지 못했다. 예수님의 말씀에 그는 급히 내려와 영접했다(6절). 우리는 그런 던적스러운 죄인에게 완전하고 죄 없으신 하나님의 아들이 "내가 오늘 네 집에 유하여야 하겠다"고 말씀하시면 그가 괴로워할 것이라 생각하기 쉽다. 그러나 그는 기뻐했다. 그의 마음은 준비가 되어 있었다.

군중은 예상대로 반응했다. 종교 지도자들과 보통 사람들은 모두 삭개오를 멸시했다. "뭇 사람이 보고 수군거려 이르되 저가 죄인의 집에 유하러 들어갔도다 하더라"(7절). 이미 살펴보았듯 그들은 버림받은 자의 집에 들어가는 일은 자신을 부정하게 한다고 믿었다. 삭개오와 같은 사람과 함께 식사하는 일은 자신을 최악으로 더럽히는 행위였다. 그들은 삭개오의 영혼은 무가치하다고 여겼다. 그의 영적 행복에 대해서는 생각하지도 않았다. 자기 의로 가득한 그들의 눈에는 오직 그의 죄만 보였다. 그들의 눈먼 교만으로는 예수님이 죄인들을 찾아 구원하러 오셨다는 사실을 이해할 수도 볼 수도 없었다. 그래서 그들은 예수님을 정죄했다. 그럼으로써 그들 자신을 정죄했다.

우리는 삭개오의 집에서 어떤 일이 있었는지 알 수 없다. 성경은 삭개오가 저녁을 어떻게 대접했는지, 예수님이 얼마 동안 머무셨는지, 무슨 이야기를 나누셨는지 말하지 않는다. 또한 삭개오가 구원에 이르도록 예수님이 어떤 말씀을 하셨는지도 알 수 없다. 예수님이 복음을 전하신 다른 기사들에서 볼 수 있듯, 방법은 복음전도의 핵심이 아니다. 회심은 하나님이 주시는 기적으로, 회심을 일으키거나 이를 설명할 공식은 없다. 구원을 보장하는 네 단계 혹은 다섯 단계의 구원 계획이나 정해진 기도문 같은 것도 없다.

다만 우리는 예수님이 삭개오의 죄 문제를 다루셨으리라 추정할 수 있다. 물론 삭개오는 벌써 자기가 얼마나 큰 죄인인지 알았다. 분명히 그리스도께서는 자신이 진정 누구신지(육신을 입으신 하나님이심) 그에게 보여주셨을 것이다. 주님이 어떤 말씀을 하시든 삭개오의 마음은 열려 있었고 주님은 이를 아셨다.

참된 구원의 열매

누가복음 19장에 나오는 예수님과 삭개오의 대화 끝에 이르러 막이 오르는 듯하다.

삭개오가 서서 주께 여짜오되 주여 보시옵소서 내 소유의 절반을 가난한 자들에게 주겠사오며 만일 누구의 것을 속여 빼앗은 일이 있으면 네 갑절이나 갚겠나이다 예수께서 이르시되 오늘 구원이 이 집에 이르렀으니 이 사람도 아브라함의 자손임이로다(8-9절).

삭개오가 예수님을 "주"라고 부른 점에 주목하라. 이 말은 단순히 "선생님" 등의 존칭을 의미할 수 있지만, 여기서는 분명히 그 이상의 의미이다. 9절에서 예수님은 삭개오가 구원을 받았다고 말씀하신다. 만일 그렇다면 삭개오는 예수님을 주 하나님으로 시인하고 그를 자신의 주권적 주인으로 고백했음이 분명하다. 그것은 그리스도가 그의 생명 안에서 역사하지 않으셨다면 스스로는 할 수 없는 고백이며, 이후로도 부인할 수 없는 고백이다(고전 12:3 참조).

이 사람은 근본적으로 변화되었다. 자기 소유의 절반을 가난한 자에게 나누어주기로 한 일은 완벽한 반전이다. 이는 삭개오의 마음이 변화되었다는 명백한 증거이다. 빼앗는 자가 주는 자가 되었다. 착취자가 자선가가 되었다. 그는 사취한 것이 있으면 네 배로 갚겠다고 했다. 그의 생각이 변하고 마음이 변화되었다. 그리고 그는 행동을 바꾸려는 의지 또한 분명했다. 사람들에 대한 태도만 변한 것이 아니었다. 먼저 하나님께 대한 마음이 변화되었다. 이제 그는 의롭고 바른 행위를 함으로써 하나님께 순종하기 원했다.

사실 삭개오가 네 배나 갚을 필요는 없었다. 민수기 5장 7절은 잘못에 대한 보상으로 오분의 일의 벌금을 요구했다. 삭개오가 보인 너그러움은 그의 영혼이 변화되었음을 나타낸다. 이것은 새로 구속받은 사람에게 나타나는 전형적인 반응이요 구속의 복된 열매이다. 삭개오는 "구원은 놀라운 일이지만 나의 삶에 변화를 요구하지는 말라."고 말하지 않았다. 새로 태어난 모든 신자의 마음에는 순종하기 원하는 무엇이 있다. 열정적인 마음, 관대한 순종, 변화된 생각, 변화된 행위가 있다.

모든 증거가 삭개오가 진정한 신자가 되었음을 보여준다. 예수님은 이를 보시고 그의 믿음을 인정하셨다. "이 사람도 아브라함의 자손임이로다"라고 한 누가복음 19장 9절을 다시 읽어보라. 이 말씀은 그의 믿음에 관한 것이다.

삭개오가 아브라함의 자손인 것은 그가 유대인이기 때문이 아니라 그가 믿었기 때문이다. 로마서 2장 28절은 "무릇 표면적 유대인이 유대인이 아니요"라고 한다. 그렇다면 무엇이 참 유대인이 되게 하는가? 로마서 4장 11절은 아브라함은 모든 믿는 자의 조상이 되었다고 말한다. 갈라디아서 3장 7절은 "그런즉 믿음으로 말미암은 자들은 아브라함의 자손인 줄 알지어다"라고 한다. 그리스도를 신뢰하는 사람은 모두 아브라함의 자손이다. 그러므로 아브라함의 진정한 자손은 신자와 동일하다.

구원이 삭개오에게 이른 이유는 그가 돈을 나누어주었기 때문이 아니라 그가 아브라함의 진정한 후손, 즉 신자가 되었기 때문이다. 그는 행위가 아니라 믿음으로 구원을 받았다. 그러나 삭개오의 행위는 그의 믿음이 진실하다는 중요한 증거가 되었다. 그의 경험은 에베소서 2장 8-10절과 완벽하게 일치한다(야고보서 2장 14-26절도 참조하라).

너희는 그 은혜에 의하여 믿음으로 말미암아 구원을 받았으니 이것은 너희에게서 난 것이 아니요 하나님의 선물이라 행위에서 난 것이 아니니 이는 누구든지 자랑하지 못하게 함이라 우리는 그가 만드신 바라 그리스도 예수 안에서 선한 일을 위하여 지으심을 받은 자니 이 일은 하나님이 전에 예비하사 우리로 그 가운데서 행하게 하려 하심이니라.

사람을 완전히 변화시키는 것, 이것이 구원의 목적이다. 진정으로 구원을 얻는 믿음은 행위를 변화시키고, 생각을 변혁시키며, 새 마음을 가지게 한다. 고린도후서 5장 17절은 "그런즉 누구든지 그리스도 안에 있으면 새로운 피조물이라 이전 것은 지나갔으니 보라 새 것이 되었도다"라고 한다. 그리스도께 대한 삭개오의 반응은 이 말씀이 진리임을 확인해 준다. 거듭났다고 하면서 그리스도가 표방하는 것과 다르게 사는 현대인들을 그는 이해하기 힘들 것이다.

누가복음 3장 8절에서 세례 요한은 세례 받으러 온 무리를 향해 회개에 합당한 열매를 맺으라고 꾸짖는다. 이상한 일이다. 하나님의 선지자가 그의 사역에 긍정적으로 반응하는 사람들을 책망하면서 독사의 자식들이라고 부른다. 사실상 그들을 돌려보내려는 것이다!

우리는 세례 요한의 본을 따라야 한다. 현대의 기독교는 종종 열매를 맺지 못하는 천박한 회개를 수용하고 있다.

삭개오의 회심은 그런 피상적인 반응을 논박한다. 그의 즉각적이고 극적인 변화는 참된 신앙에서 기대되는 결과이다.

"잃어버린 자를 찾아 구원하는 것"(눅 19:10). 바로 이 목적을 위해 그리스도께서 오셨다. 삭개오의 회심에서 보는 것처럼, 하나님의 구원 역사에는 그 사람의 변화가 필연적으로 따른다. 영혼이 구원받을 때 그리스도께서 새 마음을 주신다(겔 36:26 참조). 그 변화된 마음에 나타나는 것이 새로운 소원(하나님을 기쁘시게 하려는 소원, 순종하려는 소원, 하나님의 의를 반영하려는 소원)이다. 삭개오의 경우처럼 순종을 소원하는 믿음의 증거가 나타난다면, 곧 그가 참된 아브라함의 자손이라는 표시이다.

9장

제자 같은 거짓 제자에게 경고하시다

주재권 구원을 반대하는 사람들이 구원 얻는 믿음에서 순종을 제외시키는 이유 중 하나는, 신자라고 하면서 죄로 물든 삶을 사는 사람들이 천국에 들어갈 여지를 만들고 싶어서인 것 같다. 주재권 구원을 반대하는 진영의 한 지도자는 이렇게 썼다. "만일 헌신된 사람들만 구원받은 사람이라면, 육적인 그리스도인들이 설 자리는 어디인가?"[1]

일부 현대 교사들은 소위 육적 그리스도인[2]을 수용하려는 이런 열정에

---

1) Charles C. Ryrie, *Balancing the Christian Life* (Chicago: Moody, 1969), 170.
2) 바울이 고린도 교인들에게 "너희는 아직도 육신에 속한 자로다 …… 사람을 따라 행함이 아니리요"(고전 3:3)라고 한 것은 특별한 그리스도인 부류를 만들려는 것이 아니었다. 이들은 불순종 가운데 머물러 사는 사람들이 아니었다. 바울은 그들의 삶을 지배하는 것이 육욕과 거역임을 시사하지 않았다. 그는 이 동일한 사람들에 대해 또한 "너희가 모든 은사에 부족함이 없이 우리 주 예수 그리스도의 나타나심을 기다림이라 주께서 너희를 우리 주 예수 그리스도의 날에 책망할 것이 없는 자로 끝까지 견고하게 하시리라"(고전 1:7-8)고 말했다. 그럼에도 불구하고 그들은 그리스도만 바라보는 것이 아니라 종교적 유명 인사들을 만듦으로써(3:4-5) 육적으로 행동했다. 5장에 나오는 간음하는 자에 대한 말과 대조해 보라. 바울은 그를 "어떤 형제라 일컫는 자"(so-called brother, 11절)라고 부른다. 그의 심히 부도덕한 행동 방식 때문에 바울은 그를 형제라고 시인할 수 없었다.

이끌려 구원의 조건을 느슨하게 규정했다. 그래서 그리스도를 믿는다고 고백하기만 하면 모두 실제로 구원받은 것이라 간주하도록 했다.[3] 그들은 "그리스도를 영접했다"고 말하는 사람은 누구든 열정적으로 그리스도인이라 받아들인다. 후에 불순종과 큰 죄 또는 적대적인 불신에 빠져도 상관이 없다. 한 주재권 구원 반대자는 자기 견해의 불합리함을 다음과 같은 말로 잘 드러냈다.

교제 밖에 있는 한 신자가 특정 유형의 철학에 빠졌다고 하자. 그가 논리적으로 사고하는 사람이라면 "믿지 않는 신자"가 될 가능성이 있으며 이는 실로 있을 법한 일이다. 그러나 불가지론자가 된 신자도 여전히 구원받은 사람이다. 여전히 거듭난 사람이다. 무신론자도 될 수 있다. 그러나 일단 그리스도를 구주로 영접했다면 구원을 잃을 수 없다. 심지어 하나님을 부인해도 그렇다.[4]

그야말로 끔찍한 거짓말이다. 하나님을 부인하는 사람으로 하여금, 그가 한 번 그리스도를 믿는다고 고백했다 해서 영원히 안전하다고 속게 해서는 안 된다(마 10:33 참조["누구든지 …… 나를 부인하면 나도 …… 그를 부인하리라"], 딤후 2:12 참조["우리가 주를 부인하면 주도 우리를 부인하실 것이라"]).

나는 구원이 영원하다는 성경의 진리를 굳게 믿는다.[5] 현대의 그리스도인들은 이를 "영원한 안전 교리"라고 부른다. 어쩌면 개혁자들의 용어가

---

3) J. A. Witmer는 Zane Hodges의 *The Gospel Under Siege*를 대체로 긍정적으로 평가하면서도, "호지스는 믿음 고백이 구원 얻는 믿음이 되지 못할 수도 있음을 인식하지 못했다"고 지적했다. Bibliotheca Sacra 140(January-March 1983): 81-82.
4) R. B. Thieme, *Apes and Peacocks or the Pursuit of Happiness*(Houston: Thieme, 1973), 23.
5) 신자의 안전에 관한 상세한 논의는 다음 책을 보라. John F. MacArthur, *Saved without a Doubt*(Wheaton, Ill.: Victor, 1992).

더 적합한 것 같다. 그들은 "성도의 견인"이라고 말했다. 이 교리는 하나님이 그리스도를 믿는다고 고백하는 모든 사람에게 천국을 보장하신다는 것이 아니다. 진정한 믿음을 가진 사람은 그리스도로부터 완전히 혹은 최종적으로 떨어져나가지 않는다는 것이다. 그들은 은혜 가운데 끝까지 견딘다. 심지어 심각한 죄에 빠지거나 한동안 죄를 계속 짓는다 해도, 믿음을 완전히 버리지는 않는다.

아더 핑크는 이 주제에 대해 이렇게 썼다.

> (하나님은 신자들을) 책임이 없는 로봇으로 여기기 않고 도덕적 행위자로 여기신다. 그들의 육적인 생명이, 주어진 수단들을 사용해 자신의 안녕에 해로운 것들을 피함으로써 유지되듯, 그들의 영적인 삶을 유지 보존하는 일도 이와 같다. 하나님은 자기 백성을 이 세상에서 그들의 인내를 통해 보존하신다.[6]

참된 신자는 견뎌낼 것이다. 스스로를 그리스도인이라 했던 사람이 결국 주님으로부터 돌아선다면 이는 그가 진정으로 구원받은 적이 없음을 입증하는 것이다. 사도 요한은 이렇게 썼다. "그들이 우리에게서 나갔으나 우리에게 속하지 아니하였나니 만일 우리에게 속하였더라면 우리와 함께 거하였으려니와 그들이 나간 것은 다 우리에게 속하지 아니함을 나타내려 함이니라"(요일 2:19). 간증이 아무리 그럴듯해도 결국 그가 배도한다면, 그 간증은 위선이었으며 구원 고백도 거짓이었음을 명백히 드러내는 것이다. 하나님은 자기 백성을 지키신다. 하나님은 "능히 너희를 보호하사 거침이

---

6) Arthur W. Pink, *Eternal Security* (Grand Rapids: Guardian, 1974), 15.

없게 하시고 너희로 그 영광 앞에 흠이 없이 기쁨으로 서게 하실 이"(유 24절)시다.[7]

유다는 믿는다고 고백했지만 절대적 배교에 빠진 사람의 대표적인 예이다. 그는 3년 동안 다른 제자들과 함께 주님을 따랐다. 그도 제자들 가운데 한 사람 같았다. 아마 그 자신도 최소한 처음에는 스스로를 신자로 생각했을 것이다. 처음부터 배신할 의도를 품고 그리스도를 따르는 무리에 가담하지는 않았을 것이다. 중도에 탐심을 갖게 되기는 했지만, 처음부터 그런 동기를 가지지는 않았을 것이다. 예수님과 제자들은 물질적 가치가 있는 것을 소유한 적이 없다(마 8:20). 분명 유다도 처음에는 그리스도의 나라에 대한 소망을 가졌을 것이다. 그리고 그리스도를 메시아로 믿었을 것이다. 그도 모든 것을 버리고 주님을 따랐다. 현대의 표현으로 하자면 그는 예수님을 "영접했다."

그는 3년 동안 밤낮 예수 그리스도께 매달렸다. 그는 주님의 기적을 보았고, 주님의 말씀을 들었고, 주님의 사역에 참여하기도 했다. 그동안 내내 누구도 그의 믿음을 의심하지 않았다. 그의 위상은 다른 제자들과 같았다. 구주 외에 누가 유다의 마음속에 있는 생각을 알았겠는가. 누가 이 사람이 그리스도를 배반하리라 의심했겠는가.

---

7) Zane C. Hodges, *The Gospel Under Siege*(Dallas: Redencion Viva, 1981), 68-69 참조. 호지스는 "현대 기독교계에서는 진정한 그리스도인의 믿음은 실패하지 않는다고 널리 주장된다. 그러나 이것은 신약에 근거해 증명될 수 있는 주장이 아니다."라고 말한다. 그런 다음 자신이 "인간 신앙의 결점에 관한 근본적인 본문"이라고 하는 디모데후서 2장 17-18절을 근거로 성경은 참 신자도 실제로 배교할 수 있다고 주장한다.
이 본문은 그런 것을 입증해 주지 않는다. 여기서 사도 바울은 믿는다고 했다가 믿음을 저버린 사람들이 참 신자라는 것을 암시하지 않는다. 바울이 믿음에 관하여는 파선했다고 한(딤전 1:19-20 참조) 후메내오의 영지주의 이단은 중생하지 못한 거짓 교사들의 교리다. 그런 가르침을 위해 믿음을 버린 사람들을 형제로 간주해서는 안 된다(요일 2:19 참조). 그들이 어떤 믿음을 가졌든 그것은 (호지스의 표현을 빌자면) "인간의 믿음"일 뿐 구원 얻는 믿음은 아니다.
다음 구절 "그러나 하나님의 견고한 터는 섰으니 인 침이 있어 일렀으되 주께서 자기 백성을 아신다 하며 또 주의 이름을 부르는 자마다 불의에서 떠날지어다 하였느니라"(딤후 2:19)는 구원 얻는 믿음이란, 하나님의 역사로 이루어지는 것으로, 넘어질 수 없다는 진리를 강조한다. 우리는 누구의 믿음이 진실하고 누구의 믿음이 가짜인지 알 수 없지만 하나님은 아신다.

그러나 다른 제자들은 모두 사도가 되었는데, 유다는 조용히 사악한 뱀, 사탄의 도구가 되었다. 처음에 그의 성품이 어떠했든지 간에 그의 믿음은 진실하지 않았다(요 13:10-11). 그는 거듭난 사람이 아니었다. 그래서 차츰 마음이 완악해져 구주를 돈전 몇 냥에 팔아버린 배신자가 되었다. 마지막에는 사탄의 명령에 따를 준비가 너무도 잘 되어 있어서 마귀가 그를 소유해버렸다(요 13:27). 유다는 너무도 노련한 위선자여서 끝까지 내부에 머무를 수 있었다. 그가 영광의 주님을 배신하던 밤, 그는 다락방에서 예수님 옆자리에 앉아 있었다. 구주께서 그의 발을 씻기까지 하셨다. 그가 바로 은 삼십에 예수님을 배신하기로 협상을 마친 후에 말이다.

예수님은 늘 이것을 아셨다. 요한복음 13장 18절에서 예수님은 이렇게 말씀하셨다. "내가 너희 모두를 가리켜 말하는 것이 아니니라 나는 내가 택한 자들이 누구인지 앎이라 그러나 내 떡을 먹는 자가 내게 발꿈치를 들었다 한 성경을 응하게 하려는 것이니라." 그러면 예수님은 왜 유다를 선택하셨을까? 성경을 이루시기 위해서였다. 예수님은 시편 41편 9절을 인용하셨다. 시편 다른 곳에서도 유다에 대해 예언하고 있다.

나를 책망하는 자는 원수가 아니라
원수일진대 내가 참았으리라
나를 대하여 자기를 높이는 자는 나를 미워하는 자가 아니라
미워하는 자일진대 내가 그를 피하여 숨었으리라
그는 곧 너로다
나의 동료, 나의 친구요 나의 가까운 친우로다
우리가 같이 재미있게 의논하며 무리와 함께하여
하나님의 집 안에서 다녔도다(시 55:12-14).

이 말씀은 유다를 완벽하게 보여주는 그림이다. 그는 누구보다도 구주와 가까웠지만 구원과는 더할 수 없이 멀었다. 유다는 차라리 태어나지 않았으면 좋을 뻔했다(마 26:24). 유다와 그의 배신의 삶은 그리스도에 대한 믿음을 아무 생각 없이 고백하는 사람들에 대한 엄중한 경고이다. 그의 이야기에서 우리는 예수 그리스도와 가까운 것만으로는 충분하지 않다는 사실을 배운다. 어떤 사람은 예수님을 "영접"했지만 여전히 부족할 수 있다. 예수님께 긍정적으로 반응하지만 전심이 아닌 사람은, 버림받고 영원히 저주받을 모험을 하는 것이다. 시편 55편이 말하듯 예수님의 친구로 함께했던 사람도 그를 배신함으로써 스스로 정죄당했다. 유다가 그 증거이다.

"너희 중 하나가 나를 팔리라"

유다가 그리스도를 배신한 것은 그 자신의 선택과 상관없는 하나님의 뜻이 아니다. 예수님은 기회가 있을 때마다 유다에게 경고하시며 회개하고 구원을 받으라 하셨다. 그러나 유다는 매번 외면했다. 유다는 예수님이 전하는 복음을 들었지만, 자신의 죄와 이기심에서 돌아서기를 거부했다. 요한복음 13장에 나오는 예수님의 말씀은 유다를 향한 예수님의 최종적인 사랑의 호소였다. 그러나 결국 구주의 자비로운 간청은 유다의 완악한 마음을 정죄해야 했다.

요한복음 13장 21절은 유다가 예수님을 배반하는 최후의 만찬에서 일어난 극적인 순간을 묘사한다. "예수께서 …… 심령이 괴로워 증언하여 이르시되 내가 진실로 진실로 너희에게 이르노니 너희 중 하나가 나를 팔리라 하시니." 거기에 있던 사람들이 얼마나 놀랐을지 생각해 보라. 물론 유다는 예외일 것이다.

무엇이 예수님을 괴롭게 했을까? 아마도 많은 원인이 있었을 것이다. 어쩌면 유다를 향한 사랑에도 유다가 반응을 보이지 않자 괴로우셨을 수 있다. 아니면 감사를 모르는 유다의 마음 때문이었을 수 있다. 혹은 예수님은 죄를 심히 미워하는데 모든 죄의 화신이 바로 자기 옆에 앉아 있어 괴로우셨을 수도 있다. 분명 예수님은 유다의 차가운 위선과 곧 있을 배신 때문에 괴로워하셨을 것이다. 사탄이 유다 안에서 움직이고 있음을 아셨고, 또 다음 날이면 유다가 그 죄를 자기 몸으로 짊어져야 함을 아셨기 때문에 괴로우셨을 것이다. 그러나 그 무엇보다도 우리 주님을 괴롭게 한 것은 유다가 영원한 형벌을 받을 결정을 하려고 하기에, 아니 이미 했기 때문일 것이다. 예수님의 제자 중 하나인 유다는 진정으로 구원받은 적이 없었고(10-11절 참조), 이제 영원히 버림당할 직전에 있었다.

예수님이 너희 중 하나가 배신할 것이라 말씀하셨을 때 제자들은 분명 큰 충격을 받았다. 그들은 예수님이 누구를 말씀하시는지 몰랐다. 마태복음 26장 22절은 그들이 각각 "주여 나는 아니지요"라고 물었다고 한다. 늘 주님을 배신한 유다도 "랍비여 나는 아니지요"라고 물었다. 예수님은 "네가 말하였도다"라고 대답하셨는데, 이는 주님이 그의 마음을 아셨음을 뜻한다.

"누구니이까?"

제자들이 당황했다는 것이 흥미롭다. 분명 예수님은 유다를 다른 제자들과 똑같이 대하셨다. 3년 동안 주님은 유다에게 온유하고 부드럽고 사랑스럽게 대하셨다. 다른 열한 제자들에게 하신 것과 똑같이 말이다. 주님은 유다의 불신을 책망하실 때에는 반드시 은밀하게 개인적으로 하셨다. 공적으로는 제자의 한 사람으로 동일하게 대하셨다. 만일 예수님이 유다를 조금이라도 다르게 대하셨다면 모든 제자가 알았을 것이다. 만일 유다가 그 집단의 말썽꾼으로 여겨졌다면 누군가가 그를 배신자로 지목했을 것이다. 그러나 그러는 사람은 없었다. 사실 유다는 이 집단의 회계였다. 다시 말해 제자들은 모두 그를 신뢰했다.

예수님을 향한 유다의 증오심을 요한의 사랑과 비교해 보자. 요한은 식탁에서 예수님 곁에 기대어 있었다. 이것은 잔치 때 흔히 하는 자세였다. 식탁은 낮았다. 손님들은 모두 바닥에 비스듬히 누워 왼쪽 팔꿈치를 괴고 오른손으로 먹었다. 요한은 예수님의 오른편에 기대 누워 머리를 예수님의 가슴에 두었는데, 그가 예수님과 말할 때는 그리스도의 머리가 바로 그의 머리 위에 있게 되었다. 요한은 구주를 매우 사랑했기에 주님의 품이 가까운 그곳을 좋아했다.

베드로가 요한에게 신호하여 누가 주님을 배반할지 예수님께 여쭈어보라고 했다. "그가 예수의 가슴에 그대로 의지하여 말하되 주여 누구니이까"(요 13:25). 아마 베드로와 요한만 대답을 들었을 수 있다. 26절은 "예수께서 대답하시되 내가 떡 한 조각을 적셔다 주는 자가 그니라 하시고 곧 한 조각을 적셔서 가룟 시몬의 아들 유다에게 주시니"라고 말한다.

"떡 한 조각을 적셔다 주는 자"

이는 요한의 질문에 대한 대답일 뿐만 아니라 유다를 향한 또 한 번의 사랑의 호소이기도 했다. 여기서 떡 한 조각이란, 식사를 위해 준비된 발효되지 않은 빵에서 떼어낸 것을 말한다. 유월절 만찬상에는 쓴 나물과 식초, 소금, 대추야자, 무화과, 건포도 등을 가득 담은 접시가 올려졌다. 이것들에 물을 조금 넣고 으깨어 일종의 소스를 만들었다. 주인은 발효되지 않은 빵 조각을 소스에 찍어 소중한 손님에게 주었다. 예수님은 유다에 대한 사랑의 표시로 빵 조각을 찍어 왼편에 있는 유다에게 주었는데, 곧 유다를 소중한 손님으로 여기는 행위였다. 예수님은 그 이전에 유다의 발을 씻기셨고, 이제는 그를 소중한 친구로 대접하셨다. 이렇게 하면 유다의 가슴이 찢어져야 했지만, 그는 그러지 않았다. 그의 마음은 돌과 같았다. 최종적 결심을 한 것이다.

요한복음 13장 27절은 유다의 최종적 거부가 얼마나 사악한지 보여준다. "곧 사탄이 그 속에 들어간지라." 이 말은 그 일의 영원한 측면을 시사한다. 유다는 사탄에 속아 그리스도를 따르는 체하면서 악과 놀아났는데, 이제는 사탄이 그의 마음을 완전히 지배하게 되었다. 그 두려운 순간 유다의 악한 의지가 마지막으로 제시하는 예수님의 사랑을 저항한다. 이렇게 하여 그의 구원의 날은 끝이 났다. 유다는 지옥의 저주를 스스로 선택했다. 그의 운명은 결정되었다.

"네가 하는 일을 속히 하라"

예수님과 유다의 관계는 끝났다. 이제 예수님이 원하시는 것은 그를 방 밖으로 내보내는 것이다. "이에 예수께서 유다에게 이르시되 네가 하는 일을 속히 하라 하시니"(요 13:27). 유다는 굳게 불신을 유지했고, 예수님은 더 이상 하실 말씀이 없었다. 이제 그는 오직 예수님과 제자들만 함께하는 시간의 침입자였다.

성경은 "이 말씀을 무슨 뜻으로 하셨는지 그 앉은 자 중에 아는 자가 없고 어떤 이들은 유다가 돈궤를 맡았으므로 명절에 우리가 쓸 물건을 사라

하시는지 혹은 가난한 자들에게 무엇을 주라 하시는 줄로 생각하더라"(28-29절)고 말한다. 베드로와 요한은 어땠을지 모르겠지만, 제자들 누구도 유다가 배신자가 되리라고는 생각하지 못했다. 그의 간증은 매우 설득력이 있었고, 그의 위선은 매우 치밀했기에, 그가 그런 배신을 하리라고 생각한 사람이 없었다. 그러나 그는 사탄에게 사로잡혀 있었다. 사람이 겉으로 보이는 것과 얼마나 다를 수 있는가! 육적인 사람의 신앙 고백이 얼마나 기만적일 수 있는지!

밤에

유다는 밤에 나갔다(요 13:30). 그의 영혼에게도 영원한 밤이었다. 유다는 사람에게 주어지는 영적 유익을 얻을 수도 있었다. 그러나 그 놀라운 기회를 자신의 그릇된 욕망을 채우는 데 허비하고 말았다. 왜 그랬을까? 진정한 믿음이 아니었기 때문이다. 그는 처음에는 그리스도께 긍정적으로 반응했지만 진실한 마음과 순종하는 믿음으로 한 것이 아니었다. 그는 예수님의 임재의 밝은 빛 가운데 살았지만 결국 절망의 밤으로 끝나고 말았다. 헌신된 마음 없이 그리스도께 나아오는 사람에게는 끔찍한 가능성이 도사리고 있다.

죽음의 입맞춤

유다와 예수님의 마지막 접촉이 입맞춤이었다는 사실은 쓰디쓴 역설이다. 그것은 죽음의 입맞춤으로, 예수님이 아닌 유다를 위한 것이었다. 그 일은 그날 밤 늦게 구주께서 기도하러 가신 동산에서 이루어졌다. 그 입맞춤은 유다가 예수님이 누구인지 알려주기 위해 공모자들에게 미리 약속해 놓은 신호였다.

사람들 간의 입맞춤은 예수님 당시 문화 중 하나였다. 노예는 주인의 발에 입을 맞추었고, 분노한 군주에게 용서를 구하는 사람도 그 발에 입을 맞추었다. 윗사람의 옷자락에 입을 맞추는 것은 대단한 경의의 표시였다. 학생들은 존경의 표시로 선생의 손에 입을 맞추었다. 그러나 포옹하면서 볼에 입을 맞추는 행위는 깊은 애정, 따뜻한 사랑, 친밀함의 표시였다. 그런 행위는 아주 친한 친구 사이에서만 이루어졌다.

그러므로 유다의 입맞춤은 그 무엇보다도 가증스러운 행위였다. 그는 예수님의 손이나 옷자락에 입을 맞출 수도 있었지만, 그리스도께 대한 애정을 위장했다. 그는 이렇게 함으로써 공모자들에게 신호를 보내는 동시에 자신의 행위를 더할 나위 없이 가증스럽게 나타냈다. 어쩌면 그때도 그리스도와 제자들을 속일 수 있으리라 생각했을지 모른다. 그러나 누가복음 22장 48절은 "예수께서 이르시되 유다야 네가 입맞춤으로 인자를 파느냐"라고 하셨다고 기록한다. 그 가슴 아픈 말도 이 빗나간 사람을 멈추게 할 수 없었다. 마가복음 14장 45절은 유다가 "랍비여 하고 입을 맞추었다"고 한다.

주 예수님은 그 가증한 입맞춤을 참으셔야 했다. 마태복음 26장 50절을 보면 예수님이 유다에게 "친구여 네가 무엇을 하려고 왔는지 행하라"라고 하신다. 이 구절에서 "친구"로 번역된 헬라어는 문자적으로 "동료" 혹은 "동무"를 의미한다. 즉 예수님은 이때 유다를 따뜻한 친구로 부르지 않으셨다. "친구"라는 말은 그에게 순종하는 자들에게만 사용하셨다(요 15:14).

그것이 영원한 지옥의 자녀에 대한 예수님의 고별 인사였다. "유다야 네가 입맞춤으로 인자를 파느냐"(눅 22:48). "친구여 네가 무엇을 하려고 왔는지 행하라"(마 26:50). 이 말이 지금도 유다의 귀에 울리고 있을 것이다. 유다는 영원히 존재할 것이기 때문이다.

모두 주를 버리고 도망하다

이 시점에서 다른 제자들의 행위를 보면 그들이 과연 유다와 달랐는지 의문이 든다. 마태복음 26장 56절은 "이에 제자들이 다 예수를 버리고 도망하니라"고 말한다. 일찍이 예수님은 이를 예언하여 "오늘 밤에 너희가 다 나를 버리리라"(31절)고 하셨다. 그들은 예수님을 버렸다. 심지어 베드로는 그리스도를 세 번이나 부인하고 저주하며 맹세하기까지 했다. 그 행위와 유다의 배신은 무엇이 다른가?

그 한 가지 차이는, 동기가 달랐다는 것이다. 제자들은 두려움과 그 순간의 중압감 때문에 도망쳤다. 그러나 유다의 배신은 계산된 배반 행위였다. 제자들은 큰 시련을 만나 넘어졌지만, 유다의 배신 행위는 탐욕스런 마음에서 나온 계획된 배반이었다. 제자들은 후에 죄로부터 돌이켜 겸손하게 예수님의 용서를 받아들였지만, 유다는 불신과 증오를 버리지 않았다. 심지어 그는 자살 행위로 불신을 확증하기까지 했다(마 27:5). 제자들의 부인은 그들의 믿음이 완전하지 못한 데서 온 실수였지만, 유다의 죄는 그의 영혼이 완전히 부패했음을 보여주는 것이었다.

참된 제자의 표시는 절대로 죄를 짓지 않는 것이 아니라, 죄를 지었을 때 반드시 주께로 돌아와 깨끗케 함과 죄 사함을 얻는 것이다. 거짓 제자와 달리 참된 제자는 완전히 돌아서지 않는다. 가끔 고기 잡는 일로 돌아갈 수 있지만, 궁극적으로는 다시 주님께로 이끌려 온다. 그들은 그리스도께서 책망하시면 구주를 섬기는 삶으로 돌아온다.

거짓 제자의 특징

유다는 거짓 제자의 모습을 보여준다. 그의 위선의 특징을 자세히 살펴보면 다음과 같다.

첫째, 그는 영원한 부보다 이 세상의 이익을 사랑했다. 그는 영광을 원했고, 성공을 원했고, 세상의 보화를 원했다. 어쩌면 그는 그리스도께서 메시아에 대한 그의 정치적 기대를 이루어주지 않은 것에 실망했을 수도 있다. 그는 그리스도의 지상 나라에서 높은 자리 얻기를 마음에 두었을 수도 있다. 자신이 원하는 바를 이루고자 예수님과 함께하다가, 예수님의 명령 앞에서 돌아서는 것이 거짓 제자의 전형적인 모습이다. 그런 사람은 결국 처음부터 진정한 신앙을 가진 적 없음을 보여준다. 그들은 돌밭에 떨어진 씨와 같은 사람이다. 잠시 동안은 잘 자라지만, 해가 뜨면 시들어 죽고 만다(마 13:20-21). 그들은 잠시 그리스도를 따르지만 결국은 이기적인 욕망과 돈, 특권, 권력을 위해 그리스도를 판다.

둘째, 유다의 특징은 거짓이다. 그가 보인 믿음이 있는 듯한 모습은 위장일 뿐이다. 거짓 제자는 교묘한 속임수에 능란하며 남을 기만하는 데 노련하다. 그들은 주님을 사랑하는 체하지만, 그들의 입맞춤은 배신의 입맞춤이다.

셋째, 유다를 비롯한 모든 거짓 제자들이 예수님을 따르는 이유는 얻을 것이 있어서다. 그들은 양심의 위로, 마음의 평안, 좋은 평판, 영적 자기만족 등을 얻고자 따른다. 그들 중 일부는 사업에 유리하기 때문에, 또는 그리스도를 의지하면 건강과 부, 번영을 준다는 말에 그리스도를 믿는다. 그러나 그들은 에서가 팥죽 한 그릇에 장자권을 팔았듯이 구주를 팔 것이다. 유다와 마찬가지로 그들은 세상을 사랑하고 어둠을 사랑한다. 그들의 반마음의 신앙은 반드시 반마음의 불신으로 돌아선다.

현대 교회에 유다와 같은 사람이 많을까 두렵다. 그들은 예수님께 우호적이다. 제자인 것처럼 보이고 그렇게 말한다. 그러나 그리스도께 헌신된 사람이 아니다. 그래서 최악의 배신을 할 가능성이 있다.

반면 참된 제자는 그리스도를 실망시킬 수 있지만, 결코 그에게서 돌아서지는 않는다. 참된 신자는 그리스도를 위해 나서기를 일시적으로 두려워할 수 있지만, 죄에 빠지면 깨끗케 하심을 구한다. 그들은 진흙탕에 뒹굴지 않는다(벧후 2:22 참조). 그들의 신앙은 연약하지도 일시적이지도 않다. 구주께 대한 헌신이 역동적으로 끝없이 자라간다.

10장

쉼의 멍에를 메고
따르라 초청하시다

성경이 죄인들에게 한 번도 "그리스도를 받아들이라"[1]고 권하지 않는다는 사실을 알면 놀랄 것이다. 21세기 복음전도에서 흔히 사용하는 여러 형태들("그리스도를 모시는 결단을 하라", "예수님을 마음에 초청하라", "예수 그리스도를 당신 개인의 구주로 받아들이라" 등)은 불신자를 향한 성경적 설교의 용어도 자세도 아니다.[2]

복음 초청은 구주가 그들의 삶에 들어오시도록 허락하라는 간청이 아니다. 회개하고 그리스도를 따르라는 호소이면서 명령이다. 수동적으로 그

---

1) 성경적인 의미에서 그리스도를 받아들이는 것은 단순히 그를 "받아들이는 것"이나 긍정적으로 반응하는 것보다 훨씬 더한 의미를 가진다. 요한복음 1장 11-12절은 그를 "메시아"로 "영접한" 사람과 거부한 사람을 대조한다. 그리스도를 영접한 사람들은 그리스도와, 그리스도의 주장을 모두 남김없이 수용한 사람들이다. 그들은 "그의 이름을 믿는 자"이다(12절, 골 2:6 참조).
2) 미국 교회성장연구소(the Institute for American Church Growth)의 윈 아른 박사(Dr. Winn Arn)는 현대의 복음전도 방법의 잘못을 언급하면서 "성경 어디에서도 '결단'의 개념은 발견되지 않는다. 근본적인 것은 변화된 삶과 적극적인 그리스도인(추종자)이 되는 …… 제자이다."라고 했다. *Eternity*, September 1987, 34에서 인용함.

리스도를 받아들이는 것뿐 아니라 적극적으로 그리스도께 순종하는 것도 요구된다. 그리스도께 복종하기를 원하지 않는 사람은 그리스도를 복잡한 삶의 일부로 모실 수 없다. 그리스도는 죄를 간직한 마음의 손짓에는 응하지 않으신다. 육의 욕망을 채우기 좋아하는 사람과는 함께하지 않으신다. 그리스도께서 임재하셔서 삶을 거룩하게 해달라고 구하면서도 불순종의 삶을 지속하는 배신자의 간청에는 귀 기울이지 않으신다.

구속이라는 위대한 기적은, 우리가 그리스도를 받아들이는 것이 아니라 그리스도께서 우리를 받아주시는 것이다. 사실 우리는 스스로 그를 사랑할 수 없다(요일 4:19). 구원은 하나님이 불신자의 마음을 변화시켜 그가 죄에서 그리스도께로 돌아설 때 일어난다. 하나님은 죄인을 어둠의 영역에서 빛의 나라로 구출하신다(골 1:13). 그 과정에서 그리스도가 믿음을 통해 그 마음에 들어가 거하신다(엡 3:17 참조). 이처럼 회심은 단순히 죄인이 그리스도를 모시기로 결단하는 것이 아니다. 먼저 그 개인을 변화시키는 하나님의 주권적인 역사가 일어나야 한다.

복음서에서 설명하는 예수님은 현대의 복음전도자들이 흔히 상상하는 모습과 전혀 다르다. 구주는 밖에 서서 우리가 그를 거듭나지 않은 삶으로 초청하기를 초조하게 기다리는 예비 구속자가 아니다. 신약에 묘사된 구주는 육신을 입은 하나님으로, 범죄한 인간 세상에 침범해 오셔서 죄인들에게 죄악에서 돌이키라고 요구하는 분이다.[3] 그는 초청을 기다리지 않고 친히 초청하신다. 회개하고 순종의 멍에를 메라는 명령으로 초청하신다.

당연히 예수님의 죄인 초청은 우리가 흔히 듣는 복음전도 메시지와 확연히 대조된다.

---

3) 요한계시록 3장 20절에 나오는 "볼지어다 내가 문 밖에 서서 두드리노니"라는 예수님의 초청은 "그러므로 네가 열심을 내라 회개하라"(19절)는 구절 다음에 나옴을 주목하라.

마태복음 11장 25-30절은 주님이 회개를 거부한 갈릴리 사람들에게 정죄를 선언하신 직후 하신 말씀이다.

그 때에 예수께서 대답하여 이르시되 천지의 주재이신 아버지여 이것을 지혜롭고 슬기 있는 자들에게는 숨기시고 어린아이들에게는 나타내심을 감사하나이다 옳소이다 이렇게 된 것이 아버지의 뜻이니이다 내 아버지께서 모든 것을 내게 주셨으니 아버지 외에는 아들을 아는 자가 없고 아들과 또 아들의 소원대로 계시를 받는 자 외에는 아버지를 아는 자가 없느니라 수고하고 무거운 짐 진 자들아 다 내게로 오라 내가 너희를 쉬게 하리라 나는 마음이 온유하고 겸손하니 나의 멍에를 메고 내게 배우라 그리하면 너희 마음이 쉼을 얻으리니 이는 내 멍에는 쉽고 내 짐은 가벼움이라 하시니라.

이는 불신자들을 향한 구원 초청이지, 신자들에게 더 깊은 제자도 단계로 들어오라고 하는 호소가 아니다. 우리 주님의 말씀을 듣는 사람들은 죄와 율법에 짓눌려 영적 안식을 찾고자 애쓰고 있었다.

우리 주님께서 하나님의 주권을 인정하는 기도로써 이 초청을 시작하신 점이 중요하다. 주님은 이것을 사람들 앞에서 큰 소리로 말씀하셨다. 이처럼 여기에 담긴 진리는 그들에게 주는 메시지의 중요한 부분이었다. 이 말은 듣는 모두에게 하신 말씀으로, 비록 많은 사람이 그들의 메시아를 거절한다 하더라도 모든 것은 하나님의 계획대로 진행된다는 확증이다.

구주께서는 하나님이 곧 친히 구원을 결정하는 요인임을 강조하셨다. 그리스도를 증거할 때 복음을 듣는 사람들의 반응에 대한 궁극적인 책임은 우리에게 있지 않다. 우리는 다만 복음을 분명하고 정확하게 전할 책임, 사랑 안에서 진리를 말할 책임이 있을 뿐이다. 어떤 사람들은 거부하겠지만, 그 기쁘신 뜻을 따라 그 진리를 보이고 감추는 이는 하나님이시다. 하나님의 계획은 좌절될 수 없다. 예수님이 전한 복음이 거슬릴 수 있다. 그러나 사람들 마음에 들고자 그 내용을 희석시키거나 요구사항을 완화시켜서는 안 된다. 수많은 사람이 부정적인 반응을 할지라도 하나님의 계획에 따라서 선택받은 자들은 믿는다.

예수님이 이 말씀을 하시자 사람들은 엄청난 거부 반응을 보였다. 이를 근거로 그때 주님의 사역이 잘 진행되지 않았다고 결론내리기 쉽다. 주님의 갈릴리 사역이 끝나가고 있었다. 자신이 메시아임을 반박 불가능하게 보여주셨지만, 사람들 대부분은 반응을 보이지 않았다. 그렇지만 모든 것이 아버지의 다스림 아래 있다는 예수님의 확신은 흔들리지 않았다. 예수님은 계속 아버지의 뜻을 추구했고 거듭나지 못한 자들에게 다가가셨다. 부정적인 여건 때문에 그 목적을 단념하지 않으셨다.

예수님이 지친 자들에게 쉼을 제시하신 것은 회심으로의 부르심이었다. 이것이 구속 진리의 걸작, 예수님이 전한 복음의 요지이다. 이것은 진정한 회심의 다섯 가지 핵심 요소를 요약한다. 이 다섯 가지는 불가분하게 엉켜 있기에 구원 얻는 믿음에 대한 성경적 개념에서 어느 하나도 뺄 수 없다.

겸손

첫째는 겸손이다. 예수님은 "이것을 지혜롭고 슬기 있는 자들에게는 숨기시고 어린 아이들에게는 나타내심을 감사하나이다"(마 11:25)라고 기도하셨다. 이 말씀은 "이것"(천국의 영적 실상들)을 똑똑한 사람들에게 숨기셨다는 뜻이 아니다. 영적인 이해력은 사람의 지적 능력과 상관이 없다. 예수님은 영적 진리에 대한 지식이 자신의 지적 능력으로 발견할 수 있는 것에 한정된 사람들(궁극적으로 인간의 지혜를 의지하는 사람들)을 정죄하시는 것이다. 그들의 죄는 지적 능력이 아니라 지적인 교만이다.

이 경고는 특별히 바리새인, 랍비, 서기관에게 해당된다. 그들은 하나님의 말씀을 이미 다 안다고 생각했기에 그리스도에 대한 하나님의 계시를 받아들이려 하지 않았다. 그들은 자신이 영적으로 눈멀었다는 사실을 모르고, 인간의 이성에 의지해 영적인 진실을 해석하려 했다. 그들은 진리를 찾는 대신 신학적으로 잘못된 시스템을 만들었다. 그러나 인간의 지성은 영적 진리를 이해할 수도 받아들일 수도 없다. 인간의 지혜나 천재적인 추론으로는 하나님의 성령이 하시는 일을 알 수 없다. 이것은 바울이 고린도전서 2장 9절에서 한 말과 같다. 이 진리는 눈으로도 보지 못하고 귀로도 듣지 못한다. 실증적으로나 객관적으로 분별할 수 있는 것이 아니다. 사람의 마음으로도 생각할 수 없다. 인간의 직관으로 알 수 없는 것이다.

마태복음 11장에서 예수님이 하신 말씀의 요지는 하나님이 진리를 지혜로운 사람에게 감추신다는 것이 아니다. 자신의 명석함을 의지하는 사람은 스스로 진리에서 떨어진다는 뜻이다. 그들의 지혜와 총명은 교만 때문에 오류에 빠졌다. 그들은 하나님의 진리를 거부했다. 하나님은 이들의 마음을 닫아 영원히 영적인 진리를 깨닫지 못하게 하셔서 그들의 거부에 인을 치실 수도 있다. 하나님은 교만하고 교양 있는 자가 아닌 "어린아이"에게 진리를 보이신다. 이는 마태복음 18장 3절 "너희가 돌이켜 어린 아이들과 같이 되지 아니하면 결단코 천국에 들어가지 못하리라"는 말씀과 병행 구절이다. 어린아이와 같은 반응은 인간의 지혜나 완고한 교만에서 나오는 반응과 반대이다. 여기에는 기술이 없고, 배우지 못했으며, 능력 없는 사람의 겸손이 필요하다. 어린아이를 가장 잘 나타내는 말은 "의존"이다.

누가 구원에 들어갈 수 있는가? 어린아이처럼 의존하며 독립적이지 않은 사람이다. 겸손하고 교만하지 않은 사람이다. 자신이 무력하고 가진 것 없음을 아는 사람이다. 자신이 아무것도 아님을 알고 전적으로 그리스도를 의지하는 사람이다. 시편 138편 6절은 "여호와께서는 높이 계셔도 낮은 자를 굽어살피시며 멀리서도 교만한 자를 아심이니이다"라고 한다. 진정으로 겸손한 자, "어린아이"는 하나님과 그의 진리를 알 수 있다. 그러나 교만한 자, "지혜롭고 슬기 있는 자"는 하나님을 도무지 알지 못한다.

지혜로운 자와 어린아이의 차이는 실제로 행위와 은혜의 차이이다. 그리스도를 거부한 갈릴리 사람들은 행위에 기반한 의의 시스템을 지향했다. 그들은 잘나가고, 스스로 충분하며, 자기중심적인 사람이었다. 예수님은 그들이 사랑하던 모든 것을 반대하는 입장이었기에 그들은 예수님을 거부했다. 덜 배운 사람, 자신의 가진 것 없음 때문에 심히 괴로워하는 사람, 비천하고 상한 마음을 가진 사람은 예수님을 받아들일 준비가 되어 있었다. 그들은 자신이 의지할 의가 없었다. 그래서 하나님은 그들에게 진리를 드러내기를 기뻐하셨다.

이사야 57장 15절은 "지극히 존귀하며 영원히 거하시며 거룩하다 이름하는 이가 이와 같이 말씀하시되 내가 높고 거룩한 곳에 있으며"라고 말한다. 여호와는 우리가 생각할 수 있는 가장 높은 곳에 계시는 분이라는 말씀이다. 그러나 이어서 "또한 통회하고 마음이 겸손한 자와 함께 있나니 이는 겸손한 자의 영을 소생시키며 통회하는 자의 마음을 소생시키려 함이라"라고 말한다. 이 구절의 "소생시키며"라는 말은 칠십인 역에서 "쉬게 하리라"(마 11:28)로 번역된 단어와 같은 헬라어이다. 하나님은 겸손한 자, 통회하고 마음이 겸손한 자, 의존하는 자에게 쉼(구원)을 주신다. 교만한 자는 설 자리가 없다. 고린도전서 1장 26-28절은 이렇게 말한다.

형제들아 너희를 부르심을 보라 육체를 따라 지혜로운 자가 많지 아니하며 능한 자가 많지 아니하며 문벌 좋은 자가 많지 아니하도다 그러나 하나님께서 세상의 미련한 것들을 택하사 …… 세상의 약한 것들을 택하사 …… 세상의 천한 것들과 멸시 받는 것들과 없는 것들을 택하사…….

이들은 자신의 필요를 알며 교만하지 않은 사람들이었다. 교만은 "나는 나 혼자 할 수 있다. 나 자신에게 자원이 있다."라고 한다. 그런 자세를 취하는 지혜롭고 능한 자는 하나님 나라에 들어가지 못한다.

계시

회심의 두 번째 필수적 요소는 계시이다. 구원은 그리스도를 통해 하나님이 주시는 계시만을 어린아이같이 의지하는 사람에게 주어진다. 예수님은 "내 아버지께서 모든 것을 내게 주셨으니 아버지 외에는 아들을 아는 자가 없고 아들과 또 아들의 소원대로 계시를 받는 자 외에는 아버지를 아는 자가 없느니라"(마 11:27)라고 말씀하셨다. 계시는 아버지와 아들에 대한 개인적인 지식을 말한다. 이 계시를 받을 수 있는 자는 오직 주권적으로 선택 받은 자들이다.

이 구절은 성경에서 가장 심오한 구절에 속한다. 이 구절은 "내 아버지께서 모든 것을 내게 주셨으니"라는 말로 예수님의 신성을 선포하며 시작한다. 여기에서 특별히 두 가지 요소가 바리새인의 가르침을 따르는 자들을 자극했을 것이다. 첫째, 예수님은 하나님을 "내 아버지"라고 부르셨다. 이 구절은 예수님이 공적 사역에서 이 이름을 사용한 성경 최초의 기록이다. 그는 종종 하나님을 "아버지"와 "우리 아버지"로 불렀는데, 이제까지 공적으로 "내 아버지"라 부른 적은 없었다. "내 아버지"라는 표현은 하나님의 독생자로서 아들의 유일성을 강조하며, 그를 아버지와 절대적으로 동등한 위치에 놓는다. 둘째, "모든 것을 내게 주셨으니"라는 주장이다. 이것은 그의 주권에 대한 확언으로 신성에 대한 주장이 된다. 이에 대한 병행구절이 마태복음 28장 18절 "하늘과 땅의 모든 권세를 내게 주셨으니"라는 말씀이다. 예수님은 이미 사탄과 귀신, 질병, 폭풍우, 몸, 영혼, 삶과 죽음 그리고 제자들에 대한 그의 권세를 보여주셨다. 그는 구원하고, 죄를 용서하며, 심판하는 권세를 보여주셨다. 사람과 땅, 하늘, 지옥, 심지어 시간을 다스리는 권세를 가지셨음을 증거해 보이셨다. 예수님의 사역은 우주 모든 것이 그의 주권 아래 있음을 보여주는 극적인 증거였다.

마태복음 11장 27절은 "아버지 외에는 아들을 아는 자가 없고"라고 말한다. 인간의 능력으로는 그 아들(the Son, 성자)이 아는 것처럼 그 아버지(the Father, 성부)를 알 수 없다. 유한한 인간은 그런 지식을 가질 수 없다. 그렇기에 철학과 인간이 만든 종교는 헛되고 열매가 없다. 그러면 우리는 어떻게 하나님을 알 수 있는가? 하나님의 아들로부터 오는 계시 외에는 없다. "아들과 또 아들의 소원대로 계시를 받는 자 외에는 아버지를 아는 자가 없느니라." 이처럼 하나님은 어린아이에게 진리를 계시하기로 하셨다. 온전히 의존하며 인간의 지식이 없는 사람들이 하나님의 진리를 계시받는다.

회개

하나님의 주권적 은혜가 구원 얻는 계시를 받을 자를 결정한다는 사실을 받아들이기가 힘든가? 그렇다면 이 말에 이어 즉시 모든 사람을 초청하는 말이 나오는 것에 주목하라. "수고하고 무거운 짐 진 자들아 다 내게로 오라 내가 너희를 쉬게 하리라"(마 11:28).

이 구절들 사이의 긴장은 요한복음 6장 37절의 긴장과 유사하다. 거기서 주님은 "아버지께서 내게 주시는 자는 다 내게로 올 것이요"라고 하시고 즉시 이어서 "내게 오는 자는 내가 결코 내쫓지 아니하리라"라고 말씀하셨다. 하나님은 주권적으로 선택하시지만, 열린 초청을 하신다. 이 둘을 조화시키기가 어렵기는 하지만 두 진리를 모두 인정해야 한다.

"수고하고"는 헬라어로 "코피아오"로, 땀을 흘려서 탈진할 정도로 수고함을 나타낸다. 여기서 이 말은 예수님이 사용하신 대로 인간의 노력을 통해 하나님을 기쁘시게 하려는 시도가 헛됨을 가리킨다. 이는 진리를 찾다가 지친 자, 구원을 얻으려는 노력이 좌절된 자를 말한다.

"무거운 짐 진 자"는 계속 무거워지는 짐을 지고 고되게 일하는 사람의 불쌍한 모습을 연상하게 한다. 랍비들은 영적인 안식을 찾으려면 그들이 정한 종교법의 세부항목까지 지켜야 한다고 했다. 그러나 그 법은 너무 무거워서 도저히 멜 수 없는 멍에가 되었다(행 15:10 참조). 그리하여 랍비들의 가르침은 백성 전체로 그 양심이 죄에 눌리고 죄책에 시달리게 하여 완전히 기진함으로써 안식이 절대적으로 필요하게 만들었다.

여기서 정확히 **회개**라는 말이 사용되지는 않았지만, 회개는 우리 주님이 요구하신 것이다. "내게로 오라"는 명령은 완전히 돌아서는 것, 완전한 방향 전환을 요구한다. 이는 자신에게 해답이 없음을 아는 사람들을 향한 초청이다. 그들은 죄에 억눌리고 짓눌려 자기 노력으로는 천국에 갈 수 없으며, 자신이 잃어버린 바된 자임을 안다. 주님은 "돌아오라. 너희의 헛된 절망을 버리고 오라. 내가 하나님의 은혜를 선물로 주겠다."고 하신다. 짐을 가지고 와서 거기에 예수님을 더하라고 하지 않으신다. 이 초청은 자기 자신의 자원이 바닥났음을 아는 사람, 자아와 죄에서 구주께로 간절히 돌아서는 사람을 대상으로 한다. 자기 죄를 즐기는 사람은 초청하지 않는다.

마태복음 11장 20-24절에서 예수님이 고라신과 벳새다, 가버나움 성을 질책하신 이유는 그들이 회개를 거부했기 때문이다. 이제 잠시 후 예수님은 죄와 자기 의, 행위에 기초한 신앙에 지친 자(수고하는 자)를 향해 자기에게로 돌아와 짐을 내려놓으라고 초청하신다.

믿음

진정한 회심에 필요한 또 하나의 필수적 요소는 믿음이다. "내게로 오라"는 말씀은 "나를 믿으라."는 말씀과 마찬가지이다. 요한복음 6장 35절에서 예수님은 "나는 생명의 떡이니 내게 오는 자는 결코 주리지 아니할 터이요 나를 믿는 자는 영원히 목마르지 아니하리라"고 하셨다. 예수님께로 온다는 것은 그를 믿는 것이다. 믿음은 회개의 다른 측면이다. 회개는 죄로부터 돌아서는 것이고, 믿음은 구주께로 돌아가는 것이다. 모두 하나의 돌아섬이다. 구원은 자신의 진리를 계시하신 주권적 하나님에 의해 마음이 겸손해질 때 이루어진다. 그때 영혼은 절망 가운데 죄로부터 돌아서서 그리스도를 받아들인다. 이것은 지적인 활동(이것은 "지혜롭고 슬기 있는 자"에게 매력적인 것이다)이 아니라, 온 마음이 그리스도께로 돌아서는 일이다.

복종

구원은 여기서 끝나지 않는다. 진정한 회심에는 또 하나의 요소(복종)가 있다. 예수님의 초청은 "내가 너희를 쉬게 하리라"는 말씀으로 끝나지 않는다. 계속해서 "나는 마음이 온유하고 겸손하니 나의 멍에를 메고 내게 배우라 그리하면 너희 마음이 쉼을 얻으리니 이는 내 멍에는 쉽고 내 짐은 가벼움이라 하시니라"(마 11:29-30)고 하신다. 예수님의 주재권에 복종하라는 부르심은 예수님의 구원 초청의 일부요 한 묶음이다. 예수님의 멍에를 메려고 하지 않는 사람은 그가 주시는 구원의 안식에 들어갈 수 없다.

예수님의 말씀을 들은 사람들은 멍에가 "복종"을 상징함을 알았다. 이스라엘에서는 멍에를 나무로 만드는데, 세심하게 다듬어 그것을 멜 짐승의 목에 맞춘다. 예수님은 나사렛의 요셉 목공소에서 일하실 때 멍에를 많이 만드셨을 것이다. 멍에는 짐승에게 짐을 지게 할 목적, 주인이 그 짐승을 이끌게 할 목적으로 사용되었다. 이것은 구원을 완벽하게 보여준다.

멍에는 또한 "제자도"를 상징했다. 우리 주님이 "내게 배우라"고 하셨을 때 그 말이 무엇을 상징하는지 유대 청중은 바로 알아들었다. 고대 문헌에서는 스승에게 복종한 학생을 스승의 멍에를 멨다고 했다. 한 저자는 이런 속담을 기록한다. "너의 목을 멍에 아래 두고 너의 영혼이 가르침을 받도록 하라." 랍비들은 훈계의 멍에, 토라의 멍에, 율법의 멍에를 이야기했다.

멍에는 또한 "순종"을 의미하기도 했다. 그러므로 멍에는, 예수님을 구주로는 받아들이되 주로는 받아들이지 않아도 된다는 생각을 반박한다. 예수님은 그의 멍에를 멜 의사가 없는 자에게는 그에게 오라고 하지 않으신다. 진정한 구원은 죄인이 간절한 마음으로 그리스도의 다스림을 받을 의사를 가지고 자기 죄에서 그리스도께로 돌이킬 때 일어난다.

구원은 은혜를 인하여 믿음을 통하여 이루어진다. 인간의 행위와는 상관이 없다. 우리가 하나님의 은혜에 대해 할 수 있는 단 한 가지 반응은 상한 마음의 겸손으로, 이것이 죄인을 그의 옛 삶에서 그리스도께로 돌아서게 한다. 그렇게 돌아섰다는 증거로 복종하고 순종하려는 의지가 나타난다. 냉담한 불순종과 의식적인 거역이 줄어들지 않고 계속된다면, 그 사람의 믿음을 의심할 만한 충분한 이유가 된다.

율법의 멍에, 인간 노력의 멍에, 행위의 멍에, 죄의 멍에는 모두 무겁고 쓰리고 괴로운 멍에이다. 육체에 있는 크고 지기 어려운 짐을 나타내는 이 멍에는 절망과 좌절, 염려로 이어진다. 그러나 예수님은 우리가 질 수 있는 멍에를 주시면서 또한 그것을 질 수 있는 힘도 주신다(빌 4:13 참조). 거기에 참된 쉼이 있다.

예수님의 멍에가 쉽고 가벼운 이유는 그의 마음이 온유하고 겸손하기 때문이다. 바리새인이나 서기관들과 달리 예수님은 우리를 억압하려 하지 않으신다. 예수님은 우리가 질 수 없는 짐을 쌓지 않으신다. 의가 얼마나 어려운지 보여주려 하지 않으신다. 그의 멍에에 순종하는 일은 즐겁다. 멍에가 목에 쓰리다면 우리가 불순종하기 때문이다. 그리스도께 복종할 때 멍에는 고통스럽지 않다. 오히려 즐겁다. "너희 영혼이 쉼을 얻으리니"라는 말씀은 죄책과 죄의 짐에서의 해방을 의미한다. 예레미야 6장 16절을 반영하는 것인데, 거기서 선지자는 "너희는 길에 서서 보며 옛적 길 곧 선한 길이 어디인지 알아보고 그리로 가라 너희 심령이 평강을 얻으리라 하나 그들의 대답이 우리는 그리로 가지 않겠노라 하였으며"라고 말했다.

예수님은 이와 똑같은 반응을 얻으셨다. 그 이후의 사건들을 보면 그리스도에 대한 증오가 더욱 강해졌음을 알 수 있다. 결국은 거부하는 무리들이 그를 십자가에 못 박아 죽이는 데까지 이르렀다. 그의 멍에는 쉽다. 그러나 위선자, 거역하는 자, 완고한 자, 죄에 물든 마음을 가진 자는 예수님께로 오라는 명령을 받아들이기 힘들다. 예수님의 초청은 거부당했다. 그의 구원은 거절당했다. 이 사람들은 자기 죄의 어둠을 그리스도의 영광의 빛보다 더 사랑했다. 그리하여 그리스도의 주재권을 불신하는 거부를 통해 스스로를 정죄했다.

그리스도를 주로 모시기를 거부하면서 그분을 구주라 주장할 수 없는 법이다. 물론 새신자가 회심하는 순간에 예수님의 주재권의 의미를 모두 완전히 이해하기는 어렵다. 그러나 진정한 신자는 누구나 순종하려는 소원을 갖는다. 이것으로 참 신앙과 가짜 고백이 구별된다. 참 신앙은 겸손하고, 순종하며, 복종하는 마음을 낳는다. 영적인 이해가 깊어 감에 따라 순종이 더 깊어진다.

3부

예수님의 비유는
무엇을 가르치는가?

11장

씨 뿌리는 비유: 복음을 받는 네 가지 마음

"내게로 오라 …… 나의 멍에를 메고 내게 배우라 그리하면 너희 마음이 쉼을 얻으리니"(마 11:28-29)라는 예수님의 초청은, 그가 공적으로 가르치는 사역을 끝내고 더 넓고 더 개인적이며 더 복음을 강조하는 단계를 시작하는 신호였다.

마태복음 12장은 이 말씀을 하신 직후 일어난 일들을 상세히 설명한다. 그 안식일에 예수님에 대한 종교 지도자들의 증오가 마침내 폭발했다. 바리새인들은 메시아에 대한 유대 민족의 반응을 보여주었는데, 곧 예수님이 사탄의 능력을 사용해 귀신을 쫓아냈다고 고소했다(마 12:24). 이스라엘은 그들의 왕을 거부하고 그가 주시는 나라를 거절한 것이다. 그것은 완전하고도 최종적인 포기였다.

그날부터 예수님의 사역 방향이 바뀌었다. 더 이상 하나님 나라가 가까이 왔다고 선포하지 않으셨다. 이제 예수님이 전하는 메시지는 개인을 향했다. 유대인은 물론 이방인들을 향한 그 메시지는 믿음으로 그의 주재권의 멍에에 복종하라는 것이었다.

심지어 예수님이 가르치는 스타일도 달라졌다. 바로 그날(마 13:1)부터 예수님은 비유(영적인 실상을 예증하는 일상적 이야기)로 가르치기 시작하셨다. 공개적으로 메시지를 선포하는 대신, 진리를 이미 거부한 사람들에게는 알아듣기 애매하게 전하셨다(11-15절). 그러나 알기를 갈망하는 사람들(진정한 신자들)에게는 세부 사항까지 열심히 가르쳐주셨다(막 4:34 참조). 진리를 미워하는 자들에게는 굳이 묻지도 않으셨다.

마태복음 13장에서 시작된 비유들은 "천국의 비밀"을 설명하는 것이었다. 우리 주님은 여기서부터 그의 나라를 드러내 보이셨다. 유대인들이 바라던 나라는 비밀스러운 것이 아니었다. 그 나라는 항구적인 지상의 정치적 체제로, 온 세상을 이스라엘의 메시아의 통치 아래 두는 것이었다. 이것이 구약에 설명된 나라를 보는 유대인들의 방식이었다.[1] 이전까지 예수님은 뚜렷하게 다른 것을 가르치지 않으셨는데, 이스라엘은 지상 나라에 대한 징표가 보이지 않자 그들의 메시아가 통치하기를 거부했다. 그리하여 그들은 나라를 잃었을 뿐 아니라 예수님으로부터 진리를 직접 배울 특권도 상실했다.

그래서 마태복음 13장에서부터 나오는 비유들은, 하나님 나라의 비밀을 그의 참된 제자에게는 드러내 보이고 나라 밖에 있는 자에게는 감추기 위해 주신 것이었다(막 4:11 참조). 이 비유들은 이스라엘이 그리스도를 거부한 때부터 지상 천년 왕국이 궁극적으로 완성되는 사이의 그 기간 동안 하나

---

1) 유대인의 나라 개념은 다니엘 2장 44절에 나오는 구약의 약속에 근거한다. "이 여러 왕들의 시대에 하늘의 하나님이 한 나라를 세우시리니 이것은 영원히 망하지도 아니할 것이요 그 국권이 다른 백성에게로 돌아가지도 아니할 것이요 도리어 이 모든 나라를 쳐서 멸망시키고 영원히 설 것이라."

님이 하실 통치의 성격을 설명하는 것이었다. 지금 우리가 살고 있는 하나님 나라의 단계는 구약에 계시되지 않은 비밀(미스터리)이었다.

성경에서 흔히 하나님 나라로 불리는 이 나라는 무엇인가? 마태는 종종 천국으로 불렀다.[2] 나라(땅과 백성의 마음에 대한 하나님의 통치)는 현재 비밀의 형태로 존재한다. 그리스도는 궁극적인 주권을 가지심에도 지상 만물을 다스리는 왕으로서 그의 신적 의지를 완전히 행사하지 않으신다. 그는 왕으로서 그를 믿는 자들만 통치하신다. 그의 나라는 구속받은 모든 자를 포함하지만, 불신 세계가 볼 수 있는 형태는 아니다. 하나님 나라의 이런 측면은 정치적 나라를 바라던 사람들로 완전히 오해하게 했다.

늘 그렇듯 예수님의 주된 관심은 잃어버린 자를 찾아 구원하는 데 있었다. 그것은 그 신비한 나라에서 이루어지는 주요한 활동의 하나이다. 그러므로 예수님이 첫 번째 비유에서 복음 전파에 초점을 두신 것은 전혀 놀랄 일이 아니다.

씨를 뿌리는 자가 뿌리러 나가서 뿌릴새 더러는 길가에 떨어지매 새들이 와서 먹어버렸고 더러는 흙이 얕은 돌밭에 떨어지매 흙이 깊지 아니하므로 곧 싹이 나오나 해가 돋은 후에 타서,뿌리가 없으므로 말랐고 더러는 가시떨기 위에 떨어지매 가시가 자라서 기운을 막았고 더러는 좋은 땅에 떨어지매 어떤 것은 백 배, 어떤 것은 육십 배, 어떤 것은 삼십 배의 결실을 하였느니라 귀 있는 자는 들으라 하시니라(마 13:3-9).

---

2) 천국(하늘나라)과 하나님 나라는 별개라는 일부의 가르침은 성경적인 근거가 없다. "천국"은 오직 마태복음에서만 사용한다. 마태는 이를 약 22회 사용하는데, 마태복음 13장 11절과 마가복음 4장 11절, 누가복음 8장 10절을 서로 비교해 보면 이 용어들은 교차 사용이 가능함을 보여준다. 유대인들은 하늘을 하나님의 이름에 대한 완곡어법으로 사용했다. 그러므로 이 용어의 차이는 마태복음의 대상이 되는 유대인들을 고려한 것으로 보인다.

주님은 그들에게 친숙한 은유를 사용하셨다. 농업은 유대인 생활의 핵심이었다. 누구든 씨를 뿌리는 일과 곡식이 자라는 과정을 이해했다. 심지어 예수님이 가르치시는 장소에서도 씨를 뿌리는 사람을 볼 수 있을 정도였다. 씨를 뿌리는 사람은 씨를 담은 자루를 어깨에 메고 이랑을 따라 오가면서 한 움큼씩 씨를 집어 흩뿌렸다. 그렇게 뿌려진 씨는 네 종류의 땅에 떨어졌다.

길가 땅

첫 번째는 딱딱하게 굳은 길가 땅이었다. "더러는 길가에 떨어지매 새들이 와서 먹어버렸고"(마 13:4). 팔레스타인에는 밭이 많다. 밭 주위에는 울타리나 담장이 없고 단지 좁은 길이 경계로 있을 뿐이다. 여행자들은 이 길을 이용했다. 마태복음 12장 1절에는 예수님이 제자들과 함께 밭을 지나다가 이삭을 잘라 먹는 이야기가 나오는데, 분명 이런 길 가운데 하나였을 것이다.

씨를 흩뿌리는 탓에 일부 씨가 그런 길에 떨어지기도 했다. 길로 사용되는 땅은 밟혀서 단단하게 굳어 있었고, 경작을 하거나 파 뒤집지도 않았다. 여행자들이 계속해서 밟는데다가 기후까지 건조해 길로 사용되는 땅의 표면은 마치 포장된 도로처럼 단단했다. 이랑을 넘어 그 단단한 땅에 떨어진 씨는 흙 속으로 들어갈 수 없다. 그대로 길 위에 떨어져 있다가 날아다니는 새들에게 먹히고 만다. 누가복음 8장 5절은 새들이 먹지 않은 것은 발에 짓밟혔다고 말한다. 이렇게 길가에 떨어진 씨는 새들과 행인에 의해 사라져버린다.

11장 씨 뿌리는 비유: 복음을 받는 네 가지 마음   199

얕은 땅

마태복음 13장 5절은 얕은 땅에 대해 이렇게 말한다. "더러는 흙이 얕은 돌밭에 떨어지매 흙이 깊지 아니하므로 곧 싹이 나오나 해가 돋은 후에 타서 뿌리가 없으므로 말랐고."

"돌밭"은 돌이 있는 땅을 가리키지 않는다. 밭을 경작하는 농부라면 최선을 다해 모든 돌을 들어낼 것이다. 그런데 이스라엘은 국토 전역에 석회암층이 퍼져 있다. 어떤 땅은 암반층과 표면이 아주 가까워 표층 토양이 몇 센티미터가 안 되기도 한다. 씨가 그런 얕은 곳에 떨어져 싹을 틔우면, 뿌리가 내리다가 곧 암반에 부딪혀 갈 곳을 잃는다. 어린 식물은 뿌리가 더 깊이 들어갈 수 없는 상태에서 많은 잎을 만들게 된다. 다른 식물보다 무성해지기도 하지만, 뿌리가 수분을 흡수할 정도로 깊이 내리지 못한 탓에 해가 뜨면 가장 먼저 말라죽는다. 이런 곳에 있는 작물은 열매를 맺기도 전에 시들어버린다.

잡초 땅

마태복음 13장 7절은 "더러는 가시떨기 위에 떨어지매 가시가 자라서 기운을 막았고"라는 말로 잡초로 우거진 땅을 이야기한다. 이 땅은 겉보기에는 좋은 땅이다. 토심이 깊고 비옥하고 잘 기경되어 있다. 씨를 뿌릴 때 보면 깔끔하고 잘 준비되어 있어서 거기에 떨어진 씨앗은 싹이 튼다. 그런데 숨어 있던 잡초의 뿌리들이 함께 자라기 시작한다. 잡초의 뿌리는 결국 작물을 질식시켜버린다.

그 지역에 자생하는 잡초는 재배되는 작물보다 우세하다. 잡초는 자연적으로 번성하기 좋은 곳에서 자라지만, 심겨진 작물은 외부에서 왔기에 가꾸고 보살펴야 한다. 자연적으로 서식하는 잡초가 뿌리를 내리면 그 땅을 지배할 수밖에 없다. 뿐만 아니라 잡초는 빨리 자라고 잎을 내서 심겨진 작물이 햇빛을 보지 못하도록 그늘을 만든다. 잡초의 강한 뿌리도 수분을 다 빨아들여서 결국 좋은 식물은 질식하게 된다.

좋은 땅

마지막으로, 마태복음 13장 8절은 좋은 땅에 대해 말한다. "더러는 좋은 땅에 떨어지매 어떤 것은 백 배, 어떤 것은 육십 배, 어떤 것은 삼십 배의 결실을 하였느니라." 이 땅은 길가의 땅처럼 단단하지 않고 부드럽다. 얕은 땅과 같지 않고 깊다. 잡초가 무성한 땅과 같지 않고 깨끗하다. 여기에 떨어진 씨앗은 생명의 싹을 틔워서 삼십 배, 육십 배, 백 배의 엄청난 결실을 맺는다.

귀 있는 자는 들으라

겉으로 보기에 씨와 씨 뿌리는 자의 이야기는 단순하다. 그런데 마태복음 13장 9절 "귀 있는 자는 들으라 하시니라"는 말씀은 여기에 보다 깊은 뜻이 있음을 암시하는 듯하다. 이 비유를 이해하려면 주의해서 들어야 한다는 것이다. 누가 이해할 수 있을까? 가르쳐줄 왕을 모신 자들밖에 없다. 제자들은 곡식을 심고 거두는 이 단순한 이야기에 풍성한 영적 진리가 숨겨져 있음을 분명히 알았다. 마가복음 4장 10절은 제자들이 예수님이 홀로 계실 때 와서 그 비유를 설명해 달라고 했다고 기록한다. 그래서 예수님은 설명해 주셨다.

9절 "귀 있는 자는 들으라"와 16절 "너희 눈은 봄으로, 너희 귀는 들음으로 복이 있도다"가 어떻게 연결되는지 보라. 주님의 입에서 나온 영광스러운 진리이다. "내가 진실로 너희에게 이르노니 많은 선지자와 의인이 너희가 보는 것들을 보고자 하여도 보지 못하였고 너희가 듣는 것들을 듣고자 하여도 듣지 못하였느니라 그런즉 씨 뿌리는 비유를 들으라"(17-18절).

씨와 씨 뿌리는 자

제자들과, 비유를 궁금해하는 다른 신자들만 남게 되자 주님은(막 4:10) 단순하고 뻔해 보이는 이야기를 통해 하나님 나라의 장엄한 진실을 드러내신다. 여기서 씨는 문자적인 씨가 아닌 복음이다. "아무나 천국 말씀을 듣고"(마 13:19). 씨는 왕과 그의 나라에 대한 메시지이다. 병행구절인 누가복음 8장 11절은 더 명확하게 "씨는 하나님의 말씀이요"라고 말한다. 그러므로 씨를 뿌리는 자는 개인의 마음에 하나님의 말씀으로 복음의 씨를 심는 자이다(벧전 1:23 참조). 모든 씨 뿌리는 자의 원형은 바로 주님이시다.

씨는 복음을 잘 보여준다. 씨는 만들 수 없고, 오직 재생산될 뿐이다. 복음을 퍼뜨린다는 것은 심겨져 재생산된 것을 다시 심는 과정이다. 하나님은 우리에게 씨, 즉 메시지를 스스로 만들라고 하시지 않는다. 그의 말씀이 유일하게 선한 씨다. 하나님의 말씀을 떠난 복음전도는 있을 수 없다.

땅의 상태

이 비유의 요지는 씨 뿌리는 자나 그 방법에 문제가 있다는 것이 아니다. 씨에도 문제가 없다. 땅의 성분에도 근본적으로 문제가 없다. 문제는 땅의 상태이다. 땅은 인간의 마음을 나타낸다. 마태복은 13장 19절은 이를 확증한다. "아무나 천국 말씀을 듣고 깨닫지 못할 때는 악한 자가 와서 그 **마음**에 뿌려진 것을 **빼앗나니**"(강조는 저자 추가). 듣는 자의 마음은 농부의 씨를 받는 땅과 영적으로 같다.

비유에 나오는 모든 땅의 근본적인 구성은 동일하다. 밭에 속한 땅이나 그 주변의 땅이나 동일하다. 다만 단단하고 부드럽고, 얕고 깊고, 잡초가 있고 없고가 다를 뿐이다. 땅의 차이는 그 땅이 어떤 상태에 있느냐에 달렸다. 모든 땅은 적절히 준비되기만 하면 씨를 받을 수 있다. 그러나 적절히 준비되지 않은 땅은 곡식을 생산할 수 없다. 인간의 마음도 마찬가지이다. 우리는 모두 본질적으로 동일하다. 그러나 어떤 영향을 받느냐에 따라 상태가 각기 다르다. 그래서 복음에 대한 사람들의 반응은 그의 마음이 준비된 상태에 따라 달라진다. 올바로 준비되지 않은 마음은 결코 영적인 열매를 맺지 못한다.

반응하지 않는 마음

길가의 땅은 완고하고 반응이 없는 사람을 말한다. "아무나 천국 말씀을 듣고 깨닫지 못할 때는 악한 자가 와서 그 마음에 뿌려진 것을 빼앗나니 이는 곧 길가에 뿌려진 자요"(마 13:19). 이것은 마음이 굳어진 사람(오늘날에는 [예를 들면, 잠언 29장 1절에 나오는] 목이 곧은 사람)을 말한다. 그는 반응이 없고, 관심이 없으며, 무관심하고, 냉담하며, 때로는 적대적이다. 그는 복음에 관해 아무것도 원하지 않는다. 복음이 그에게 가면 튕겨 나온다. 사탄은 까마귀로 그려지는데, 단단한 땅 위에서 맴돌다가 씨앗이 땅에 떨어지는 순간 낚아챈다. 누가복음 8장 12절은 이 말씀이 논쟁의 여지 없이 구원받지 못한 사람들을 가리킨다고 밝힌다. "마귀가 가서 그들이 믿어 구원을 얻지 못하게 하려고 말씀을 그 마음에서 빼앗는 것이요."

여기서 주님은 마음이 교만하고 죄에 눌리면 복음에 완전히 무감각해질 수 있음을 경고하신다. 이 마음은 회개를 모르고, 죄를 뉘우칠 줄 모르며, 죄책감도 없고, 하나님의 일에도 관심이 없다. 이 마음은 끝없는 악한 생각과 죄와 경건치 못한 행동에 짓밟히도록 자신을 내버려둔다. 이 마음은 부주의하고 냉담하며 무관심하다. 죄를 자각하거나, 그릇된 행동을 후회해 상한 마음이 되거나, 부드러워지지 않는다. 이 마음은 지식을 싫어한다. 배우려 하지 않는다. 지혜를 멸시한다. 마음에 하나님이 없다고 한다. 들으려 하지 않는다. 생각이 닫혀 있다. 복음의 초청에 신경 쓰지 않는다. 많은 사람이 이런 마음을 가지고 있다. 그들에게 씨를 퍼부어도 씨가 뚫고 들어가지 못한다. 그리고 머잖아 사탄이 와서 씨앗을 빼앗아 간다. 그런 사람에게는 복음을 증거할 때마다 다시 처음부터 시작해야 한다.

길가의 마르고 단단한 땅이 반드시 반종교적인 사람만 가리키는 것은 아니다. 참 종교의 언저리에도 세상에서 가장 완악한 부류에 속하는 사람이 있다. 그러나 그들의 마음이 죄로 단단해진 탓에 그들은 전혀 하나님께 반응을 보이지 않는다. 그들은 진리에 아주 가까이 있고, 좋은 땅에 아주 가까이 있어서 종종 몇 움큼의 씨를 받지만, 삶에서 싹을 틔우지 않는다.

피상적인 마음

얕은 땅은 피상적이고 즉흥적인 마음을 나타낸다. "돌밭에 뿌려졌다는 것은 말씀을 듣고 즉시 기쁨으로 받되 그 속에 뿌리가 없어 잠시 견디다가 말씀으로 말미암아 환난이나 박해가 일어날 때에는 곧 넘어지는 자요"(마

13:20-21). 이런 종류의 마음은 열정적이지만 깊이가 없다. 적극적으로 반응하지만 구원 얻는 믿음으로 반응하는 것이 아니다. 생각하지 않고 비용을 계산하지도 않는다. 제자도의 실제 의미를 이해하지 못한 채 즉흥적 감정적 자아도취적 흥분으로 반응한다. 이것은 진정한 믿음이 아니다.

피상적 반응은 21세기 기독교에 널리 퍼져 있다. 왜 그럴까? 대체로 복음이 기쁨과 따뜻함, 친교와 좋은 느낌 등에 대한 약속으로만 제시되고, 자기 십자가를 지고 그리스도를 따르라는 어려운 명령은 전하지 않기 때문이다. "회심자"에게 죄와 회개라는 진정한 문제를 말하지 않고, 반대로 예수님께 편승해 그들이 약속하는 좋은 것들을 누리라고 격려한다. 그러나 비옥하게 보이는 얕은 지표 아래에는 하나님의 일에 거역하고 저항하는 완고한 암반이 도사리고 있다. 부드러운 표면 아래에 있는 거역의 암반층은 길가의 땅보다 더 단단하다. 그래서 비극적인 영원한 결과를 얻는다. 처음의 열정은 단순한 감정이다. 싹이 텄던 씨는 곧 말라죽는다. 이런 사람들은 구원받지 못한다(요일 2:19 참조).

이런 얕은 반응을 보이는 사람들은 목회에서 가장 큰 실망을 안겨주는 사람들에 속한다. 나는 이런 사람들을 제자화하려고 많은 시간을 들였다. 겉으로 보기에 그들의 믿음은 대단하다. 실제로 밭을 보면, 이 사람들이 어느 누구보다 크고 강하게 보이기도 한다. 그러나 그런 급속한 성장을 뒷받침할 뿌리가 없어서, 시련이나 박해가 닥치면 말라 죽고 만다.[3]

회개와 겸손 없이 오로지 미소와 즐거움만 있는 회심을 경계해야 한다. 그것은 피상적인 마음의 표시이다. 그런 마음을 가진 사람은 거친 날씨를

---

3) 이 진리에서 배우는 것은 고난과 박해가 하나님 나라에서 중요한 두 가지 역할을 한다는 유익한 확신이다. 첫째는, 그런 시련이 거짓 신자를 드러낸다는 것이고, 둘째는 참된 신자를 강하게 한다는 것이다. 베드로전서 5장 10절은 "모든 은혜의 하나님[이] …… 잠깐 고난을 당한 너희를 친히 온전하게 하시며 굳건하게 하시며 강하게 하시며 터를 견고하게 하시리라"고 말한다.

견뎌낼 뿌리가 없다. 자신은 잃어버린 자라는 깊은 의식에서 신앙 고백이 나오지 않았거나, 죄에 대한 내적 찔림이 없거나, 주께서 깨끗하게 씻어주시고 인도해 주시기를 간절히 바라는 마음이 없거나, 자기를 부인하고 그리스도를 위해 고난당할 의지가 없다면, 올바른 뿌리가 없는 것이다. 무성하게 성장하던 그 믿음이 시들어 죽는 것은 시간문제이다.

세상적인 마음

잡초로 덮인 땅은 세상일에 사로잡힌 마음을 나타낸다. 마태복음 13장 22절은 "가시떨기에 뿌려졌다는 것은 말씀을 들으나 세상의 염려와 재물의 유혹에 말씀이 막혀 결실하지 못하는 자요"[4]라고 말한다. 이 비유는 세상적인 사람(이 세상 것을 위해 사는 사람)을 완벽하게 설명해 준다. 이 사람은 이 세상 염려에 빠져 있다. 그런 사람이 주로 추구하는 것은 직업과 집, 차, 취미, 의복이다. 잡초로 가득한 마음에는 명예와 외모, 부만 있다.

이런 부류의 사람을 아는가? 그들은 잠시 잠깐은 다른 밭과 동일한 듯 보인다. 교회에 다니고, 하나님의 사람들과 동일시하고, 심지어 성장하는 신호를 보내기도 한다. 그러나 결코 열매를 맺지 못한다. 그들은 헌신되지 않았으며 세상의 쾌락과 돈, 직장, 명예, 재산, 육신의 정욕에 몰두한다. 자신은 그리스도인이라고 말하겠지만, 순결한 삶에는 아무 관심이 없다. 그것이 잡초로 덮인 땅의 반응이다. 보기에만 좋은 싹을 내는 씨는 결국 세상의 가시에 압도당한다. 그리하여 마침내 잡초가 무성한 그 마음은 좋은 씨가 뿌려졌다는 증거를 전혀 나타내지 못한다.

---

4) "결실하지 못하는 자요"라는 말은 이 땅이 한 번이라도 결실한다는 의미가 아니다. 마가복음 4장 7절은 열매가 전혀 없음을 보여준다. "더러는 가시떨기에 떨어지매 가시가 자라 기운을 막으므로 결실하지 못하였고."

그렇게 좋아 보이던 씨가 말라 죽으면 어떻게 되는가? 그 사람이 구원을 잃는가? 아니다. 그는 구원을 받은 적이 없다. 하나님의 말씀이 나쁜 잡초가 가득한 준비되지 않은 마음에 떨어진 것이다. 그는 복음의 씨를 받지만 깨끗한 땅이 아니다. 복음이 싹을 틔우지만 결실하지 못하고 이내 말라버린다. 잡초로 가득한 마음을 가진 사람은 전혀 구원받은 일이 없다. 그들도 예수님을 구주로 영접하려 할 수 있겠지만, 세상을 버리지 않는 조건하에서만이다. 그것은 구원이 아니다. 예수님은 "너희가 하나님과 재물을 겸하여 섬기지 못하느니라"(마 6:24)고 하셨다. 사도 요한도 "누구든지 세상을 사랑하면 아버지의 사랑이 그 안에 있지 아니하니"(요일 2:15)라고 했다. 땅이 곡식을 내려면 반드시 잡초와 가시덤불을 없애야 한다.

원수

이 비유에서 잡초와 해, 새들은 우리의 원수를 나타낸다. 잡초는 "세상의 염려와 재물의 유혹"(마 13:22)이다. 제대로 뿌리내리지 못한 식물을 말려 죽이는 해는 "환난이나 박해"(6, 21절 참조)로, 육신에 큰 매력을 주는 편안함에 도전하는 것이다. 새는 "악한 자"(4, 19절 참조) 사탄으로, 싹을 내기도 전에 복음의 씨를 빼앗아가려고 온갖 짓을 다하는 자이다. 세상, 육신, 마귀 이 세 가지는 항상 있는 복음의 원수들이다.

당신은 저항과 적대감을 만나게 되어 있다. 이것은 씨 뿌리는 자에게 중요한 교훈이다. 얕고 일시적인 회심자가 있을 것이다. 그리스도를 원하면서도 세상을 버리려고 하지 않는 두 마음을 가진 사람도 만날 것이다. 단단한 길, 얕은 땅, 공격적인 잡초가 씨를 뿌려 결실하려는 당신의 노력을 좌절시킬 것이다.

그렇지만 낙심할 필요는 없다. 추수의 주님은 제아무리 단단한 땅도 부수시며 제아무리 끈질긴 잡초도 뽑아내신다. 단단한 땅, 얕은 땅, 잡초에 덮인 땅이 계속 그렇게 있을 수 없다. 하나님은 아무리 완고한 마음의 땅도 갈아엎을 수 있다. 고대 팔레스타인의 농사 방법 중 하나가 먼저 씨를 뿌리고, 그다음에 쟁기질을 하는 것이다. 때때로 이런 일이 복음전도에서 일어난다. 우리는 씨를 뿌린다. 혹시 공중의 새가 그 씨를 빼앗아가려 한다 해도, 성령께서 땅을 갈아엎어 씨가 땅속에 묻히게 함으로써 싹을 내고 많은 결실을 맺게 하신다.

받아들이는 마음

바람직하지 않은 결과를 내는 땅이 세 종류나 있다니 낙심되는가? 그러나 좋은 땅도 있다. 좋은 땅은 받아들이는 마음을 나타낸다. "좋은 땅에 뿌려졌다는 것은 말씀을 듣고 깨닫는 자니 결실하여 어떤 것은 백 배, 어떤 것은 육십 배, 어떤 것은 삼십 배가 되느니라 하시더라"(마 13:23). 여기가 이 비유의 클라이맥스이다. 좋은 땅이 있다는 것은 낙심한 제자들에게 주시는 약속이다. 제자들이 사람들의 반응 때문에 흔들리지 않게 하려고, 예수님은 기경되어 씨를 받아들일 준비가 된 넓은 밭이 있음을 알려주셨다. 이 밭은 풍성한 결실을 한다.

열매

열매를 맺는 것이 농업의 핵심이다. 열매는 또한 그 사람의 구원을 궁극적으로 시험한다. 예수님은 이렇게 말씀하셨다.

이와 같이 좋은 나무마다 아름다운 열매를 맺고 못된 나무가 나쁜 열매를 맺나니 좋은 나무가 나쁜 열매를 맺을 수 없고 못된 나무가 아름다운 열매를 맺을 수 없느니라 아름다운 열매를 맺지 아니하는 나무마다 찍혀 불에 던져지느니라 이러므로 그들의 열매로 그들을 알리라(마 7:17-20).

만일 영적인 열매가 없거나 나쁘다면, 그 나무는 분명 썩은 나무이다. 이것이 상징하는 바를 밭의 비유에 대입해 보면, 곡식을 내지 않는 땅은 무가치한 흙이며, 곧 구속받지 못한 마음을 상징한다.

표면적으로 볼 때, 땅 비유가 주는 메시지는 분명하다. 네 가지 땅 가운데 하나만 좋은 땅이다. 단 한 가지 땅만 열매를 맺으며, 따라서 오직 그 땅만 농부에게 소중하다. 이 좋은 땅은 신자를 나타낸다. 잡초가 무성한 땅과 얕은 땅은 위선자들이다. 길가 땅은 완전히 거부하는 자를 나타낸다.

잎이 아니라 열매가 참된 구원의 표시이다. 이를 놓친 사람들은 이 비유의 의미를 혼동한다. 얕은 땅이나 잡초 많은 땅이 열매를 내지는 못하지만 그래도 참된 신자를 나타낸다고 주장하는 사람들이 근래 들어 많다. 예를 들어 제인 호지스는 이렇게 썼다.

길가로부터(그리고 오직 길가로부터만) 하나님의 말씀이 회수되었다. 구주의 분명한 설명에 의하면 이 회수는 구원을 막으려는 의도였다. 여기서, 오직 여기서만 사탄이 완전히 승리했다. 여기서 추론되는 것은 명백하다. **나머지 모든 마음에, 그 땅의 성격이 어떻든 상관없이, 새로운 생명이 주어졌다.**[5]

---

5) Zane C. Hodges, *The Hungry Inherit*(Portland, Ore.: Multnomah, 1980), 68-69.

이는 핵심을 완전히 놓친 주장이다. 이 비유에서 씨는 영생을 상징하지 않는다. 씨는 복음 메시지를 상징한다. 얕은 땅과 잡초가 많은 땅에서 씨가 싹을 틔운 것은 말씀이 받아들여져 역사하기 시작한 것이지, 영생이 주어진 것이 아니다. 워렌 위어스비는 이를 명확하게 이해했다.

이 처음 세 가지 마음(길가 땅, 얕은 땅, 잡초가 많은 땅) 가운데 무엇도 구원을 받지 못했다. 구원의 증거는 말씀을 듣는 것도, 말씀에 일시적으로 감정적인 반응을 보이는 것도, 심지어 삶에서 말씀이 자라도록 가꾸는 것도 아니다. 구원의 증거는 **열매**이다. 그리스도께서 "그들의 열매로 그들을 안다"(마 7:16)고 하셨기 때문이다.[6]

실로 열매는 참된 구원을 궁극적으로 시험하는 것이다. 추수 때가 되면 잡초가 많은 땅이나 단단한 땅이나 얕은 땅이 별로 차이가 없다. 모두 쓸모가 없다. 그런 곳에 뿌려진 씨는 허비된 것이다. 그런 땅은 태워버리는 것 외에는 아무 쓸모가 없다(히 6:8 참조).

좋은 땅이라 해서 다 똑같이 열매를 맺는 것은 아님을 주의해야 한다. 일부는 백 배, 일부는 육십 배, 일부는 삼십 배의 열매를 맺는다. 마찬가지로 모든 그리스도인이 항상 자신이 최대한 할 수 있거나 해야 하는 만큼의 열매를 맺지는 않는다. 각기 어느 정도씩 열매를 맺는다. 그리스도인들도 때로는 불순종하기도 하고, 때로는 죄를 짓기도 한다. 그러나 궁극적으로는 그들의 열매로 그들을 알 수 있다. 백 배, 육십 배 혹은 삼십 배로 다를 수는 있지만, 참된 신자는 길가 땅이나 잡초가 많은 땅과는 다른 영적인

---

6) Warren W. Wiersbe, *Meet Yourself in the Parables*(Wheaton, Ill.: Victor, 1979), 27.

열매를 맺는다. 그들이 맺는 열매의 양은 각기 다르다. 사람마다 많고 적음이 있다. 그러나 모두 다 열매를 맺는다. 곧 열매를 맺는 능력이 좋은 땅과 돌밭, 가시밭, 메마른 밭을 구별한다.

우리는 씨를 뿌리는 자로서 순수한 복음의 씨를 뿌리도록 부름을 받았다. 물론 그중 일부는 준비되지 않은 땅에 떨어질 것이다. 길가 땅, 얕은 땅, 잡초 많은 땅이 항상 있을 것이지만, 삼십 배, 육십 배, 백 배의 열매를 맺는 좋은 땅도 반드시 있다. 그렇게 준비된 땅은 오직 바른 씨만 있으면 된다.

12장

알곡과 가라지: 세상 속 교회를 위한 교훈

그리스도인은 구원받지 못한 사람처럼 살아서는 안 된다.

이 말은 특별히 심오한 말 같지 않은데도, 오늘날 많은 복음주의자들이 이해하지 못하는 것 같다. 나는 그리스도인들이 명백한 죄를 그들 가운데 용인하는 것이 심히 유감스럽다. 마치 뻔뻔스러운 음행자를 교제 가운데 받아들인 고린도 교회처럼(고전 5:1-2),[1] 오늘날 일부 그리스도인들도 신자라고 주장하는 사람의 생활방식을 전혀 문제 삼지 않을 뿐 아니라 오히려 그것에 자부심을 갖는다.

한 세대 전만 해도 교회 안에서는 결코 들을 수 없던 죄가 지금은 흔한 것이 되었다. 이혼과 부도덕이 그리스도인들 사이에 만연하다. 복음주의

---

1) 바울은 고린도인들이 그들의 회중 가운데 있는 죄를 자랑한다고 책망했다(고전 5:2). 바울은 근친 간음자를 참된 신자로 여길 권리가 그들에게 없다고 암시한다. 그런 죄는 심히 사악해 이교 이방인들조차도 공개적으로 시인하지 않았다(1절). 바울은 그런 자들을 "형제라 일컫는 자"(11절)라 부르며 그 사람을 출교하라고(2, 5, 13절) 명령했다. 바울은 중생한 사람이 그렇게 방자하게 살 수 있는지 분명하게 의심한다.

라고 하는 교회들이, 결혼하지 않고 공개적으로 동거하는 커플들과 당당하게 교제의 악수를 나눈다. 급속하게 성장하는 한 교단은 거의 전부가 동성애자들로 구성되어 있다. 그 교회의 많은 이들은 그들이 예수님에 대한 믿음을 시인한다는 이유로 그들을 그리스도인이라 믿는다. 가장 심각한 일은 교회에서 가장 눈에 띄는 부류인 지도자들의 상태가 한심스럽다는 것이다. 최근의 뉴스 헤드라인은 그것을 세상에 널리 알렸다.[2]

나는 우리 시대의 대중화된 복음이 이 모든 일을 가능하게, 아니 불가피하게 만들었다고 확신한다. 신앙(faith)은 성경의 몇몇 사실을 믿는 것(believing)에 불과하다는 생각이 인간의 부패성과 영합한 것이다. 만일 회개, 삶의 거룩함, 그리스도의 주재권에 대한 복종이 모두 선택 사항이라면, 그리스도인과 이방인이 무엇이 어떻게 다르리라 기대하겠는가? 그렇다면 하나님을 완고하게 거역하며 사는 사람에게 그가 신자가 아닐 수 있다고 말할 사람이 감히 누가 있겠는가? 만일 어떤 사람이 믿는다고 말한다면, 그 말을 그대로 받아들여야 하는 것 아닐까?

그 비극적인 결과, 많은 그리스도인이 불신자처럼 사는 것을 지극히 정상적이라 여긴다. 2장에서 지적했듯 현대 신학자들은 이런 유형의 사람을 위해 완전히 새로운 범주("육적 그리스도인")를 만들었다. 거듭나지 않았으면서도 단순히 육적 그리스도인이라는 말로 인해 거짓된 영적 안도감을 가질 사람이 얼마나 많은지 누가 알겠는가?

제발 내 말을 오해하지 않기를 바란다. 그리스도인들도 육적으로 행할 수 있고 또 그렇게 한다. 그러나 성경에는 진정한 그리스도인이 지속적으

---

[2] 당황스럽게도 최근 수십 년 동안 폭로된 스캔들을 보면 이런 문제는 세상 정치 분야보다도 교회 안에서 더 심각하다. 그런데 이상하게도 수많은 그리스도인들이 자격을 상실한 지도자들을 높은 자리로 복귀시키는 데 더욱 적극적으로 나섬으로써, 지도자는 책망할 것이 없어야 한다는 중대한 요구사항을 어기고 있다(딤전 3:2, 10, 딛 1:6).

로 하나님의 일에 무관심하거나 적대적으로 살 수 있다고 하는 내용이 없다. 그리스도인은 마귀의 자녀인 체하지 않는다. 그와 반대다. 사탄은 빛의 사자인 체하고, 사탄의 종들은 의의 자녀를 흉내 낸다(고후 11:14-15).

양과 염소를 구별하기 어렵다고 하는 성경 말씀의 요지는 그리스도인들이 경건하지 않게 보일 수 있다는 뜻이 아니라, 경건하지 않은 자들이 종종 의롭게 보일 수 있다는 뜻이다. 바꿔 말해 양 떼 가운데 이리처럼 행동하는 양을 용인하라는 뜻이 아니라, 양의 옷을 입은 이리를 경계하라는 뜻이다. 이런 면에서 볼 때 알곡과 가라지 비유(마 13:24-30)는 종종 오해되어 왔다. 이 비유는 땅에 대한 비유와 비슷한 이미지를 사용하지만, 주님이 말씀하시는 내용은 전혀 다르다.

예수께서 그들 앞에 또 비유를 들어 이르시되 천국은 좋은 씨를 제 밭에 뿌린 사람과 같으니 사람들이 잘 때에 그 원수가 와서 곡식 가운데 가라지를 덧뿌리고 갔더니 싹이 나고 결실할 때에 가라지도 보이거늘 집 주인의 종들이 와서 말하되 주여 밭에 좋은 씨를 뿌리지 아니하였나이까 그런데 가라지가 어디서 생겼나이까 주인이 이르되 원수가 이렇게 하였구나 종들이 말하되 그러면 우리가 가서 이것을 뽑기를 원하시나이까 주인이 이르되 가만두라 가라지를 뽑다가 곡식까지 뽑을까 염려하노라 둘 다 추수 때까지 함께 자라게 두라 추수 때에 내가 추수꾼들에게 말하기를 가라지는 먼저 거두어 불사르게 단으로 묶고 곡식은 모아 내 곳간에 넣으라 하리라(마 13:24-30).

다른 사람의 곡식밭에 잡초 씨를 덧뿌리는 것은 로마가 법으로 금지해야 했을 정도로 흔한 행위였다. 이는 이웃의 곡식 농사를 망쳐 주 수입원을 잃게 하는 행위로 이웃을 망하게 하는 거의 확실한 방법이었다.

이 비유를 보면 어떤 사람이 잘 때 그 원수가 와서 밭에 가라지를 뿌렸다. 여기서 "가라지"는 독보리를 가리키는데 쓸모없는 씨를 내는, 밀처럼 생긴 식물을 말한다. 가라지는 밀과 매우 비슷해서 개밀로도 알려져 있다. 가라지는 아무리 세심하게 살펴도 씨앗이 성숙하기 전에는 진짜 밀과 구별하기가 거의 불가능하다.

예수님의 비유에 나오는 땅 주인은 가라지를 뽑다가 올바른 곡식까지 망치는 모험을 하지 않았다. 대신 추수 때까지 밀과 가라지를 함께 자라도록 내버려두었다가, 차이가 분명해지면 좋은 곡식과 나쁜 곡식을 분리하기로 했다.

이 이야기는 무엇을 의미할까? 놀랍게도 무리들은 질문하지 않았다. 그들은 진리를 아는 것보다는 기적을 보고 먹을 것을 얻는 데 더 관심이 있었다(요 6:26). 그러나 제자들은 알기 원했다. 마태복음 13장 36절은 주님께서 무리를 떠나 집으로 들어가셨을 때(아마 가버나움에 있는 시몬 베드로의 집일 가능성이 크다) 제자들이 주님께 "밭의 가라지의 비유를 우리에게 설명하여 주소서"라고 말했다고 한다.

누가 누구인가?

예수님의 설명은 "좋은 씨를 뿌리는 이는 인자요"(마 13:37)라며 단순하게 시작된다. 인자는 주님께서 다른 어느 것보다 많이 사용하신 호칭이다. 신약성경에서 예수님을 설명하기 위해 다른 사람이 "인자"를 사용한 경우는 단 한 번뿐이다. 그 외의 모든 경우는 예수님이 친히 자기를 가리켜 사용하셨다. 이 말은 성육신하신 자로서 인간이 가지는 모든 것을 완전히 가지신 주님의 인성을 나타낸다. 이 말은 주님이 둘째 아담, 인류의 죄 없는 대표자라는 뜻이다. 또한 이 말은 주님을 메시아 예언과 연관시킨다(단 7:13).

마태복음 13장 38절에 의하면 "밭은 세상"이다. 씨 부리는 자(인자)는 밭의 주인이었을 것이다. 그는 씨를 뿌릴 수 있는 등기 권리증을 가졌다. 그는 그 밭의 주권을 가진 군주이다. 그러기에 거기서 자신의 곡식을 가꾼다. 그는 무엇을 뿌렸을까? "좋은 씨는 천국의 아들들이요." 천국의 아들들은 믿는 사람들, 즉 왕께 복종하는 사람들이다. 왕은 이들을 그의 밭인 세상에 뿌린다.

"가라지는 악한 자의 아들들이요 가라지를 뿌린 원수는 마귀요"(38-39절)라는 말씀에서 알 수 있듯이 가라지는 불신자들이다. "악한 자의 아들들"이란 말은 예수님이 요한복음 8장 44절에서 하신 말과 비슷하다. 여기서 주님은 종교 지도자들을 책망하시면서 "너희는 너희 아비 마귀에게서 났으니"라고 말씀하셨다. 요한일서 3장 10절은 하나님의 자녀가 아닌 자들은 모두 마귀의 자녀들이라고 암시한다.

분명한 메시지

이 비유의 의미는 전혀 복잡하지 않다. 인자(예수님)는 천국의 자녀들을 세상에 뿌렸다. 원수(사탄)는 인자가 뿌린 자들과 자기의 자녀들을 섞어서 곡물의 순수성을 망쳤다. 믿지 않는 자들, 곧 악한 자의 자녀들은 세상에서 신자들과 함께 산다. 마지막 심판 때에 하나님은 밀과 잡초를 분리하실 것이다.

이렇게 단순한데도, 많은 성경학자들은 핵심을 완전히 놓치고 있다. 성경이 밭은 세상을 나타낸다고 분명하게 말하는데도 놀라울 정도로 많은 주석가들이 밭을 교회로 본다. 그들은 이 비유가 교회 안에 있는 거짓된 요소들에 관한 메시지이며, 하나님이 그들을 내버려두어 주님과 천사들이 최후 심판 때 진짜와 가짜를 구별하기로 하셨다고 이해한다.

그러나 명백하게 이는 이 비유의 요지가 전혀 아니다. 그런 가르침은 징계에 대한 신약의 모든 가르침에 위배된다. 사탄은 가라지를 최대한 밀에 가까이 뿌리기를 좋아한다. 그래서 일부는 교회 안에 뿌린다. 그러나 이 비유는 그리스도인들이 교제 가운데 있는 불신자들을 용인해야 한다는 뜻이 아니다. 우리는 가짜 교사들, 사이비 신자들과 교제해서는 안 된다(요이 1:9-11). 우리는 교회에서 그런 영향들을 제거하라는 분명한 명령을 받았다(고전 5:2, 7).

이 비유는 세상에 있는 교회를 위한 교훈이지, 세상이 교회 안에 마음대로 들어와도 된다는 뜻이 아니다. 사탄은 자기 부하들을 모든 곳에 심는다. 그래서 천국에 속한 우리는 불신자들과 같은 영역에 살게 된다. 우리는 같은 공기를 마시고, 같은 음식을 먹고, 같은 길을 운전하며, 같은 이웃과 살고, 같은 공장에서 일하고, 같은 학교에 다니고, 같은 의사에게 치료받고, 같은 가게에서 쇼핑하고, 같은 햇빛을 쬐고, 같은 비를 맞는다. 그러나 영적 교제는 결코 함께해서는 안 된다(고후 6:14-16). 여기에는 다른 가르침이 없다.

알곡과 가라지의 비유가 전하는 메시지는, 단순히 하나님은 불신자의 세상을 강제로 제거하는 노력을 허용하지 않으신다는 것이다. 제자들은 낫을 들고 마귀의 자식들을 제거하려고 한다. 그들의 열정은 이해할 만하다. 우리도 시편 기자처럼 "악인이 하나님 앞에서 망하게 하소서"라고 기도할 수 있다(시 68:2). 우리는 우레의 아들 야고보와 요한이 예수님께 "주여 우리가 불을 명하여 하늘로부터 내려 저들을 멸하라 하기를 원하시나이까"(눅 9:54)라고 물은 이유를 이해할 수 있다. 이 질문은 비유에서 주인의 종들이 "우리가 가서 이것을 뽑기를 원하시나이까"(마 13:28)라고 물은 것과 본질상 같다. 주인은 지혜롭게 그것을 뽑지 말라고 했다. 가라지를 뽑으려다가 곡식까지 뽑을 수 있기 때문이다.

세상 역사를 보면 이것이 지혜로운 방침임을 알 수 있다. 이교를 제거하려는 운동이 있을 때마다 반드시 참 교회가 심한 고통을 겪었다. 예를 들어 『기독교 순교사화』(생명의말씀사)를 보라. 교회의 전 역사를 통틀어 신앙을 지키기 위해 살해당한 많은 사람들은, 하나님을 위한다고 주장하는 잘못된 열심당원들에게 죽임을 당했다. 종교재판은 교회 지도자들의 권위보다 하나님 말씀의 권위를 높이 여긴다는 이유로 수없이 많은 그리스도인을 죽였다. 내 친구 중 한 사람은 16세기 성경을 가지고 있는데, 그 성경은 단순히 성경을 가지고 있다는 이유로 죽임당한 한 순교자의 피로 얼룩져 있다. 종교적 광신자들은 늘 진정한 신자들을 원수로 여긴다. 하나님은 자기 백성에게 종교 재판을 하라고 요구하지 않으신다. 지금은 가라지를 뽑을 때가 아니다. 우리의 사명은 정치적 혹은 군사적 십자군 전쟁을 하는 것이 아니다. 지금은 심판 때가 아니다. 복수하라는 명령은 더더욱 없다. 오히려 우리는 그리스도의 대사로, 그의 자비와 은혜의 사자로 보냄을 받았다.

우리는 우연히 여기에 있는 것이 아니다. 주께서 우리를 세상에 심으셨다. 그러므로 세상을 피하려고 해서는 안 된다. 세상과 떨어져 수도원에 들어가거나 다른 신자들과 함께 도피하여 거룩한 공동체를 만들라는 성경 말씀도 없다. 우리는 심겨진 곳에서 열매를 맺어야 한다. 우리는 가라지에게 긍정적인 영향을 끼칠 수도 있다.

물론, 여기서 상징하는 바를 세분해 살펴야 한다. 진짜 가라지는 알곡이 될 수 없지만, 악한 자의 자녀는 천국의 자녀로 변화될 수 있다. 그것이 바로 구원이라는 것이다. 에베소서 2장에서 바울은 우리가 "다른 이들과 같이 본질상 진노의 자녀"(3절)였다고 기록했다. 구원은 우리에게 새로운 본질을 주어서 우리를 "불순종의 아들들"(2절)에서 "하나님의 권속"(19절)으로 변화시키고, 가라지에서 알곡으로 바뀌게 한다. 같은 장 10절에서 바울은 "우리는 그가 만드신 바라"라고 말한다. 우리는 "그리스도 예수 안에서 선한 일을 위하여 지으심을 받은 자니 이 일은 하나님이 전에 예비하사 우리로 그 가운데서 행하게 하려 하심이다." 영적인 의미에서 보면 모든 알곡의 시작은 가라지이다.

우리는 가라지를 뽑거나, 그들에게 천국 원리에 맞추어 살라고 명령해서는 안 된다. 가라지에게 좋은 곡식을 기대하는 것은 헛되다. 잡초를 다듬어 밀처럼 보이게 해도 좋은 곡식을 맺지 못한다. 마태복음 7장 6절의 산상수훈에서 예수님은 "진주를 돼지 앞에 던지지 말라"고 하셨다. 다시 말해서 천국에 속하지 않은 사람들의 사회에 천국의 원리를 강요하려 하지 말라는 것이다.

그리스도인들은 세상을 정죄하거나 외적 개혁을 강요해서는 안 된다. 물론 그들의 죄에 대해서는 경고하는 설교를 해야 한다. 우리가 받은 명령은 복음을 가르치고(마 28:19-20 참조) 의의 본이 되는 삶을 사는 것이다. 결코 하나님의 사형 집행관이 되어서는 안 된다.

세상 끝날에 대한 계획

추수 때가 오면 알곡과 가라지가 구별될 것이다. "추수꾼은 천사들이니"(마 13:39)라는 말씀대로 천사들이 세상 끝날 심판을 집행할 것이다. 가라지(악한 자의 자녀들)는 모아져 불 사름을 당할 것이다(40절). 지옥이 그들의 영원한 거처가 될 것이다. 추수꾼들은 그들을 "풀무 불에 던져 넣을 것이다"(42절). 42절 말씀에 나오는 "거기서 울며 이를 갈게 되리라"는 표현은 문자적으로 "이를 갈며 날카로운 비명을 지를 것이다"라는 의미인데, 그 모습이 참으로 끔찍하지 않은가? 천국의 자녀들("의인들"[43절])은 영원히 하나님 나라에 거할 것이다.

추수꾼들은 알곡과 가라지를 어떻게 알아볼까? 늘 그렇듯이 핵심은 그들이 맺는 영적 열매이다. 가라지는 밀과 비슷해 보이지만 밀알을 맺지 못한다. 완숙한 열매를 보아야 밀과 가라지를 분명하게 구별할 수 있다. 영적인 세계에서도 마찬가지이다. 악한 자의 자녀들이 하나님 나라의 자녀들을 흉내 낼 수 있지만 참된 의는 만들 수 없다. "좋은 나무가 나쁜 열매를 맺을 수 없다"(마 7:18). 이 비유가 이를 확인해 준다. 가라지는 "넘어지게 하는 것과 또 불법을 행하는 자들"(41절)이고 알곡은 "의인들"(43절)이다. 분명히, 알곡과 가라지를 구별하게 하는 것은 그 성품과 행위이다. 심판날에는 그 차이가 분명하게 드러날 것이다.

그러나 이 비유가 마지막 심판날까지 알곡과 가라지의 차이에 대해 무관심해도 된다고 말하는 것은 아니다. 가라지를 알곡으로 받아들이라고 권하는 것도 아니다. 또한 잃어버린 자들의 죄에 대한 무관심을 허락하지도 않는다. 밭에 잡초가 있다는 사실을 잊고 그 위험에 무관심하라고 말하지도 않는다. 다만 최종적 심판과 형벌을 주님과 천사들의 손에 맡기라고 할 뿐이다.

진정한 알곡은 그 열매에 의해 밝혀진다. 밀은 민들레 씨를 내지 않는다. 엉겅퀴처럼 자라지도 않는다. 타고난 본성으로 인해 밀은 가라지가 무성한 밭에서 자라도 밀알을 맺는다.

하나님 나라의 자녀들도 이와 마찬가지이다. 그들은 악한 자의 자녀들이 형통하는 세상에 산다. 그러나 하나님 나라의 자녀들은 하늘에 속한 본성을 가졌다. 그들이 맺는 열매는 악한 자의 자녀들이 맺는 열매와 다르다. 그것은 확실하다.

13장

천국 보화: 더 큰 가치에 전부를 투자하라

한번은 칼빈주의자 친구가 말하기를, 현대 교회는 종종 복음을 분명하게 제시하지 않아서 선택받지 못한 자들도 그것을 거부하기가 어려울 정도라고 말했다. 일리가 있는 말이다. 우리 시대가 대중화한 복음은 죄인을 회심시키기보다는 달래기 위해 사탕발림을 한 가짜약이다.

예수님이 전한 복음은 그와 완전히 다르다. 우리 주님은 종종 가장 열정적인 구도자들을 쫓아내셨다. 이미 우리는 주님이 젊은 부자 관원에게 도전하신 이야기를 공부했다. 이런 이야기는 그의 복음전도 사역에서 별난 일이 아니다. 예를 들어 누가복음 9장 57-62절은 예수님이 대단한 기대주 세 명을 돌려보내신 이야기를 다룬다. 예수님 사역 초기에 따라다니던 무리도 생각해보라. 그들 중 다수는 왜 예수님을 떠나갔는가?(요 6:66 참조) 그것은 예수님이 거듭 어려운 요구를 하셨기 때문이다. 예수님은 영생을 구하는 사람들에게 자기를 부인하고, 모든 것을 버리고, 그를 따르라고 명령하셨다. 예수님은 그의 주권적 주재권에 대한 복종을 거부하는 사람에게는 결코 구원의 소망을 제시하지 않으셨다. 마가복음 8장 34-37절에서 예수님이 무리를 향해 하신 말씀을 보면 이보다 더 직설적일 수 없다.

> 누구든지 나를 따라오려거든 자기를 부인하고 자기 십자가를 지고 나를 따를 것이니라 누구든지 자기 목숨을 구원하고자 하면 잃을 것이요 누구든지 나와 복음을 위하여 자기 목숨을 잃으면 구원하리라 사람이 만일 온 천하를 얻고도 자기 목숨을 잃으면 무엇이 유익하리요 사람이 무엇을 주고 자기 목숨과 바꾸겠느냐.

어떤 사람들은 이 말씀을 구원받은 자들에게 하신 더 높은 헌신의 단계로 나아가라는 요구라 해석해 이 명령을 완화시키려 한다.[1] 그러나 요한복음 12장 24-25절에 있는 이와 비슷한 말씀을 생각하면 그 의미를 오해할 수 없다. 여기서 주제는 명백하게 구원과 영생이다.

> 내가 진실로 진실로 너희에게 이르노니 한 알의 밀이 땅에 떨어져 죽지 아니하면 한 알 그대로 있고 죽으면 많은 열매를 맺느니라 자기의 생명을 사랑하는 자는 잃어버릴 것이요 이 세상에서 자기의 생명을 미워하는 자는 영생하도록 보전하리라.

예수님을 위해 자기를 버리는 것은 회심 후 제자도로 나아가는 선택적 단계가 아니다. 이는 구원 얻는 믿음의 필수불가결한 조건(sine qua non)이다.

---

1) Zane C. Hodges, *The Hungry Inherit*(Portland, Ore.: Multnomah, 1980)

구주께서는 늘 그런 조건으로 복음을 제시하셨다. 주님이 말씀하신 신앙의 특징은 우리의 모든 것과 그의 모든 것을 완전 교환하는 것이다. 그 이하가 될 수 없다. 마태복음 13장 44-46절에 나오는 두 가지 간단한 비유는 이 진리를 정확하게 보여준다. 이 비유는 하늘나라가 비교할 수 없이 소중하며 그리로 들어가는 사람에게 어떤 헌신이 요구되는지 보여준다.

천국은 마치 밭에 감추인 보화와 같으니 사람이 이를 발견한 후 숨겨 두고 기뻐하며 돌아가서 자기의 소유를 다 팔아 그 밭을 사느니라 또 천국은 마치 좋은 진주를 구하는 장사와 같으니 극히 값진 진주 하나를 발견하매 가서 자기의 소유를 다 팔아 그 진주를 사느니라.

두 비유의 요지는 동일하다. 하나님 나라가 값으로 매길 수 없이 부요함을 이해하는 죄인은 그것을 얻기 위해 자신이 소중히 여기는 전부를 기꺼이 버린다는 것이다. 이에 상응하는 진리도 분명하게 암시된다. 세상 보화에 매달리는 사람들은 훨씬 큰 하나님 나라의 부요함을 얻지 못한다.

일부 성경학자들은 이 비유를 이렇게 해석하는 데 반대한다. 그들은 값진 보화와 진주를 사기 위해 모든 것을 판 사람은 죄인이 아니라 그리스도라고 말한다. 한 예로 스코필드는 이렇게 썼다.

그 보화 비유에서 밭을 산 사람은 그리스도를 찾는 죄인이라 하는데, 이는 그 비유 자체로 증명되지 않는다. 밭은 세상으로 정의된다(38절). 그리스도를 찾는 죄인은 그를 얻기 위해 세상을 사는 것이 아니라 버린다. 나아가 죄인은 팔 것도 없고, 그리스도는 어디서 파는 것도 아니며, 밭에 감추어져 있지도 않고, 죄인이 그리스도를 발견했다고 다시 감추지도 않는다(막 7:24, 행 4:20 참조). 모든 면에서 그 해석은 무너진다.

우리 주님은 그의 피라는 엄청난 값을 치르고 우리를 사신 분이며(벧전 1:18), 이스라엘은 …… "밭"에 감추어져 있고, 세상(38절)은 보화이다.[2]

이와 유사한 이유로 스코필드는 "교회는 값진 진주다."라고 썼다.[3]

우리는 주님이 구체적으로 설명하지 않은 비유를 해석하는 데 독단적인 태도를 취해서는 안 된다. 그러나 나는 다음 몇 가지 이유 때문에 이 견해를 거부한다. 첫째, 이 비유는 밭을 세상이라고 말하지 않았다. 38절("밭은 세상이요")은 가라지 비유에 해당된다. 거기서 뿌려진 씨는 "하나님 나라의 자녀들"을 가리킨다. 그와 달리 땅의 비유에서 밭은 가꾸어진 마음을 가리키고, 씨는 말씀을 가리킨다. 이미지와 상징은 항상 동일하지 않다. 한 비유의 해석을 다른 비유 해석에 사용해서는 안 된다.

둘째, 스코필드는 이 비유에서 너무 많은 것을 읽어내려 한 까닭에 고전적인 해석을 거부했다. 한 비유의 상징은 몇 단계에 걸쳐 적용하도록 되어 있지 않다. 대부분의 비유들은 한 가지 주된 교훈을 담고 있다. 그래서 풍유적으로 해석하거나, 상징을 지나치게 확대하거나, 부차적인 세부 사항에서 의미를 짜내려고 하면, 불가피하게 그 비유를 망치는 순간이 온다. 사실, 스코필드의 해석을 면밀히 살펴보면, 그 자체에 모순이 있음을 알 수 있다. 스코필드가 지키려는 은혜의 교리에 무리가 되는 해석이 있는 것이다. 예를 들어 그리스도는 우연히 이스라엘을 발견하지도, 오랫동안 찾은 끝에 교회를 발견하지도 않았다. 더군다나 주님은 교회가 큰 희생을 치를 만한 귀한 보화이기 때문에 이스라엘과 교회를 사신 것도 아니다. 그들

---

2) C. I. Scofield, ed. *The Scofield Reference Bible*(New York: Oxford, 1909), 1017.
3) Ibid.

은 다른 모든 죄인과 마찬가지로 그리스도가 구속하기 전까지는 쓸모없는 쓰레기였다(고전 1:26-29 참조). 주님은 본래부터 귀한 것을 발견하여 사신 것이 아니다. 오히려 전혀 무가치한 것을 사서 귀중하게 만드셨다.

셋째로, 이 이유가 가장 중요한데, 예수님이 이 비유들을 주신 것은 화목을 설명하려는 목적이 아니라 하나님 나라의 비밀을 드러내려는 목적이라는 것이다. 성경 해석자들은 가장 단순하고 가장 명확한 해석이 정상적인 해석임을 알고 있다. 이 이야기들에 대한 가장 명확한 해석은, 이 비유들이 우리의 모든 소유를 다 합한 것보다 하나님 나라를 더 귀한 보화로 그린다는 것이다. 이 해석은 구원의 방법에 대한 예수님의 다른 모든 가르침들과 일치한다.[4] 확신이 들지 않는다면 마가복음 10장 21절에서 예수님이 젊은 부자 관원에게 하신 말씀과 이 비유들을 비교해 보라. "가서 네게 있는 것을 다 팔아 가난한 자들에게 주라 그리하면 하늘에서 보화가 네게 있으리라." 놀라울 정도로 서로 대응한다. 보화를 얻고자 모든 것을 판 사람은 바로 하나님 나라에 들어가는 사람이다.

밭에 감추인 보화 비유

팔레스타인에서는 소중한 것을 비밀한 곳에 묻어두는 일이 흔했다. 이스라엘은 전쟁의 땅이었다. 유대 역사는 전투와 포위, 훔치고 약탈하는 정복군으로 가득하다. 1세기 유대 역사가 요세푸스는 "유대인이 가졌거나,

---

[4] 매컬리(J. C. Macaulay)는 이 비유들을 스코필드와 비슷하게 해석하고 있지만, 그럼에도 불구하고 이런 탁월한 관찰을 한다. "하나님의 선물은 영생'이지만, 하나님 나라에 들어가는 것은 엄청난 비용이 들어가는 일이다. 그래서 그리스도는 친히 우리에게 값을 계산해 보라고 경고하셨다. 그리고 '이와 같이 너희 중의 누구든지 자기의 모든 소유를 버리지 아니하면 능히 내 제자가 되지 못하리라'(눅 14:28-33)고 덧붙이셨다. 감추인 보화 비유가 우리에게 다른 무엇을 가르치든, 분명히 우리가 명심할 것은 하나님 나라에 들어가는 데는 비용이 들지만, 그것은 그 비용보다 더한 가치가 있다는 것이다." *Behold Your King*(Chicago: Moody, 1982), 114.

불확실한 전쟁에 대비해 땅속에 감춘 금과 은과 매우 소중한 가구들"[5]을 기록했다. 마태복음 13장 44절은 이를 한 절로 완전히 표현한 비유이다.

> 천국은 마치 밭에 감추인 보화와 같으니 사람이 이를 발견한 후 숨겨 두고 기뻐하며 돌아가서 자기의 소유를 다 팔아 그 밭을 사느니라.

예수님은 이 비유 속의 사람이 어떻게 보화를 발견했는지 말씀하지 않으셨다. 어쩌면 그는 밭주인에게 고용되어 밭을 경작하다가, 혹은 우연히 그 밭을 지나다가 땅에서 튀어나온 보화에 발이 걸렸을 수 있다. 그는 즉시 그 보화를 발견한 곳에 묻었다. 그리고 그가 가진 전부를 팔아 그 밭을 사서 보물을 자기 소유로 삼았다. 이 행위는 비윤리적인가? 그 보화는 법적으로 밭주인의 소유가 아닌가? 아니다. 랍비들의 법에 의하면, 만일 어떤 사람이 떨어진 과일이나 돈을 발견한다면, 그것은 발견한 사람의 것이다. 분명히 이 감추인 것은 땅 주인의 소유가 아니었다. 그렇다면 밭을 팔기 전에 파냈을 것이다. 분명 지금은 죽고 없는 이전 주인의 소유였을 것이다. 어쩌면 발견되지 않은 채 여러 세대 동안 그 자리에 있었을 수 있다. 그래서 그것을 발견한 사람이 정당하게 소유권을 주장할 수 있었다.

사실 이 사람의 행동은 그가 얼마나 공평하고 정직한지 보여준다. 그는 그 보화를 그냥 가져갈 수도 있었다. 그것이 가장 현명한 방법일 수 있다. 아니면 그 밭을 살 수 있을 만큼만 보화를 몰래 가져갈 수도 있었다. 그러나 그는 그러지 않았다. 그 대신 자신의 모든 소유를 정리해 밭을 샀다. 그래서 누구도 비윤리적으로 보화를 획득했다고 비난하지 못하게 했다.

---

5) William Barclay, *The Gospel of Matthew*, vol. 2 (Philadelphia: Westminster, 1958), 93-94에서 인용.

값진 진주 비유

값진 진주 비유는 약간만 다르다.

또 천국은 마치 좋은 진주를 구하는 장사와 같으니 극히 값진 진주 하나를 발견하매 가서 자기의 소유를 다 팔아 그 진주를 사느니라(마 13:45-46).

여기서 우리는 진주를 전문으로 취급하는 도매상을 만난다. 첫째 비유에 나오는 사람과 달리 그는 진주를 우연히 발견하지 않았다.[6] 그의 삶은 끝없이 귀한 진주를 찾아서, 소매상들에게 파는 삶이었다. 그러다가 그날 세상 다른 어느 것보다 원하는 진주 하나를 발견했다.

진주는 가장 값비싼 보석이었다. 그래서 부자들은 투자를 위해 진주를 구입했다. 탈무드는 진주는 값으로 매길 수 없다고 말한다. 실제로 이집트인은 진주를 숭배했다. 디모데전서 2장 9절은 진주를 머리에 달아 자기 부를 자랑하는 여자에 대해 이야기한다. 또 예수님은 진주를 돼지에게 주지 말라고 경고하시며(마 7:6) 가장 부정한 동물로 돼지를, 가장 귀한 보석으로 진주를 대비시키셨다. 심지어 예언도 진주의 소중함을 강조한다. 하늘에서 내려오는 성에 대한 요한의 환상에도 커다란 진주 문이 나온다(계 21:21).

하나님 나라의 가치

이 비유를 통해 주님은 유대 청중들이 소중하게 간직하는 전제가 틀렸음을 지적하셨다. 그들은 하나님 나라의 시민이 되는 일은, 한 지파의 구

---

6) 어떤 사람들은 보화를 발견한 사람처럼 우연히 하나님 나라를 발견한다. 다른 사람들은 진주를 산 장사처럼 부지런히 찾은 끝에 발견한다. 그러나 어느 경우든 그 가치를 알고 나면 그들은 그것을 가지기 위해 모든 것을 희생한다.

성원이 되는 일과 같아서 자기들의 혈통만으로도 하나님 나라에 자연히 들어가도록 정해졌다고 믿었다. 그런데 이 비유들은 그들이 하나님 나라를 당연하게 여기지 않도록 경고한다. 누구도 하나님 나라를 자동적으로 얻지 못한다. 두 비유의 요지는 "하나님 나라는 오직 그 나라의 측정할 수 없는 가치를 알고 그것을 얻기 위해 다른 모든 것을 기꺼이 희생하는 사람만을 위한 것이다."이다. 천국의 지부에 머물거나 천국의 영향력에 감동하는 것으로는 충분하지 않다.[7] 하나님 나라를 전심으로 받아들여야 한다. 전심이란 자신이 가질 수 있는 다른 모든 것보다 더 귀한 보화 하나를 사기 위해 전부를 즐거이 버리는 사람의 열정을 말한다.

하나님 나라는 비교가 불가능할 정도로 부요하다. 거기에는 그리스도가 계시고 그가 주시는 모든 것(영생과 무한한 복)이 있다. 그것은 썩지 않고 더러워지지 않고 시들지 않고 끝이 없다. 그 가치는 세상에서 가장 귀한 보화나 가장 좋은 진주를 훨씬 능가한다. 그런데 많은 사람은 그 부요함을 알아보지 못한다. 밭에 감추인 보화처럼, 수많은 사람이 모르고 지나친다. 고린도전서 2장 14절은 말한다. "육에 속한 사람은 하나님의 성령의 일들을 받지 아니하나니 이는 그것들이 그에게는 어리석게 보임이요, 또 그는 그것들을 알 수도 없나니 그러한 일은 영적으로 분별되기 때문이라." 이 구절은 이사야에서 따온 말씀 다음에 나온다. "하나님이 자기를 사랑하는 자들을 위하여 예비하신 모든 것은 눈으로 보지 못하고 귀로 듣지 못하고 사람의 마음으로 생각하지도 못하였다 함과 같으니라"(고전 2:9, 사 64:4 참조). 사람의 지혜로는 어리석고, 사람의 눈으로는 보지 못하고, 사람의 귀로는 듣지 못하고, 사람의 마음으로는 생각하지 못한다면, 하나님 나라의 실상

---

7) 마태복음 13장 31-35절 참조. 겨자씨와 누룩 비유의 요지가 이것이다.

을 누가 알 수 있겠는가? "오직 하나님이 성령으로 이것을 우리에게 보이셨다"(고전 2:10). 하나님이 우리의 마음을 열어 우리의 생각을 초월하는 그의 나라의 부요함과 축복을 이해하게 하신다.

하나님 나라의 소중함을 맛본 사람은 그것을 얻기 위해 자신의 전부를 즐겁게 내놓는다. 보화를 발견한 사람이 자기의 모든 소유를 즐거이 판 것에 주목하라(마 13:44). 훨씬 더 좋은 것을 위해 자신의 소유를 희생하는 일은 힘든 일이 아니었다. 그는 팔아버린 쓰레기를 슬퍼하지 않고, 새로 찾은 부를 기뻐했다. 모든 소유를 포기하는 것은 그 엄청난 부를 위해 즐겁게 지불할 수 있는 값이었다. 구원이 이와 같다. 중생하지 못한 사람에게는 그리스도께 모두 드리는 일이 생각만 해도 끔찍하다. 그러나 믿음을 가진 사람은 크게 기뻐하며 주인께 순종한다. 죄로부터의 영광스러운 자유와 영원한 생명이라는 한없는 축복만이 가장 귀하다. 바울은 영원한 가치가 있는 것을 얻고자 전부를 버리는 즐거움을 이해했다.

> 그러나 무엇이든지 내게 유익하던 것을 내가 그리스도를 위하여 다 해로 여길 뿐더러 또한 모든 것을 해로 여김은 내 주 그리스도 예수를 아는 지식이 가장 고상하기 때문이라 내가 그를 위하여 모든 것을 잃어버리고 배설물로 여김은 그리스도를 얻고 그 안에서 발견되려 함이니(빌 3:7-9).

그리스도를 아는 풍성한 보화에 비한다면, 삶의 다른 모든 것은 배설물과 같았다. 이 사람은 보화를 샀다. 그는 보화를 얻기 위해 모든 것을 팔았다. 그의 유업, 자기 의, 그의 돈, 그의 교육 등 모든 소중한 것들은 그가 얻을 부에 비하면 배설물에 불과했다. 그는 하나님 나라를 얻기 위해 기쁘게 모든 것을 포기했다. 이것이 구원 얻는 믿음의 본질이다.

그리스도를 따르는 비용

구원을 받으려면 문자 그대로 모든 것을 팔고 가난하게 살기로 서약해야 하는가? 아니다. 또한 이 비유들은 죄인이 그리스도께 나아오기 전에 자신의 죄를 먼저 없애야 한다고 가르치지도 않는다. 그 진정한 의미는, 구원 얻는 믿음은 어떤 특권도 가지지 않으며 어떤 요구도 하지 않는다는 것이다. 신앙은 어떤 죄도 간직하지 않고, 세상 어떤 소유도 그리스도보다 더 소중하게 여기지 않으며, 자신이 은밀히 추구하던 것도 붙들지 않는다. 그 대신 주님께서 무엇을 요구하시든 무조건 순종하려는 마음을 낳는다.

영원한 생명은 실로 하나님이 값없이 주시는 선물이다(롬 6:23). 구원은 선행으로 획득하거나 돈으로 살 수 없다. 이미 그리스도께서 그의 피로 값을 치르고 사셨다. 그리스도께서 믿는 모든 사람을 위해 완전한 구속을 사셨다. 이제 더 지불할 것이 없다. 우리 자신의 행위로 구원을 얻을 여지가 없다. 그렇다고 구원이 죄인의 삶에 미치는 영향 면에서 값이 없다는 의미는 아니다. 이 역설이 어렵다고 외면해서는 안 된다. 구원은 공짜이면서도 값비싼 것이다. 영원한 생명과 함께 즉각적인 자아의 죽음이 이루어진다. "우리가 알거니와 우리의 옛 사람이 예수와 함께 십자가에 못 박힌 것은 죄의 몸이 죽어 다시는 우리가 죄에게 종 노릇 하지 아니하려 함이니"(롬 6:6). 그리스도가 우리를 대신해 죽으셨다면, 우리도 그와 함께 죽은 것이며(고후 5:14). 우리는 우리 자신을 "죄에 대하여는 죽은 자요 그리스도 예수 안에서 하나님께 대하여는 살아 있는 자로"(롬 6:11) 여겨야 한다.

이것이 주님께서 자기 십자가를 지고 따르라 하신 말씀의 의미이다. 그분은 우리에게 주의해서 값을 계산해 보라고 명하셨다. 즉 우리의 모든 것과 그의 모든 것을 바꾸라고 요구하셨다. 절대적인 순종(그의 주재권에 대한 무조건적인 복종)을 요구하신 것이다. 게할더스 보스는 다음과 같이 말했다.

예수님은 제자들에게 그들의 삶에 대한 하나님의 지배권에 저항하는 세상 모든 관계와 소유를 버리라고 요구하셨다. 마태복음 10장 39절, 16장 25절, 누가복음 14장 25-35절 …… 내적으로 그 영혼이 최고로 붙드는 것들을 원칙적으로 깨뜨려, 이제부터 하나님이 그 자리를 차지하게 해야 한다는 것이다.[8]

우리 주님이 요구하신 이 복종을 비웃는다면 그 "신앙"은 구원 얻는 신앙이라 할 수 없다. 그리스도를 주로 모시기는 거부하면서 그분을 구주라 주장할 수 없는 법이다. 물론 새신자가 회심하는 순간에 예수님의 주재권의 의미를 모두 완전히 이해하기는 어렵다. 그러나 진정한 신자는 누구나 순종하려는 소원을 갖는다. 이것으로 참 신앙과 가짜 고백이 구별된다. 참 신앙은 겸손하고, 순종하며, 복종하는 마음을 낳는다. 영적인 이해가 깊어감에 따라 순종이 더 깊어진다. 참된 신자는 모든 것을 그의 주재권 앞에 버림으로써 그리스도를 기쁘시게 하려는 열망을 보인다. 하나님의 권위에 굴복하려는 이런 의지가 모든 하나님 나라 자녀들의 마음을 움직이는 힘이다. 이것은 새로운 본성에서 불가피하게 나타나는 것이다.

주의 깊게 계산하라

이 비유들은 비용을 계산하지 않고 예수님을 믿으려는 사람들에게는 분명한 경고가 된다. 우리 주님은 변덕스러운 무리들에게 그를 따르기 전에 먼저 주의 깊게 비용을 계산해 보라고 권하셨다(눅 14:28-31). 주님은 헌신되

---

8) Geerhardus Vos, *The Kingdom of God and the Church*(Nutley, N.J.: Presbyterian and Reformed, 1972), 94.

지 않은 대중의 긍정적인 반응을 환영하기보다, 자신의 소유를 모두 그의 나라에 투자할 의향이 있는 사람들만 찾으셨다.

지혜로운 투자자라면 보통 모든 돈을 한 투자처에 쏟아 넣지 않는다. 그런데 두 비유에 나오는 사람들은 정확히 그렇게 했다. 첫째 사람은 모든 것을 팔아 밭 하나를 샀고, 둘째 사람은 모든 것을 팔아 진주 하나를 샀다. 그렇지만 그들은 비용을 계산했고, 자기들이 사려는 것이 궁극적으로 투자의 가치가 있음을 알았다. 이것은 구원 얻는 믿음을 완벽하게 보여준다. 진정으로 그리스도를 믿는 사람은 양쪽에 투자하지 않는다. 진정한 신자는 비용을 계산해 보았기에 즐겁게 모든 것을 그리스도께 드린다.

모세도 비용을 계산했다. 성경은 그가 "그리스도를 위하여 받는 수모를 애굽의 모든 보화보다 더 큰 재물로 여겼으니 이는 상 주심을 바라봄이라"(히 11:26)고 말한다. 그는 그리스도를 위해 고난을 받고자 세상의 엄청난 부를 포기했다. 바로의 궁전에 사는 애굽 사람들은 분명 모세가 부와 수모를 바꾼다고 생각했을 것이다. 그러나 모세는 실제로 자신이 애굽과 하늘의 상급을 바꾸는 것임을 알았다. 그는 하나님 나라의 무한한 가치를 이해했기에 재고하지도 않고 엄청난 부를 포기했다.

마음을 다한 헌신, 어떤 비용을 치르더라고 그를 바라는 마음, 무조건적인 복종, 자아와 구주의 완전한 교환. 이것이 주 예수님이 요구하시는 반응이다. 오직 이 반응만이 하나님 나라의 문을 열 수 있다. 이 세상의 눈으로 본다면, 사람이 치를 수 있는 가장 비싼 값이다. 그러나 하나님 나라의 관점에서 본다면, 전혀 희생이 아니다.

14장

포도원의 품꾼:
하나님 나라의 통치 방식

『천로역정』 마지막 부분에서 존 번연은 천국의 문들에도 지옥으로 들어가는 문이 있다고 말한다. 유다가 그 증거이다. 입맞춤으로 그리스도를 배신하던 밤, 그는 예수님 앞에서 영원히 떨어져 나가 그의 영원한 저주에 인을 쳤다. 유다처럼 예수님께 가까이 나아와 진리를 배우고 믿음을 고백했지만, 결국은 예수님의 주재권에 복종하지 않아 천국을 완전히 잃게 될 사람이 얼마나 많을지 누가 알겠는가? 어떤 면에서 보면 그들은 천국 문에서 지옥으로 들어간다.

그러나 이와 반대되는 경우도 주 예수님의 지상 사역에서 종종 나타난다. 가장 비천한 죄인들이 지옥의 문턱에서 천국으로 인도되는 것이다. 세리들과 창기들, 도둑들과 거지들이 모두 지상의 쓰레기 같은 삶을 풍성하고 영원한 삶으로 바꾸시는 그리스도를 구주로 발견했다. 그리스도는 잃어버린 자를 찾아 구원하러 오셨기에 불에 그슬린 막대기와 같은 그들을 기꺼이 꺼내주셨다. 아무리 죄에 깊이 빠졌어도 그의 구원 능력이 미치지 못할 사람은 없다. 그리스도는 그들을 위해 다른 누구도 할 수 없는 일을 하셨다. 그는 귀신들린 사람에게서 완악한 군대 귀신을 쫓아내셨고(눅 8:26-35), 누더기가 된 나병환자의 몸을 만져 온전하게 하셨다(마 8:1-3). 예수님은 그런 사람들에게 이끌리셨고, 그들 또한 예수님께로 이끌려 구원을 얻었다.

예수님은 항상 이런 사람들을 온전히 구원하셨다(히 7:25 참조). 회개하고 믿음으로 그리스도께 굴복하는 모든 죄인들은 완전한 구원을 얻었다. 예수님은 영향력 있는 유대인 종교 지도자(요 3:1-16)를, 간음한 사마리아 여인(요 4:7-29)보다 더 선호하지 않으셨다. 주님은 나다나엘과 같이 간사한 것이 없는 사람(요 1:47-51)과 마태와 같이 도둑질하는 세리(마 9:9)를 제자로 삼으셨다.

구원은 이렇게 역사한다. 구속받은 사람들은 모두 동일한 영생을 얻었다. 젊고 늙고, 귀하고 천하고, 바리새인이고 세리이고 차이가 없다. 그리스도께 나아오는 사람은 과거의 일로 사랑받거나 혹은 멸시받지 않았다. 모두 다 동일한 영생을 받았다.

이것은 우리가 알아야 할 중요한 진리이다. 앞에서도 보았지만, 구원 얻는 믿음은 우리의 모든 것과 그리스도의 모든 것을 교환하는 일이다. 그렇다고 이 말이 영생을 맞교환하여 얻는다는 뜻은 아니다. 우리의 삶을 복종시켜 구원을 사는 것도 아니다. 영생은 우리 삶의 질과 길이에 비례해 주어지는 선물이 아니다. 그리스도께 굴복하는 사람은 누구든 그리스도께서 주시는 모든 것을 얻는다.

마태복음 20장 1-16절에서 예수님은 이 진리를 예화로 설명하셨다.

천국은 마치 품꾼을 얻어 포도원에 들여보내려고 이른 아침에 나간 집 주인과 같으니 그가 하루 한 데나리온씩 품꾼들과 약속하여 포도원에 들여보내고 또 제삼시에 나가 보니 장터에 놀고 서 있는 사람들이 또 있는지라 그들에게 이르되 너희도 포도원에 들어가라 내가 너희에게 상당하게 주리라 하니 그들이 가고 제육시와 제구시에 또 나가 그와 같이 하고 제십일시에도 나가 보니 서 있는 사람들이 또 있는지라 이르되 너희는 어찌하여 종일토록 놀고 여기 서 있느냐 이르되 우리를 품꾼으로 쓰는 이가 없음이니이다 이르되 너희도 포도원에 들어가라 하니라 저물매 포도원 주인이 청지기에게 이르되 품꾼들을 불러 나중 온 자로부터 시작하여 먼저 온 자까지 삯을 주라 하니 제십일시에 온 자들이 와서 한 데나리온씩을 받거늘 먼저 온 자들이 와서 더 받을 줄 알았더니 그들도 한 데나리온씩 받은지라 받은 후 집 주인을 원망하여 이르되 나중 온 이 사람들은 한 시간밖에 일하지 아니하였거늘 그들을 종일 수고하며 더위를 견딘 우리와 같게 하였나이다 주인이 그 중의 한 사람에게 대답하여 이르되 친구여 내가 네게 잘못한 것이 없노라 네가 나와 한 데나리온의 약속을 하지 아니하였느냐 네 것이나 가지고 가라 나중 온 이 사람에게 너와 같이 주는 것이 내 뜻이니라 내 것을 가지고 내 뜻대로 할 것이 아니냐 내가 선하므로 네가 악하게 보느냐 이와 같이 나중 된 자로서 먼저 되고 먼저 된 자로서 나중 되리라.

이미 살펴본 다른 비유들과 같이 예수님의 이 비유도 하나님 나라에 관해 말하고 있다(1절). 이 비유는 공정 노동에 관한 강의가 아니라, 영적인 교훈임을 명심해야 한다. 예수님은 여기서 하나님이 은혜로 다스리시는 곳, 즉 그리스도가 다스리고 통치하는 나라에서는 일이 어떻게 이루어지는지 설명하신다. 맥락을 잘 살펴보자. 거기에 의미를 파악하는 중요한 단서가 있다.

마태복음 19장 마지막 절에서 우리는 이 비유가 "먼저 된 자로서 나중 되고 나중 된 자로서 먼저 될 자가 많으니라"(30절)라는 동일한 사상으로 괄호가 열리는 것을 볼 수 있다(20:16 참조). 분명히 이 비유는 이 명제를 입증하기 위해 주어진 것이다.

이것은 과연 무슨 의미일까? 이 비유는 격언 형태의 수수께끼이다. 어떻게 먼저 된 사람이 나중 되고, 나중 된 사람이 먼저 될까? 그것은 나중 온 사람과 먼저 온 사람이 같을 때에만 가능하다. 도보 경기에서는 이것을 무승부 혹은 동점(tie)이라 부른다. 누구도 앞서거나 뒤지지 않았다. 그래서 나중 된 자가 처음이고 처음 된 자가 나중이다. 모든 사람이 동시에 결승선을 통과한다.

정확하게 이것이 이 비유의 요지이다. 이 땅의 주인은 아침 일찍 나가 포도원에서 일할 일꾼을 고용했다. 그는 몇 사람을 하루 한 데나리온에 고용했다. 그날 그는 사람들을 고용하기 위해 시장에 네 번(9시, 12시, 15시 그리고 17시) 더 갔다. 저녁이 되어 그날 품삯을 지불할 때가 되자, 그는 모든 일꾼에게 그들이 일한 시간과 상관없이 동일하게 주었다.

공평성 문제

온종일 일한 일꾼들은 속았다고 생각했다. 그러나 땅 주인이 그들을 불공평하게 대한 것은 아니었다. 다만 일한 시간이 적은 사람들에게 너그러웠을 뿐이다. 하루 한 데나리온은 후한 품삯으로, 군인의 하루 일당에 해당했다. 아무도 불평할 이유가 없었다. 모든 사람이 서로 약속한 그 금액

(하루 한 데나리온)을 받았다(마 20:2). 그들은 그 조건으로 일하러 왔다. 그러므로 그것은 공평한 처사이다. 문제는 그들이 받은 대우에 있지 않다. 문제는 이 일꾼들이 다른 사람들이 받은 행운을 용납할 수 없다는 데 있다. 그들의 마음은 시기심으로 가득 찼다.

인간의 관점에서 볼 때 하루 종일 일한 사람에서 공감하기가 얼마나 쉬운지 모른다. 우리는 모두 똑같이 받지 않고 일부가 좀 더 많이 받는 불평등을 용납할 수 없다. 우리 마음은 불평등은 반드시 불의라고 생각하게 되어 있다. 그러나 때로 불평등한 대우는 너그러움의 표시일 수 있는데, 바로 이 경우가 그렇다. 땅 주인은 "내가 선하므로 네가 악하게 보느냐"(마 20:15)라며 그 사람들의 질투를 꾸짖는다.

땅 주인의 너그러움이 악한 것이 아니라, 일꾼들의 질투가 악한 것이다. 그들은 자기처럼 오랫동안 혹은 고되게 일을 하지 않은 사람이 동일한 삯을 받는다는 생각을 견딜 수 없었다. 그래서 그들은 즐거워하지 않고 불평했다.

평등의 문제

이 비유의 영적인 요지는 무엇인가? 이 비유는 하나님 나라에 대해 어떤 의미를 가지는가? 그리 어렵지 않다. 먼저 여기서 주인은 하나님이고, 포도원은 하나님 나라(하나님의 통치, 구원의 영역)이다. 일꾼들은 하나님 나라에 들어와 하나님을 섬기는 사람들이다. 일을 한 날은 그 사람의 일생이다. 저녁은 영원에 들어가는 때이고, 데나리온은 영생이다.

여기서 예수님이 말씀하시는 것은, 하나님 나라에 나아오는 사람은 오랫동안 하나님을 위해 수고했든지 아니면 지상의 삶이 끝나는 마지막 순간에 구원을 받았든지 상관없이 모두 다 영생을 얻는다는 것이다. 그가 섬긴 시간이 얼마나 길고 짧은지 또는 그의 여건이 얼마나 어렵고 쉬웠는지는 문제가 아니다. 하나님 나라에 들어가는 사람은 모두 다른 사람들처럼 영생을 얻는다. 하나님 나라는 공로제가 아니다. 영생은 우리가 이곳 세상에서 얼마나 신실하게 일했는지에 따라 주어지는 것이 아니다. 순전히 하나님이 주시는 은혜의 선물이다.

어떤 사람들은 평생 그리스도를 섬긴다. 다른 사람들은 삶을 허비하다가 죽음을 앞두고 주님께로 돌아온다. 어느 경우든 영생은 같다. 죽을 때 회심한 사람도 사도들과 같이 영원한 삶이라는 동일한 영광을 받는다. 그러나 이것은 불공평한 일이 아니다. 우리 중 누구도 영생을 받을 자격을 갖춘 사람이 없다. 아버지께서 그 나라의 모든 풍성함을 우리 모두에게 주기로 하셨다(눅 12:32 참조).

나에게는 유대인 혈통을 가진 목사 친구가 있다. 그는 그리스도인이 된 날부터 어머니를 위해 기도하고 증거했다. 그러나 어머니는 죽기 직전까지 예수님이 메시아이심을 한결같이 부인했다. 생애 마지막 주간에 친구는 어머니에게 한 번 더 복음을 전했고, 어머니는 예수님을 주와 그리스도로 받아들였다. 지금 내 친구는 어머니도 자신과 같이 영생을 상속하리라는 확신을 가지고 있다. 그들은 하나님 나라에서 영원을 함께 지낼 것이다. 이것이 평등한가? 그렇지 못할 수 있다. 그러나 이것은 사랑의 하나님의 놀라운 은혜를 보여준다.

마태복음 19장에서 예수님이 젊은 부자 관원을 돌려보내셨을 때, 베드로는 "보소서 우리가 모든 것을 버리고 주를 따랐사온대 그런즉 우리가 무엇을 얻으리이까"(마 19:27)라고 물었다. 다시 말해서, "우리는 아침 6시에 일을 시작했습니다. 우리는 여기에 처음 온 자이고, 큰 비용을 치르고 평생회원으로 등록했습니다. 그 대가로 우리는 무엇을 받게 됩니까?"라는 질문이었다.

포도원 일꾼의 비유는 그 질문에 대한 대답이다. 제자들은 그리스도를 따른 데 대한 최종적인 보상이 어떻게 될지 분명하게 알지 못했다. 그중 일부는 아직도 그리스도께서 어느 순간 악한 정치 세력을 뒤엎고 가시적인 지상 나라를 세우리라 생각했을 것이다. 아마 그들은 요직을 다스리는 특별한 자리를 받게 되리라고 생각했을 것이다. 예수님이 죽음에서 부활했을 때에도 그들은 "주께서 이스라엘 나라를 회복하심이 이때니이까"(행 1:6)라고 물을 정도였다. 곧 "지금이 우리가 우리의 왕관과 보좌를 얻을 때입니까?"라는 질문이었다.

예수님은 이 비유를 하신 직후에 자신의 죽음을 예언하셨다(마 20:17-19). 그다음 몇 구절은 야고보와 요한의 어머니가 예수님께 나아와서, 하나님 나라가 오면 자기 자식들에게 예수님 양편의 특별한 자리를 달라고 부탁하는 이야기가 나온다. 그들은 아직도 예수님의 메시지를 이해하지 못했던 것이다.

하나님 나라에 있는 자리는 공로로 획득하는 것이 아니다. 그것은 얼마나 오랫동안 일했는지, 혹은 얼마나 더운 날 일했는지에 상관없이 하나님께서 주시는 것이다. 그 나라에는 세리, 창녀, 거지, 소경들도 들어갈 것이다. 사도와 순교자와 평생 하나님을 섬긴 사람들도 들어갈 것이다. 참호 속에서 포탄에 맞아 죽기 직전에 회심한 사람들도 들어갈 것이다. 그들 모두 동일한 영생과 축복을 얻는다. 그들이 자격을 갖추었기 때문이 아니라 하나님이 은혜로우시기 때문이다.

서신서들은 섬김에 대해 다양한 상급과 면류관이 있다고 설명한다. 그러나 그것은 이 비유가 말하는 요지가 아니다. 여기서 핵심은 평등한 영생이다. "너희는 유대인이나 헬라인이나 종이나 자유인이나 남자나 여자나 다 그리스도 예수 안에서 하나이니라"(갈 3:28). 나중 된 자가 처음이 되고 처음 된 자가 나중이 된다.

하나님 나라의 원리

이 비유에서 흘러나오는 몇 가지 분명한 진리를 언급해야겠다. 물론 비유의 부차적인 사항들 자체는 교리를 확립하는 확고한 근거가 될 수 없다. 그러나 이 비유에서는 성경이 다른 곳에서 확증하는 몇 가지 중요한 원리를 찾아볼 수 있다.

첫째, 구원을 주권적으로 시작하는 이는 하나님이시다. 자기 포도원에서 일할 일꾼을 구하러 나간 땅 주인처럼, 하나님은 구원을 시작하는 분이시다. 하나님은 찾는 자요 구하는 자로, 죄인들을 그의 나라로 데려가는 분이시다. 우리는 그리스도를 따르려는 소원을 가지고 반응한다. 그러나 그 소원조차도 하나님이 우리 마음에 역사하신 결과이다. 구원은 궁극적으로 인간이 결정하지 않는다. 하나님은 우리 믿음의 창시자요 완성자이시다(히 12:2 참조. 한글 개역개정 성경은 "믿음의 주요 또 온전하게 하시는 이"라고 번역함_ 옮긴이). 우리가 하나님을 사랑하는 것은 하나님이 먼저 우리를 사랑하셨기 때문이다(요일 4:19 참조). 그러므로 우리는 무엇을 받아야 하는지 결정할 권리가 없다. 만일 하나님이 우리를 일찍 찾으셔서 우리가 평생 하나님을 섬겼다면, 그것은 하나님이 선택하신 일이다. 만일 하나님이 우리를 늦게 찾으셔서 우리가 짧은 기간만 섬겼다면, 그것 역시 하나님이 선택하신 일이다.

둘째, 하나님이 구원의 조건을 정하신다. 땅 주인은 아침에 고용한 사람들에게 한 데나리온을 주겠다고 했다. 주인이 값을 제시했고 그들은 동의했다. 늦게 온 사람들은 아무 협상도 하지 않았다. 주인이 "내가 너희에게 상당하게 주리라"(마 20:4)고 했을 뿐이다. 그들은 그 조건을 받아들였다. 젊은 부자 관원은 그렇게 하지 않았다. 그리스도께서 영생에 대한 값을 제시하셨지만, 그는 그 조건을 거부했다. 가장 어려운 처지에 있는 사람들이 조건에 대한 협상을 가장 덜 할 가능성이 크다.

셋째, 하나님은 끊임없이 사람들을 그의 나라로 부르신다. 이 비유에서 땅 주인은 포도원에서 일할 일꾼을 구하기 위해 거듭해서 장터에 나갔다. 마찬가지로 하나님도 그의 나라를 위해 일꾼 모으기를 멈추지 않으신다. 예수님은 요한복음 9장 4절에서 "때가 아직 낮이매 나를 보내신 이의 일을 우리가 하여야 하리라 밤이 오리니 그 때는 아무도 일할 수 없느니라"고 하셨다. 심판의 밤이 속히 오고 있지만, 그는 계속 일할 사람을 부르신다.

넷째, 하나님이 구속하는 모든 사람은 그를 위해 일하기를 원한다. 이 비유 속의 사람들은 할 일을 구했다. 그래서 그들은 시장으로 갔다. 포도원으로 간 사람은 모두 일을 했다. 일부는 마지막 시간만 일했고 일부는 종일 일하긴 했지만 모든 사람이 일을 했다. 이것이 구원이 이루어지는 방식이다. 신앙은 행위로 드러난다(약 2:24).

다섯째, 하나님은 자기의 어려움을 아는 사람들을 불쌍히 여기신다. 시장에서 일할 곳을 찾는 사람들은 자신의 어려움을 알아 그곳에 왔다. 땅 주인이 왜 놀고 있느냐고 물었을 때, 그들은 "우리를 품꾼으로 쓰는 이가 없음이니이다"(마 20:7)라고 대답했다. 그들은 반드시 일을 찾아야 했기 때문에 종일 시장에 머물렀다. 이처럼 가난과 극한 어려움을 느끼는 마음이 구원 얻는 믿음의 특징이다(마 5:3, 6). 주님은 만족하는 사람, 자기 자신만으로 충분한 사람이 아니라 자신의 곤경을 아는 사람을 그의 나라로 불러들이신다.

여섯째, 하나님은 그의 약속을 지키신다. 땅 주인은 자신이 주겠다고 한 삯을 정확하게 지불했다. 약속보다 덜 받은 사람은 없다.

마지막으로, 하나님은 약속한 것을 반드시 주실 뿐 아니라 우리에게 합당한 것 이상을 주신다. 구원은 순전한 은혜이다. 구원받을 자격이 있는 사람은 아무도 없다. 그러나 하나님은 믿는 자 모두에게 동일하게 주신다. 하나님은 "우리를 구원하시되 우리가 행한 바 의로운 행위로 말미암지 아니하고 오직 그의 긍휼하심을 따라 중생의 씻음과 성령의 새롭게 하심으로"(딛 3:5) 하신다.

하나님 나라에는 시기심이 들어갈 틈이 없다. 단 하나의 바른 반응은 지극한 겸손이다. 우리가 하나님께 받는 모든 것은 자격 없이 받는 복이다. 우리가 얼마나 오래, 얼마나 일을 잘했는가는 하나님 나라에서 우리가 차지할 위치와 상관이 없다. 하나님은 항상 우리 모두에게 우리가 받아야 할 것을 훨씬 능가하는 것을 주신다. 우리는 주님이 다른 사람을 위해 살진 송아지를 잡았다고 불평하거나, 하나님 나라에 나중 들어온 사람도 마찬가지로 놀라운 자리를 얻었다고 불만을 가져서는 안 된다. 우리 모두에게 하나님의 은혜가 넘친다.

은혜, 완전한 은혜

누가는 구주의 죽음을 기록하며, 다른 복음서에는 없는 탁월한 장면을 포함시켰다. 그것은 곧 세상 죄를 지고 십자가에 달려 고통당하시는 예수님이 그런 상황에도 불구하고 고개를 돌려 한 강도를 영원한 저주로부터 구원하신 이야기이다. 그 강도는 전문적인 범죄자로, 로마법에 따라 십자가형을 받은 자였다. 그는 하나님의 주권적인 은혜로 인해 그리스도와 같은 언덕에 달려 영광의 주님이 자기 죄를 위해 죽는 모습을 지켜볼 수 있었다.

처음에는 예수님 양편의 강도 모두 무리의 조롱에 동참했다(마 27:44, 막 15:32). 그러나 한 사람은 죽기 전 조롱하던 데서 변하여 자신의 죄와 예수님의 무죄함을 고백했다. "우리는 우리가 행한 일에 상당한 보응을 받는 것이니 이에 당연하거니와 이 사람이 행한 것은 옳지 않은 것이 없느니라"(눅 23:41).

이 강도에게 하신 예수님의 대답은 죽어가는 죄인에게 허락된 가장 영광스러운 약속이었다. "내가 진실로 네게 이르노니 오늘 네가 나와 함께 낙원에 있으리라"(눅 23:43). 우리가 아는 한 이 말씀은 예수님이 이 사람에게 하신 유일한 말씀이다. 복음을 위한 준비 말씀도, 네 가지 원리 메시지도, 그 어떤 호소도 없었다. 그러나 그 강도는 죄 없으신 구주께서 죽는 것을 보면서 마음에 신앙이 켜졌다. 그의 회심은 비록 그가 영원으로 가는 순간에 일어났지만, 사도 바울의 회심 못지않게 진실한 것이었다. 그 강도는 평생을 죄와 불순종에 허비했지만, 다른 사람과 동일하게 영원한 생명을 얻었다. 그의 회개가 믿음을 낳는 순간, 구주께서 그를 하나님 나라로 받아들이셨다.[1]

하나님 나라에는 그 강도보다 더 신실한 사람과, 더 열심히 일하고 더 많은 고난을 당한 사람이 많을 것이다. 그렇지만 그 강도는 하나님의 은혜로 예수님이 계시는 영원한 곳에 갈 것을 보장받았다.

---

1) 비록 그 강도는 지상 삶의 마지막 순간에 구원을 받았지만, 그의 믿음은 진정성의 요소를 모두 갖췄음을 주목하라. 회개는 그의 행위에 극적인 변화를 일으켰고, 그는 그리스도를 조롱하던 데서 옹호하는 데로 돌아섰다. 그가 자신의 죄를 인정한 일, 자신의 십자가 형벌이 정당하다고 받아들인 일, 그리고 그리스도는 죄가 없음을 인정한 일은 모두 그가 자기를 버리고 그리스도께 복종했음을 보여준다. 어쩌면 그는 복음의 요소들에 대해 거의 알지 못했겠지만, 그러나 그리스도를 주로 전심으로 받아들였다.

하나님 나라에 들어가는 일에 있어서, 강도는 바리새인보다 더 유리하지 않다. 어부가 세리에 비해 더 유리하거나 불리하지도 않다. 처음 된 자가 나중 되고 나중 된 자가 처음 된다. 그래서 마지막에 모두가 영원한 생명의 충만함을 최대한 누린다.

15장

세 가지 비유:
잃은 자를 찾은 하나님의 마음

영혼의 구원은 사람들의 생각처럼 진부한 일이 아니다. 구속은 단순한 하나님의 회계 장부가 아니다. 하나님은 들어가는 사람, 나가는 사람에 대해 기록하는 것 이상의 일을 하신다. 하나님은 잃어버린 자 때문에 눈물 흘리시고, 찾은 한 사람 때문에 기뻐하신다. 그는 잃어버린 인간에 대해 심히 괴로워하시고, 한 죄인이 회개할 때는 한없이 기뻐하신다.

누가복음 15장에서 주님은 일련의 비유를 통해 하나님이 잃어버린 죄인들을 안타깝게 여기고 그들이 구원을 얻으면 기뻐하신다고 알려준다. 이 세 비유 중 둘은 예수님의 주재권, 회개, 믿음 또는 인간의 다른 반응들을 직접적으로 지적하지는 않지만, 여기서 가르치는 진리는 예수님이 전한 복음의 매우 중요한 요소이기에 설명하려고 한다. 세 비유는 모두 "오래 참으사 아무도 멸망하지 아니하고 다 회개하기에 이르기를 원하시는"(벧후 3:9) 사랑의 하나님의 마음을 들여다보는 소중한 창을 열어준다.

누가복음 15장의 배경은 익숙한 장면이다. "모든 세리와 죄인들이 말씀을 들으러 가까이 나아오니 바리새인과 서기관들이 수군거려 이르되 이 사람이 죄인을 영접하고 음식을 같이 먹는다 하더라"(1-2절).

1절의 헬라어 동사("나아오니")의 시제는 지속적인 행동을 나타낸다. 즉, 세리와 죄인들이 끊임없이 예수님께 나아왔다는 의미이다. 예수님이 어디를 가시든 세리와 죄인, 강도, 폭력배, 매춘부 또 유대법의 기준을 전혀 따르려 하지 않는 하층민이 몰려들었다. 앞에서 보았듯 이런 일은 자기 의가 강한 바리새인들을 크게 괴롭혔다. 그들은 율법의 사소한 규칙에 지나치게 집착해 중한 죄인들에게 관심을 가질 시간이 없었다. 또 하층민에게 인기를 끌면서 동시에 랍비 전통을 비판하는 메시아를 용인할 수도 없었다.

예수님은 바리새인들의 마음을 아시고, 세 가지 비유를 통해 그들을 꾸짖으셨다. 여기서 예수님은 잃어버린 자들을 향한 아버지의 안타까워하는 마음과 자기 의로 가득한 그들의 태도를 대비시키는데, 그 요지는 모두 동일하다. 하나님은 지옥으로 가는 사람을 보고 가만히 앉아 계시지 않는다는 사실이다. 하나님은 악한 자가 멸망하는 것을 기뻐하지 않으신다. 오히려 그들을 사랑하시고, 찾으시며, 그들이 구원받기를 간절히 원하신다. 그러기에 잃어버린 죄인 한 사람이라도 구원하게 되면 크게 기뻐하신다.

양 백 마리의 비유

첫째 비유(눅 15:4-6)는 목가적인 주제를 다룬다.

너희 중에 어떤 사람이 양 백 마리가 있는데 그 중의 하나를 잃으면 아흔아홉 마리를 들에 두고 그 잃은 것을 찾아내기까지 찾아다니지 아니하겠느냐 또 찾아낸즉 즐거워 어깨에 메고 집에 와서 그 벗과 이웃을 불러 모으고 말하되 나와 함께 즐기자 나의 잃은 양을 찾아내었노라 하리라.

"너희 중에"(4절)라는 말은 보통의 양을 치는 목자에게도 예수님이 말씀하신 동정심 많은 행위가 요구됨을 시사한다. 제대로 된 목자는 일백 마리 양 가운데 한 마리를 잃고 아흔아홉 마리가 남은 상황에 만족하지 않을 것이다. 그는 아흔아홉 마리를 우리에 남겨두고 잃어버린 양 한 마리를 찾아 나설 것이다. 그 목자는 양 한 마리 한 마리의 이름을 모두 안다(요 10:3 참조). 그는 매일 저녁 양 떼가 우리로 들어오면 수를 세면서 살핀다. 만일 한 마리를 잃게 되면 그는 밤중에 그 양을 찾으러 나설 것이다.

비유에 나오는 목자는 잃어버린 양을 찾고는 그 양을 어깨에 메고 돌아왔다. 그리고 친구와 이웃들을 모아 잃은 양을 찾은 것을 기뻐하는 잔치를 벌였다.

이 비유의 요지는 양을 구원한 목자의 기쁨이다. 친구들을 불러 잔치를 벌였다는 것은 그가 아주 크게 기뻐했음을 나타낸다. 이 일은 혼자서만 기뻐할 수 있는 일이 아니었다. 마음속으로 조용히 기뻐할 수가 없었다. 그는 기쁨이 차고 넘쳤다. 그래서 다른 사람들과 나누지 않을 수 없었다.

예수님 하신 말씀의 요지는 7절에 구체적으로 나온다. "내가 너희에게 이르노니 이와 같이 죄인 한 사람이 회개하면 하늘에서는 회개할 것 없는 의인 아흔아홉으로 말미암아 기뻐하는 것보다 더하리라." 다시 말해, 죄인 한 사람이 회개하면 하나님이 천국에서 잔치를 벌이신다는 것이다. 하나님은 잃어버린 양을 구출하기를 바라는 목자이시다.

하나님은 사람이 구원을 얻을 때마다 그저 기록만 하시는 분이 아니다. 하나님은 잃어버린 영혼들을 간절히 원하시기에 밖으로 나가 찾으신다.

그리고 길 잃은 양이 우리로 돌아오면 천국이 감당하지 못할 정도로 크게 기뻐하신다. 이것이 잃어버린 자를 찾은 하나님의 마음이다.

동전 열 개의 비유

두 번째 비유(눅 15:8-10)는 같은 요점을 다른 비유로 보여준다.

어떤 여자가 열 드라크마가 있는데 하나를 잃으면 등불을 켜고 집을 쓸며 찾아내기까지 부지런히 찾지 아니하겠느냐 또 찾아낸즉 벗과 이웃을 불러 모으고 말하되 나와 함께 즐기자 잃은 드라크마를 찾아내었노라 하리라 내가 너희에게 이르노니 이와 같이 죄인 한 사람이 회개하면 하나님의 사자들 앞에 기쁨이 되느니라.

그 은 동전의 이름은 데나리온이었다. 한 데나리온은 넉넉한 하루 품삯으로, 마태복음 20장의 비유에서 땅 주인이 일꾼들에게 지불한 금액이다. 이 여자는 자기가 가진 동전 열 개 가운데서 하나를 잃어버렸다. 여자는 등불을 켜고 집안 구석구석을 쓸며 찾고 찾다가 드디어 잃어버린 그 동전을 찾았다. 동전을 찾았을 때 그녀의 기쁨은 목자의 기쁨 못지않게 컸다. 그래서 그 목자처럼 친구와 이웃들을 불러 모아 기쁨을 함께 나누었다. 그녀는 마음 속 기쁨을 감출 수가 없었다.

이 비유도 앞의 비유와 같은 이야기를 한다. "내가 너희에게 이르노니 이와 같이 죄인 한 사람이 회개하면 하나님의 사자들 앞에 기쁨이 되느니라"(10절). 하나님은 자신이 찾아 회개시키기 원하는 사람들이 구원받았을 때 가장 크게 감격하신다.

"하나님의 사자들 앞에 기쁨이 되느니라"고 한 10절을 주목해 보라. 천사들이 기뻐한다고 하지 않았다. 누가 기뻐하는가? 거룩한 천사들 앞에 계시는 삼위 하나님의 기쁨이다. 당연히 천사들도 함께 기뻐한다. 그러나 두 비유에서 강조되는 것은 **하나님의** 기쁨이다.

바리새인들이 성경을 주의 깊게 공부했다면, 하나님이 지니신 성품의 이런 측면을 좀 더 잘 이해했을 것이다. 구약도 하나님을 동정의 하나님으로 나타낸다. 에스겔 33장 11절은 "나는 악인이 죽는 것을 기뻐하지 아니하고 악인이 그의 길에서 돌이켜 떠나 사는 것을 기뻐하노라"라고 말하고, 이사야 62장 5절은 "마치 청년이 처녀와 결혼함 같이 네 아들들이 너를 취하겠고 신랑이 신부를 기뻐함 같이 네 하나님이 너를 기뻐하시리라"라고 말한다. 이것이 두 비유가 정확하게 상징하는 것이다. 주체할 수 없는 기쁨, 더할 나위 없는 행복, 감당할 수 없는 즐거움. 하나님은 한 영혼의 구원을 이렇게 보신다.

두 아들의 비유

세 비유 가운데 가장 아름다운 비유가 누가복음 15장 11절에서 시작해 32절까지 이어진다. 탕자의 이야기는 예수님이 하신 모든 비유 가운데 가장 친숙한 이야기이다.

어떤 사람에게 두 아들이 있는데 그 둘째가 아버지에게 말하되 아버지여 재산 중에서 내게 돌아올 분깃을 내게 주소서 하는지라 아버지가 그 살림을 각각 나눠 주었더니 그 후 며칠이 안 되어 둘째 아들이 재물을 다 모아 가지고 먼 나라에 가 거기서 허랑방탕하여 그 재산을 낭비하더니 다

없앤 후 그 나라에 크게 흉년이 들어 그가 비로소 궁핍한지라 가서 그 나라 백성 중 한 사람에게 붙여 사니 그가 그를 들로 보내어 돼지를 치게 하였는데 그가 돼지 먹는 쥐엄 열매로 배를 채우고자 하되 주는 자가 없는지라 이에 스스로 돌이켜 이르되 내 아버지에게는 양식이 풍족한 품꾼이 얼마나 많은가 나는 여기서 주려 죽는구나 내가 일어나 아버지께 가서 이르기를 아버지 내가 하늘과 아버지께 죄를 지었사오니 지금부터는 아버지의 아들이라 일컬음을 감당하지 못하겠나이다 나를 품꾼의 하나로 보소서 하리라 하고 이에 일어나서 아버지께로 돌아가니라 아직도 거리가 먼데 아버지가 그를 보고 측은히 여겨 달려가 목을 안고 입을 맞추니 아들이 이르되 아버지 내가 하늘과 아버지께 죄를 지었사오니 지금부터는 아버지의 아들이라 일컬음을 감당하지 못하겠나이다 하나 아버지는 종들에게 이르되 제일 좋은 옷을 내어다가 입히고 손에 가락지를 끼우고 발에 신을 신기라 그리고 살진 송아지를 끌어다가 잡으라 우리가 먹고 즐기자 이 내 아들은 죽었다가 다시 살아났으며 내가 잃었다가 다시 얻었노라 하니 그들이 즐거워하더라(눅 15:11-24).

이 비유는 앞의 두 비유보다 훨씬 자세하지만 주제는 정확하게 같다. 사랑 많은 아버지는, 잃어버렸던 아들이 돌아온 것을 보고 기뻐하시는 하나님을 말한다.

비유의 전반부는 둘째 아들의 경멸스러운 행위에 초점을 맞춘다. 당시 문화에서는 아들이 아버지에게 미리 유산을 나누어달라는 일이 전혀 없었다. 이는 지금 우리 시대에도 무례한 일이다. 이 아들이 그 시점에서 유산을 달라고 요구한 일은 아버지가 죽기 바란다고 말하는 것과 마찬가지였다. 놀랍게도 아버지는 아들의 요구를 거절하거나 벌주지 않았다. 오히려 아버지는 은혜를 베풀어 유산을 두 아들에게 각각 나누어주었다(12절). 정말 사랑 많은 아버지였다. 분명 아들의 요구에 아버지의 마음은 찢어지는 듯 했지만, 아버지는 아들의 요구를 들어주었다. 아버지가 가장 우려한 것은 이 충동적인 아들이 그것을 탕진하는 일이었다.

그런데 바로 그 일이 일어났다. 아들은 먼 나라로 가서 방탕한 생활로 그 돈을 날려버렸다. 그리고 가난에 찌들어 할 수 없이 돼지를 치며 연명했다. 살아도 사는 것이 아니었다. 너무나 배가 고파서 돼지 먹이를 먹으려 했다. 그는 굶어 죽을 지경에 이르러, 아버지의 집에서 멀리 떠나 돼지와 함께 먹고 사는 처지가 되자, 마침내 제정신이 들었다.

그가 자신의 비참한 처지를 후회하면서 결국 정신을 차린 점에 주목하라. 후회 자체는 회개가 아니지만, 깊은 회개로 이끌어준다(고후 7:9-10 참조). 그는 자신의 곤경을 깨닫기 시작했다. 그다음 자신의 잘못을 인정했다. 심지어 인간 아버지에게 잘못한 일을 넘어서 하늘 아버지께도 법을 어겼음을 깨닫고, 자신의 죄악을 하나님 앞에 시인했다(눅 15:18). 그는 용서를 구하고 결과에 대한 책임을 지기로 결심했다. 회개할 것을 계획한 그는 집에 가서 할 말을 연습했다. 그는 자신이 하나님과 아버지께 죄를 지었음을 고백하고 아버지께 품꾼의 하나로 써달라고 부탁할 생각이었다(19절).

이것은 회개하는 믿음에 대한 완벽한 예화이다. 이 아들의 무조건적인 순종과 철저한 겸손, 아버지의 요구는 무엇이든 따르겠다는 확고한 의지를 보라. 세상 유산을 먼저 요구했던 탕자는 이제 종으로 아버지를 섬길 각오를 했다. 그는 완전히 변했다. 그의 행위는 무조건적인 복종(완전한 자기 포기와 아버지에 대한 절대적 순종)의 행위이다.

탕자는 아버지께 가기로 결심한 후, 그 결심을 행동에 옮겼다(눅 15:20). 그는 말만 하고 행동하지 않는 사람들과 달리(마 21:28-32 참조) 일어나서 아버지에게로 갔다. 그의 회개는 완전하고 전적인 돌이킴이었다. 그 탕자 아들은 심령이 가난한 자가 되었다. 그는 자신의 죄를 슬퍼했다. 그의 오만함은 온유와 겸손으로 바뀌었다. 그는 집을 떠날 때와는 전혀 다른 사람이 되었다.

아들이 아직 멀리 있는데도 아버지는 그를 보고 달려가 맞이했다. 어떻게 해서 그렇게 빨리 알아볼 수 있었을까? 분명 그 아버지는 혹시 잃어버린 아들이 돌아오지 않나 보려고 밖에 나가 먼 곳을 살피고 있었을 것이다. 이 대목에서도 찾으시는 하늘 아버지의 모습을 볼 수 있다. 한 죄인이 회개하고 돌아올 때, 그는 이미 그가 오기를 기다리다 달려와 맞이하시는 하나님을 만나게 된다. 그가 하나님께 가까이 가기도 전에 하나님이 먼저 오셔서 껴안아주시는 것을 발견한다.

탕자는 아버지에게 품꾼의 하나로 써달라는 말을 할 기회도 얻지 못했다. 연습했던 말을 끝내기도 전에 아버지가 종을 보내 옷과 반지를 가져오게 했다. 방탕한 그 아들을 벌하기는커녕, 아버지는 아들이 돌아온 것을 축하하는 잔치를 벌이라 명했다! 아버지는 아들의 어리석은 짓을 이미 잊었다. 지금 중요한 것은 낭비한 유산이나 방탕한 삶으로 탕진한 삶이 아니었다. 잃어버린 아들을 찾은 것이었다(눅 15:23).

세 비유 모두 "찾는 이는 잃은 것을 찾고 기뻐한다."는 동일한 주제를 다룬다. 어느 비유든 찾는 이는 죄인의 구원을 기뻐하는 하나님이시다.

그런데 탕자의 이야기는 질투하는 형이 등장하면서 추하게 반전된다.

> 맏아들은 밭에 있다가 돌아와 집에 가까이 왔을 때에 풍악과 춤추는 소리를 듣고 한 종을 불러 이 무슨 일인가 물은대 대답하되 당신의 동생이 돌아왔으매 당신의 아버지가 건강한 그를 다시 맞아들이게 됨으로 인하

여 살진 송아지를 잡았나이다 하니 그가 노하여 들어가고자 하지 아니하거늘 아버지가 나와서 권한대 아버지께 대답하여 이르되 내가 여러 해 아버지를 섬겨 명을 어김이 없거늘 내게는 염소 새끼라도 주어 나와 내 벗으로 즐기게 하신 일이 없더니 아버지의 살림을 창녀들과 함께 삼켜 버린 이 아들이 돌아오매 이를 위하여 살진 송아지를 잡으셨나이다 아버지가 이르되 애 너는 항상 나와 함께 있으니 내 것이 다 네 것이로되 이 네 동생은 죽었다가 살아났으며 내가 잃었다가 얻었기로 우리가 즐거워하고 기뻐하는 것이 마땅하다 하니라 (눅 15:25-32).

큰아들도 유산을 받았다는 사실을 명심하라(12절). 그는 유산을 허비하지 않고 집에 머물러 아버지를 섬겼다. 사실 그는 탕자가 돌아왔을 때 밭에 나가 일하고 있었다. 그는 풍악과 웃음소리를 듣고 한 종을 불러 물었다. 그는 아버지가 방탕한 동생이 집으로 돌아온 것을 환영하는 잔치를 벌였다는 말에 크게 화가 났다. 질투가 난 큰아들은 집에 들어가려고도 하지 않았다. 그 죄인과 함께 먹으려 하지 않았다. 아버지에게 있는 동정심이 큰아들에게는 전혀 없었다. 이는 곧 바리새인의 모습을 보여준다.

큰아들의 행동은 작은아들의 방탕한 행동에 비하면 사회적으로 좀 더 용인될 만한 것이었지만, 어느 모로 보든 지나치게 분노하는 것은 아버지께 불경스러운 행위였다. 큰아들은 아버지를 진정으로 사랑하지 않았고, 아버지의 기쁨에 동참할 생각도 없었다. 그동안 내내 아버지를 섬겼지만 그저 겉으로 드러내는 행동일 뿐이었다. 그는 의무로 섬겼다. 그의 주된 관심은 자기가 받게 될 재산이었다(눅 15:29). 그는 아버지의 마음을 전혀 헤아리지 못했다. 그도 역시 잃어버린 아들이었다. 아버지에게는 큰아들도 찾아야 할 아들이었다.

주님은 늘 잃어버린 자를 구원하기 원하신다. 그러나 잃어버린 자들이 자신을 잃어버린 자로 여겨야 한다. 종종 가장 명확하고, 불경스럽고, 추악한 죄인들이 종교적 업적과 자기 의에 빠진 사람들보다 먼저 자신의 비참한 상태를 이해한다. 바리새인과 같은 사람들은 죄인이, 특히 명백한 죄인이 용서받는 것을 견디지 못한다. 그들은 회개를 이해하지 못한다. 그래서 죄인이 자기 죄를 고백하는 것을 기뻐하기는커녕 거부한다. 그들은 자신의 분명한 의에 대해 큰 자부심을 갖지만, 마음에는 순종 의식이 없다.

이 이야기에 나오는 둘째 아들은 자기 죄를 보았고, 아버지의 안타까움을 느꼈으며, 회개하고 자신을 낮춰 용서를 받고 아버지의 즐거움에 들어갔다. 큰아들은 원망했고, 회개하지 않았으며, 자기 마음이 차갑게 죽어 있다는 사실을 의식하지 못했다. 그는 아버지와 함께 즐거워할 권리를 상실했다. 그도 동생처럼 잃어버린 자였지만, 교만하여 그 사실을 볼 수 없었다.

하나님은 잃어버린 자를 찾으신다. 자기 죄를 인정하고 돌아서는 사람은, 달려와서 팔을 벌려 안아주시는 하나님을 만나게 된다. 반면 자신은 아버지의 은총을 받을 만큼 선하다고 생각하는 사람들은 사랑의 아버지의 영원한 즐거움에 참여할 수 없다.

16장

포도나무와 가지: 열매 없는 가지의 마지막

예수님의 설교와 가르침, 기적 가운데 거듭해서 나타나는 한 가지는 그가 하나님과 절대적으로 동일하시다는 것이다. 예수님은 가능한 한 가장 분명한 말로 자신의 신성을 거듭 주장하셨다.

나와 아버지는 하나이니라(요 10:30).

내가 내게 영광을 돌리면 내 영광이 아무 것도 아니거니와 내게 영광을 돌리시는 이는 내 아버지시니 곧 너희가 너희 하나님이라 칭하는 그이시라(요 8:54).

내가 행하거든 나를 믿지 아니할지라도 그 일은 믿으라 그러면 너희가 아버지께서 내 안에 계시고 내가 아버지 안에 있음을 깨달아 알리라(요 10:38).

내 아버지께서 이제까지 일하시니 나도 일한다(요 5:17).

예수님은 하나님을 "내 아버지"라고 부를 때마다 자신의 신성을 강조하셨다. 이 말을 들은 유대인들은 예수님의 의도를 아주 분명하게 이해했다. "유대인들이 이로 말미암아 더욱 예수를 죽이고자 하니 이는 안식일을 범할 뿐만 아니라 하나님을 자기의 친 아버지라 하여 자기를 하나님과 동등으로 삼으심이러라"(요 5:18).

요한복음에 나오는 "나는 ○○이다." 선언으로 알려진 일련의 표현들은 예수님의 신성을 가장 강력하게 드러낸다. 이 표현들은 모두 불타는 가시덤불에서 모세에게 나타나신 하나님의 이름("나는 스스로 있는 자이니라"[출 3:14])을 차용하고 있다. 예수님은 이 이름을 일련의 분명한 선언들에서 자신에게 적용하셨다.

나는 생명의 떡이니(요 6:35).
나는 하늘에서 내려온 살아 있는 떡이니(요 6:51).
나는 세상의 빛이니(요 8:12, 9:5).
나는 양의 문이라(요 10:7).
나는 선한 목자라(요 10:11).
나는 부활이요 생명이니(요 11:25).
내가 곧 길이요 진리요 생명이니(요 14:6).

그리고 놀랍고 빼놓을 수 없는 신성 확인인,

아브라함이 나기 전부터 내가 있느니라(요 8:58).

구약의 위대한 "I AM"(스스로 있는 자)이신 예수님의 위치는 구주로서 그의 역할에 본질적인 것이다. 예수님의 신분을 인정하지 않으려는 사람은 구원받을 수 없다. "너희가 만일 내가 그인 줄 믿지 아니하면1) 너희 죄 가운데서 죽으리라"(요 8:24). 이것은 예수님을 어쨌든 미워하게 되어 있는 바리새인들에게는 극히 어려운 장벽이었다. 그들은 예수님이 위대한 족장들과 선지자들보다 뛰어난 권위를 주장하심을 알았다(요 4:12, 8:53). 실로 그는 하나님과 동등 됨을 주장하셨기에 그들은 도무지 그 결과를 받아들일 수 없었다. 그래서 예수님은 그들이 자기 죄 가운데 죽을 것이라고 경고하셨다.

십자가에서 죽기 전날 밤, 유다가 악하고 변절되고 배신적인 행위를 하러간 후 제자들만 남았을 때, 주님은 그의 신성의 또 다른 측면을 보여주셨다. 여기서도 주님은 가장 위대한 하나님의 이름 "I AM"을 사용하셨다.

나는 참 포도나무요 내 아버지는 농부라 무릇 내게 붙어 있어 열매를 맺지 아니하는 가지는 아버지께서 그것을 제거해 버리시고 무릇 열매를 맺는 가지는 더 열매를 맺게 하려 하여 그것을 깨끗하게 하시느니라 너희는 내가 일러준 말로 이미 깨끗하여졌으니 내 안에 거하라 나도 너희 안에 거하리라 가지가 포도나무에 붙어 있지 아니하면 스스로 열매를 맺을 수 없음 같이 너희도 내 안에 있지 아니하면 그러하리라 나는 포도나무요 너희는 가지라 그가 내 안에, 내가 그 안에 거하면 사람이 열매를 많이 맺나니 나를 떠나서는 너희가 아무 것도 할 수 없음이라 사람이 내 안에 거하지 아니하면 가지처럼 밖에 버려져 마르나니 사람들이 그것을 모아다가 불에 던져 사르느니라 너희가 내 안에 거하고 내 말이 너희 안

---

1) NASB에는 나오는, "그인 줄"이라는 말은 번역자들이 추가한 것으로 헬라어 본문에는 없다.

에 거하면 무엇이든지 원하는 대로 구하라 그리하면 이루리라 너희가 열매를 많이 맺으면 내 아버지께서 영광을 받으실 것이요 너희는 내 제자가 되리라(요 15:1-8).

이 담화에서 예수님이 사용하신 이미지는 비유가 아니고 은유이다. 비유란 따로 해석이 제공되어야 하는 이야기이다. 은유는 그 자체에 해석의 요소가 들어 있다. 일례로, 여기서 예수님은 자신이 포도나무이며 아버지는 포도원 농부라고 말씀하셨다. 그러나 이미지의 다른 요소들은 그리 분명하지 않다. "너희는 가지라"(5절)는 말은 제자들에게 하신 말씀이다. 그렇다면 제자들은 열매를 맺는 가지와 열매를 맺지 않는 가지 둘 다를 의미했을까? 어떤 해석자들은 열매를 맺지 않는 가지는 열매 없는 그리스도인을 나타내므로, 이는 참된 신자도 영적으로 메마른 삶을 살 수 있음을 입증한다고 주장한다. 언뜻 보기에 그 해석은 일리 있어 보인다. 그러나 6절을 보자. 열매를 맺지 않는 가지는 잘려서 마르게 되고, 모아서 불에 던져져 살라진다. 이것이 참된 신자를 설명하는 말이라 할 수 있을까?

이 어려운 은유를 어떻게 해석해야 할까? 늘 그렇듯이 문맥(콘텍스트)을 살펴보아야 한다. 그러면 예수님이 의미하신 바에 대한 중요한 단서를 찾을 수 있다. 다락방에서 어떤 일이 있었는지 기억하라. 그날 밤 드라마에 나오는 등장인물들을 살펴보라.

유월절 전에 예수께서 자기가 세상을 떠나 아버지께로 돌아가실 때가 이른 줄 아시고 세상에 있는 자기 사람들을 사랑하시되 끝까지 사랑하시니라 마귀가 벌써 시몬의 아들 가룟 유다의 마음에 예수를 팔려는 생각을 넣었더라(요 13:1-2).

등장인물

여기에 등장하는 인물은 예수님, 아버지, 제자들 그리고 배신자 유다이다. 그날 밤 그들은 모두 예수님의 마음을 짓누르고 있었다. 예수님은 열한 제자에게 자신의 큰 사랑을 확인해 주기 원했다. 예수님의 사랑을 완전히 거부하고 배신하기로 마음먹은 유다도 주님의 마음을 무겁게 했을 것이다. 무엇보다도, 아버지와 무한한 사랑을 공유하시는 주님이 다음 날이면 우리의 죄 짐을 지고 십자가에서 아버지의 진노의 대상이 되어야 한다는 생각에 마음이 무거웠을 것이다.

그러므로 그리스도와 아버지, 열한 제자, 유다 모두가 포도나무와 가지 은유에서 각각의 역할을 하는 것은 이상한 일이 아니다. 아버지는 포도원을 가꾸는 농부이다. 제자들은(모든 참 제자들과 함께) 열매를 맺는 가지이다. 유다는(다른 모든 거짓 제자들과 함께) 열매를 맺지 않는 가지이다.

참 포도나무

포도나무와 가지 은유는 주님의 제자들에게는 친숙한 이미지였다. 구약은 종종 이스라엘을 하나님의 포도나무라고 말했다. 여호와는 포도나무를 가꾸고 돌보며, 가지치기를 하고 사랑하셨다. 그럼에도 불구하고 포도나무는 쇠퇴하여 열매를 맺지 않아서 포도원 농부에게 근심거리가 되었다.

나는 내가 사랑하는 자를 위하여 노래하되
내가 사랑하는 자의 포도원을 노래하리라
내가 사랑하는 자에게 포도원이 있음이여 심히 기름진 산에로다
땅을 파서 돌을 제하고 극상품 포도나무를 심었도다

그 중에 망대를 세웠고 또 그 안에 술틀을 팠도다
좋은 포도 맺기를 바랐더니 들포도를 맺었도다
예루살렘 주민과 유다 사람들아
구하노니 이제 나와 내 포도원 사이에서 사리를 판단하라
내가 내 포도원을 위하여 행한 것 외에 무엇을 더할 것이 있으랴
내가 좋은 포도 맺기를 기다렸거늘 들포도를 맺음은 어찌 됨인고
이제 내가 내 포도원에 어떻게 행할지를 너희에게 이르리라
내가 그 울타리를 걷어 먹힘을 당하게 하며 그 담을 헐어 짓밟히게 할 것이요
내가 그것을 황폐하게 하리니
다시는 가지를 자름이나 북을 돋우지 못하여 찔레와 가시가 날 것이며
내가 또 구름에게 명하여 그 위에 비를 내리지 못하게 하리라 하셨으니
무릇 만군의 여호와의 포도원은 이스라엘 족속이요(사 5:1-7, 강조는 저자 추가).

하나님은 포도원 울타리를 걷어서 포도나무가 보호받지 못하게 하셨다. 이방 민족들이 그들을 짓밟아 완전히 황폐하게 만들었다. 이스라엘은 잘렸고 이제 하나님의 포도나무가 아니었다. 언약 백성이 그들의 영적 특권을 상실했다.

예수님은 지금 제자들에게 자신이 **참** 포도나무라고 말씀하신다. 구약의 이스라엘은 지상의 희미한 그림자에 불과했다. 이런 비교가 신약에는 흔하다. 구약의 많은 것들이 더 큰 하늘의 실제("참된" 것)에 대한 불완전한 모형에 불과하다는 이야기를 우리는 거듭 듣는다. 예를 들어 구약에서는 인간 제사장이 지상의 성막에서 섬겼지만, 지금은 그리스도가 우리의 큰 제사장이 되셔서 "참 장막"(히 8:2)에서 섬기신다. 창세기 1장 3절의 창조된 빛과 대조적으로 그리스도는 "참 빛"(요 1:9)이시다. 광야에서는 만나를 주셔

서 이스라엘 백성이 먹게 했는데, 예수님은 자신이 하늘에서 주신 "참 떡"(요 6:32)이라고 하셨다. 이와 같이 예수님은 구약이 말하는 이스라엘과 대조되는 "참" 포도나무이시다.

이 원예학적 이미지는 예수님이 전하려는 요지에 이상적이었다. 살아 있는 가지는 전적으로 포도나무 줄기에 붙어 있다. 가지가 열매를 맺으려면 줄기에 완전히 붙어 영양분과 힘과 지지와 생명력을 받아야 한다. 가지는 포도나무의 열매를 맺는다. 가지는 포도즙을 흘러 보낸다. 가지는 포도나무의 생명과 성격을 비춘다. 예수님의 표현을 빌리자면 가지는 포도나무 안에 거한다.

포도원 농부

요한복음 15장 1-8절은 하나의 긴 비유적 이야기임을 명심해야 한다. 비유를 해석하면서 이미 언급했지만, 하나의 상징은 분명 의도된 의미 이상으로 해석되어서는 안 된다. 하나의 상징으로 비유의 미세한 부분까지 의미를 부여해서는 안 된다. 예를 들어, 이 은유에서 그리스도는 식물로 그려지지만 아버지는 사람으로 그려진다. 그리스도의 신성을 거부하는 사람들 중에는 그리스도가 아버지와 동일 본질이 아니라는 증거로 이 은유를 사용하기도 한다. 그들은 만일 예수님이 하나님이라면, 예수님과 아버지는 이 비유에서 동등한 역할을 가져야 한다고 주장한다. 그들은, 만일 예수님이 포도나무라면 아버지는 뿌리여야 한다고 주장한다. 그래서 그들은 이 이미지가 예수님의 신성을 부정한다고 주장한다.

그러나 이는 전체를 놓친 해석이다. 이 장을 시작하면서 이야기했듯 예수님은 "I AM"이란 표현으로 자신을 칭하시며 하나님의 이름을 사용하신다. 이 표현을 "생명의 떡", "길이요 진리요 생명", "참 포도나무" 등과 같은 말과 결합함으로써, 예수님은 자신의 정체성을 구약의 여호와라고 담대하게 주장하신다. 그 외에도 포도나무와 가지 은유는 예수님을 생명의 근원과 생명의 유지자로 그림으로써 예수님의 신성을 확증한다.

그럼에도 포도나무와 가지 은유의 주목적은 예수님의 신성을 가르치는 것이 아니다. 우리 주님은 이 이미지를 사용해 모든 신자가 자신과 연합되어 있음을 강조하신다. 성부 하나님이 성자 예수님을 돌보시듯이 예수님은 믿음으로 아들과 연합한 자들을 돌보신다. 그 영광스러운 진리가 여기서 예수님이 말씀하시는 요지이다. 이것은 성경 전체에서 가장 숭고한 진리이다. 신자들은 믿음으로 하나님의 사랑받는 아들과 연합되어 있다.

포도원 농부는 포도 열매를 많이 맺고자 두 가지 수단을 사용한다. 하나는 열매를 맺지 않는 가지를 잘라내는 것이고, 다른 하나는 열매 맺는 가지에서 새순을 깨끗하게 하는 것이다. 두 작업은 포도나무가 잎만 무성하지 않고 더 많은 열매를 맺게 한다. 요한복음 15장 2절은 두 가지를 모두 이야기한다. "무릇 내게 붙어 있어 열매를 맺지 아니하는 가지는 아버지께서 그것을 제거해 버리시고 무릇 열매를 맺는 가지는 더 열매를 맺게 하려 하여 그것을 깨끗하게 하시느니라." 열매를 맺지 않는 가지는 빨리 자라고, 새순은 금세 나온다. 그러므로 주의해서 정기적으로 깨끗하게 해주어야 한다. 이것이 포도가 많이 열리게 하는 유일한 방법이다.

열매 맺는 가지

건강하고 열매를 맺는 가지의 정체성은 분명하다. 그들은 진정한 그리스도인을 나타낸다. 열매를 맺는 것은 그리스도인의 본성이다. "우리는 그가 만드신 바라 그리스도 예수 안에서 선한 일을 위하여 지으심을 받은 자니 이 일은 하나님이 전에 예비하사 우리로 그 가운데서 행하게 하려 하심이니라"(엡 2:10). 진정으로 구원을 받으면 반드시 선행이라는 결과가 따른다. 우리는 행위로 구원받지 않는다. 그러나 행위는 믿음이 진실하고 살아 있으며 생명력이 넘친다는 유일한 증거이다(약 2:17). 열매는 그 가지가 참 포도나무 안에 거한다는 유일한 증거이다. "그들의 열매로 그들을 알지니 가시나무에서 포도를, 또는 엉겅퀴에서 무화과를 따겠느냐 이와 같이 좋은 나무마다 아름다운 열매를 맺고 못된 나무가 나쁜 열매를 맺나니"(마 7:16-17). 어떤 사람의 믿음이 진실하다면, 그 사람의 삶에 선한 열매가 맺힐 것이다.

포도원 농부는 이 열매 맺는 가지들을 깨끗하게 하여 **더 많은 열매를 맺게** 하신다. 깨끗하게 하는 것은 하나님의 사랑의 징계를 나타낸다. "하나님 아버지는 우리의 유익을 위해서 우리를 징계하여 그분의 거룩하심에 참여하게 하십니다."(히 12:10, 현대인의성경). 그리고 이 과정에서 하나님이 영광을 받으신다. 요한복음 15장 8절은 "너희가 열매를 많이 맺으면 내 아버지께서 영광을 받으실 것이요 너희는 내 제자가 되리라"라고 한다.

포도원 농부는 몇 가지 방법으로 불필요한 가지들을 제거한다. 때로는 끝 부분을 간단히 손으로 떼어낸다. 그러지 않으면 칼을 사용하여 쓸모없이 자란 부분을 깨끗하게 잘라낸다. 크고 무거운 가지들은 위로 묶어준다. 그래야 길고 약해진 가지들이 자체 무게 때문에 줄기에서 찢어지는 것을 방지할 수 있다. 꽃이 필 때는 포도송이를 솎아주어야 한다. 그래야 건강한 송이가 더욱 크고 풍성해진다.

영적으로 깨끗하게 하는 것은 반드시 필요한 과정이다. 아버지는 이 과정을 통해 열매 맺지 못하게 방해하는 모든 것을 제거하신다. 아버지는 우리의 관심을 산만하게 하는 것들과 죄를 잘라내심으로 우리가 영적인 힘을 잃지 않게 하신다.

하나님이 가지를 깨끗하게 하실 때 능숙하게 사용하는 칼은 그의 말씀이다. "너희는 내가 일러준 말로 이미 깨끗하여졌으니"라고 한 3절을 보라. "깨끗하게"로 번역된 단어는 2절에서 가지를 깨끗하게 하는 과정을 설명하며 사용했던 헬라어와 동일한 단어이다. 하나님의 말씀은 우리의 삶에서 죄를 깨끗하게 잘라낸다. 찰스 스펄전은 이렇게 말했다.

> 말씀은 종종 위대하신 농부께서 포도나무를 깨끗하게(가지치기) 할 때 사용하는 칼을 의미합니다. 형제자매들이여, 만일 우리가 말씀의 칼날을 더 적극적으로 느끼기 원한다면, 우리에게 소중한 것조차도 말씀으로 잘라내기 원한다면, 고난을 통해 깨끗하게 하는 일이 많이 필요하지 않을 것입니다.[2]

때때로 깨끗하게 하는 과정은 고통스럽다. 우리는 자신보다 다른 가지가 더 많이 깨끗해져야 한다고 생각할 수 있다. 그러나 포도원 농부께서는 자신이 하는 일을 알고 계신다. 그는 우리가 많은 열매를 맺기를 원하신다. 포도원 농부가 우리를 깨끗하게 하는 이유는 우리를 사랑하기 때문이다. 히브리서 12장 6-7절은 다른 은유를 사용해 이렇게 말한다.

주께서 그 사랑하시는 자를 징계하시고 그가 받아들이시는 아들마다 채찍질하심이라 하였으니 너희가 참음은 징계를 받기 위함이라 하나님이

---

[2] C. H. Spurgeon, *Expository Encyclopedia*(Grand Rapids: Baker, 1977), 4:337.

아들과 같이 너희를 대우하시나니 어찌 아버지가 징계하지 않는 아들이 있으리요.

포도원 농부는 자신이 돌보는 가지를 아주 신중하게 살피신다. 그는 열매를 맺지 않는 가지들을 깨끗하게 하는 데 시간을 쓰지 않으신다. 그런 가지들은 잘라서 태우는 것이 적합하다.

유다 가지

열매를 맺지 않는 가지는 단지 피상적으로만 포도나무에 붙어 있다. 겉으로 보기에는 연결되어 있고, 잎도 무성하며, 생명이 있어 보이는 다른 표시들도 있다. 그러나 중요한 것이 없다. 그들은 포도나무의 도관 조직과 올바로 결합되지 않았다. 그래서 열매를 맺을 수 없다. 그들은 잘라내는 것이 상책이다.

정원사는 누구나 이 원리를 이해한다. 열매 없는 가지는 포도나무에 해롭다. 이 가지는 열매를 맺는 가지에서 수액을 빼앗아간다. 수액이 낭비된 결과 열매가 적게 맺힌다. 가지를 깨끗하게 해주어도 소용 없다. 그런 가지들은 열매를 맺게 할 방법이 없다. 잘라낸 후에도 쓸모가 없고, 땔감으로도 사용할 수 없다. 그래서 쓰레기처럼 불에 던져 태워버린다. 요한복음 15장 2절은 "제거해 버린다"고 말한다. 포도원 농부는 그런 가지를 재활용하거나 재활시키지 않는다. 제거하여 없애버린다.

영적으로 열매 없는 가지에 해당되는 것은 가짜 그리스도인(그리스도를 믿는다고 고백하지만 사실은 그리스도를 모르는 사람)이다. 이들은 참 포도나무에 연결된 것처럼 **보이는** 가지이다. 그들과 주님의 관계는 완전히 피상적이다. 주님의 생명이 그들을 통해 흐르지 않는다. 그러므로 아무리 노력해도 영적 열매를 맺을 수 없다. 예수님은 이런 가지들을 제거해 버리겠다고 위협하신다. 우리는 그런 가지를 "유다 가지"라고 불러도 될 것이다.

사실, 열매 없는 가지의 전형적인 예가 유다이다. 요한복음 15장에서 예수님이 이 말씀을 하시기 직전, 유다는 밤중에 밖으로 나가 포도나무에서 잘려진 저주받은 가지가 되었다.

물론 예수님은 유다의 이중적인 행위에 속지 않으셨다. 유다의 마음을 아셨다. 그래서 유다를 참 제자로 여기신 적이 없다. 앞서 그날 저녁에 주님은 허리에 수건을 두르고 겸손하게 무릎을 꿇고 열두 제자의 발을 씻겨 주셨다. 그후에 주님은 "너희가 깨끗하나 다는 아니니라"(요 13:10)고 하셨다. 사도 요한은 "이는 자기를 팔 자가 누구인지 아심이라 그러므로 다는 깨끗하지 아니하다 하시니라"(11절)라는 설명을 붙인다. 유다는 깨끗하지 않았다. 그는 "중생의 씻음과 성령의 새롭게 하심"(딛 3:5)을 경험한 적이 없다. 다른 제자들 눈에는 유다가 진실로 그들 가운데 한 사람인 듯 보였지만, 예수님은 진실을 아셨다. 유다는 포도나무에서 잘라내어 불태워야 할 열매 없는 가지였다.

이는 유다가 구원을 받았다가 잃었다는 말이 아니다. 우리 주님은 진정한 양에 대해 "내가 그들에게 영생을 주노니 영원히 멸망하지 아니할 것이요 또 그들을 내 손에서 빼앗을 자가 없느니라"(요 10:28)고 하신다. 참 신자는 그리스도 안에서 안전하다. "아버지께서 내게 주시는 자는 다 내게로 올 것이요 내게 오는 자는 내가 결코 내쫓지 아니하리라"(요 6:37). 참 포도나무 안에 거하는 가지는 결코 잘리지 않는다.

그러나 주의할 것이 있다. 요한복음 15장 2절에서 우리 주님은 "무릇 **내게 붙어 있어** 열매를 맺지 아니하는 가지는 아버지께서 그것을 제거해 버리시고"라고 하신다. 그렇다면 이 열매 없는 가지들도 참 신자라는 말이 아닌가? 아니다. 그것은 이 은유가 상징하는 바를 지나치게 해석한 것이다. 성경의 다른 본문들도, 기생하면서 열매를 맺지 않는 가지들에 대해 이와 동일한 이미지를 사용한다. 예를 들어 로마서 11장 17-24절에서는 이스라엘을 감람나무로 나타내면서 하나님이 그 가지들을 제거하셨다고 한다. 그 가지들은 믿지 아니하므로 꺾였다(롬 11:20). 로마서 9장 6절에서 바울은 "이스라엘에게서 난 그들이 다 이스라엘이 아니요"라고 한다. 그 계보에 속할 수 있지만 참 이스라엘은 아니라는 것이다. 이와 마찬가지로 참 포도나무의 가지이면서 진정으로 그리스도 안에 거하지 않는 사람은 있을 수 있다.

자신을 예수님과 연결 짓지만 믿음은 허울뿐인 사람들에 대한 경고가 성경 전체에 있다. 그들은 그리스도 안에 있는 듯 보이지만 진정으로 그리스도 안에 있지 않다. 포도원 농부는 그들을 포도나무에서 잘라낼 것이다. 사도 요한은 요한일서 2장 19절에서 이렇게 말했다.

> 그들이 우리에게서 나갔으나 우리에게 속하지 아니하였나니 만일 우리에게 속하였더라면 우리와 함께 거하였으려니와 그들이 나간 것은 다 우리에게 속하지 아니함을 나타내려 함이니라.

그러므로 열매 없는 가지는 가짜 제자들(진정으로 구원받은 적이 없는 사람들)을 가리킨다. 그들은 참 포도나무인 그리스도 안에 거하지 않는다. 그들은 참 믿음으로 그리스도와 연합되지 않았다. 그들은 진정한 열매를 맺을 수 없다. 결국 아버지께서 다른 가지들의 생명과 열매를 지키기 위해 그들을 제거하신다.

가지를 불사르는 이미지는 이 열매 없는 가지들이 지옥에 가게 됨을 암시한다. 유다처럼 그들은 가망 없는 배교자들이다. 그들은 훌륭한 교인일 수 있고, 영적인 지식을 많이 가졌을 수도 있다. 교리 교사, 아니 학자일 수도 있다. 모든 의식을 거쳤을 수 있다. 그러나 그들은 진정한 신자가 아니다. 그래서 하나님이 그들을 제거하실 것이다. 비극적이지만, 수많은 사람이 이 범주에 속한다. 바울은 "내가 여러 번 너희에게 말하였거니와 이제도 눈물을 흘리며 말하노니 여러 사람들이 그리스도의 십자가의 원수로 행하느니라 **그들의 마침은 멸망이요**"(빌 3:18-19, 강조는 저자 추가)라고 썼다. 이들은 잘라서 불사를 가지들이다.

이 본문에 있는 예수님의 엄중한 경고를 오해하거나 간과하지 말라. 우리 주님은, 육적 그리스도인이라는 오류를 옹호하는 데 사용할 만한 시나리오를 만들기는커녕, 제자들에게 유다의 반역을 이해하는 데 도움이 될 진리를 가르치셨다. 유다의 믿음은 가짜였다. 그리스도에 대한 그의 헌신은 피상적이었다. 그는 열매 없는 가지이다. "그 사람은 차라리 나지 아니하였더라면 자기에게 좋을 뻔하였느니라"(막 14:21).

요한복음 15장 1-8절은 살아 계신 하나님 손에 떨어지는 것이 얼마나 두려운지 진지하게 상기시킨다(히 10:30 참조). 열매 없는 가지를 위해 준비된 것은 무서운 불 심판 외에 없다. 그렇지만 이 은유와 관련된 진리는 여전히 복되다. 열매 맺는 가지들, 즉 참 포도나무 안에 거하는 사람들은 사랑 많고 은혜로운 포도원 농부의 손안에 있다. 그가 세심하고 깨끗하게 돌보시는 과정에 약간의 고통은 있을 수 있다. 그러나 우리가 그의 영광을 위해 많은 열매를 맺도록, 그가 우리를 위해 그렇게 하시는 것임을 확신할 수 있다.

구원은 쉽지 않다. "생명으로 인도하는 문은 좁고 길이 협착하여 찾는 자가 적음이라"(마 7:14). 이 말씀은 부지런히 찾지 않으면 그 문이 어디 있는지 모를 수 있다는 의미이다. 예수님의 메시지를 값싼 은혜나 쉬운 믿음주의에 맞도록 바꾸어서는 안 된다. 하나님 나라는, 예수님은 원하지만 삶의 변화는 원하지 않는 사람들을 위한 것이 아니다. 오직 온 마음으로 찾는 자들을 위한 것이다.

4부

예수님은 어떻게
구원을 설명하셨나?

17장

죄를 버리는 회개 없이는 구원도 없다

 지금까지 우리는 예수님이 개인들을 다루시는 방법을 살피고, 제자들에게 진리를 조명하기 위해 사용하신 비유와 상징들을 공부했다. 이제는 예수님이 무리에게 선포하신 메시지의 풍성한 교리적 내용에 초점을 맞추려고 한다. 예수님의 메시지에 담긴 주요 주제들을 탐구하고, 현대의 인기 있는 복음과 예수님의 가르침을 비교할 것이다. 그 과정에서 우리는 예수님이 사용하신 용어를 더욱 명확하게 이해하게 될 것이다.

 복음에 관한 현대의 논쟁 대부분은 회개, 믿음, 제자도, 주 등을 포함한 몇몇 핵심 단어를 어떻게 정의하느냐에 달려 있다. 4부에서는 이 용어들을 연구하고 예수님이 이 용어를 어떻게 사용하셨는지 살펴보려 한다. 우선 회개에 관한 장부터 시작하겠다. 구주께서 바로 여기에서부터 시작하셨기 때문이다.

 마태복음 4장 17절은 예수님의 공적 사역의 시작을 기록한다.

이 때(세례 요한의 투옥)부터 예수께서 비로소 전파하여 이르시되 회개하라 천국이 가까이 왔느니라 하시더라.

5장에서 나는 이 첫 설교를 시작하는 말이 예수님의 지상 사역 전체의 주제를 나타낸다고 지적했다. 그리고 "죄인을 불러 회개시키는 것"(눅 5:32)이 예수님의 목적이었다는 것도 살펴보았다. 회개는 예수님의 공적 사역 전체에 거듭 등장하는 주제이다. 예수님은 목이 곧은 무리들 앞에 담대하게 서서 "너희도 만일 회개하지 아니하면 다 이와 같이 망하리라"(눅 13:3, 5)고 선포하셨다.

놓쳐버린 경고

이와 같은 복음을 들어본 지 얼마나 되었는가? 21세기에는 회개를 요구하는 복음전도가 유행하지 않는다. 오늘날 전하는 메시지는 예수님이 전하신 복음과 얼마나 다른지 모른다! 벌써 1937년에 아이언사이드는, 복음 메시지에서 회개를 제외시키려는 사람들에 의해 회개라는 성경의 교리가 희석되고 있다고 지적했다. 그는 "회개 교리는, 그러지 않았다면 모두 정통적이고 근본적으로 건강했을 많은 집단에서 오늘날 놓쳐버린 경고가 되고 있다."[1]라고 썼다. 그는 "옛 율법 폐기론자들과 같이 은혜의 자유를 무효화하는 듯 보이지 않으려고 회개의 필요성을 매도하는, 자칭 은혜의 설교자들"[2]에 대해 말했다. 아이언사이드 박사는 세대주의자이지만, 회개는 다른 시대를 위한 것이라고 가르치는 극단적 세대주의자들의 가르침을 맹

---

1) H. A. Ironside, *Except Ye Repent*(Grand Rapids: Zondervan, 1937), 7.
2) Ibid., 11.

렬히 비난했다. 그는 "'너희도 만일 회개하지 아니하면 다 이와 같이 망하리라'는 예수님의 말씀은 우리 주님이 처음 설교하셨을 때와 마찬가지로 지금도 중요하다."라고 썼다. "세대주의의 구분이 하나님이 인간을 다루시는 방법을 이해하고 해석하는 데 있어 중요하다 해도, 이 진리를 바꿀 수는 없다."[3]

심지어 아이언사이드는 그 당시에 태동하고 있던 쉬운 믿음주의의 위험성을 인식하기까지 했다. 그는 이렇게 썼다.

인간의 죄성과 죄악이라는 끔찍한 사실과 씨름하면서 "모든 곳 모든 사람에게 회개하라."고 요구하지 않는 천박한 설교는 천박한 회심을 낳는다. 그리하여 오늘날 중생의 증거는 전혀 보이지 않는, 말만 번지르르한 고백자가 수없이 많아지게 되었다. 그들은 은혜로 구원받았다고 떠들어대지만, 삶에서는 전혀 은혜를 보여주지 않는다. 오직 믿음으로 의롭다 하심을 얻었다고 큰소리로 선포하지만, "행함이 없는 믿음은 그 자체가 죽은 것이라"는 말씀을 기억하지 못한다. 우리는 사람 앞에서 행위로 의롭다 함을 얻는 것이 하나님 앞에서 믿음으로 의롭다 하심을 얻는 것과 상반되는 것처럼 무시해서는 안 된다.[4]

그럼에도 불구하고, 다수의 저명한 세대주의자들은 불신자에게 회개를 전하는 것은 복음 메시지의 정신과 내용에 위배된다는 생각을 계속 발전시켰다. 루이스 체이퍼의 『조직신학』은 회개란 "신앙 혹은 믿음의 한 요구

---

3) Ibid., 10.
4) Ibid., 11.

조건으로 너무나 자주 그릇 첨가되는 인간 책임론의 일반적인 특징"[5]가운데 하나라고 말한다. 체이퍼는 회개라는 단어가 요한복음에는 나오지 않으며 로마서에는 단 한 번 나온다고 지적했다. 그는 사도행전 16장 31절에서 바울이 빌립보 간수에게 회개를 요구하지 않았다고 지적했다. 체이퍼는 이런 침묵을 "압도적인 다수의 반박 불가능한 증거로, 신약이 구원받지 않은 자에게 구원의 조건으로 회개를 요구하지 않았음을 명백하게 보여주는 것"[6]이라 보았다.

회개를 버림

오늘날도 이와 동일한 사상들이 계속 전파되고 있다. 『라이리 스터디 바이블』은 교리 요약 부분에서 회개가 "믿음의 동의어로 이해되는 경우"를 제외하고, 구원의 조건이 될 경우 "믿음에 거짓으로 더한 것"[7]이라 열거했다. 다른 한 사람의 영향력 있는 교사도 본질적으로 동일한 말을 했다. "성경은 구원을 위해 회개를 요구하지만 회개는 죄에서 돌아서는 것도, 행동의 변화도 아니다. …… 성경적 회개는 하나님, 그리스도, 죽은 행위 혹은 죄에 대한 생각 혹은 태도의 변화이다."[8] 한 신학대학원 교수는 "회개는 마음의 변화

---

5) Lewis Sperry Chafer, *Systematic Theology*(Dallas: Dallas Seminary, 1948), 3:372.
6) Ibid., 376. 체이퍼가 이 부분을 시작하면서 "교리적으로…… 회개라는 단어가 나타내는 대로, 회개는 구원에 본질적인 것으로 누구도 회개 없이는 구원받을 수 없다."(p. 373)고 시인하고도 이렇게 결론을 맺는 것은 이상하다. 체이퍼의 명백한 자기모순은 회개에 대한 그의 정의에서 시작된다. 그는 회개를 단순한 마음의 변화(p. 372), 즉 불신에서 믿음으로 돌아서는 것으로 본다. 그가 정의하는 회개는 죄와 뉘우침을 전혀 언급하지 않는다. 그는 구원의 맥락에서 회개는 "믿음이라는 말의 동의어"에 불과하다(p. 377)고 말했다. 그래서 체이퍼의 시스템에서는, 사람들에게 그리스도를 믿으라고 하는 것은 회개를 전파하는 것과 동일하다. 체이퍼는 회개라는 단어를 복음 제시에서 완전히 삭제해, 회개를 단순한 믿음 이상으로 이해하는 사람들이 "은혜의 영광"을 혼동할 위험을 피하게 하고 싶었다고 결론 내린다(p. 378).
7) Charles C. Ryrie, *The Ryrie Study Bible*(Chicago: Moody, 1976), 1950.
8) G. Michael Cocoris, *Lordship Salvation-Is It Biblical?*(Dallas: Redencion Viva, 1983), 12.

를 의미하지, 삶의 변화를 의미하지 않는다."[9]라고 쓰기까지 했다.

이 저자들을 비롯해 사람들은 도덕적 의미를 배제하는 식으로 회개를 재정의했다. 그들은 회개란 단순히 그리스도가 누구신가에 대한 생각의 변화라고 쓴다.[10] 이런 종류의 회개는 죄에서 돌아서거나 자신을 버리는 것과 아무 상관이 없다. 여기에는 개인의 죄책에 대한 인정이나 하나님께 순종할 의향, 참 의에 대한 소원 등이 아예 없다.

이것은 예수님이 전하신 회개가 아니다. 우리가 거듭 살펴보았듯, 예수님이 전하신 복음은 믿음으로의 부르심 못지않게 죄를 버리라는 부르심이다. 처음 메시지부터 마지막 메시지까지 구주의 주제는 죄인들을 회개로 부르시는 것이다. 이는 곧 그들이 구주가 누구신가에 대해 새로운 관점을 가질 뿐 아니라, 죄와 자아로부터 돌이켜 구주를 따르는 것을 의미했다. 주님께서 우리에게 명령하는 메시지도 동일하게 "죄 사함을 받게 하는 회개"(눅 24:47)이다.[11]

회개란 무엇인가?

회개는 회심의 중요한 요소이다.[12] 그러나 회개를 단순히 믿음에 대한 또 하나의 단어로 치부해서는 안 된다. "회개"의 헬라어는 메타노이아(metanoia)로 "후에"를 뜻하는 메타(meta)와 "이해하다"를 의미하는 노에오

---

9) Thomas L. Constable, "The Gospel Message," *Walvoord: A Tribute*(Chicago: Moody, 1982), 207.
10) Charles C. Ryrie, *Balancing the Christian Life*(Chicago: Moody, 1969), 176.
11) 이 구절은 누가가 우리 주님의 지상 명령을 기록한 부분임을 주목하라. 누가는 예수님이 제자들에게 전하라고 위임하는 메시지의 내용을 기록한 유일한 전도자이다. 분명 회개는 예수님이 제자들에게 온 세상에 전하라고 위임하신 복음 소명의 핵심이다.
12) 벌코프는 이렇게 쓴다. "참 회개는 믿음과 연계되지 않고는 결코 존재할 수 없다. 그러나 참된 믿음이 있는 곳에는 참된 회개도 있다. …… 이 둘은 분리될 수 없다. 이들은 동일한 과정의 보완적인 부분일 뿐이다." Louis Berkhof, *Systematic Theology*(Grand Rapids: Eerdmans, 1939), 487.

(noeō)의 합성어이다. 문자적으로는 "후에 하는 생각" 혹은 "마음의 변화"를 의미하지만, 성경적으로 그 의미는 거기서 끝나지 않는다.[13]

메타노이아는 신약의 용례대로 항상 목적의 변화를 말하며, 구체적으로는 죄로부터 돌아서는 것을 뜻한다.[14] 예수님이 의미하신 회개는 옛 생활을 거부하고 구원을 위해 하나님께로 돌아서는 것이다.[15] 바울은 데살로니가 사람들의 회개를 설명할 때 이런 목적의 변화를 염두에 두었다. "너희가 어떻게 우상을 버리고 하나님께로 돌아와서 살아 계시고 참되신 하나님을 섬기는지와"(살전 1:9). 여기서 회개의 세 가지 요소, 즉 하나님께로 돌아오는 것, 악에서 돌아서는 것 그리고 하나님을 섬기려는 의향에 주목해야 한다. 이 세 가지 요소를 다 갖추지 못하면 참된 회개라 할 수 없다. 단순하지만 우리가 너무도 자주 간과하는 사실이 있는데, 진정한 마음의 변화는 반드시 행동의 변화를 낳는다는 것이다.

진정한 회개에는 언제나 회한의 요소가 포함되기는 하지만, 그렇다고 회개가 단순히 죄를 부끄러워하거나 유감스럽게 여기는 것은 아니다.[16] 회

---

[13] "메타노이아를 마음의 변화로 보는 지적 이해가 지배적이지만, 이 이해는 신약에서 거의 역할을 하지 못한다. 오히려 신약에서는 돌아서기로 하는 전인(全人)의 결심이 강조된다. 분명 우리는 순전한 외적 의미에도, 또한 단순한 생각의 지적 변화에도 관심을 갖지 않는다." J. Goetzman, "Conversion," in Colin Brown, gen. ed., *New International Dictionary of New Testament Theology*(Grand Rapids: Zondervan, 1986), 1:358.

[14] W. E. Vine, *Vine's Expository Dictionary of Old and New Testament Words*(Old Tappan, N.J.: Revell, 1981), 3:280.

[15] "그것은 근본적인 회심, 본성의 변화, 악으로부터 확고한 돌이킴, 완전한 순종 가운데 하나님께로 확고하게 돌아가는 것을 요구한다(막 1:15, 마 4:17, 18:3). …… 이 회심은 영 단번(once for all)이다. 다시 이전으로 돌아갈 수 없으며, 이제 택한 그 길을 따라 책임 있게 나아갈 수만 있다. 이것은 전인에게 영향을 주어, 첫째로 그리고 기본적으로 개인 생활의 중심에, 그리고 논리적으로 항상 또 모든 곳에서 그의 행위, 그의 생각, 말과 행동에 영향을 준다(마 12:33 이하와 그 병행구, 23:26, 막 7:15). 예수님의 선포 전체는 …… 무조건적으로 하나님께로 돌아서는 것, 하나님을 대적하는 모든 것에서 무조건적으로 돌아서라는 선포로, 이는 단순히 악한 것뿐 아니라 특정 상황에서 하나님께로 완전히 돌아서기를 불가능하게 하는 것으로부터 돌아서는 것을 의미한다(마 5:29 이하, 44, 6:19 이하, 7:13 이하와 그 병행구, 10:32-39, 막 3:31 이하, 눅 14:33, 막 10:21과 그 병행구 참조)." J. Behm, "Metanoia," in Gerhard Kittel, ed., *Theological Dictionary of the New Testament*(Grand Rapids: Eerdmans, 1967), 4:1002.

[16] 타이어(Thayer)의 헬라어 사전은 메타노이아를 "자신의 실수와 잘못을 혐오하기 시작해 더 나은 삶의 길로 들어가기로 결심한 사람의 마음의 변화로, 이는 죄에 대한 인정과 그에 대한 유감 및 진심어린 개선이 포함되며, 그것의 표시와 결과는 선한 행위이다."라고 정의한다. Joseph Henry Thayer, trans., *Greek-English Lexicon of the*

개는 인간의 뜻의 방향전환이요, 불의한 모든 것을 버리고 대신 의를 추구하겠다는 의도적인 결심이다.

또한 회개는 단순한 인간의 행위가 아니다. 이는 구속의 다른 모든 요소들과 마찬가지로, 하나님이 주권적으로 주시는 선물이다. 초대 교회는 고넬료의 회심의 진정성을 인정하고 "그러면 하나님께서 이방인에게도 생명 얻는 회개를 주셨도다"(행 11:18, 5:31 참조)라고 결론 내렸다. 바울은 디모데에게 쓴 서신에서 진리를 거역하는 자들을 온유함으로 훈계하면서 "혹 하나님이 그들에게 회개함을 주사 진리를 알게 하실까"(딤후 2:25) 하라고 했다. 회개함을 주시는 분이 하나님이라면 그것은 인간의 행위로 볼 수 없다.

무엇보다도 회개는 그 사람의 삶을 바로잡기 위한, 구원 이전에 요구되는 노력이 아니다. 회개하라는 부르심은 믿음으로 그리스도께 돌아오기에 앞서 죄를 바로잡으라는 명령이 아니다. 오히려 회개는 자신의 불법성을 인정하고 그것을 미워하여 그것에 등을 돌리고 그리스도께로 피해, 전심을 다한 경배로 그를 받아들이라는 명령이다. J. I. 패커가 썼듯이 "그리스도가 그의 백성에게 요구하시는 회개는, 그리스도가 그들의 삶을 주장하심에 있어 어떤 한계도 두지 않기로 단호히 거부하는 것이다."[17]

회개는 단순한 지적 행위가 아니다. 진정한 회개에는 지정의가 포함된다.[18] 게할더스 보스는 이렇게 썼다.

회개에 대한 우리 주님의 생각은 그의 의 개념과 마찬가지로 깊고 종합적이다. 헬라어 복음서에서 이 과정을 묘사하기 위해 사용된 세 단어들 가운데 첫째 단어는 과거의 악한 삶에 대한 후회, 유감이라는 정서적 요

New Testament(Grand Rapids: Zondervan, 1962), 406.
17) J. I. Packer, *Evangelism and the Sovereignty of God* (Downers Grove, Ill.: InterVarsity, 1961), 72.
18) Berkhof, *Systematic Theology*, 486을 참조하라.

소를 강조하는 메타멜로마이(*metamelomai*, 마 21:29-32)이다. 둘째 단어는 지적 태도 전체를 뒤집는 것을 표현하는 메타노에오(*metanoeō*, 마 12:41, 눅 11:32, 15:7, 10)이다. 셋째 단어는 삶의 방향 변화, 즉 한 목적이 다른 목적으로 대치됨을 나타내는 에피스트레포마이(*epistrephomai*, 마 13:15, 눅 17:4, 22:32)이다. 회개는 지성이라는 어느 한 기능에 국한되지 않는다. 사람 전체, 즉 지, 정, 의를 포함한다. …… 다시 말하지만 회개에 뒤따르는 새로운 삶에서는 하나님의 절대적 패권이 지배적인 원리이다. 회개하는 사람은 맘몬과 자아를 섬기던 데서 하나님을 섬기는 데로 돌아선다.[19]

지적인 면에서 회개는 죄를 인정하는 것(우리는 죄인이고, 우리의 죄는 거룩하신 하나님을 욕되게 하며, 더 정확하게 우리는 자기 죄에 대해 개인적인 책임이 있다)으로 시작된다. 구원으로 이어지는 회개에는 그리스도가 누구시며, 그에게는 자기 백성의 삶을 다스릴 권리가 있음을 어느 정도 이해하는 일이 포함된다.

정서적인 면에서 진정한 회개에는 종종 크게 슬퍼하는 감정이 수반된다. 이 슬픔 자체는 회개가 아니다. 진정으로 회개하지 않고도 슬퍼하거나 부끄러워할 수 있다. 예를 들어 유다는 뉘우쳤지만(마 27:3), 회개하지는 않았다. 젊은 부자 관원은 근심하며 갔지만(마 19:22), 회개하지는 않았다. 그렇지만 슬픔은 진정한 회개로 이어질 수 있다. 고린도후서 7장 10절은 "하나님의 뜻대로 하는 근심은 후회할 것이 없는 구원에 이르게 하는 회개를 이루는 것이요"라고 한다. 뉘우침(체포될까 봐 혹은 그래서 치를 결과 때문에 슬퍼하는 것이 아니다)이 없는 참된 회개는 상상하기 어렵다. 구약에서 회개는 종종 애통함을 상징하는 베옷과 재와 함께 나타난다(욥 42:6, 욘 3:5-6 참조).

---

19) Geerhardus Vos, *The Kingdom of God and the Church*(Nutley, N.J.: Presbyterian and Reformed, 1972), 92-93.

의지적인 면에서 회개는 방향의 변화, 의지의 변혁을 포함한다. 단순히 생각의 변화만이 아니라 완고한 불순종을 버리고 의지를 그리스도께 드리는 의지(더 정확하게는 결단)이다. 그렇기 때문에 진정한 회개는 필연적으로 행동의 변화라는 결과를 낳는다. 행위의 변화 그 자체는 회개가 아니지만, 회개하면 분명히 맺히는 열매이다. 눈에 보이는 행동의 변화가 없다면, 회개가 일어났다고 확신할 수 없다(마 3:8, 요일 2:3-6, 3:17 참조).

진정한 회개는 전인격을 바꾼다. 마틴 로이드존스는 이렇게 말했다.

> 회개는, 당신이 죄 있는 사람이며, 하나님 앞에서 악한 죄인이고, 하나님의 진노와 형벌을 받아야 하며, 지옥으로 갈 수 밖에 없음을 깨닫는 것을 의미한다. 회개는, 자기 안에 죄가 있음을 깨닫고, 그것을 없애기를 갈망하며, 모든 모양과 형태로 죄에서 돌아서는 것을 의미한다. 회개한 사람은 어떤 대가를 치르고라도 세상을, 세상의 생각과 전망은 물론 그 관습도 버리고, 또 자신을 부인하고, 십자가를 지고 그리스도를 따른다. 가장 가까운 사람과 가장 사랑하는 사람 그리고 온 세상이 그를 바보라 하고 광신자라 할 수도 있다. 경제적으로 어려움을 겪을 수도 있지만 달라지지 않는다. 그것이 회개이다.[20]

회개는 한 번의 행위가 아니다. 회심 때 일어난 회개는 자백이라는 점진적이고 일생에 걸친 과정을 시작한다(요일 1:9). 회개라는 이 적극적이고 지속적인 태도는 예수님이 팔복에서 말씀하신 심령의 가난함과 애통함, 온유함을 낳는다(마 5:3-6). 이것이 참된 신자 모두에게서 나타나는 표시이다.

---

20) D. Martyn Lloyd-Jones, *Studies in the Sermon on the Mount*(Grand Rapids: Eerdmans, 1959), 2:248.

회개에 합당한 열매

예수님이 "회개하라 천국이 가까이 왔느니라"(마 4:17)고 선포하셨을 때, 이 말씀을 들은 사람들은 그 메시지를 이해했다. 구약과 랍비들의 가르침이라는 유산을 풍부히 가진 그들은 회개의 의미를 혼동하지 않았다. 그들은 예수님이 단지 생각의 변화나, 그분의 정체성에 대한 관점의 변화를 훨씬 넘어서는 것(그저 다른 의견이 아니라 새로운 삶의 방식)을 요구하심을 알았다. 그들은 예수님이 그들의 죄를 인정하고 버리고 회심할 것을, 죄에서 돌아설 것을, 그들의 죄와 이기심을 버리고 그를 따를 것을 요구하심을 알았다.

유대인의 회개 개념은 잘 발전되어 있었다. 랍비들은 "너희는 스스로 씻으며 스스로 깨끗하게 하여 내 목전에서 너희 악한 행실을 버리며 행악을 그치고 선행을 배우며 정의를 구하며 학대 받는 자를 도와 주며 고아를 위하여 신원하며 과부를 위하여 변호하라"라고 한 이사야 1장 16-17절이 회개와 관련된 아홉 가지 행위를 기술한다고 주장했다. 이 말씀의 전개를 주의 깊게 살펴보라. 회개는 내적으로 씻는 데서 시작해 태도와 행동으로 그것을 드러낸다.

구약에는 회개에 관한 진리가 풍성하다. 에스겔 33장 18-19절은 "만일 의인이 돌이켜 그 공의에서 떠나 죄악을 범하면 그가 그 가운데에서 죽을 것이고 만일 악인이 돌이켜 그 악에서 떠나 정의와 공의대로 행하면 그가 그로 말미암아 살리라"라고 말한다. 역대하 7장 14절은 회개에 대한 익숙한 처방으로 "내 이름으로 일컫는 내 백성이 그들의 악한 길에서 떠나 스스로 낮추고 기도하여 내 얼굴을 찾으면 내가 하늘에서 듣고 그들의 죄를 사하고 그들의 땅을 고칠지라"라고 말한다. 이사야 55장 6-7절은 구약식 구원 초청을 하는데 회개가 핵심 요소이다. "너희는 여호와를 만날 만한 때에 찾으라 가까이 계실 때에 그를 부르라 악인은 그의 길을, 불의한 자는 그의 생각을 버리고 여호와께로 돌아오라 그리하면 그가 긍휼히 여기시리라 우리 하나님께로 돌아오라 그가 너그럽게 용서하시리라." 요나서 3장 10절은 "하나님이 그들이 행한 것 곧 그 악한 길에서 돌이켜 떠난 것을 보시고 하나님이 뜻을 돌이키사 그들에게 내리리라고 말씀하신 재앙을 내리지 아니하시니라"라고 말한다.

요나서의 구절을 주의해 살펴보라. 니느웨의 회개를 하나님은 무엇으로 평가하셨는가? 그들이 **행한 것**으로 평가하셨다. 그들의 생각이나 기도로 평가하지 않으셨다. 물론 하나님은 전지하시기에 그들의 생각과 기도만으로도 그 회개의 실상을 분명히 파악하실 수 있다. 그러나 하나님은 의로운 행위를 보셨다.

세례 요한도 회개의 증거로 선한 행위를 요구했다. 그는 예수님이 사역을 시작하시기 전에 회개의 메시지를 전파했다(마 3:1-2 참조). 종교 위선자들이 세례 요한에게 세례를 받으러 왔을 때 "요한이 많은 바리새인들과 사두개인들이 세례 베푸는 데로 오는 것을 보고 이르되 독사의 자식들아 누가 너희를 가르쳐 임박한 진노를 피하라 하더냐 그러므로 회개에 합당한 열매를 맺고"(마 3:7-8)라고 했다고 성경은 기록한다.

얼마나 멋진 환영사인가! "신사 숙녀 여러분, 여기 우리의 소중한 지도자분들이 세례를 받으러 오셨습니다."라는 말과는 전혀 다른 외침이다. 그들이 왜 세례를 받으러 왔는지 알 수 없지만, 그 동기가 잘못되었음은 분명하다. 어쩌면 그들은 사람들의 호의를 얻으려 했거나, 세례 요한의 인기에 편승하려 했을 것이다. 이유야 어쨌든 그들은 진정으로 회개하지 않았고 요한은 그들을 거부했다. 요한은 이 종교적 위선자들을 책망했다.

요한이 그토록 그들을 가혹하게 대한 이유는 무엇일까? 이 위선자들이 그 치명적인 기만을 통해 민족 전체를 망치고 있었기 때문이다. 그들의 행동으로는 그들이 진정 회개했는지 알 수 없었다. 여기서 중요한 교훈을 배울 수 있는데 "진정한 회개에는 관찰 가능한 결과가 기대된다."는 것이다.

회개의 열매는 무엇일까? 이는 세리들이 세례 요한에게 한 질문이었다(눅 3:10). 세례 요한의 대답은 "부과된 것 외에는 거두지 말라"(13절)는 것이었다. 같은 질문을 한 군인들에게는 "사람에게서 강탈하지 말며 거짓으로 고발하지 말고 받는 급료를 족한 줄로 알라"(14절)고 대답했다. 다시 말해 생활 방식에 신실한 변화가 있어야 한다는 것이다. 진정으로 회개한 사람은 악행을 그치고 의롭게 살기 시작한다. 참된 회개는 생각과 태도의 변화와 함께 행위의 변화를 낳는다.

바울이 회개의 증거로 생각한 것은 근본적인 변화였다. 그가 자신의 사역을 아그립바 왕에게 어떻게 소개했는지 보라. "그러므로 하늘에서 보이신 것을 내가 거스르지 아니하고 먼저 다메섹과 예루살렘에 있는 사람과 유대 온 땅과 이방인에게까지 회개하고 하나님께로 돌아와서 **회개에 합당한 일을 하라** 전하므로"(행 26:19-20, 강조는 저자 추가). 참된 신자는 의로운 행위로 자신의 회개를 보여준다는 것이 바울의 메시지의 중요한 요소였다.[21]

복음과 회개의 관계

신약에서 회개는 늘 구원 초청의 기초였다. 베드로의 오순절 복음 초청에서, 즉 부활 이후 첫 번째 공적 전도에서, 그 핵심은 바로 회개였다. "너희가 회개하여 각각 예수 그리스도의 이름으로 세례를 받고 죄 사함을 받으라"(행 2:38).

---

21) 부록1을 보라.

회개를 뺀 메시지는 복음이라고 할 수 없다. 마음과 생각과 의지의 근본적 변화 없이는 죄인이 예수 그리스도께 나아올 수 없기 때문이다. 회개는 완전한 돌이킴과, 궁극적으로는 전적인 변화로 이어지는 영적 위기를 요구한다. 이것이 성경이 인정하는 유일한 종류의 회심이다.[22]

마태복음 21장 28-31절에서 예수님은 회개 없이 믿음을 고백하는 위선을 설명하기 위해 한 비유를 말씀하셨다.

그러나 너희 생각에는 어떠하냐 어떤 사람에게 두 아들이 있는데 맏아들에게 가서 이르되 얘 오늘 포도원에 가서 일하라 하니 대답하여 이르되 아버지 가겠나이다 하더니 가지 아니하고 둘째 아들에게 가서 또 그와 같이 말하니 대답하여 이르되 싫소이다 하였다가 그 후에 뉘우치고 갔으니 그 둘 중의 누가 아버지의 뜻대로 하였느냐 이르되 둘째 아들이니이다 예수께서 그들에게 이르시되 내가 진실로 너희에게 이르노니 세리들과 창녀들이 너희보다 먼저 하나님의 나라에 들어가리라.

예수님은 왜 여기서 말로도 "가겠나이다"라고 하고 행동도 그렇게 한 예를 포함하지 않으셨을까? 아마도 이 비유는 모든 사람이 하나님의 영광에 이르지 못한다는(롬 3:23 참조) 인간성을 드러내려던 것이었던 듯싶다. 그래서 예수님은 두 종류의 종교인만을, 다시 말해 순종하는 체하지만 실제로는 거역하는 사람과 거역으로 시작했지만 회개하는 사람만을 말씀하셨다.

이 비유는 바리새인들을 위해 하신 것인데, 그들은 자신을 악하고 불순

---

22) "예수님이 이해하시는 회심은 …… 옛 본성과의 결별 이상이다.……이것은 신적 주재권에 의해 주장되는 그 사람의 모든 행위가 포함된다.……'회심한다는 것'은 하나님 나라의 여명이 사람에게 요구하는 모든 것을 포함한다." Behm, "*Metanoia*," 4:1003.

종하는 사람으로 보지 않았다. 예수님이 누가 아버지의 뜻에 순종했는지 물었을 때 그들은 "둘째 아들"(마 21:31)이라고 대답했다. 이렇게 시인함으로써 그들은 자신의 위선을 스스로 정죄했다.

예수님의 책망에 얼마나 찔렸을까! "내가 진실로 너희에게 이르노니 세리들과 창녀들이 너희보다 먼저 하나님의 나라에 들어가리라"(31절). 그들은 자신의 신앙을 많이 드러냈기에 하나님이 그들을 인정하시리라는 환상에 빠져 있었다. 문제는 그것이 "쇼"에 불과했다는 사실이다. 그들은 가겠다고 해놓고 가지 않은 아들과 같다. 하나님을 사랑하고 그의 계명을 지켰다는 그들의 주장은 헛것이었다. 이 바리새인들은 예수님을 믿는다고 말하면서 순종을 거부하는 현대의 많은 사람들과 같다. 그들의 신앙고백은 공허한 것이다. 그들이 회개하지 않는다면 멸망할 수밖에 없다. 세리들과 창녀들은 자기 죄를 인정하고 회개할 가능성이 높기 때문에 바리새인들보다 하나님 나라에 들어가기 쉽다. 아무리 험한 죄를 범한 죄인도 진정으로 회개한다면 반드시 천국에 들어간다. 반면 자신의 죄를 감추면서 죄를 인정하고 회개하기를 거부하는 바리새인은 아무리 훌륭해 보여도 하나님 나라에 들어갈 수 없다. 죄를 버리는 회개 없이는 구원도 있을 수 없다.

오늘날 그리스도에 대한 진리를 듣고 즉각 반응하는 사람이 많지만, 그들은 순종하겠다고 해놓고 순종하지 않은 맏아들처럼 행한다. 그들의 삶의 열매가 진정한 회개를 보여주지 않기에 그들의 긍정적인 반응은 구원을 주지 못한다. 반면에 죄와 불신, 불순종에서 등을 돌리고 순종하는 믿음으로 그리스도를 받아들이는 사람도 많다. 그들의 회개는 참된 회개로, 의의 열매를 통해 입증된다. 그들은 참으로 의인이다(벧전 4:18). 이것이 예수님이 전한 복음의 궁극적인 목표이다.

18장

죽은 믿음은 구원을 보장하지 않는다

내 모습 이대로, 호소 한마디 할 수 없지만
주 보혈 흘려주시고 또 나를 오라 하시니
주께로 거저 갑니다(새찬송가 282장 역자 직역).

19세기에 샬럿 엘리엇이 지은 이 찬송시는 다른 어느 찬송가보다 자주 복음 초청에 배경 음악으로 사용된다. 이 가사에 담긴 사상은 영광스러운 성경적 진실이다. 죄인이 있는 그대로, 오로지 회개하는 믿음을 기초로 그리스도께 나오면 구원해 주신다는 것이다. 주님이 친히 주신 놀라운 약속은 요한복음 3장 16절에 나온다. "하나님이 세상을 이처럼 사랑하사 독생자를 주셨으니 이는 그를 믿는 자마다 멸망하지 않고 영생을 얻게 하려 하심이라." 후에 주님은 "아버지께서 내게 주시는 자는 다 내게로 올 것이요 내게 오는 자는 내가 결코 내쫓지 아니하리라"(요 6:37)고 덧붙이셨다.

우리 시대는 복음이 변질되어 이 진리가 은밀하게 왜곡되었다. 현대의 메시지에서 사용하는 언어는 "내 모습 이대로"와 어렴풋이 비슷하지만 그 의미 차이는 심히 크다. 오늘날의 죄인들은 그리스도께서 있는 모습 그대로 받아주실 뿐 아니라 그대로 있게 해주신다는 메시지를 듣는다! 많은 사람들은 그들이 그리스도께 와서 사면과 불멸을 받고, 그다음에는 걸어 나가 자기들이 원하는 대로 계속 살 수 있으며, 심지어 "하나님을 내버리고 옛 본성대로 살 수도"[1] 있다고 잘못 믿고 있다.

몇 년 전, 국제적인 기독교 청소년 단체의 지도자들이 와서 그들이 제작한 훈련용 영화를 사전 검토해 달라고 부탁했다. 주제는 복음전도였는데, 그 영화는 구원받지 않은 젊은이들에게 "그리스도께 순종해야 한다", "그분께 마음을 드려야 한다", "삶을 드려야 한다", "죄를 회개해야 한다", "그의 주재권에 복종해야 한다" 혹은 "그를 따라야 한다" 등의 말을 하지 말라고 사역자들에게 가르치고 있었다. 구원받지 못한 사람에게 그런 것을 요구하면 복음 메시지를 혼동한다는 것이다. 그 영화는 예수님의 죽음에 대한 객관적 사실들만(부활에 대해서는 언급하지 말고) 제시하고 왜 믿어야 하는지 필요성을 강조하라고 주장했다. 결론은 복음의 사실들을 이해하고 받아들이는 것이 구원 얻는 믿음의 전부라는 것이었다.

한번은 한 사경회에서 참석했는데 저명한 성경 교사 한 분이 구원에 관한 메시지를 전했다. 그는 구원받지 못한 사람들에게 그리스도께 복종해야 한다고 전하는 것은 행위를 전하는 것과 마찬가지라고 했다. 그는 구원이란, 그리스도께 순종하든 않든 그분에 관한 사실을 믿는 자에게 주신 영원한 생명이라는 무조건적인 선물이라고 정의했다. 그가 말하는 요지 가

---

1) Charles C. Ryrie, *Balancing the Christian Life* (Chicago: Moody, 1969), 35.

운데 하나는, 구원은 그 사람의 행위를 바꿀 수도 있고 바꾸지 않을 수도 있다는 것이다. 변화된 행위가 분명 바람직하지만, 삶의 변화가 일어나지 않아도 복음의 사실들을 믿는 사람은 천국을 확신할 수 있다고 말했다.

수많은 사람이 이런 조건으로 그리스도께 접근한다. 그들은 주님이 자기의 죄를 지적하지 않으리라 생각하고 열렬한 반응을 보인다. 그들은 하나님 앞에서 자기 죄의 심각성을 느끼지 않으며 죄의 속박에서 해방되기를 바라지도 않는다. 그들은 부패한 복음에 속고 있다. 그들은 오직 믿음만이 구원한다고 들어왔지만, 진정한 믿음을 이해하지도 소유하지도 못했다. 그들이 의지하는 "믿음"은 일단의 사실들에 대한 지적인 동의에 불과하다. 그것은 구원을 주지 못한다.

죽은 믿음으로 영원한 생명을?

모든 믿음이 구원을 보장하지 않는다. 야고보서 2장 14-16절은 행함이 없는 믿음은 죽은 것으로서 구원할 수 없다고 말한다.[2] 야고보는 가짜 믿음은 순전한 위선이요(18절), 단순한 지적 동의로(19절), 입증하는 행위가 없으며(17-18절), 결국 마귀의 믿음과 다를 바 없다(19절)고 말한다. 분명 구원 얻는 믿음은 단순히 일단의 사실들에 동의하는 것 이상이다. 행위 없는 믿음은 쓸모가 없다(20절).

그런데도 현대 복음주의 일부는 믿음과 행위 사이에 어떤 종류의 관계도 허용하지 않으려 한다. 이런 제한 때문에 그들은 사실상 어떤 믿음을 고

---

2) 헬라어 분사 메(me)로 시작되는 야고보서 2장 14절의 질문은, 문법적으로 부정적인 대답을 전제한다. "그런 믿음이 그를 구원할 수 있겠는가? 당연히 못 한다!" A. T. Robertson, *Word Pictures in the New Testament*(Nashville: Broadman, 1933), 6:34를 참조하라.

백하든 진실한 것이라 받아들일 수밖에 없다.[3] 한 저자는 죽은 믿음으로도 **구원받을 수 있다**고 명시적으로 진술하기도 했다.[4] 야고보서 2장에 대한 한 인기 있는 해석은 놀랍게도 죽은 믿음이 실제로 구원의 **증거**라고 가르친다.[5] 다른 사람들은 열매가 없는 "믿음", 학문적인 진리를 인정하는 것에 불과한 "믿음"의 무효성을 인정하면서도, 믿음이 복종이나 삶의 헌신을 시사한다고 정의하기는 주저한다.[6] 실제로 믿음과 헌신은 내재적으로 연관되지 않는다는 것이 일반적인 생각이다.[7] 믿음에 대한 일반적인 개념은 믿음을 마음속에서 일어나는 일시적인 행위, 단순히 복음의 사실들을 믿기로 하는 것("하나님이 시작하신 일에 대한 반응에 불과한 것"[8])으로 격하시켜버린다.

---

[3] "아무 차이도 없다는 인상을 받는다." Johnny V. Miller, review of *The Gospel Under Siege, Trinity Journal* 4(Spring 1983): 93-94.
[4] A. Ray Stanford, *Handbook of Personal Evangelism*(Hollywood, Fla.: Florida Bible College, n.d.),102-3.
[5] Zane C. Hodges, *The Gospel Under Siege*(Dallas: Redencion Viva, 1981), 19. 호지스는 믿음이 죽었다는 것은 한때 살아 있었다는 뜻이라고 상정한다(p. 20). 그는 야고보서 2장 14절에서 말하는 구원은 영원한 구원이 아니라 죄의 일시적 결과로부터의 구출을 의미한다는 이론을 세운다(p. 23). 그렇게 해서 그는 야고보가 죽은 정통에 붙들린 괴로워하는 구속받은 자들에게 말하는 것이라고 결론짓는다. 호지스에 의하면, 그들의 믿음은 "교리적 시체에 불과한 것"(p. 33)이다. 호지스는 비록 그들의 믿음이 무너지기는 했지만, 그들의 영원한 구원은 확고하다고 믿는다. 그들의 믿음이 죽었다는 사실은, 단순히 한때 살아 있었다는 것이며, 따라서 구원받은 것이 확실하다고 말한다. 그러나 그것은 왜곡된 논리이다. "죽은 믿음"은 한때 살아 있던 믿음을 전제로 하지 않는다. 이는 에베소서 2장 1절("허물과 죄로 죽었던 너희")이 죄인 개인이 한때 영적으로 살아 있었음을 시사하지 않는 것과 같다.
[6] Livingston Blauvelt Jr., "Does the Bible Teach Lordship Salvation?" *Bibliotheca Sacra*(January-March 1986), 37-45. 블로벨트는 지적인 동의는 구원 얻는 믿음이 아님을 인정하면서 그의 글을 시작한다. "많은 사람들은 그들이 믿음을 가졌다고 '말한다'(약 2:14). 그러나 진정한 회심을 하지는 않았다. 단순한 구두 동의나 그리스도의 죽음이 사실이라는 지적 인정만 있고, 개인의 죄에 대한 각성이 없는 것은 부적절하다"(p. 37).
그러나 믿음의 진정한 속성에 대한 블로벨트의 전체 논의는 단 네 문단에 불과한 것으로, 구원 얻는 믿음은 헌신과는 무관하다고 주장한다. 그다음에 그는 "신약적 의미에서 믿음이라는 용어는, 나사렛 예수는 하나님의 아들 그리스도이시며 그는 우리의 죄를 위해 죽으시고 죽은 자 가운데서 부활하셨음을 믿는 것이다(요 20:31, 고전 15:3-4). 믿음은 영생을 위해 그리스도를 신뢰하는 것이다."(p. 43)라고 쓴다. 그리스도에 대한 헌신이 전혀 없는 믿음이 "단순한 구두 동의나 지적인 인정"과 어떻게 다른지 알기 힘들다.
[7] Ryrie, *Balancing the Christian Life*, 170. 여기서 라이리는 "믿음 더하기 삶의 헌신이라는 메시지는 …… 복음이라고 할 수 없다."고 쓴다.
[8] Hodges, *Gospel Under Siege*, 21. 이 책은 "믿음과 행위에 관한 연구"라고 되어 있는데, 이 짧은 진술문은 호지스가 이 책에서 내리는 믿음의 정의와 유사하다. "구원 얻는 행위에 대한 성경의 단순하고, 직설적인 진술들에서 우리가 지각한 믿음은 하나님이 시작하신 일에 대한 반응에 불과한 것이다. 이것은 생명의 선물을 받는 수단이다."

여기에서 현대의 인기 있는 복음 접근법의 오류가 시작된다. 그들이 하는 복음의 호소는 믿음에 대한 완전히 부적절한 설명에 맞추어졌다. 믿음에 대한 현대의 정의에는 회개가 없다. 믿음에서 도덕적 의미를 지워버렸다. 죄인의 마음속에서 하나님이 하시는 일을 제거했다. 계속 주님을 신뢰하는 일을 선택사항으로 만들었다. 현대의 쉬운 믿음주의는 인간의 행위가 구원에 아무 도움이 되지 않는다는 진리를 강조하기는커녕, 믿음 자체를 전적으로 인간이 하는 일, 지속될 수도 지속되지 않을 수도 있는 일시적이고 깨지기 쉬운 일로 만들었다.[9]

그러나 구원을 얻는 순간에는 믿음을 가지겠지만 다시 믿음을 가질 필요가 없다고 하는 주장은 성경적인 믿음관이 아니다. 디모데후서 2장 12절 "참으면 또한 함께 왕 노릇 할 것이요 우리가 주를 부인하면 주도 우리를 부인하실 것이라"는 바울의 말은 이 문제를 강력히 말해준다. 참는 것은 그리스도와 함께 그의 나라에서 다스릴 사람들의 특징이다. 참는 것은 분명 참된 신자의 한 특성이다. 반면에 충성하지 않는 것과 변심은 믿지 않는 마음을 보여준다. 그리스도를 부인하는 사람은 그리스도께서 부인하실 것이다. 계속해서 바울은 "우리는 미쁨이 없을지라도 주는 항상 미쁘시니 자기를 부인하실 수 없으시리라"(13절)고 말한다. 이처럼 하나님의 미쁘심(신실하심)은 충성되고 한결같은 신자들에게는 복된 위로가 되지만, 거짓 믿음을 가진 자들에게는 무서운 경고가 된다(요 3:17-18).

---

[9] 충격적으로 호지스는 이렇게 쓴다. "현대 기독교 세계에서는 진정한 그리스도인의 믿음은 무너질 수 없다는 주장을 널리 지지한다. 그러나 이것은 신약을 근거로 입증될 수 있는 주장이 아니다"(ibid., 68). "믿음의 견인은 참된 구원의 필연적인 결과라는 견해를 지지하는 것은 없다"(p. 83). 이 말을 바울이 영감을 받아 한 말씀인 골로새서 1장 22-23절과 대조해 보라. "이제는 그의 육체의 죽음으로 말미암아 화목하게 하사 너희를 거룩하고 흠 없고 책망할 것이 없는 자로 그 앞에 세우고자 하셨으니 만일 너희가 믿음에 거하고 터 위에 굳게 서서 너희 들은 바 복음의 소망에서 흔들리지 아니하면 그리하리라." 진정한 믿음을 끝까지 보장하는 것은 무엇인가? 다음 구절들을 참조하라. 고전 15:1-2, 딤후 2:12, 히 2:1-3, 3:14, 4:14, 6:11-12, 12:14, 약 1:2, 요일 2:19.

성경이 말하는 믿음

우리는 이미 회개란 하나님이 주시는 것임을 살펴보았다. 회개는 인간의 행위가 아니다(행 11:18, 딤후 2:25). 마찬가지로 믿음도 하나님의 초자연적인 선물이다. 우리에게 친숙한 성경 말씀 에베소서 2장 8-9절을 보자.

너희는 그 은혜에 의하여 믿음으로 말미암아 구원을 받았으니 이것은 너희에게서 난 것이 아니요 하나님의 선물이라 행위에서 난 것이 아니니 이는 누구든지 자랑하지 못하게 함이라.

바울이 말하는 "하나님의 선물"은 무엇인가? 웨스트콧은 이것을 "믿음의 구원하는 에너지"[10]라고 불렀다. 그러나 "이것은 너희에게서 난 것이 아니요"라는 구절에는 분명한 선행사가 없다. "이것"으로 번역된 헬라어는 중성이고, "믿음"이라는 말은 여성이다. 그러므로 "이것"이라는 선행사는 믿음을 가리킬 수 없다. 문제는 이 구절에 분명한 선행사가 없다는 것이다. 명시되지는 않았지만 선행사를 추정할 때, "이것"은 믿는 행위를 가리킬 수 있다. 아니면 하나님의 선물인 전 과정(은혜, 믿음, 구원)을 가리킬 수도 있다. 이 두 가지 가능성 모두 문맥에 부합한다. "허물로 죽은 우리를 그리스도와 함께 살리셨고 (너희는 은혜로 구원을 받은 것이라)"(5절). 영적으로 죽은 우리는 하나님이 개입해 우리를 살리시기까지 아무 일도 할 수 없다. 믿음은 하나님의 은혜가 우리에게 주는 "선물"의 핵심적인 부분이다.

성경은 일관적으로 믿음이란 인간의 의지로 생기는 것이 아니라 주권적으로 주어지는 하나님의 선물이라고 가르친다. "나를 보내신 아버지께서

---

10) B. F. Westcott, *St. Paul's Epistle to the Ephesians*(Minneapolis: Klock and Klock, n.d., reprint of 1906 volume), 32.

이끌지 아니하시면 아무도 내게 올 수 없으니"(요 6:44). "내 아버지께서 오게 하여 주지 아니하시면 누구든지 내게 올 수 없다"(65절). 사도행전 3장 16절은 "예수로 말미암아 난 믿음"을 말하고, 빌립보서 1장 29절은 "그리스도를 위하여 너희에게 은혜를 주신 것은 다만 그를 믿을 뿐 아니라"라고 말한다. 베드로는 동료 신자들을 "동일하게 보배로운 믿음을 우리와 함께 받은 자들"(벧후 1:1)이라고 불렀다. 믿음이 하나님의 선물인 것을 어떻게 알 수 있는가? 믿는 일이 우리에게 맡겨졌다면 아무도 믿지 않았을 것이다. "깨닫는 자도 없고 하나님을 찾는 자도 없고"(롬 3:11). "그런즉 원하는 자로 말미암음도 아니요 달음박질하는 자로 말미암음도 아니요 오직 긍휼히 여기시는 하나님으로 말미암음이니라"(롬 9:16). 하나님께서 죄인을 그리스도께로 이끌어서 믿을 능력을 주신다. 이렇게 하나님으로부터 나온 믿음이 아니면 구주를 이해할 수도 찾을 수도 없다. "육에 속한 사람은 하나님의 성령의 일들을 받지 아니하나니 이는 그것들이 그에게는 어리석게 보임이요, 또 그는 그것들을 알 수도 없나니 그러한 일은 영적으로 분별되기 때문이라"(고전 2:14). 베드로가 그리스도를 하나님의 아들로 믿는다고 고백했을 때, 예수님이 그에게 하신 말씀이 정확하게 그것이다. "바요나 시몬아 네가 복이 있도다 이를 네게 알게 한 이는 혈육이 아니요 하늘에 계신 내 아버지시니라"(마 16:17). 믿음은 하나님이 친히 은혜로 신자들에게 주시는 선물이다.

하나님의 선물인 믿음은 일시적이지도 무기력하지도 않다. 믿음은 끝까지 견디도록 보장된 상존적인 특성을 지닌다. "의인은 그의 믿음으로 말미암아 살리라"라는 하박국 2장 4절은 일시적인 믿음의 행동이 아니라, 하나님을 향한 살아 있고 지속적인 신뢰를 말하는 것이다(롬 1:17, 갈 3:11, 히 10:38 참조). 히브리서 3장 14절은 진정한 믿음의 항구성을 강조한다. 믿음이 내

구하다는 자체가 믿음이 있다는 증거이다. "우리가 시작할 때에 확신한 것을 끝까지 견고히 잡고 있으면 그리스도와 함께 참여한 자가 되리라." 하나님이 주시는 믿음은 결코 사라지지 않는다. 그래서 구원의 역사는 좌절될 수 없다. 빌립보서 1장 6절에서 바울은 "너희 안에서 착한 일을 시작하신 이가 그리스도 예수의 날까지 이루실 줄을 우리는 확신하노라"라고 했다(고전 1:8, 골 1:22-23 참조).

하나님이 은혜로 주시는 믿음은 하나님의 뜻에 순종할 의지와 능력을 둘 다 준다(빌 2:13 참조["너희 안에서 행하시는 이는 하나님이시니 자기의 기쁘신 뜻을 위하여 너희에게 소원을 두고 행하게 하시나니"]). 이처럼 믿음은 순종과 구별될 수 없다. 벌코프는 진정한 믿음에는 세 가지 요소, 즉 지적인 요소(노티티아)로 "진리를 긍정적으로 인식하는 것", 정서적 요소(아센수스)로 "진리에 대한 깊은 확신(그리고 긍정)", 의지적 요소(피두시아)로 "그리스도께 복종하는 것을 포함해 그리스도를 개인의 구주와 주로 신뢰하는 것"이 있다고 보았다.[11] 그러나 그리스도의 권위에 복종하는 태도가 없으면 그 믿음은 참 믿음이 아니다.

W. E. 바인은 동사 "순종하다"(페이도, *peithō*)에 대해 이렇게 썼다.

페이도(*peithō*)와 피스튜오(*pisteuō*)는 "신뢰하다"라는 의미로 어원적으로 밀접한 연관이 있다. 의미상의 차이는, 전자가 후자에 의해 만들어진 순종을 암시한다는 것이다. 예를 들어 히브리서 3장 18-19절은 이스라엘의 불순종이 그들의 불신의 증거라고 말한다. …… 어떤 사람이 하나님께 순종

---

11) Louis Berkhof, *Systematic Theology*(Grand Rapids: Eerdmans, 1939), 503-5. 여기서 벌코프는 아우구스투스 스트롱의 글(Augustus Strong, *Systematic Theology*[Philadelphia: Judson, 1907], 837-38)을 많이 차용한 듯하다. 스트롱은 믿음의 의지적 요소 피두시아를 정의하는 데 있어서 벌코프처럼 명확하다. 그는 거기에는 "죄 있고 더럽혀진 영혼을 그리스도의 통치에 넘겨드리는 것"이 포함된다고 말했다. 이처럼 우리는 믿음에 대한 정의의 핵심부에서 "주재권 구원"을 발견한다.

할 때 그는 자신이 마음으로 하나님을 믿는다는 유일하며 가능한 증거를 제시하는 것이다. …… 신약에서 페이도는 내적 확신과 그에 따른 믿음에 대한 실제적 외적 결과를 의미한다.[12]

그러므로 믿는 사람은 순종을 갈망하게 되어 있다. 우리는 죄에 물든 육신의 자취들을 가지기에 누구도 완벽하게 순종할 수 없다(고후 7:1, 살전 3:10 참조). 그러나 참된 신자 안에는 하나님의 뜻에 순종하고 싶은 소원이 늘 존재한다(롬 7:18 참조).[13] 그러므로 성경 전체에서 믿음과 순종은 깊이 연결되어 있다.

의지의 복종을 낳지 않는 믿음 개념은 구원의 메시지를 변질시킨다. 바울은 복음에 순종해야 한다고 말했다(롬 10:16, 살후 1:8). 그는 회심의 특성을 이렇게 설명한다. "너희가 본래 죄의 종이더니 너희에게 전하여 준 바 교훈의 본을 마음으로 순종하여"(롬 6:17). 그가 복음전도 사역에서 추구한 결과는 "말과 행위를 통한 순종"(롬 15:18 참조)이었다. 그래서 그는 거듭해서 "믿어 순종하게"라는 표현을 사용했다(롬 1:5, 16:26).

분명히, 성경의 믿음 개념은 순종과 분리할 수 없다. 요한복음 3장 36절에서 "믿는다는 것"은 "순종하는 것"과 동의어처럼 사용된다. "아들을 믿는 자에게는 영생이 있고 아들에게 순종하지 아니하는 자는 영생을 보지 못하고 도리어 하나님의 진노가 그 위에 머물러 있느니라." 사도행전 6장

---

[12] W. E. Vine, *Vine's Expository Dictionary of Old and New Testament Words*(Old Tappan, N.J.: Revell, 1981), 3:124.
[13] 로마서 7장은 죄에 물든 육신과 씨름하는 신자를 묘사하는 고전적 본문이다. 바울은 한편으로 자신의 불순종을 인정하면서도, 선을 행하려는 소원이 불타고 있음을 기록한다. "내가 행하는 것을 내가 알지 못하노니 곧 내가 원하는 것은 행하지 아니하고 도리어 미워하는 것을 행함이라"(15절). "원함은 내게 있으나 선을 행하는 것은 없노라"(18절). "내 속사람으로는 하나님의 법을 즐거워하되"(22절), "내 자신이 마음으로는 하나님의 법을 육신으로는 죄의 법을 섬기노라"(25절). 비록 사도 바울은 자신을 죄인 중의 괴수라고 설명했지만(딤전 1:15), 이는 방탕한 삶을 사랑하는 사람에게서는 찾아볼 수 없는 자세이다.

7절은 초대교회가 구원을 어떻게 이해했는지 보여준다. "허다한 제사장의 무리도 이 도에 복종하니라." 순종과 구원 얻는 믿음이 밀접하게 연결되어 있기에 히브리서 5장 9절은 이를 동의어로 사용한다. "온전하게 되셨은즉 자기에게 순종하는 모든 자에게 영원한 구원의 근원이 되시고." 위대한 믿음 장인 히브리서 11장은 순종과 믿음을 분리 불가능한 것으로 제시한다. "믿음으로 아브라함은 …… 순종하여"(8절). 아브라함만 그런 것이 아니다. 히브리서 11장에 수록된 믿음의 영웅들 전체가 순종으로 그들의 믿음을 보여준다.

순종은 참 믿음에서 필연적으로 나타나는 것이다. 바울은 이것을 알고 디도에게 "더럽고 믿지 아니하는 자들에게는 …… 그들이 하나님을 시인하나 행위로는 부인하니"(딛 1:15-16)라고 썼다.[14] 바울이 볼 때, 그들의 항구적인 불순종은 믿음이 없다는 증거였다. 그들은 말로는 하나님을 선포했으나 행위로는 하나님을 더 크게 부인했다. 이것은 신앙이 아니라 불신의 특징이다. 참 신앙은 언제나 의로운 행위를 낳기 때문이다. 종교개혁자들이 즐겨 말했듯 우리는 오직 믿음으로 의롭다 함을 얻지만, 의롭다 하심을 얻는 믿음은 결코 단독으로 있지 않다. 스펄전은 "우리는 행위 때문에 구원을 얻는 것이 아님을 확신한다. 또한 행위 없이 구원을 얻는 사람도 없음을 동일하게 확신한다."고 했다.[15] 참 믿음은 오직 순종으로 드러난다.

---

14) 믿기지 않겠지만, 제인 호지스는 바울이 디도에게 쓴 말이 참 신자를 가리킨다고 주장한다(Hodges, *Gospel Under Siege*, 96). 그는 이렇게 쓴다. "디도서 1장 16절에서 바울이 염두에 둔 사람은 13절에서 그가 말하는 사람과 분명히 동일한 사람들이다. '그러므로 네가 그들을 엄히 꾸짖으라 이는 그들로 하여금 믿음을 온전하게 하고.' '온전하게'의 헬라어 의미는 건강하다는 뜻이다. 그러므로 그가 생각한 사람들은 전혀 '믿음 안에' 있지 않은 사람이 아니다. 오히려 그들은 영적으로 '병들어서' 건강을 회복시키기 위해 책망이 필요하다고 여기는 사람들이다." 그러나 이 주장은 바울이 그들을 "더럽고 믿지 아니하는 자들[의] …… 마음과 양심이 더러운지라"(15절)고 하고 "가중한 자요 복종하지 아니하는 자요 모든 선한 일을 버리는 자니라"(16절)고 언급한 사실을 완전히 무시하는 것이다. 이것은 하나님의 자녀에 대한 설명일 수 없다.

15) Charles H. Spurgeon, *The New Park Street Pulpit* (Grand Rapids: Zondervan, 1962 reprint of 1858 volume), 4:265.

1세기 그리스도인에게 신앙(faith)과 신실함(faithfulness)은 본질적으로 같은 개념이었다. 실제로 이 동일한 단어는 영어 성경에서 두 가지로 번역된다.[16] 라이트푸트는 갈라디아서 주석에서 "믿음"(faith)에 대해 이렇게 썼다.

> 헬라어 피스티스(*pistis*)는 …… 그리고 영어 "믿음"(faith)은 두 가지 의미, 즉 다른 사람을 의지하는 마음 자세인 신뢰함과, 다른 사람에게 의지의 대상이 되는 마음 자세인 신뢰성 둘 사이를 오간다. 이 둘은 동일한 단어의 능동형과 수동형으로서, 즉 논리적으로 동일 행위의 주체와 객체로서, 문법적으로 서로 연결되었을 뿐 아니라, 양자 사이에는 깊은 도덕적 친연성도 있다. 충성, 불변성, 굳건함, 신뢰, 확신, 의지, 믿음, 이런 것들은 "믿음"의 수동적 의미와 능동적 의미의 두 극단 사이를 이어준다. 이렇게 결합된 이유들 때문에, 두 의미는 때때로 서로 뒤섞여서 임의적인 구분을 통해서만 구별될 수 있다. …… 그런 모든 경우, 엄격한 정의를 하려고 하기보다는 모호할지라도 단어나 어구의 재량권을 수용하는 편이 더 나을 것이다. …… 실제로 문법적 정확성 면에서의 손실은 신학적 면에서 얻은 것으로 보상되고도 남는다. 예를 들어 "신실한 자"(the faithful)의 경우 마음의 한 가지 특성이 다른 것을 수반해 결국 신뢰를 하는 사람은 신뢰를 받을 만하기도 하지 않은가?[17]

그러므로 신실한 자(믿는 자)는 또한 신실하다(순종적이다). "충성, 불변성, 굳건함, 신뢰, 확신, 의지 그리고 믿음"은 모두 "믿는다"라는 개념 안에서

---

16) 갈라디아서 5장 22절 참조. 여기서 성령의 열매로서 피스티스는 "신실함"(한글 개역개정 성경은 "충성"으로 번역함_옮긴이)으로 번역되어 있다. 피스티스는 에베소서 2장 8절에서 "너희는 그 은혜에 의하여 믿음으로 말미암아 구원을 받았으니"라고 할 때 "믿음"으로 번역된 것과 동일한 단어이다.
17) J. B. Lightfoot, *The Epistle of St. Paul to the Galatians* (Grand Rapids: Zondervan, n.d.), 154-55.

나눌 수 없이 묶여 있다. 의로운 삶은 참된 믿음의 불가피한 부산물인 것이다(롬 10:10).

물론 이 말이 믿음은 죄 없는 완전함을 낳는다는 말은 아니다. 참된 신자는 모두 다 귀신들린 아이의 아버지가 했던 탄원인 "내가 믿나이다 나의 믿음 없는 것을 도와 주소서"(막 9:24)라는 말을 이해한다. 믿는 사람들은, 비록 가끔씩 불완전하게 순종하기는 하지만, 순종하기를 바란다. 하나님의 뜻에 순종하려는 이런 갈망을 낳지 않는 "믿음"은 전혀 믿음이라고 할 수 없다. 종을 거부하는 마음 상태는 그야말로 불신이다.

예수님이 말씀하신 믿음

팔복(마 5:3-12)은 내가 아는 성경의 어느 본문 못지않게 참 믿음의 특징을 잘 보여준다.[18] 이 특성들(심령의 가난함, 의에 주리고 목마름, 마음의 청결 등)은 단순히 도달 불가능한 율법적 기준이 아니다. 이들은 모든 믿는 자에게 나타나는 공통적인 특징이다. 팔복의 첫째 항목 "심령이 가난한 자는 복이 있나니 천국이 그들의 것임이요"(마 5:3)는 누구에게 하신 말씀인지 의심할 여지를 남기지 않는다. 주님은 구속받은 사람, 믿는 자, 하나님 나라의 일원이 된 자들을 설명하신다. 그들의 믿음은 이렇다.

그들이 지닌 믿음의 근본적인 특성은 겸손이다. 심령의 가난함, 영적 파산을 인정하는 깨어진 마음이다. 진정한 신자는 자신을 죄인으로 본다. 그들은 자기 안에는 하나님께 드려 호의를 살 만한 것이 없음을 안다. 그래

---

18) 팔복에 대한 상세한 주석을 보려면 John MacArthur, *The MacArthur New Testament Commentary: Matthew 1-7*(Chicago: Moody, 1985), 131-233을 보라. 그리고 이 본문을 대중적으로 다룬 글을 보려면 John MacArthur, *Kingdom Living Here and Now*(Chicago: Moody, 1980)를 보라.

서 그들은 참된 회개에 따르는 안타까움으로 애통한다(4절). 그것은 신자를 온유하게 한다(5절). 그는 의에 주리고 목말라한다(6절). 주님은 그 주림을 채워주시면서, 그 믿는 자를 긍휼히 여기는 자가 되게 하시고(7절), 마음이 청결한 자가 되게 하시고(8절), 화평하게 하는 자가 되게 하신다(9절). 이 신자는 궁극적으로 의를 위해 핍박을 받고 매도당한다(10절).

이것이 참된 신자에 대한 예수님의 설명이다. 예수님이 열거하는 각각의 특징들(겸손에서 시작하여 순종의 열매에 이른다)은 참된 믿음의 결과이다. 그리고 믿음의 순종은 단순히 외적인 것만이 아님을 주목해야 한다. 이 순종은 마음에서 나온다. 이것이 그들의 의가 바리새인과 서기관의 의보다 더 낫다고 한 이유 중 하나이다(20절). 예수님은 계속해서 참된 의(믿음에서 난 의[롬 10:6 참조])는 단순히 율법을 문자적으로 순종하지 않고, 율법의 정신에 순종한다고 설명하신다(마 5:21-48). 이런 유의 의는 단순히 간음 행위를 피하기만 하는 것이 아니라, 더 나아가 음란한 생각도 하지 않는 것이다. 이 의는 미움과 살인을 동일하게 피한다.

하나님의 기준이 우리가 도달할 수 있는 정도보다 더 높다는 것을 알았다면, 당신은 예수님이 팔복에서 말씀하신 그 복을 향하는 길에 있는 것이다. 그 길은 완전한 영적 가난을 느끼는 데서, 우리가 영적으로 가난하다는 사실을 아는 지식에서 나오는 겸손으로 시작된다. 그리고 필연적으로 의의 순종으로 완성된다. 이것은 초자연적인 삶의 특징이다. 이런 것들은 믿음 없이는 불가능하다. 그리고 참된 믿음을 가진 사람에게는 천국에 속한 모든 사람이 가진 이런 특성이 전혀 없을 수 없다(마 5:3).

예수님은 구원 얻는 믿음의 특성을 설명하시면서 어린아이 하나를 데려다가 제자들 가운데 세우고 이렇게 말씀하셨다. "진실로 너희에게 이르노니 너희가 돌이켜 어린 아이들과 같이 되지 아니하면 결단코 천국에 들어

가지 못하리라"(마 18:3). 어린아이는 순종하는 겸손을 보여주는 완벽한 모델이요,[19] 구원 얻는 믿음의 실물 교재이다.

예수님은 이 예화를 사용해 우리가 성인의 특권을 고집하면(우리가 스스로 주인이 되어 자기 마음대로 하고 자신의 삶을 주장하려 하면) 하늘나라에 들어갈 수 없다고 가르치셨다. 그러나 어린아이와 같은 믿음을 기초로 나아와, 어린아이의 겸손을 가지고, 그리스도의 권위에 복종할 의지를 가지고 구원받기를 원한다면, 우리는 바른 태도로 나아오는 것이다.

예수님은 "내 양은 내 음성을 들으며 나는 그들을 알며 그들은 나를 **따르느니라** 내가 그들에게 영생을 주노니 영원히 멸망하지 아니할 것이요"(요 10:27-28, 강조는 저자 추가)라고 말씀하셨다. 누가 진정한 양인가? 그를 따르는 자이다. 그를 따르는 자는 누구인가? 영생을 받은 자이다.

믿음은 순종한다. 불신은 거역한다. 삶의 방향은 그 사람이 신자인지 불신자인지 나타낼 수밖에 없다. 중간 지대는 없다.[20] 진리에 대한 순종 없이 단순히 사실을 알고 긍정하는 것은 성경적 의미의 믿음이 아니다. 한 번 "믿음"을 결단한 기억에 매달릴 뿐 믿음의 역사에 대한 증거가 없는 사람들은 "아들을 믿는 자에게는 영생이 있고 아들에게 순종하지 아니하는 자는 영생을 보지 못하고 도리어 하나님의 진노가 그 위에 머물러 있느니라"(요 3:36)고 한 성경의 분명하고도 엄중한 경고를 주의해 들어야 할 것이다.

---

19) 물론, 어린아이라고 늘 순종하는 것은 아니다. 그러난 그들은 다른 사람의 권위 아래 있어서 불순종하면 징계를 받는다.
20) 다시 말하지만, 이것은 그리스도인도 죄를 범할 수 있고 또 범한다는 명백한 진리를 부정하려는 것이 아니다. 그러나 신자가 죄를 범하는 경우 성령께서 역사하셔서 죄에 대한 자각과 증오 그리고 순종하려는 소원을 갖게 하신다. 참 신자가 회심한 후에도 불순종하는 삶을 계속하면서 의의 열매를 전혀 맺지 않을 수 있다는 개념은 성경과 동떨어진 것이다.

19장

칭의 없이는
문제가 해결되지 않는다

산상수훈에서 우리를 가장 불안하게 하는 부분은 "그러므로 하늘에 계신 너희 아버지께서 완전하심과 같이 너희도 완전하여라"(마 5:48, 현대인의성경)라고 하신 충격적인 말씀일 것이다. 만일 의의 기준이 절대적 완전이라면 누가 희망을 가질 수 있겠는가?

그날 예수님의 말씀을 들은 사람들은 서기관과 바리새인이 곧 인간 최고의 의의 전형이라 믿었다. 어떤 면에서 그들은 그랬다. 그들은 인간이 생각할 수 있는 가장 엄격한 기준으로 율법을 지켰다. 바울은 바리새인으로 살던 시절을 이렇게 기록했다. "나는 팔일 만에 할례를 받고 이스라엘 족속이요 베냐민 지파요 히브리인 중의 히브리인이요 율법으로는 바리새인이요 열심으로는 교회를 박해하고 율법의 의로는 흠이 없는 자라"(빌 3:5-6). 바리새인들은 금식하고, 기도하고, 의심스러운 일은 하지 않고, 십일조를 바치고, 구제하고, 성경을 암송했다. 그리고 성경에서 하나님이 명령하신 것을 넘어서는 엄격한 법을 스스로 만들었다. 그런데도 예수님은 "너희 의가 서기관과 바리새인보다 **더 낫지 못하면** 결코 천국에 들어가지 못하리라"(마 5:20, 강조는 저자 추가)고 하셨다. 이 말씀이 불가능한 기준을 제시한다고 생각되는가? 그렇다면 이 메시지를 이해한 것이다.

젊은 부자 관원은, 분명 인간으로서는 최대한 완전하게 율법을 지켰다고 믿는 바리새인이었다. 그가 믿지 않고 돌아간 후 예수님은 제자들에게 "부자는 천국에 들어가기가 어려우니라"(마 19:23)고 하셨다. 제자들의 반응은 어땠을까? 그들은 놀라서 물었다. "그렇다면 누가 구원을 얻을 수 있으리이까"(25절). 예수님은 "사람으로는 할 수 없으나 하나님으로서는 다 하실 수 있느니라"(26절)고 대답하셨다. 이처럼 구원은, 범죄한 인간으로서는 불가능한 일이다. 우리 자신에게는 구원받을 만한 것이 없다. 우리는 우리의 죄를 속죄할 수 없다. 심지어 우리는 하나님이 주권적으로 믿게 하지 않으시면 믿을 수조차 없다(요 6:44, 65). 인간의 의지로 믿음을 만들 수 없다. 그리고 우리는 완전한 의라는 하나님의 기준대로 살 수가 없다.

16세기에 마르틴 루터라는 독일의 한 수도사가 비텐베르크에 있는 수도원 탑방에 앉아 하나님의 완전한 의를 묵상하고 있었다. 그는 매일 몇 시간씩 고백하고 사소한 죄에도 사죄를 구할 만큼 매우 양심적인 수도사였다. 그러나 그는 완전한 의의 기준에는 절대적으로 도달할 수 없음을 깨달았다. 그는 하나님의 의란, 누그러지지 않고, 용서하지 않으며, 보복하는 진노라고 생각하고는 자기의 상태가 절망적이라고 믿었다. 후에 자신의 삶을 변화시킨 경험에 대해 이야기하면서 루터는 이렇게 말했다.

"하나님의 의"라는 표현은 내 마음에 천둥과 같았다. …… 나는 복음에 하나님의 의가 나타났다고 한 말씀(롬 1:16-17)을 읽고는 바울을 전심으로 미워했다. 나는 다음에 나오는 말씀("기록된 바 오직 의인은 믿음으로 말미암아 살리라 함과 같으니라"[롬 1:17])을 보고, 또 아우구스티누스의 글을 찾아본 다음에야 비로소 용기를 얻었다. 하나님의 의는 그의 자비이며, 그것을 통해 우리를 의롭게 하심을 알고 나서 나의 고통에 대한 해결책을 얻었다.[1]

루터가 발견한 해결책은 이신칭의의 교리였다. 이 발견은 종교개혁을 일으켰고 암흑시대에 종지부를 찍었다. 루터가 깨달은 것은, 복음에 나타난 하나님의 의는, 완전히 회개하는 믿음을 통해 그리스도께 돌아온 모든 사람의 것으로 간주된다는 것이다. 그리하여 하나님의 의가 신자들이 하나님 앞에 설 기반이 된다는 것이다. 바울은 이 칭의 교리를 가장 잘 설명했다. 특히 로마서는 칭의에 대한 긴 논문인데, 하나님은 창세기 때부터 믿음으로 말미암아 하나님의 의를 그들의 의로 여기심으로써 은혜로 그들을 구원하셨다고 설명한다. 이제까지 공로 시스템을 통해 구원받은 사람은 아무도 없다. 우리의 첫 조상이 타락한 이래 구원은 오직 은혜를 인하여 믿음으로만 얻는다. 그 가장 좋은 예가 아브라함이다. "아브라함이 하나님을 믿으매 그것이 그에게 의로 여겨진 바 되었느니라"(롬 4:3).

칭의란 무엇인가?

예수님은 지상 사역 기간 동안, 칭의라는 말을 거의 사용하지 않으셨다. 그럼에도 불구하고 이신칭의는 예수님이 전하신 메시지의 바탕에 깔린 주제였다. 바리새인과 세리의 비유를 다시 살펴보자.

---

1) Martin Luther, *Table Talk*, Theodore G. Tappert, ed., in Helmut T. Lehmann, gen. ed., *Luther's Works*, 55 vols.(Philadelphia: Fortress, 1967), 54:308-9.

또 자기를 의롭다고 믿고 다른 사람을 멸시하는 자들에게 이 비유로 말씀하시되 두 사람이 기도하러 성전에 올라가니 하나는 바리새인이요 하나는 세리라 바리새인은 서서 따로 기도하여 이르되 하나님이여 나는 다른 사람들 곧 토색, 불의, 간음을 하는 자들과 같지 아니하고 이 세리와도 같지 아니함을 감사하나이다 나는 이레에 두 번씩 금식하고 또 소득의 십일조를 드리나이다 하고 세리는 멀리 서서 감히 눈을 들어 하늘을 쳐다보지도 못하고 다만 가슴을 치며 이르되 하나님이여 불쌍히 여기소서 나는 죄인이로소이다 하였느니라(눅 18:9-13).

예수님이 "내가 너희에게 이르노니 이에 저 바리새인이 아니고 이 사람이 의롭다 하심을 받고 그의 집으로 내려갔느니라 무릇 자기를 높이는 자는 낮아지고 자기를 낮추는 자는 높아지리라"(14절)라는 말씀으로 이야기를 마치셨을 때, 바리새인들은 경악을 금치 못했을 것이다.

이 비유는 칭의가 즉각적임을 보여준다. 회개하는 세리는 "의롭다 하심을 받고 그의 집으로 내려갔다." 다시 말해서 시간 간격이 없었다. 속죄 행위, 의식, 성례, 고백 활동 등 하나님 보시기에 온전해지려는 어떤 공로 행위가 없었다. 이미 모든 것이 그를 위해 이루어져 있었다. 그는 그 자리에서 믿음으로 의롭다 하심을 받았다.

여기서 주님은 단순히 세리가 의롭다 함을 얻었다는 사실만 말씀하신다. 칭의의 신학을 설명하지 않으신다. 그렇지만 이 비유는 이신칭의를 보여주는 이상적인 그림으로써, 후에 바울이 로마서 3-5장에서 상세히 말한 교리와 완벽하게 조화를 이룬다.

칭의는, 하나님이 믿는 죄인에게 그리스도의 완전하고 완벽한 의를 전가하심으로써 죄인의 모든 불의를 용서하고, 하나님 보시기에 완전히 의롭다 선언하고, 이를 통해 그 신자를 모든 저주에서 구하시는 하나님의 행위로 정의할 수 있다. 이 정의에는 몇 가지 요소, 즉 전가된 의, 죄 용서, 하나님 앞에서의 새로운 신분, 하나님의 진노의 반전 등이 포함된다. 이 모든 것은 칭의가 법적 판결임을 보여준다. 곧 죄인의 마음이 아니라 하나님의 법정에서 일어나는 법적인 사실이다. 다시 말해 칭의는 하나님 앞에서 한 사람의 신분이 즉각적으로 변화되는 것이지, 칭의를 얻는 사람 속에서 점진적으로 일어나는 변화가 아니다.

칭의 문제에서 피해야 할 두 가지 심각한 오류가 있다. 첫째는 칭의를 성화와 혼동하지 않아야 한다. 로마 가톨릭의 신학이 이런 오류를 범하고 있다. 성화는 하나님이 하시는 일로서, 이를 통해 하나님은 신자를 죄로부터 분리하신다. 성화는 단순한 법적 선언이 아니라 실제적인 사실이다. 성화에는 죄인이 하나님 앞에서 새로운 신분을 가지는 것뿐 아니라 죄인의 성품이 변하는 것도 포함된다. 가톨릭 신학에서는 성화를 칭의의 한 측면으로 포함시켜 즉각적인 칭의가 불가능하게 했다. 더 문제가 되는 것은, 이 견해가 칭의의 근거인 그리스도의 흠 없는 의를 신자 자신의 불완전한 의로 대치한다는 것이다.

두 번째 오류도 마찬가지로 위험한데, 칭의와 성화를 근본적으로 분리해 두 가지가 별개로도 가능하게 하는 것이다. 이것은 도덕률 폐기론의 오류이다. 하나님은 성화되지 않은 사람을 의롭다 하지 않으신다. 하나님은 칭의를 구원의 독립된 수단으로 주지 않으신다. 선택, 중생, 믿음, 칭의, 성화, 영화는 모두 하나님의 구원 사역의 필수적인 요소이다. "하나님이 미리 아신 자들을 또한 그 아들의 형상을 본받게 하기 위하여 미리 정하셨으니 …… 또 미리 정하신 그들을 또한 부르시고 부르신 그들을 또한 의롭다 하시고 의롭다 하신 그들을 또한 영화롭게 하셨느니라"(롬 8:29-30). 칭의만 따로 떼어내어 하나님의 구원 사역 전체를 나타내게 해서는 안 된다. 그런데도 정확하게 이 오류가 현대 신학에 만연해 있다.

전가된 의

칭의의 토대는 의를 신자의 것으로 간주하는 것이다. 이것이 기독교 교리가 다른 모든 거짓 종교와 구별되는 지점이다. 우리는 이것을 "전가된 의"라 부른다. 이것이 없으면 구원은 전혀 불가능하다.

신학자 제임스 뷰캐넌은 "(죄책은) 회개나 심지어 중생으로도 소멸될 수 없다. 이것들은 우리의 성품을 개선하거나 새롭게 할 수는 있다. 그러나 하나님의 정죄 선고는 하나님의 사면 행위에 의해서만 취소될 수 있다."[2] 라고 썼다. 죄는 우리를 더럽힌다. 야고보는 "누구든지 온 율법을 지키다가 그 하나를 범하면 모두 범한 자가 되나니"(약 2:10)라고 말했다. 아무리 많은 선을 행해도 한 가지 죄조차 보상할 수 없다. 죄를 범한 사람은 갚을 수 없는 빚을 진다.

더군다나 의로우신 하나님은 죄를 없었던 일로 그냥 넘어가실 수 없다. 반드시 죄에 대한 속죄가 있어야 한다. 율법은 죄에 대해 형벌을 요구한다. 그리고 그 형벌은 반드시 치러야 한다. "죄의 삯은 사망이요"(롬 6:23).

그러나 속죄만으로는 문제가 완전히 해결되지 않는다. 죄인들이 어떻게 해서 자신의 죄를 속하고 용서를 얻는다 해도, 그들은 여전히 하나님 앞에 공로 없이 서 있다. 죄인들의 죄책이 지워졌다 해도, 여전히 하나님이 요구하시는 완전한 의가 없는 것이다(마 5:20, 48).

---

2) John Murray, *Collected Writings*, 4 vols. (Edinburgh: Banner of Truth, 1977), 2:202에서 인용함.

전가된 의가 이 딜레마를 해결한다. 그리스도께서 십자가에서 피를 흘리심으로 속죄를 이루셨다. 이로써 죄 사함이 이루어진다. 그리하여 그리스도께서 우리 죄를 지고 십자가에 달리셨을 때 우리의 죄가 그리스도의 것이 되었듯, 이제는 그의 의가 우리의 의로 간주된다. 이렇게 하여 그의 완전한 의가, 우리가 하나님 앞에 서는 근거가 된다.

죄인들은 자기 안에 있는 어떤 선으로도 의롭다 하심을 얻지 못한다. 하나님이 먼저 그리스도의 완전한 의를 그들에게 전가하셔야만 그들이 의롭다 하심을 얻을 수 있다. 이것은 중요한 사항으로, 개신교는 여기에 역사적으로 완전히 동의해 오고 있다. 우리는 완전히 의로운 자처럼 하나님 앞에 선다. 법적으로, 아버지는 우리의 의가 그 아들의 의와 동일하게 높은 수준에 있는 것으로 보신다!

다시 말하지만 이것은 우리 안에 선한 것이 있기 때문이 아니다. 심지어는 하나님이 우리 마음 안에서 행하시는 성화나 중생케 하시는 역사 때문도 아니다. 칭의는 오직 그리스도의 전가된 의를 통해서만 가능하다.

일을 아니할지라도 경건하지 아니한 자를 의롭다 하시는 이를 믿는 자에게는 **그의 믿음을 의로 여기시나니** (롬 4:5, 강조는 저자 추가).

은혜와 **의의 선물**을 넘치게 받는 자들은 한 분 예수 그리스도를 통하여 생명 안에서 왕 노릇 하리로다 (롬 5:17, 강조는 저자 추가).

이제는 율법 외에 하나님의 한 의가 나타났으니 율법과 선지자들에게 증거를 받은 것이라 곧 **예수 그리스도를 믿음으로 말미암아 모든 믿는 자에게 미치는 하나님의 의니** 차별이 없느니라 (롬 3:21-22, 강조는 저자 추가).

한 사람이 순종하심으로 많은 사람이 의인이 되리라(롬 5:19).

하나님이 죄를 알지도 못하신 이를 우리를 대신하여 죄로 삼으신 것은 우리로 하여금 그 안에서 하나님의 의가 되게 하려 하심이라(고후 5:21).

내가 가진 의는 율법에서 난 것이 아니요 오직 그리스도를 믿음으로 말미암은 것이니 곧 **믿음으로 하나님께로부터 난 의**라(빌 3:9, 강조는 저자 추가).

죄 용서

칭의는 또한 죄 용서와 사면을 보증한다. 이 단어의 의미를 통해 분명히 알 수 있다. 그러나 여기서 말하는 것은 단순히 잘못을 받아주거나 무시하는 그런 종류의 용서가 아니다. 이미 보았듯이, 만일 하나님이 단순히 죄를 무시하신다면 하나님 자신의 거룩함을 타협하는 것이 된다. 그래서 그리스도께서 대신 죽으심으로 죄가 요구하는 형벌을 완전히 갚으셨다. 그러므로 우리는 이렇게 말한다.

그리스도 예수 안에 있는 속량으로 말미암아 하나님의 은혜로 값없이 의롭다 하심을 얻은 자 되었느니라 …… 이는 …… 자기의 의로우심을 나타내려 하심이니 곧 이 때에 자기의 의로우심을 나타내사 **자기도 의로우시며 또한 예수 믿는 자를 의롭다 하려 하심이라**(롬 3:24-26, 강조는 저자 추가).

그리스도께서 화목제물(propitiation)이 되셨기에 하나님은 자신의 의를 손상시키지 않고 죄인을 의롭다 하실 수 있다. 이것은 하나님과 죄인이 화목하게 됨을 설명하는 전문 용어이다. 그리스도가 우리의 죄를 대속하셨다. 그래서 하나님이 우리와 화목하실 수 있다. 다른 말로 하면 하나님이 우리에게 친절하게, 용서를 원하시게 되었다. 적대관계가 제거되었다. 모든 값이 치러졌다. 그래서 하나님은 신자들을 그리스도의 의에 비추어 아무 흠이 없는 것으로 받아주실 수 있다.

새로운 신분

"이 사람이 의롭다 하심을 받고 그의 집으로 내려갔느니라"(눅 18:14)라는 말씀은 하나님 앞에서 세리의 신분을 설명한다. 예수님이 이 이야기를 하셨을 때 바리새인들이 느꼈을 분노가 상상이 된다. 예수님은 사실상 간절한 회개를 하는 불쌍한 세리가 바리새인들보다 더 하나님이 받으실 만하다고 하신 것이다.

이유는 단순하다. 그들은 "자기를 의롭다고 믿고"(9절) 자기를 신뢰했다. 이와 같이 비유 속의 바리새인은 자신의 의를 기초로 칭의를 추구했다. "나는 다른 사람들 곧 토색, 불의, 간음을 하는 자들과 같지 아니하고 이 세리와도 같지 아니함을 감사하나이다 나는 이레에 두 번씩 금식하고 또 소득의 십일조를 드리나이다"(11-12절). 우리는 흔히 이런 사람을 두고 자기 의에 빠졌다고 한다. 왜 그렇게 말하는지 생각해 보았는가? 그들은 자기 자신의 의가 충분히 많다고 생각하고 전가된 의를 찾지 않기 때문이다.

그러나 세리는 그런 망상에 빠지지 않았다. 그가 할 수 있는 것이라고는 회개하고 자비를 구하는 것밖에 없었다. 그리하여 완전한 의가 그에게 전가되었다. 그때부터 영원히 그는 하나님 앞에서 완전히 의롭다 하심을 입은 자로 서게 되었다.

하나님의 진노가 반전됨

칭의는 정죄의 정반대이다. 성경의 모든 진리들 가운데 가장 복된 진리 중 하나가 로마서 8장 1절에서 발견된다. "그러므로 이제 그리스도 예수 안에 있는 자에게는 결코 정죄함이 없나니." 이신칭의가 이것을 가능하게 한다. 만일 우리를 향한 하나님의 태도가 우리의 행위에 의해 결정된다면, 누구도 정죄를 피할 수 없을 것이다. 우리는 모두, 심지어 그리스도 안에서 가장 성숙한 성도라 할지라도 비참한 죄인이기 때문이다(롬 7:24 참조). 그러나 그리스도 안에 있는 우리는 정죄를 두려워하지 않아도 된다. 우리는 의롭다 하심을 얻었다.

예수님의 비유에 나오는 세리는 어떻게 되었을까? 계속 두려움 가운데 기도하고, 매주 괴로워했을 것 같은가? 전혀 그러지 않았다. 우리가 이미 살펴본 세리 마태와 삭개오처럼 이 사람도 칭의가 죄에 대한 책임에서 벗어나는 유일한 길을 제공함을 발견했을 것이다. 우리는 그의 삶이 이전처럼 계속되지 않았으리라 확신할 수 있다.

칭의와 신자의 삶

위에서 우리는 도덕률 폐기론이 칭의에서 성화를 제외한 개념임을 살펴보았다. 루터가 이 용어를 만들었는데, 루터 생전에 벌써부터 일부 사람들이 그가 재발견한 그 교리를 변질시키면서, 이신칭의가 율법 설교와 율법 순종, 혹은 칭의의 증거로서의 성화를 불필요하게 한다고 주장했다. 루터는 그들에게 이렇게 말했다. "그러나 비록 우리 시대 같은 때는 율법이라는 번개에 겁을 먹지는 않겠지만, 우리 도덕률 폐기론자 친구들은 어리석게도 안전한 사람들에게 (전가된) 의를 상기시킴으로써 그들에게 아첨하고 그들을 기분 좋게 하려고 한다. (거짓된) 안전 의식이 크기 때문에 율법으로 천둥과 번개를 치는 일이 필요하다." [3]

도덕률 폐기론에 대한 루터의 처방은 하나님의 율법을 설교하는 것이었다. 그것은 방탕하고 불의하게 삶으로써 자신의 안전이 거짓임을 보여주면서도 스스로를 칭의의 약속으로 자위하는 사람들을 그가 바르게 이해했기 때문이다. 이신칭의가 방탕하게 살 길을 열어주는가? 이 교리를 바르게 이해했다면 그렇지 않다. 바울은 도덕률 폐기론의 주장을 예견하고 이렇게 썼다. "그런즉 우리가 무슨 말을 하리요 은혜를 더하게 하려고 죄에 거하겠느냐"(롬 6:1). "그런즉 어찌하리요 우리가 법 아래에 있지 아니하고 은혜 아래에 있으니 죄를 지으리요 그럴 수 없느니라"(15절). 로마서 6장은 도덕률 폐기론에 대한 바울의 반박이다. 그는 우리와 그리스도의 연합이 우리로 더 이상 죄의 종이 되지 않도록 보장한다고 주장한다. "우리가 알거니와 우리의 옛 사람이 예수와 함께 십자가에 못 박힌 것은 죄의 몸이 죽어 다시는 우리가 죄에게 종 노릇 하지 아니하려 함이니 이는 죽은 자가 죄에서 벗어나 의롭다 하심을 얻었음이라"(6-7절).

주재권 구원을 반대하는 사람들은 자주 그들 신학의 기초를 잘못된 전제, 즉 구원에서 하나님의 역사는 칭의에서 멈춘다는 데 둔다. 나머지는 순전히 자신의 노력이라고 많은 사람이 믿고 있다. 곧 성화, 순종, 복종을 비롯한 제자도의 모든 측면은 신자들에게 맡겨진 것으로서 이를 행할지 말지는 신자 자신이 선택한다는 것이다. 이처럼 이들은 행위 없는 믿음에 의한 구원을 내세우지만, 실상은 실제적인 의에 있어서 거의 전적으로 인간의 행위에 의존하는 시스템을 만들었다.

---

3) Luther, in ibid.

감사하게도, 예수님이 전한 복음은 신자들을 그들 자신의 힘에 내버려 두지 않는다. 우리 주님이 말씀하신 영광스러운 칭의는 주님이 약속하신 풍성한 삶의 시작에 불과하다(요 10:10 참조). "나를 믿는 자는 성경에 이름과 같이 그 배에서 생수의 강이 흘러나오리라"(요 7:38). 주님이 약속하신 구원은 칭의뿐 아니라 성화, 주님과 연합, 성령의 내주하심, 영원한 복을 가져다준다.

칭의라는 한 번의 법적 행위는 전환점이다. 칭의는 우리를 하나님과 새로운 관계를 맺게 하는 것으로, 이로써 우리도 빛이신 그를 따라 빛 가운데 행할 수 있게 된다(요일 1:7 참조). 칭의는 우리로 하나님과 원수 관계 대신 화평 관계를 누리게 한다(롬 5:1). 칭의는 우리로 영생의 소망에 따라 상속자가 되게 한다(딛 3:7). 칭의는 하나님께서 우리를 위해 하시는 모든 행위의 핵심으로, 창세전의 미리 아심에서 시작하여 최후의 영화까지 계속된다(롬 8:29-30). 그러므로 칭의는 예수님이 전하신 복음의 핵심이다.

20장

모든 길이 생명으로 연결되지 않는다

성경 전체를 통틀어 마태복음 7장 13-14절만큼 강력하게 현대의 쉬운 믿음주의를 공격하는 본문은 없다. 이 본문은 산상수훈의 결론으로, 구주 자신이 제시하신 구원의 길에 해당된다. 보라, 이는 현대의 복음전도 추세와 얼마나 다른가! 이 말씀은 그리스도에 대한 사실을 대충 받아들이는 정도로 구원받을 수 있다고 생각하는 사람들을 격려하지 않는다. "좁은 문으로 들어가라 멸망으로 인도하는 문은 크고 그 길이 넓어 그리로 들어가는 자가 많고 생명으로 인도하는 문은 좁고 길이 협착하여 찾는 자가 적음이라." 우리 주님은 여기서 산상수훈을 그 복음전도의 절정으로 이끄신다.

이 본문은 산상수훈은 복음이 아니고 율법이라고 하는 사람들의 주장[1]을 깨뜨린다. 사실상 이 끝맺는 구절은 이제까지 복음 초청으로 나왔던 것

---

[1] E.g., Charles C. Ryrie, *Dispensationalism Today*(Chicago: Moody, 1965), 108. 라이리는 이렇게 쓴다. "이 설교 어디에서 복음에 대한 말씀을 찾을 수 있는가?…… 이 설교에는 복음에 대한 분명한 말씀(을 찾을 수 없다)."

들과 마찬가지로 순전한 복음을 전한다.[2] 이 마무리 교훈은, 산상수훈이란 우리가 뒤로 물러서서 경탄해야 할 윤리 강좌일 뿐이라는 견해를 반박한다. 분명 예수님은 도덕을 가르치고 꽃다발을 받는 일에 관심이 없으시다. 또한 여기에 나온 예수님의 도전은 산상수훈이 어떤 예언적 미래를 위한 진리일 가능성도 무산시킨다. 예수님은 지금 여기 있는 사람들에게 설교하시는 중이다. 그리고 그의 메시지는 긴급하다.

모든 사람은 이 결정을 피할 수 없다. 성경은 서너 가지로 그 선택을 제시한다. 하나님은 모세를 통해 이스라엘 사람들을 직면하면서 "내가 생명과 사망과 복과 저주를 네 앞에 두었은즉 너와 네 자손이 살기 위하여 생명을 택하고"(신 30:19)라고 말씀하셨다. 여호수아는 이스라엘 사람들이 약속의 땅에 들어갈 때 "너희 조상들이 강 저쪽에서 섬기던 신들이든지 또는 너희가 거주하는 땅에 있는 아모리 족속의 신들이든지 너희가 섬길 자를 오늘 택하라 오직 나와 내 집은 여호와를 섬기겠노라"(수 24:15)라고 도전했다. 엘리야는 갈멜산에서 "너희가 어느 때까지 둘 사이에서 머뭇머뭇하려느냐 여호와가 만일 하나님이면 그를 따르고 바알이 만일 하나님이면 그를 따를지니라"(왕상 18:21)라며 결단을 요구했다. 하나님은 예레미야에게 "보라 내가 너희 앞에 생명의 길과 사망의 길을 두었노라 너는 이 백성에게 전하라"(렘 21:8)라고 하셨다.

예수 그리스도에 대해 어떻게 할지는 각 사람이 선택해야 한다. 그런데 이는 일시적인 결정이 아니다. 계속적인 의미와 영원한 결과를 낳는 영 단 번의 판결이요 궁극적인 결정이다. 예수님은 친히 각 사람의 운명의 갈림길에 서서, 생명 아니면 사망, 천국 아니면 지옥을 신중하게 선택하라고

---

[2] R. C. H. Lenski, *The Interpretation of Matthew's Gospel*(Columbus, Ohio: Wartburg, 1943), 180을 참조하라.

요구하신다. 주님은 산상수훈에서 하신 모든 말씀의 정점인 이곳에서, 세상을 따라 들어가는 사람이 많은 쉬운 문으로 들어갈지, 주님을 따라 힘든 길을 갈지 선택하라고 각 사람에게 요구하신다. 성경 어디서도 예수님이 전한 복음을 이처럼 분명하게 제시한 곳은 없다.

여기에는 좁은 문과 넓은 문의 두 문, 좁은 길과 넓은 길의 두 길, 생명과 멸망의 두 운명, 적은 무리와 많은 무리의 두 무리가 있다. 주님은 계속해서 좋은 나무와 나쁜 나무라는 두 종류의 나무, 좋은 열매와 나쁜 열매라는 두 종류의 열매, 지혜로운 건축자와 어리석은 건축자라는 두 종류의 건축자, 반석과 모래라는 두 종류의 기초가 있다고 설명하신다(마 7:16-27). 우리는 분명히 선택해야 한다. 주님은 결단을 요구하신다. 우리는 갈림길에 서 있고, 각 사람은 반드시 자신이 갈 길을 선택해야 한다.

두 가지 문

그리스도는 긴급함을 나타내는 명령형 동사, 즉각적 행동을 요구하는 명령문을 사용해 "좁은 문으로 들어가라"고 하신다. 서서 문을 감상하는 정도로는 충분하지 않다. 들어가야 한다.

바른 문으로 들어가는 것 또한 중요하다. 좁은 길로 가는 문은 하나뿐이다. 예수님은 "내가 문이니 누구든지 나로 말미암아 들어가면 구원을 받고"(요 10:9)라고 하셨고, "문을 통하여 …… 들어가지 아니하고 다른 데로 넘어가는 자는 절도며 강도요"(요 10:1)라고 하셨다. 요한복음 14장 6절에서는 "내가 곧 길이요 진리요 생명이니 나로 말미암지 않고는 아버지께로 올 자가 없느니라"고 하셨다. "다른 이로써는 구원을 받을 수 없나니 천하 사람 중에 구원을 받을 만한 다른 이름을 우리에게 주신 일이 없음이라"(행

4:12). "하나님은 한 분이시요 또 하나님과 사람 사이에 중보자도 한 분이시니 곧 사람이신 그리스도 예수라"(딤전 2:5). 그리스도는 문이요, 길이다. 천국으로 가는 다른 길은 없다.

다른 선택은 모두 잘못된 것이다. 거기에는 중간도 없고, 제3의 대안도 없고, 다른 문도 없다. 우리가 할 선택은 단순하고 분명하다. 인본주의 문화가 상상하는, 넓은 에큐메니칼적 관용같은 것이 들어올 여지가 없다. 존 스토트가 말했듯 "예수님은 우리의 안일한 혼합주의를 잘라버리신다."[3] 세상에 좋은 종교가 많을 것이라 생각하는가? 아니다. 단 하나뿐이다. 그러므로 선택할 것은 단 두 가지, 참과 거짓, 바른 것과 그릇된 것, 하나님의 길과 인간의 길 밖에 없다.

이 세상 모든 종교는 인간이 성취하는 것에 기초한다. 오직 성경적인 기독교만이 하나님이 이루신 일(그리스도께서 인류를 위해 하신 일)을 구원의 유일한 기초로 인정한다. 그리스도의 십자가 죽음은 우리의 죄 값을 지불했다(고전 15:3). 그리고 그의 부활은 그가 죽음을 정복했음을 보여준다(20절). 구원은 사람이 하나님의 호의를 획득하는 공로 시스템이 아니다. 하나님이 받아주실 만큼 충분히 선한 일을 할 수 있는 사람은 없다(롬 3:10-18). 모세의 법도 사람들을 의롭게 만들지 못했다. 오히려 그것은 우리가 얼마나 죄가 많은지, 얼마나 불순종하는지를 보여주기 위한 것이다(20절). 19장에서 살펴보았듯 하나님은 그의 은혜를 통해 신자들에게 그리스도의 의를 전가해 주신다(21-24절). 오직 그것에 기초해 우리는 하나님 앞에 설 수 있다.

그러므로 인간의 성취에 기초한 수많은 종교들과 하나님의 성취에 기초한 한 종교 사이에서 선택해야 한다. 성경은 말한다. "일하는 자(인간이 성취

---

3) John R. W. Stott, *Christian Counter-Culture*(Downers Grove, Ill.: InterVarsity, 1978), 193.

하는 종교를 선택하는 사람)에게는 그 삯이 은혜로 여겨지지 아니하고 보수로 여겨지거니와[4] 일을 아니할지라도 경건하지 아니한 자를 의롭다 하시는 이를 믿는 자(하나님이 성취하신 것을 기초로 하는 종교를 따르는 사람)에게는 그의 믿음을 의로 여기시나니"(롬 4:4-5).

좁은 길과 넓은 길은 종교와 이교를 대비하는 것이 아니다. 예수님은 하등 종교에 대비되는 고등 종교를 제시하거나, 공공연한 부도덕에 대비되는 기독교를 제시하신 것이 아니다. 하나님이 성취하신 것과 인간이 성취하는 것 사이에서 선택해야 한다. 세상은 두 시스템 모두 하나님께로 가는 길이라고 주장한다. 그러나 생각해 보라. 어떤 넓은 길이 거기에 "지옥으로 가는 길"이라고 표시하겠는가? 거기에도 좁은 문과 마찬가지로 "천국"이라고 붙어 있다. 다만 천국으로 가지 않을 뿐이다.

사탄은 신앙에 관한 한 속임수의 명수이다. 그는 빛의 천사로 가장한다(고후 11:14). 그는 자기의 문을 칠해서 천국으로 들어가는 문처럼 보이게 한다. 그래서 "그리로 들어가는 자가 **많다**"(마 7:13, 강조는 저자 추가). 그러나 우리 주님은 바른 문은 좁다고 설명하셨다. 많은 주석가들은 이 좁은 문을 현대어로 표현한다면 회전문이라 할 수 있다고 말한다.[5] 즉, 한 번에 한 사람씩만 들어갈 수 있다. 누구도 단체로 들어갈 수 없다. 예수님 당시 많은 유대인들은 그들의 민족적 혈통에 소망을 두었다. 그래서 현대 교인들 다수도 자신이 속한 교단이나 교회에 소망을 둔다. 여기서 예수님은 그런 모든 생각을 물리치신다. 이 문은 한 번에 한 사람만 통과시킨다. 구원은 극도로 개인적인 것이기 때문이다. 기독교 가정에서 태어나거나 믿는 배우자와 결혼했다고 되는 것이 아니다. 믿는 것은 개인의 행위이다.

---

4) 죄의 삯은 사망이다(롬 6:23).
5) D. Martyn Lloyd-Jones, *Studies in the Sermon on the Mount*(Grand Rapids: Eerdmans, 1959), 2:221.

좁은 문으로 들어가기란 쉽지 않다. 누가복음 13장을 보면 예수님이 각 마을을 다니며 가르치실 때 한 사람이 찾아와 "주여 구원을 받는 자가 적으니이까"라고 묻는다(23절). 이때 하신 예수님의 대답은 현대의 쉬운 믿음주의가 설 자리를 없앤다. "좁은 문으로 들어가기를 힘쓰라 내가 너희에게 이르노니 들어가기를 구하여도 못하는 자가 많으리라"(24절). "힘쓰라"에 해당하는 헬라어는 아고니조마이로, 고뇌하면서 강렬하게 목적적으로 몸부림치는 것을 의미한다. 이는 고린도전서 9장 25절에서 운동선수가 승리를 다투는 모습을 말할 때 사용한 단어와 동일하다. 골로새서 4장 12절에서 에바브라가 애쓴다고 할 때 쓴 말이고, 디모데전서 6장 12절에서 그리스도인이 "선한 싸움을 싸우는 것"을 말할 때 사용된 말이다. 이 단어는 고투요, 전투요, 극한의 노력이다. 거의 맹렬함에 가깝다. 천국에 들어가는 것은 전투에 참가하는 것과 같기 때문이다. 마태복음 11장 12절에서 예수님은 "천국은 침노를 당하나니 침노하는 자는 빼앗느니라"고 하셨다. 누가복음 16장 16절에서는 "하나님 나라의 복음이 전파되어 사람마다 그리로 침입하느니라"고 하셨다(행 14:22 참조). 베드로는 "또 의인이 겨우 구원을 받으면 경건하지 아니한 자와 죄인은 어디에 서리요"(벧전 4:18)라고 썼다.

이 말씀이 구원은 쉽다는 현대의 생각과 어떻게 일치할 수 있겠는가? 그리스도인이 된다는 것은 단지 몇 가지 사실을 믿거나 빈 칸에 서명하거나, 통로를 걸어 나가거나, 손을 들거나, 정해진 기도를 따라하는 것이라는 대중적 가르침과 관련될 수 있겠는가? 현대의 "회심자" 다수는 그릇된 길로 가는 쉬운 길을 택했기에 잘못된 길로 가고 있다.

구원은 쉽지 않다. "생명으로 인도하는 문은 좁고 길이 협착하여 찾는 자가 적음이라"(마 7:14). 이 말씀은 부지런히 찾지 않으면 그 문이 어디 있는지 모를 수 있다는 의미이다. 예레미야 29장 13절에서 하나님은 "너희가 온 마음으로 나를 구하면 나를 찾을 것이요 나를 만나리라"고 하셨다. 예수님의 메시지를 값싼 은혜나 쉬운 믿음주의에 맞도록 바꾸어서는 안 된다. 하나님 나라는, 예수님은 원하지만 삶의 변화는 원하지 않는 사람들을 위한 것이 아니다. 오직 온 마음으로 찾는 자들을 위한 것이다.

사실 그 문에 왔던 사람들 가운데 많은 사람이 그 문이 얼마나 좁은가를 보고 돌아섰다. 가방을 잔뜩 메고 회전문을 들어가려 한 적이 있는가? 예수님의 말씀을 들으면 이런 모습이 생각난다. 이 좁은 문은 슈퍼스타가 자기의 모든 귀한 것들을 가지고 들어갈 만큼 넓지 않다. 젊은 부자 관원은 마침내 그 문을 찾았다. 그러나 그 문을 들어가려면 자신의 짐을 버려야 한다는 사실을 알고는 돌아갔다. 우리가 누구든, 무엇을 소중하게 여기든, 좁은 문 앞에 이르면 모든 것을 내려놓을 각오를 해야 한다. 자기 의, 이기심, 죄, 물질 등의 큰 짐은 그 문을 통과할 수 없다. 그 문은 좁지만, 다행히 죄인의 괴수도 들어갈 만큼 넓다(딤전 1:15 참조).

굳이 짐을 가지고 가겠다면 넓은 문이 더 매력적일 것이다. 그 문에도 "천국"이라는 표시가 있다("예수"라는 표시도 있을지 모른다). 그러나 천국으로 가는 문이 아니다. 예수님과도 아무 상관이 없다. 그 문은 많은 무리의 종교를 위한 문으로, 활짝 열려 있어서 자기 의와 교만, 물질, 죄도 버리지 않고 통과할 수 있다. 그러나 그 문으로 들어가는 사람에게는 구원이 없다.

그리스도를 영접한다는 것은 단순히 쓰레기 같은 우리의 삶에 예수님을 더하는 것이 아니다. 구원은 완전한 변화이다. "그런즉 누구든지 그리스도 안에 있으면 새로운 피조물이라 이전 것은 지나갔으니 보라 새것이 되었도다"(고후 5:17). 이 이상 분명할 수 있겠는가? 이전 것은 지나갔다. 죄와 이기심과 세상 쾌락은 새것으로 대치되었다. 구원은 새로운 삶을 낳는다. 이것이 구원의 요지이다.

두 가지 길

두 가지 길은 두 가지 문과 긴밀하게 연결되어 있다. 한 길은 넓고 열려 있지만, 다른 길은 좁고 힘들다(마 7:14). 시편 1편 6절도 이 두 길에 대해 말한다. "무릇 의인들의 길은 여호와께서 인정하시나 악인들의 길은 망하리로다." 늘 그랬듯이 선택할 것은 동일하다. 경건하지 않은 사람들이 가는 넓고 사람이 많은 길과 경건한 사람들이 가는 좁은 길 둘 중 하나이다.

분명 넓은 길은 쉽다. 그 길에는 낭떠러지가 없다. 거기에는 그 길을 가는 무리가 제공하는 도덕적 뷔페가 있어서 마음대로 골라잡을 수 있다. 그냥 유유자적해도 된다. 제한도 한계도 경계도 거의 없다. 상상할 수 있는 모든 죄를 용납한다. 그저 예수님을 사랑한다고 말하기만 하면 된다. 종교적이기만 하면 된다. 다른 무엇을 원해도 된다. 이 길은 인격을 요구하지 않는다. 물고기처럼 물결을 따라 휩쓸려도 된다. 에베소서 2장 2절의 표현대로 하면 이것이 "이 세상 풍조"이다. 그러나 "어떤 길은 사람이 보기에 바르나 필경은 사망의 길"이다(잠 16:25).

생명으로 인도하는 하나님의 길은 협착한 길, 좁은 길이다. 이 길에는 달리 벗어날 공간이 없다. 다시 말해 자기 자신을 주인 삼은 다수가 들어올 여지가 없다. 그런데 예수님은 다수를 찾지 않으셨다. 예수님은 오직 자신이 잃어버린 자임을 아는 사람들만 찾아 구원하셨다. 앞서 살펴본 것처럼, 우리 주님은 사람들에게 비용 계산 없이 그를 따르는 결단을 하라고 촉구하지 않으셨다. 열심 있는 구도자라고 무턱대고 자기와 함께하기를 초청하지도 않으셨다. 실제로 예수님은 종종 제자가 될 법한 사람들에게 돌아가라고 종용하시는 것 같았다.

예를 들어 요한복음 6장 64절에서 예수님은 "그러나 너희 중에 믿지 아니하는 자들이 있느니라"고 하시며 자기를 제자라고 하는 사람들의 믿음에 문제를 제기하셨다. 66절은 그것 때문에 "제자 중에서 많은 사람이 떠나가고 다시 그와 함께 다니지 아니하더라"고 한다. 예수님은 열두 제자에게 "너희도 가려느냐"(67절)고 물으셨다. 예수님은 변덕스러운 제자가 아닌, 주님을 위해 생명을 바칠 각오가 된 사람을 원하셨다. 누가복음 14장은 어디를 가든 따라오는 무리를 주님이 어떻게 대하셨는지 보여준다.

수많은 무리가 함께 갈새 예수께서 돌이키사 이르시되 무릇 내게 오는 자가 자기 부모와 처자와 형제와 자매와 더욱이 자기 목숨까지 미워하지 아니하면 능히 내 제자가 되지 못하고 누구든지 자기 십자가를 지고 나를 따르지 않는 자도 능히 내 제자가 되지 못하리라 …… 이와 같이 너희 중의 누구든지 자기의 모든 소유를 버리지 아니하면 능히 내 제자가 되지 못하리라(25-27, 33절).

주님은 진정 따르기 원한다면 무리에서 떨어져 나와 십자가를 지라고 요구하심으로써, 좁은 길을 최대한 힘들게 만드셨다. 다음번 "부흥" 집회 때 예수님처럼 말해보라. 얼마나 많은 사람이 초청에 응하겠는가? 그래도 어떤 헌신이 요구되는지 이해하고 응할 사람도 있을 수 있다.

좁은 길로 가는 사람들은 핍박도 각오해야 한다. "때가 이르면 무릇 너희를 죽이는 자가 생각하기를 이것이 하나님을 섬기는 일이라 하리라"(요 16:2). 좁은 길은 푹신한 초원이 아니기에 맨발로 걷기 힘들다. 예수님은 기독교를 연약한 무릎과 나약한 영혼을 가진 이들을 위한 쉬운 길로 제시하지 않으셨다. 한 사람이 그리스도인이 될 때, 그 사람은 그곳 그 시간에 지옥과의 전쟁을 선포하는 것이다. 당연히 지옥이 반격한다. 그리스도를 따르는 일은 당신의 생명까지 요구할 수 있다. 영적인 의미에서 분명히 당신의 생명이 요구된다. 마음이 연약한 사람, 타협하는 사람은 그리스도인이 되려 할 필요가 없다. 이 말이 두렵게 들리는가? 그렇지 않다. 그리스도께서 친히 앞서 가시며 끝까지 가는 데 필요한 힘을 주신다(빌 4:12-13 참조). 그의 멍에는 쉽고 그의 짐은 가볍다(마 11:30).

두 가지 목적지

두 가지 문과 두 가지 길 사이의 선택은 영원에 대한 선택이다. 시작이 쉬운 넓은 길은 끝에 가면 이상하게 어려워진다. 그 끝이 지옥이기 때문이다. 이 길의 입구는 매력적으로 보이지만 그 출구는 파멸뿐이다.

좁은 문과 협착한 길은 별로 매력적으로 보이지 않지만 영생으로 가는 길이다. 이 길의 시작은 힘들지만, 천국의 영원한 복으로 안내한다.

두 가지 무리

마지막으로, 각기 다른 길을 가는 두 집단이 있다. 마태복음 7장 13절은 넓은 문으로 들어가는 무리에 대해 "그리로 들어가는 자가 많다"고 하고 좁은 문으로 들어가는 무리에 대해 "찾는 자가 적다"고 한다(14절). 비극적인 사실이지만, 종교 생활을 하는 사람들 다수는 천국이 아니라 지옥으로 가고 있다. 심지어 구약에서도 참된 신자들은 다수가 아니라 남은 자에 불과했다. 마태복음 22장 14절에서 예수님은 "청함을 받은 자는 많되 택함을 입은 자는 적으니라"고 하셨다. 누가복음 12장 32절에서 예수님은 제자들을 보시며 "적은 무리여 무서워 말라"고 하셨다. 이 구절에서 "적은"으로 번역된 말은 미크론으로, 여기서 아주 작은 것을 의미하는 마이크

로라는 접두사가 나왔다. 마태복음 13장 32절에서 가장 작은 씨에 속하는 겨자씨를 말할 때도 이 단어가 사용되었다. 믿음을 가진 남은 자는 항상 적은 무리로, 자신의 인간적 무능함을 알지만 기꺼이 비용을 치를 각오를 하고 하나님의 능력으로 수고하는 소수의 사람들을 의미한다. 나머지 사람들은 넓은 길로 간다. 그러나 다수가 옳은 경우는 별로 없다.

넓은 길은 인간의 관점에 근거한 자연스러운 선택이다. 사람들은 의보다 죄를 좋아한다. 예수님은 "사람들이 자기 행위가 악하므로 빛보다 어둠을 더 사랑한 것이니라"(요 3:19)고 하셨다. 다수와 함께 휩쓸리는 일은 쉽다. 당신이 아끼는 죄와 소유물에 예수님을 추가해 신앙을 가진 듯 생각할 수도 있다. 교회에 다니면서 바라는 바를 적극적 혹은 소극적으로 조절할 수도 있다. 이 길을 가는 데는 자기를 부인하거나 십자가를 지지 않아도 된다. 단 한 가지 문제는 그 자연스러운 길이 재앙으로 끝난다는 것이다.

어떤 사람이 나에게 오스트레일리아 멜버른의 일간지 기사를 오려 보냈다. 그것은 빌리 그레이엄 전도 대회 직후 편집자에게 보낸 편지였다.

> 빌리 그레이엄의 설교를 방송으로 듣고 텔레비전으로 보고, 또 그와 그의 사역에 대한 기사와 편지들을 읽었습니다. 나는 내 영혼이(그리고 다른 모든 사람의 영혼도) 구원(그것이 무엇을 의미하든)을 받아야만 한다는 유형의 신앙이 진심으로 역겹습니다. 나는 내가 잃어버린 자라는 생각을 해본 적이 없습니다. 설교에서는 거듭 강조했지만 나는 내가 매일 죄의 구덩이에서 뒹굴고 있다고 느끼지도 않습니다.
>
> 온유함과 관용을 가르치며, 피부색과 신조에 장벽을 두지 않으며, 노인을 기억하고, 어린이에게 죄가 아니라 선을 가르치는 실제적인 종교를 소개해 주십시오.

만일 내 영혼이 최근에 들은 설교에서 말하는 철학 같은 것을 받아들여야 한다면, 나는 차라리 영원한 저주를 택하겠습니다.

안타까운 편지이다. 그러나 사실 그 사람은 극명한 선택을 이해하고 있었다. 다만 그는 그릇된 선택을 했을 뿐이다. 큰 비극은 많은 사람이 그와 같은 길을 간다는 것이다. 그러면서도 그들 중 대부분은 천국으로 가고 있다고 생각한다. 그러나 반대로 그들은 파멸과 저주, 사탄의 속임수에 당한 사람으로서 끝을 맺을 것이다.

우리 시대에 인기 있는 복음 메시지는 실제로 사람들을 이렇게 기만하고 있다고 나는 확신한다. 그런 복음은 모든 사람의 삶을 위한 놀랍고 편안한 계획을 약속한다. "십자가의 거치는 것"은 생략한다(고전 1:23, 갈 5:11 참조). 그리스도를 길이요 진리요 생명으로 소개하지만, 좁은 문 좁은 길에 대해서는 아무 말도 하지 않는다. 그 주제는 하나님의 사랑이지만 하나님의 진노에 대해서는 언급하지 않는다. 사람들을 궁핍하다고는 보지만 타락했다고는 보지 않는다. 사랑과 이해는 충만하지만, 죄를 미워하는 거룩한 하나님에 대해서는 언급하지 않는다. 회개에 대한 요청, 심판에 대한 경고, 상한 심령이 되라는 부름, 통회하는 마음에 대한 기대, 죄에 대해 깊이 슬퍼해야 할 이유 등은 말하지 않는다. 그것은 쉬운 구원의 메시지요, 성급한 결정의 요청으로 종종 건강과 행복과 물질적 축복에 대한 거짓 약속이 동반된다. 그것은 예수님이 전한 복음이 아니다.

"생명으로 인도하는 문은 좁고 길이 협착하여 찾는 자가 적음이라." 예수님이 이 이상 분명하게 말씀하실 수 있겠는가? 이것이 예수님의 복음이 가리키는 유일한 길이다. 쉬운 길이나 인기 있는 길이 아니다. 그러나 이 길은 영원한 영광으로 인도하는 유일한 길이다.

21장

참된 신자에게는
순종하는 삶이 나타난다

    종교개혁자들이 이신칭의 교리를 재발견하고 이를 정리해 책으로 내기 시작하자, 로마 가톨릭은 이 교리가 거룩한 삶을 불필요하게 만들 거라고 주장했다. 만일 그리스도의 완전한 의가 오직 믿음에 근거해 죄인들에게 전가된다면, 의롭다 하심을 받은 사람은 그저 자기 원대로 살아도 천국을 보장받게 된다는 것이다. 하나님 보시기에 완전히 의롭다면 실제로 의를 행할 필요가 있느냐고 비난했다.

    이에 종교개혁자들은 모든 참된 신자의 체험에는 성화가 필연적으로 나타난다고 대답했다. 존 칼빈은 이렇게 썼다. "믿음으로 우리는 그리스도의 의를 붙들며, 그것만이 우리를 하나님과 화목하게 합니다. 그러나 동시에 성화를 붙들지 않으면 이 믿음을 붙들 수 없습니다. 그리스도가 '우리에게 지혜와 의로움과 거룩함과 구원함이 되셨기'(고전 1:30) 때문입니다. **그러므**

로 그리스도께서는 의롭다 하는 사람을 반드시 거룩하게도 하십니다."[1]

현대 개신교도들은 그들의 신학적 뿌리를 망각하는 경향이 있다. 사실 주재권 구원을 이단이라고 매도하는 사람들은 로마 가톨릭이 초기 개혁자들을 공격하던 바로 그 오류에 빠진 것이다. 그들 중 다수가 이신칭의는 거룩함을 비본질적으로 만든다고 가르친다. 그들은 실제적 성화는 바람직하며 심지어 핵심적이라고 보지만, 성화는 칭의 문제와 무관하며 영원한 구원에는 불필요하다고 본다. 앞 장에서 살펴보았듯 그들은 칭의의 법정적 요소를 하나님의 구원 역사의 전부라 보는 경향이 있다. 그들은 실제적 성화가 그 사람의 순종하려는 의지 여부에 따라 이루어질 수도, 이루어지지 않을 수도 있다고 한다. 모든 신자가 칭의를 받았음을 시인하지만, 성화되지 않은 신자다 있을 여지를 만들려는 것이다.

그러나 그 견해는 종교개혁의 신학을 완전히 뒤집는 것이다. 칭의와 성화는 서로 다른 신학 개념이지만, 모두 구원의 필수적인 요소이다. 하나님은 어떤 사람을 의롭다 하실 때 반드시 그를 의롭게 하신다. 구원은 창세 전에 하나님이 우리를 미리 아신 일에서부터 영원한 미래의 궁극적인 영화에 이르기까지 하나님이 우리를 위해 하시는 모든 일을 포함한다(롬 8:29-30). 사람은, 영생은 받아들이나 거룩함과 순종은 거부하는 취사선택을 할 수 없다. 하나님이 사람을 의롭다 하실 때는 그들을 거룩하게도 하신다.[2]

마틴 로이드존스는 이렇게 썼다. "만일 우리가 이신칭의 교리를 진정으로 이해했다면 우리는 이미 거룩과 성화에 대한 신약의 가르침의 정수와 중추를 파악한 것이다. 이신칭의가 우리의 성화를 보장하며, 따라서 **우리는 성화를 별개의 후속적인 경험으로 생각해서는 안 된다.**"[3]

---

1) John Calvin, *Institutes of the Christian Religion*, 2 vols.(Grand Rapids: Zondervan, 1972), 2:99.
2) 예를 들어, 고린도전서 1장 2절과 6장 11절에서는 모든 신자가 거룩하게 되었다고 말한다.
3) D. Martyn Lloyd-Jones, *Romans: The New Man*(Grand Rapids: Zondervan, 1974), 190.

성경은 구원을 실제적인 결과가 없는 순전한 법정적 행위로 정의하는 사람들에게 도전한다. 히브리서 12장 14절은 "성화 없이는 아무도 주를 보지 못하리라"(옮긴이 직역)고 말한다(개역개정은 "거룩함을 따르라 이것이 없이는 아무도 주를 보지 못하리라"고 번역되었다). 이 구절은 거룩함을 칭의의 전제 조건이 아닌, 칭의의 확실한 결과로 인정한다. 다시 말해 성화는 구원을 받는 조건이 아니라, 구속받은 모든 자의 특성이다. 진실한 믿음을 가진 사람은 분명히 거룩하게 된다. 반면 참된 믿음이 없는 사람은 결코 거룩해질 수 없다. 그들은 하나님 앞에서 심판을 받는 것 외에 하나님을 볼 가망이 없다.

구원받았다고 생각하면서 거룩하지 않은 삶을 사는 사람은 그들이 천국에 들어가지 못한다는 최후의 판결을 받고 경악할 것이다. 예수님이 마태복음 7장 21-23절에서 하신 묘사는 참으로 끔찍하다.

나더러 주여 주여 하는 자마다 다 천국에 들어갈 것이 아니요 다만 하늘에 계신 내 아버지의 뜻대로 행하는 자라야 들어가리라 그날에 많은 사람이 나더러 이르되 주여 주여 우리가 주의 이름으로 선지자 노릇 하며 주의 이름으로 귀신을 쫓아내며 주의 이름으로 많은 권능을 행하지 아니하였나이까 하리니 그 때에 내가 그들에게 밝히 말하되 내가 너희를 도무지 알지 못하니 불법을 행하는 자들아 내게서 떠나가라 하리라.

구원을 단순한 법적 행위로만 생각하고, 실제적인 의와는 별개라고 여기는 사람들은 예수님의 이 경고를 받아들이기 어려울 것이다. 구원을 아주 실제적으로 제시하는 이 말씀은 "내가 너희에게 이르노니 너희 의가 서기관과 바리새인보다 더 낫지 못하면 결코 천국에 들어가지 못하리라"(마 5:20)고 한 산상수훈의 핵심을 다시 말씀하신 것이다.

마태복음 7장은 단지 말로만 고백하거나 머리로만 아는 사람들이 큰 기대를 가지고 보좌 앞에 섰을 때 당할 심판과 비극을 보여준다. 그들은 자기가 주님을 위해 많은 일을 했다고 항의하겠지만 그들의 말과 마음은 공허한 것이다. 비극적이지만 주님은 그들을 천국에서 쫓아내실 것이다.

마태복음 7장 21절에서 천국에 거하게 될 사람을 가려내는 핵심 구절을 찾아보자. 그것은 "하늘에 계신 내 아버지의 뜻대로 행하는 자"이다. 예수님을 안다고 말하거나 예수님에 관한 특정 사실들을 믿는 사람이 아니다. 아버지의 뜻을 행하는 자이다. 불법을 행하는 자들은 쫓겨날 것이다(23절). 여기서 배울 교훈은, 만일 어떤 사람이 불순종의 삶을 산다면, 그가 무슨 말을 하든 어떤 선한 일을 했든 소용이 없다는 것이다. 그는 영원한 저주를 받을 위험에 처한 불신자이다.

이것은 아주 강력한 훈계이지만, 예수님이 전한 복음에 없어서는 안 될 부분이다. 이 짧은 구절과 그다음 구절은 그리스도에 대한 두 가지 그릇된 반응을 정죄한다. 첫째는 믿음을 고백하지만 신앙의 요구는 행하지 않는 것(22-23절)이요, 둘째는 순종하지 않고 듣기만 하는 것이다(24-27절).

말만 하고 행함이 없음

여기서 심판 때 쫓겨날 "많은" 사람은 이방인이 아님에 주목하라. 그들은 인간이 성취하는 길을 택한 종교인들이다. 그들은 마태복음 7장 13절에서 볼 수 있는 "많은" 사람과 동일한 사람들이다. 그들은 넓은 문, 넓은 길을 택했다. 그들은 종교 행위를 했다고 호소할 것이다(22절). 바울은 이런 사람들에 대해 "경건의 모양은 있으나 경건의 능력은 부인한다"고 말했다(딤후 3:5). 그들은 배도자나 이교도, 적그리스도, 무신론자, 불가지론자는 아니지만, 바리새인들처럼 종교 행위에 사로잡힌 자들이다. 믿음에 근거한 의로 살려 하지 않고, 외적인 행위를 통해 하나님의 호의를 획득하려고 노력하는 사람들이다(롬 10:5-10 참고).

그들의 행위는 외적인 것뿐이다. 그들은 입으로는 바른 말을 하지만 마음으로는 행하지 않는 위선자들이다. 그들은 선한 일을 많이 했다고 주장하지만, 사실 그들은 아버지의 뜻을 행하지 않았다(마 7:21). 그들은 불법을 행했다(23절). 그들은 바른 말을 할 줄 알고 겉으로는 선하게 보였을 수 있지만, 인격이 일치하지 않았다. 그들은 바른 교리를 시인하지만 구원받지 못하는 현대 교회의 많은 사람들과 같다.

그들은 심지어 "주여, 주여"라고 부르기도 한다(21-22절). 다시 말하지만 이들은 기본적으로 정통 교리를 믿는다. 그들은 예수님의 주재권을 알고 심지어 입으로 동의도 했지만, 그리스도를 주로 복종하지는 않는다. 이들은 예수님이 누가복음 6장 46절에서 "너희는 나를 불러 주여 주여 하면서도 어찌하여 내가 말하는 것을 행하지 아니하느냐"라고 하신 자들과 같다. 이들은 열심이고 경건하고 공손하다. 그들은 "주의 이름으로"(마 7:22)를 세 번이나 반복했다. 그들은 분주하게 주의 이름으로 일했다. 심지어 놀라운 일을 행하기도 했다. 그러면서 자신들은 열심히 주님을 섬긴다고 생각했다. 그러나 그들의 말은 공하하다. 말로는 "주여 주여" 하면서 불순종하는 것은 유다의 입맞춤과 도덕적으로 동일하다. 진정한 신앙은 참된 교리를 긍정하는 것 못지않게 하나님의 뜻을 행하는 데도 관심을 기울인다.

예수님이 마태복음 7장 21-23절 말씀을 하신 것은, 구원받았다고 생각하면서도 하나님께 순종하지 않는 사람들에게 경고하기 위해서였다. 확신을 흔들지 않도록 지나치게 장황하게 이야기하는 오늘날의 설교자들과 달리, 우리 주님은 자신이 구원받았다고 잘못 생각하는 사람들의 그릇된 소망을 단호하게 깨뜨리셨다. 예수님은 종종 그런 사람들에게 도전하셨다. 예수님은 구원을 확신하지 못하는 사람에게 의심을 무시하라고 권하지 않으셨다. 예수님의 메시지는 오늘날의 복음과 확연히 달랐다. 오늘날의 복음은 거짓된 확신을 세워주려고 특별히 계획된 것처럼 보인다. 현대의 복음전도 방식은 사람들에게 즐겁고 쉬운 메시지를 주고, 단순한 공식을 따르도록 하며, 기도를 따라하게 하고, 결신 카드에 서명하게 하는 식이다. 그런 다음 당신은 구원받았다고 말하며 절대 의심하지 말라고 가르친다. 그런 전도 방식은 실제로 성령을 거스르는 것이다. 성령은 진정으로 구원받은 사람에게는 확신을 주고, 구원받지 못한 사람에게는 죄에 대한 확신을 주신다(요 16:8-9). 하나님은 그 차이를 아시지만 우리는 모른다. 사람의 구원을 증명하는 일은 우리의 일이 아니다.

자신의 구원에 대해 주기적인 의심이 든다고 반드시 잘못된 것은 아니다. 그런 의심은 정직하게 그리고 성경적으로 다루어져야 한다. 성경은 영적인 자기 시험을 권장한다. 고린도후서 13장 5절에서 바울은 "너희는 믿음 안에 있는가 너희 자신을 시험하고 너희 자신을 확증하라 예수 그리스도께서 너희 안에 계신 줄을 너희가 스스로 알지 못하느냐 그렇지 않으면 너희는 버림 받은 자니라"라고 말했다. 많은 사람이 이 훈계를 대부분 무시한다. 현대 교회에서는 때로 다르게 설명하기도 한다.[4]

---

4) Zane C. Hodges, *The Gospel Under Siege*(Dallas: Redencion Viva, 1981), 95을 참조하라. 호지스는 이렇게 쓴다. "종종 바울의 말은 단순히 일차원적으로 취급된다. 그가 쓴 모든 서신이 이미 구원 얻는 믿음에 이른 사람들을 대상으로 하지만, 그의 주장들은 너무 자주 그가 독자들의 영원한 운명에 대해 계속 관심을 두는 것처럼 여겨진다. 그러나 그가 계속 그래야 할 이유는 없다. …… 바울의 서신에서 그의 청중이 진정한 그리스도인으로 구성된 것을 의심할 만한 표현은 단 한 곳도 없다. …… 그들이 중생하지 못한 사람들일 수 있다는 생각은 사도의 생각과는 완전히 동떨어진 것이다." 호지스는 고린도후서 13장 5절을 언급하거나 이것이 가질 수 있는 이차원적 의미를 설명하려고 하지 않는다. 나는 목회자로서 바울이 자기가 돌보는 양 무리인 구성원들의 운명에 대해 관심을 두지 않았다는 호지스의 주장에 문제를 제기하는 바이다. 나는 자기 교회 교인들 모두가 구원받았음을 확신한다고 하는 목사를 본 적이 없다. 바울은 이 교인들(특히 방탕한 고린도 교인들)에게 그들의 신앙 고백의 진실성을 시험해 보라고 할 충분한 이유를 가지고 있었다.

신앙을 고백했다면 그들의 삶이 어떻든 구원의 확신을 누릴 수 있다고 가르치는 것은 매우 흔한 일이 되었다. 그래서 어떤 사람들은, 만일 구원이 복음의 사실들을 단순히 믿는 사람에게 주어지는 선물이라면, 실제 삶이 확신과 무슨 관계가 있느냐고 주장하기도 한다. 그런 가르침은 실제적인 도덕률 폐기론에 지나지 않는다. 그런 가르침은 거짓 확신을 제공함으로써 위선과 불순종, 죄 가운데 살도록 조장하고, 자신을 시험해 보기를 막는다. 그것은 명백하게 성경에 어긋난다. 우리는 최소한 주의 만찬을 기념할 때마다 자신을 시험하라(살피라)는 명령을 받고 있다(고전 11:28).

자기를 시험하는 일은 우리 시대와 같은 때에는 특히 중요하다. 통계로는 전 세계에 십억 명 이상의 그리스도인이 있다고 하는데, 누가 그 기준을 만들었는지 궁금하다. 그런 숫자는 넓은 길로 가는 사람은 많고, 좁은 길로 가는 사람은 적다고 한 예수님의 말씀과 일치하지 않는다. 조사에 응하면서 중생한 그리스도인 난에 표시했다고 영원한 운명을 보장받는 것이 아니다. 바른 교회에 소속되었다 해도 그리스도를 통한 하나님의 의를 가지지 못할 수 있다.

교회에는 속고 있는 세 종류의 부류가 있다. 먼저 신앙을 가진 듯 보이려는 위선자들이 있다. 그리고 명목상의 신자 혹은 피상적으로 교회를 다니는 사람들이 있다. 그들은 자신이 어렸을 때부터 주일학교에 다녔거나 "결신"을 했기 때문에 스스로 그리스도인이라 하지만, 신앙이 의미하는 바를 실천하는 데는 지속적인 관심을 가지지 않는다. 마지막으로는 교회나 종교 활동에 적극 참여하고 복음의 사실들을 알지만 하나님의 말씀에는 순종하지 않는 사람들이 있다. 어쩌면 그들이 교회에 다니는 이유는 좋은 느낌, 복, 체험, 치유, 기적 혹은 황홀경의 은사 등을 원하기 때문이다. 그들은 교회나 교단, 조직에는 헌신하지만 하나님의 말씀에는 헌신하지 않는다. 그들은 순전히 학문적인 관심으로 신학을 좋아할 수 있다. 이유야 어쨌든, 그리스도와 기독교를 안다고 하는 많은 사람이(마 7:22) 심판 때에 쫓겨날 것이다.

설교하고 예언하고 귀신을 쫓아내고 기적을 행하는 것이(심지어 정통으로 위장하는 것도) 진정한 구원의 증거가 되지 못함을 주목해야 한다. 하나님은 구원받지 못한 사람들을 통해서도 역사하실 수 있고 또 종종 그렇게 하신다. 하나님은 중생하지 못한 발람을 사용하셨고(민 23:5), 발람의 나귀도 사용하셨다! 사악한 대제사장 가야바도 이스라엘 민족을 위해 그리스도가 죽을 것을 예언했다(요 11:51-52). 사탄도 강력한 일을 할 수 있거나 위장할 수 있다. 애굽의 술사들도 모세의 이적을 모방할 수 있었다. 사도행전 19장에 나오는 스게와의 일곱 아들도 귀신을 쫓아냈다. 마태복음 24장 24절은 거짓 그리스도와 거짓 선지자들이 와서 이적과 기사를 행할 것이라고 예언했다. 사탄은 놀라운 일을 할 수 있다. 사탄은 불신자가 구원받았다고 생각하도록 속이기 위해 거의 모든 일을 할 것이다.

이적과 예언, 기사는 거룩한 삶과 같지 않다. 참된 거룩이 없이는 누구도 하나님을 볼 수 없다(히 12:14). 하나님은 우리가 하나님의 성품을 본받기 원하신다. "오직 너희를 부르신 거룩한 이처럼 너희도 모든 행실에 거룩한 자가 되라 기록되었으되 내가 거룩하니 너희도 거룩할지어다 하셨느니라"(벧전 1:15-16). "그러므로 하늘에 계신 너희 아버지의 온전하심과 같이 너희도 온전하라"(마 5:48). 하나님이 거룩하시기에 하나님 안에 거하는 자들도 점점 거룩을 향해 나아가게 된다. 하나님이 완전하시기에 진정으로 하나님의 자녀인 사람들도 하나님의 완전한 기준으로 나아가게 된다. 만일 당신이 정체되어 있거나 반대 방향으로 미끄러지고 있다면, 마땅히 당신 자신을 시험해 보아야 한다.

완전이라는 기준을 추구한다고 그것이 절대로 넘어지지 않는다는 뜻은 아니다. 그보다는 우리가 넘어져도 해결 방법이 있다는 의미이다. 참된 신앙을 가진 사람도 넘어질 수 있다(때로는 처참하게 자주 넘어진다). 그러나 진정한 신자는 죄를 고백하고 아버지께 용서를 구하는 삶을 산다(요일 1:9). 완전은 기준이다. 방향은 시험이다. 만일 당신의 삶에서 은혜와 의와 거룩이 성장하지 않으면, 당신의 신앙이 진실한지 시험해 보아야 한다. 그리스도의 이름으로 큰일을 행했다 해도 그래야 한다.

듣기만 하고 순종하지 않음

이제 우리 주님은 간단한 예화를 통해 다가오는 심판의 위험을 설명하신다. 이것은 산상수훈의 결론이다. 이 예화는 예수님이 신앙과 의, 하나님의 기준에 맞추어 살아야 할 필요에 대해 말씀하신 모든 것을 통합한다. 이것은 심판 받을 위험에 처한 사람들에 대한 마지막 호소이다.

> 그러므로 누구든지 나의 이 말을 듣고 행하는 자는 그 집을 반석 위에 지은 지혜로운 사람 같으리니 비가 내리고 창수가 나고 바람이 불어 그 집에 부딪치되 무너지지 아니하나니 이는 주추를 반석 위에 놓은 까닭이요 나의 이 말을 듣고 행하지 아니하는 자는 그 집을 모래 위에 지은 어리석은 사람 같으리니 비가 내리고 창수가 나고 바람이 불어 그 집에 부딪치매 무너져 그 무너짐이 심하니라(마 7:24-27).

언뜻 보기에는 단순한 이야기 같다. 그러나 사실은 머리에 지식이 가득하지만 가슴에는 믿음이 없는 사람들을 향한 강력한 지적이다. 이 예화는 순종하는 사람과 순종하지 않는 사람을 대비시킨다. 어떤 사람은 메시지를 듣고 행하지만, 어떤 사람은 듣고도 행하지 않는다. 우리 주님의 분명한 가르침은, 이 차이가 영원한 결과를 낳는 문제라는 것이다.

이것은 산상수훈의 중심 주제(진정한 의가 없는 사람은 하나님 나라에 들어가지 못한다[마 5:20]는 것)를 마지막으로 반복한다. 이 두 말씀은 하나님을 안다고 말하며 스스로 하나님 나라의 일원이라 생각하지만, 삶에서 왕의 성품이 나타나지 않는 사람들을 겨냥한 것이다.

예수님은 마태복음 7장 24-27절에서 두 사람을 들어 두 종류의 청중을 묘사하신다. 두 사람 모두 집을 지었다. 분명 그들은 동일한 지역에 집을 지었다. 똑같이 폭풍과 홍수가 닥쳤기 때문이다. 아마도 두 집은 거의 똑같아 보였을 것이다. 예수님이 언급하신 유일한 차이는 그 집이 세워진 기초였다. 한 사람은 반석 위에 지었고, 다른 사람은 모래 위에 지었다.

이것은 바리새인의 신앙에 대한 또 하나의 강력한 책망이었다. 그들은 영혼의 영성이나 마음의 순결, 행동의 진실함을 무시했다. 그들은 위선자들로, 하나님께 대한 순종이 아니라 겉으로 보이는 것에만 관심을 가졌다. 그들의 신앙은 온통 모래 위에 지은 집과 같았다. 처음 보기에는 좋게 보이지만, 결국은 무너질 수밖에 없는 헛수고였다.

바리새인들은 기도하고 금식하고 구제했지만, 단지 자신의 경건을 과시하고 평판을 쌓으려는 것뿐이었다. 산상수훈에 있는 예수님의 메시지 대부분은 그들과 그들의 가르침으로 인해 변질된 사람들을 향한 것이었다. 예수님의 메시지는 겸손, 회개, 온유, 의에 굶주림, 자비, 청결에 대한 요구로 시작하셨다(마 5:1-8). 바리새인들은 이런 자질들을 대놓고 경멸했다. 그들은 자만과 영적 오만, 자기 의, 보이기 위한 신앙 행위를 좋아했다. 그런데 예수님이 바리새인들의 의를 넘어서는 의를 요구하심으로써(20절), 그들의 신앙에 부족한 것이 있음을 시사하셨다. 예수님은 머리카락을 헤아리는 식의 신앙 행위는, 율법에는 문자적으로 순종하면서도 그 진정한 목적은 무시하는 것이라고 반박하셨다(21-47절). 이어서 그들의 외식 행위를 책망하셨다(6:1-18). 판단하는 태도를 꾸짖으셨고(7:1-5), 그들의 가르침에 의문을 제기하셨다(15-20절).

이제 예수님은 그의 말씀대로 행할 것을 요구하신다(24절). 말씀대로 하느냐 하지 않느냐는 그들이 지혜로운 자인지 어리석은 자인지 시험하는 것이다. 결국 그들이 "불법을 행하는 자들아 내게서 떠나가라"(23절)는 무서운 말씀을 듣게 될지 어떨지 그들의 반응으로 결정될 것이다.

해석자들은 반석 위에 지었다는 것이 무엇을 의미하는지 몇 가지 해석을 제시했다. 어떤 사람은 구약에서 하나님이 반석으로 불렸음을 지적했고(시 18:2), 다른 사람은 바울이 그리스도를 유일한 기초라고 했음을 지적했다(고전 3:11). 그러나 이 본문 자체는 "누구든지 나의 이 말을 듣고 행하는 자는 그 집을 반석 위에 지은 지혜로운 사람 같으리니"(마 7:24)라고 설명한다. 곧 그리스도의 말씀에 순종하는 것이 반석 위에 집을 짓는 것이다.

골로새서 1장 21-23절은 "전에 악한 행실로 멀리 떠나 마음으로 원수가 되었던 너희를 이제는 그의 육체의 죽음으로 말미암아 화목하게 하사 너희를 거룩하고 흠 없고 책망할 것이 없는 자로 그 앞에 세우고자 하셨으니 만일 너희가 믿음에 거하고 터 위에 굳게 서서 너희 들은 바 복음의 소망에서 흔들리지 아니하면 그리하리라"라고 말한다. 야고보서 1장 22절은 "너희는 말씀을 행하는 자가 되고 듣기만 하여 자신을 속이는 자가 되지 말라"라고 한다. 요한일서 2장 3절은 "우리가 그의 계명을 지키면 이로써 우리가 그를 아는 줄로 알 것이요"라고 했고, 디도서 1장 15-16절은 "더럽고 믿지 아니하는 자들에게는 …… 그들이 하나님을 시인하나 행위로는 부인하니 가증한 자요 복종하지 아니하는 자요 모든 선한 일을 버리는 자니라"라고 한다.

이 모든 본문은 진정한 신자는 그리스도를 영접하여 계속 그 안에 거한다고 가르친다. 그들은 그리스도의 말씀을 듣고 행한다. 그들은 그의 계명을 알고 지킨다. 그들은 말로만 그리스도를 시인하고 행위로는 부인하는 삶을 살지 않는다. 구원의 증거는 순종하는 삶이다. 그것이 예수 그리스도를 진정으로 안다는 유일한 증거이다. 만일 그리스도께 순종하지 않는 삶을 산다면, 그를 안다고 고백해도 모두 공허한 말장난에 불과하다.

잠시 이렇게 생각해 보자. 한 사람은 빨리 그리고 쉽게 집을 짓는데, 다른 사람은 어렵게 짓는다. 모래 위에 집을 지을 때는 준비가 필요 없다. 기초를 파지 않아도 된다. 준비할 필요도 없다. 그냥 세우면 된다. 이것은 지름길로, 빠른 결과를 얻지만 항구적인 결과는 아니다.

현대 복음전도는 대부분 모래 위에 집을 짓고 있다. 죄에 대한 각성을 할 시간이나, 깊은 회개를 할 기회, 왜 우리가 잃어버린 자가 되었는지 이해할 기회, 성령이 역사할 기회를 허용하지 않는다. 구원 열차는 움직이고 있기에 원하면 빨리 타야 한다. 아더 핑크는 "자신이 잃어버린 바 되었음을 느끼기도 전에 구원받았다고 하는 사람들이 있다."[5]고 썼다. 예수님의 이름을 부르는 수많은 사람이 어리석게도 듣기만 하고 순종하지 않는 얕고 불안전한 모래 위에 집을 지었다(마 7:26 참조). 현대판 기독교는 피상적이어서, 깊이 판 바른 기초 위에 서지 않은 사람들을 용인한다.

예수님은 지혜로운 사람은 반드시 비용을 먼저 계산해 보고 망대를 짓는다고 하셨다(눅 14:28). 그 사람은 깊이 판다. 책임에 대해 깊이 생각한다.

---

5) Arthur W. Pink, *An Exposition of the Sermon on the Mount*(Grand Rapids: Baker, 1953), 424.

자신이 무엇에 헌신하는지 이해하고, 그 일을 바르게 하기 원한다. 이런 사람이 듣고 순종하는 사람이다(마 7:24).

심판의 날이 다가오고 있다. 바람이 불고 비가 오고 창수가 날 것이다(25, 27절). 하나님이 심판의 바람을 보내신다. 일부는 무너지고 일부는 견딜 것이다. 견디는 사람은 참된 신자들이고, 무너진 사람은 진정으로 믿지 않은 사람들이다. 그 차이는 들은 후에 순종했는지, 신앙 고백 후 의의 삶을 살았는지로 나타난다. 이 예화는 21-23절의 경고와 놀랍도록 일치한다. 두 경우 모두 그가 순종을 낳았는가 하는 것으로 참된 신앙을 시험한다.

이처럼 예수님의 산상수훈은 "무너짐이 심하니라"(27절)라는 무서운 심판에 대한 경고로 끝난다. 이것은 파멸에 대한 경고요, 예수님이 하신 설교의 특징이다. 그러나 다시 말하지만, 이것은 현대 복음전도의 경향과는 뚜렷하게 다르다. 예수님이 전한 복음은 근본적인 변화(단순히 새로운 견해가 아니라 완전한 헌신의 반응)를 요구한다.

예수님이 하신 설교의 결과는 어땠을까? 큰 부흥이 왔을까? 수천 명이 회심했을까? 아니다. 회개한 사람이 있을지 모르지만 언급되지는 않았다. 28-29절은 "예수께서 이 말씀을 마치시매 무리들이 그의 가르치심에 놀라니 이는 그 가르치시는 것이 권위 있는 자와 같고 그들의 서기관들과 같지 아니함일러라"라고 말해 준다.

그들이 한 일이라고는 예수님의 설교 스타일을 분석하는 것뿐이었다. 그들은 "놀랐다." 헬라어의 문자적인 의미로 보면 그들은 "놀라 제정신을 잃었다." 현대어로 하면, 그 설교가 그들의 정신을 잃게 했다. 이는 부정적인 반응이 아니었다. 사실 오늘날 많은 사람들은 이것을 구원의 반응으로 해석한다. 아무튼 이 사람들은 그런 지혜를 들은 적이 없고, 그런 깊이를 본 적이 없으며, 그런 풍성한 진리를 이해한 적이 없음을 인정했다. 이

제껏 지옥에 대해 그토록 무서운 경고를 한 사람이 없었다. 그리고 그처럼 종교 지도자들에게 정면으로 맞선 사람도 분명 없었다! 예수님은 그 정도로 담대하게 말씀하셨다. 그는 다른 랍비들의 말을 인용하지 않고, 자기 자신의 권위에 근거하셨다. 아주 적은 말을 사용해 인간의 삶 모든 부분을 다루셨다. 이토록 심오한 통찰이 단 한 번의 강력한 메시지로 표현된 적이 이제까지 없었다. 그래서 무리는 그를 놀랍게 여겼다.

그러나 이것은 구원을 얻는 반응이 아니었다. 그들은 이미 모래 위에 집을 짓고 있었다. 그래서 회개도 순종의 표현도 없었다. 다만 분석이 있을 뿐이었다.

거기서 끝이었다.

참된 신자라면 거기서 끝내서는 안 된다. 진정한 신앙을 가진 사람은 주님의 말씀을 듣고 나가서 그것을 실천에 옮기지 않을 수 없다. 신실한 사람은 충격을 받기만 하지 않는다. 놀라기만 하지 않는다. 경이로움만 느끼지 않는다. 그들은 순종한다. 그들은 견고한 반석 위에 집을 짓는다.

22장

제자는 별개의
헌신된 집단이 아니다

이전 장들에서 우리는 예수님이 요구하신 제자도에 대해 살펴보았다. 여기서는 이를 좀 더 상세하게 검토할 것이다. 다시 말하지만 자기를 부인하고 주님을 따르라는 그분의 초청은 분명 구원 초청이었다. "더 높은 삶"이나 구원 이후 단계의 믿음에 대한 제시가 아니었다. 구원과 제자도를 구별하는 현대의 가르침은 성경과는 동떨어진 사상에서 나온 것이다.[1]

그리스도인은 모두 제자이다.[2] 사실, 주님의 지상명령은 온 세상으로 가서 "제자로 삼아 …… 내가 너희에게 분부한 모든 것을 가르쳐 지키게 하

---

1) Zane C. Hodges, *The Hungry Inherit*(Portland, Ore.: Multnomah, 1980), 83-84. 여기서 호지스는 이렇게 쓴다. "하나님 나라에 들어가는 것이 그 사람의 제자도에 의해 좌우되지 않는다니 얼마나 다행스러운가. 만일 그랬다면 그 나라에 들어가는 사람이 얼마나 적을까!" 그러나 예수님은 친히 들어가는 이가 "적다"고 분명하게 가르치셨다. 좁은 문과 좁은 길에 대해 예수님이 하신 경고의 요지가 그것이 아닌가? "찾는 자가 적음이라"(마 7:14).
2) 그러나 제자가 모두 반드시 참된 신자가 아닌 것 또한 분명하다(요 6:66 참조). 제자라는 말은 때로 성경에서 일반적인 의미로 사용되어, 유다처럼 외적으로 그리스도를 따르는 사람들을 말하기도 한다. 반드시 일부 높은 수준의 신자들에게만 제한된 것이 아니다. 예를 들어 마태복음 8장 21-22절에 나오는 제자는 전혀 헌신된 사람이 아니다.

라"(마 28:19-20)는 것이었다. 이 말씀은 곧 교회의 사명, 전도의 목적이 제자 삼는 것이라는 의미이다. 제자란 믿는 자로서, 그 믿음으로 동기를 얻어 예수님이 명령하신 모든 일에 순종하는 사람이다. 제자라는 말은 사도행전 전체에서 일관성 있게 신자와 동의어로 사용되고 있다(행 6:1-2, 7, 11:26, 14:20, 22, 15:10). 이 두 단어 사이의 구분은 어떤 것이든 순전히 인위적이다. 성실하고 좋은 의도를 가진 사람이 도입했을지 모르겠지만, 그것은 예수님의 어려운 명령을 버리는, 쉬운 믿음주의 신학을 낳았다.

예수님은 제자들을 부르실 때 그를 따르는 대가에 대해 세심하게 가르치셨다. 헌신을 원하지 않는 반마음을 가진 사람들은 거기에 응하지 않았다. 그래서 주님은 값을 치르기를 꺼리는 사람(젊은 부자 관원 같은 사람)은 돌려보내셨다. 제자가 될 생각을 하는 모든 사람에게 주의 깊게 비용을 계산해 보라고 경고하셨다.

너희 중의 누가 망대를 세우고자 할진대 자기의 가진 것이 준공하기까지에 족할는지 먼저 앉아 그 비용을 계산하지 아니하겠느냐 그렇게 아니하여 그 기초만 쌓고 능히 이루지 못하면 보는 자가 다 비웃어 이르되 이 사람이 공사를 시작하고 능히 이루지 못하였다 하리라(눅 14:28-30).

이 구절에 대해 존 스토트는 통찰력 깊은 글을 썼다.

기독교의 풍경에는 버려진 파편들, 짓다만 망대들(짓기를 시작했다가 완성할 수 없었던 것들의 잔해들)이 널려 있다. 지금도 수많은 사람이 그리스도의 경고를 무시한 채 먼저 멈추어 서서 그에 대한 비용을 생각해보지 않고 그리스도를 따르기 때문이다. 그 결과가 오늘날 기독교계의 커다란 수치인 소위

"명목적인 기독교"이다. 기독교 문화가 퍼진 나라들에서는 많은 사람이 자신을 기독교라는 고상하지만 얇은 겉치장으로 꾸민다. 그들은 어느 정도만, 즉 존경을 받을 수 있으면서도 불편하지는 않을 정도만 기독교에 참여한다. 그들의 종교는 크고 푹신한 쿠션이다. 이 쿠션은 그들이 편리하도록 장소와 모양을 바꾸어가면서 인생의 어렵고 불편한 일들에서 그들을 보호해준다. 냉소자들이 교회 안의 위선자들을 지적하면서 종교는 도피라고 폄하하는 것은 당연한 일이다.[3]

그리스도인은 단순히 "화재 보험"에 든 사람, 즉 지옥에 들어가지 않기 위해 "그리스도를 영접한" 사람이 아니다. 거듭 살펴보았지만, 참 신자의 믿음은 복종과 순종으로 나타난다. 그리스도인은 그리스도를 따른다. 그들은 그리스도를 주와 구주로 여기고 무조건 헌신한다. 그들은 하나님을 기쁘시게 하기를 원한다. 그들은 겸손하고 온유하게 배우는 사람이다. 그들은 실패할 경우, 용서를 구하고 앞으로 나아간다. 이것이 그들의 정신이요 방향이다.

기독교 제자도의 부르심은 분명하게 이런 종류의 전적인 헌신을 요구한다. 고의로 의도적으로 남겨두는 것 없이 완전히 헌신해야 한다. 다른 조건으로 그리스도께 나아오는 사람은 없다. 단순히 복음의 사실들을 긍정하고 계속 자기 마음대로 살 수 있다 생각하는 사람들은 진정으로 믿음 안에 있는지 자신을 살펴보아야 한다(고후 13:5).

마태복음 10장 32-39절에서 예수님은 제자들에게 이렇게 도전하셨다.

---

3) John R. W. Stott, *Basic Christianity*(London: Inter-Varsity, 1958), 108.

누구든지 사람 앞에서 나를 시인하면 나도 하늘에 계신 내 아버지 앞에서 그를 시인할 것이요 누구든지 사람 앞에서 나를 부인하면 나도 하늘에 계신 내 아버지 앞에서 그를 부인하리라 내가 세상에 화평을 주러 온 줄로 생각하지 말라 화평이 아니요 검을 주러 왔노라 내가 온 것은 사람이 그 아버지와, 딸이 어머니와, 며느리가 시어머니와 불화하게 하려 함이니 사람의 원수가 자기 집안 식구리라 아버지나 어머니를 나보다 더 사랑하는 자는 내게 합당하지 아니하고 아들이나 딸을 나보다 더 사랑하는 자도 내게 합당하지 아니하며 또 자기 십자가를 지고 나를 따르지 않는 자도 내게 합당하지 아니하니라 자기 목숨을 얻는 자는 잃을 것이요 나를 위하여 자기 목숨을 잃는 자는 얻으리라.

여기서 주님은 제자도의 대가에 대해 가능한 한 가장 분명하게 이야기하셨다. 이 이상 분명하게 말할 수 없다. 이 말씀은 특별히 열두 제자에게 주신 것이지만(마 10:5), 우리 모두에게도 적용할 수 있는 제자도의 원리이다. 24절은 "제자가 그 선생보다 높지 못하다"라고 말한다. 여기서 "제자"는 모든 제자를 가리킨다. 따라서 이 장의 끝까지 나오는 이후의 말씀들은 일반적으로 제자도에 적용된다.

제자를 더 헌신된 별개의 신자들 집단이라고 여기는 사람들은, 열두 제자가(적어도 열한 제자는) 이미 그리스도를 믿는 신자였으므로 그들이 구원 얻는 믿음을 가지고 그리스도께 나아오는 것의 의미를 배울 필요가 없었다고 지적한다. 물론 대부분의 제자들은 분명히 이미 거듭난 사람들이었다. 그러나 그렇다고 이 말씀이 그들에게 주는 영향을 무산시키지는 않는다. 사실 이 사람들은 이미 제자라 불리고 있었다(1절). 그러므로 이 말씀은 그들을 더 높은 수준의 관계로 부르시는 것이 아니라, 그들이 믿을 때 이미 확립된 것을 상기시키는 것이다. 우리 주님은 계속해서 믿음과 구원의 의미를 가르치셨고, 끊임없이 그들이 주님을 따르기로 할 때 결정한 헌신을 상기시키셨다.

이 말씀은 당신과 나에게도 적용된다. 누가복음 14장 25-35절에는 이와 비슷한 말씀이 있는데, 제자들뿐만 아니라 예수님의 말씀을 들으러 온 무리에게 하신 더욱 강력한 말씀이다.

마태복음 10장 2절은 열두 제자를 "사도"라고 부른다. 사도란 "보냄을 받은 자"라는 의미이다. 예수님은 그들이 기본 훈련을 마치자 복음을 전하도록 보내셨다. 그런데 이 파송 명령에서 예수님은 사도라는 말이 아닌 제자라는 말을 사용하신다. 예수님의 말씀은 모든 제자에게 적용되는 것으로, 예수님을 따를 사람들에게 이정표 역할을 한다.

어디서든 그리스도를 시인하는가?

마태복음 10장 32-33절은 마태복음 7장 21-23절의 무서운 심판 장면을 연상케 한다. "누구든지 사람 앞에서 나를 시인하면 나도 하늘에 계신 내 아버지 앞에서 그를 시인할 것이요 누구든지 사람 앞에서 나를 부인하면 나도 하늘에 계신 내 아버지 앞에서 그를 부인하리라." 이 말씀은 다른 사람들 앞에서 그를 시인하는 것이 참된 그리스도인의 조건이라는 의미인가? 아니다. 진정한 신자는 어디서든 그리스도에 대한 믿음을 고백한다는 의미이다. 바울은 "내가 복음을 부끄러워하지 아니하노니 이 복음은 모든 믿는 자에게 구원을 주시는 하나님의 능력이 됨이라"(롬 1:16)고 했다.

진정한 제자도의 핵심은 예수 그리스도처럼 되겠다는 헌신이다. 그것은 예수님처럼 행동하고 예수님이 받은 것과 같은 대접을 기꺼이 받아들이겠다는 의미이다. 또한 예수님께 적대적인 세상과 맞서 두려움 없이 행동하겠다는 의미이다. 다른 사람들 앞에서 예수님을 주님으로 고백할 때 예수님도 아버지 앞에서 우리를 위해 말씀하시리라 확신하는 것이다.

"고백"은 시인하는 것, 인정하는 것, 동의하는 것을 의미한다. 곧 확인, 믿음, 확신, 신뢰를 말한다. 우리는 로마서 10장 9절에서처럼 입으로도 고백할 수 있고, 디도서 1장 16절이 암시하듯 의의 행위로도 고백할 수 있다. 우리는 "사람들 앞에서" 그리스도를 고백해야 한다. 이것은 고백의 공적 성격을 강조한다. 따라서 그 의미를 회피해서는 안 된다. 로마서 10장 10절은 "사람이 마음으로 믿어 의에 이르고 입으로 시인하여 구원에 이르느니라"고 한다. 만일 마음이 진심으로 믿는다면, 입이 열심히 고백할 것이다. 고백은 단순한 인간의 행위가 아니다. 고백은 하나님이 자극하고 힘을 주시는 것으로, 믿는 행위에 뒤따르지만 분리될 수 없다. 다시 말하지만, 고백은 참 믿음의 특징이지, 구원에 따르는 조건이 아니다.

요한일서 4장 15절은 "누구든지 예수를 하나님의 아들이라 시인하면 하나님이 그의 안에 거하시고 그도 하나님 안에 거하느니라"고 한다. 참된 그리스도인의 표시란 무엇인가? 예수를 하나님의 아들로 고백하는 것이다.

그렇다고 제자는 항상 주님 편에 설 수 있다는 의미는 아니다. 베드로는 주님이 배신당하던 밤, 세 번이나 주님을 부인했다. 또 바울의 최고 제자였으며 에베소 교회의 목회자였던 디모데는 어떠한가? 탁월한 목회 은사를 가졌던 이 헌신된 젊은이는 제자의 모델이었다. 그러나 그도 일시적으로 영적인 기능장애를 겪거나 두려움에 빠졌다. 그래서 바울은 디모데에게 부끄러워하지 말라고 편지를 보내야 했다(딤후 1:8).

일순간 실패했다고 해서 제자의 신임장을 상실하지는 않는다. 우리는 모두 생각보다 더 자주 사람들 앞에서 그리스도를 고백하는 일에 실패한다. 그러나 우리가 진정한 신자라면, 의도적으로나 계획적으로 항상 믿음을 감추지 않는다. 아리마대 요셉은 사도 요한에게 "은밀한 제자"라 불렸지만, 예수님이 십자가에 못 박혀 죽으신 후 담대하게 총독 빌라도에게 가서 예수님의 시체를 달라고 했다(요 19:38).

그리스도는 하늘에 계신 아버지 앞에서 우리를 시인하겠다고 하셨다(마 10:32). 이 말은 무슨 뜻인가? 그리스도께서 심판 날에 "이 사람은 내게 속한 자입니다."라고 하실 것이다. 주님은 그에게 충실한 사람들에게 그의 충실함을 확인시켜 주실 것이다. 그 반대의 경우도 있다. "누구든지 사람 앞에서 나를 부인하면 나도 하늘에 계신 내 아버지 앞에서 그를 부인하리라"(마 10:33). 이것은 공개적으로 거부한 사람들만 말하지 않는다. 극악하게 그리스도를 부인한 사람, 그리스도를 멸시한 사람, 그리스도를 비난한 사람 또는 그의 이름을 모독한 사람만 말하지 않는다. 분명 그런 사람들도 해당되겠지만, 우리 주님이 특별히 말하는 사람은 거짓 제자, 즉 스스로 그리스도인이라 주장하나 사실은 아닌 사람이다.

이런 사람들은 시험을 만나면, 침묵이나 행동 또는 말로 주님을 부인한다. 사실상 이는 모든 것을 포함한다. 이는 전 생애로 그리스도를 부인하는 사람을 가리키는 것이다. 그런 사람은 믿는다고 주장할지는 모르겠지만, 삶으로는 부인한다(딛 1:16 참조). 교회에는 제자인 체하지만 아주 당황스러운 방법으로 주님을 부인하는 사람이 많다. 그리스도는 하나님 앞에서 그들을 부인하실 것이다(마 10:33).

마태복음 25장 31-46절은 심판 때 일어날 일을 자세히 설명한다. 이 본문은 특별히 하나님이 민족들을 환난 끝에 심판하실 때 양과 염소를 구별하실 것을 말하지만(32절), 그 원리는 하나님의 심판의 모든 국면에 있는 사람에게 적용되는 것이다. 여기서 주님은 양(그를 시인한 사람)을 오른편에, 염소(그를 부인한 사람)를 왼편에 모은 후(33절), 양을 천국으로 데려가신다. 양은 그리스도를 시인한 의로운 사람들이다. 그들을 어떻게 알 수 있는가? 주님은 "내가 주릴 때에 너희가 먹을 것을 주었고 목마를 때에 마시게 하였고 나그네 되었을 때에 영접하였고 헐벗었을 때에 옷을 입혔고 병들었을 때에 돌보았고 옥에 갇혔을 때에 와서 보았느니라"(35-36절)라고 말씀하셨다. 다시 말하지만, 그리스도를 안다는 그들의 주장이 사실인지 아닌지는 그들의 삶이 보여준다. 그리스도를 믿는 믿음과 일치하지 않는 삶을 사는 사람은 영벌에 처할 것이다(46절).

누구를 가장 사랑하는가?

참된 제자의 두 번째 표시는 그리스도를 자기 가족보다 더 사랑하는 것이다(마 10:34-37). 특히 37절은 아주 강력하다. "아버지나 어머니를 나보다 더 사랑하는 자는 내게 합당하지 아니하고 아들이나 딸을 나보다 더 사랑하는 자도 내게 합당하지 아니하며."

이 말씀이 강하게 느껴지는가? 병행구절인 누가복음 14장 26-27절을 보라.

무릇 내게 오는 자가 자기 부모와 처자와 형제와 자매와 더욱이 자기 목숨까지 미워하지 아니하면 능히 내 제자가 되지 못하고 누구든지 자기 십자가를 지고 나를 따르지 않는 자도 능히 내 제자가 되지 못하리라.

제자가 되기 위해서는 문자 그대로 자기 가족을 미워해야 하는가? 이 말씀은 분명 "네 부모를 공경하라"(출 20:12) 또는 아내를 사랑하라는 하나님의 명령(엡 5:25) 등을 어기라는 의미로 가족을 미워하라는 것이 아니다. 이 본문의 핵심구는 "더욱이 자기 목숨까지"(눅 14:26)이다. 주님은 우리가 무조건적으로 주님께 충성할 것을 요구하신다. 특별히 자기 가족보다, 더 특별히 자기 목숨보다 더 주님께 충성할 것을 요구하신다. 성경은 우리가 자기를 부인해야 하고(마 16:24), 자신을 죽은 자로 여겨야 하며(롬 6:11), 옛 사람을 벗어버려야 하고(엡 4:22), 우리 존재의 이기적인 면들을 극도로 경멸하라고(고전 9:27 참조) 가르친다. 이것은 우리가 세상 소유에 대해 그리고 우리 가족에 대해 지녀야 할 동일한 태도이다.

주님은 왜 이렇게 심하게 말씀하셨을까? 왜 그리스도는 이처럼 공격적으로 말씀하셨을까? 그것은 참된 제자를 자기에게로 이끄실 때처럼 헌신되지 않은 자들을 자기에게서 몰아내시기 위함이다. 그리스도께서는 반마음을 가진 사람들이 자신이 천국에 들어갈 것이라고 속지 않기를 원하신다. 주님이 우선순위에서 1번이 아니라면, 주님이 마땅히 계셔야 할 자리에 계시는 것이 아니다.

자기 십자가를 지라

그리스도를 위해 기꺼이 목숨을 버리기 원하는 사람이 아니면 주님께 합당하지 않다(마 10:38). 그들은 주님의 제자가 될 수 없다(눅 14:27). 고쳐서 말하자면, 이 세대에 유행하는 편안한 회심을 수용해서는 안 된다. 예수님은 사람들에게 그들의 삶의 여건을 그대로 유지한 채 예수님을 더하라고 요구하지 않으신다. 예수님은 제자들이 기꺼이 모든 것을 버리기 원하신다. 즉 완전한 자기 부인(필요하다면 주를 위해 기꺼이 죽기까지 하려는 마음)을 요구하신다.

마태복음 10장 38절에서 "자기 십자가를 지고 나를 따르지 않는 자도 내게 합당하지 아니하니라"라고 하신 말씀은 어려운 환경이나, 만성적인 병이나, 바가지 긁는 배우자라는 "십자가"를 지라는 뜻이 아니다. 나는 한 경건회 설교에서 십자가를 영적으로 해석해 그것이 잔소리하는 시어머니에서 비가 새는 지붕, 1957년형 쉐보레 자동차를 의미한다고 말하는 것을 들었다. 그러나 그것은 예수님이 1세기 청중에게 전하고자 하셨던 십자가의 의미가 아니다. 예수님의 말씀을 들은 사람들은 장기간의 어려움이나 골치 아픈 문제를 떠올리지 않았다. 갈보리를 생각하지도 않았다. 당시 주님은 아직 십자가를 지지 않으셨으므로 그들은 예수님이 어떤 일을 하실지 이해하지 못하는 상태였다.

예수님이 "십자가를 지라"고 하실 때 그들은 잔인한 고문과 사형 도구를 생각했다. 그들은 인간에게 알려진 가장 고통스러운 방법으로 죽는 것을 생각했다. 그들은 길가의 십자가에 매달린 불쌍한, 정죄 당한 죄인을 떠올렸다. 분명 그들은 그런 식으로 처형당하는 사람들을 보았을 것이다.

예수님의 말씀을 들은 사람들은 예수님이 자기를 위해 죽을 것을 요구하신다고 이해했다. 곧 궁극적인 희생을, 모든 면에서 예수님을 주님으로 섬기고 복종하기를 요구하신다고 이해했다.

예수님은 마지막으로 제자도의 의미에 역설적인 말씀을 더하신다. "자기 목숨을 얻는 자는 잃을 것이요 나를 위하여 자기 목숨을 잃는 자는 얻으리라"(39절). 여기서 "자기 목숨을 얻는 자"란, 압력을 받았을 때 그리스도를 부인함으로써 신체적 안전을 보장받는 사람이나, 십자가를 지기보다 자기 생명에 매달린 사람을 가리키는 듯하다. 자신의 신체적 생명이 최우선 관심인 이들은 영원한 생명을 잃는다. 역으로 그리스도를 위해 자신의 생명을 기꺼이 버리는 사람은 영원한 생명을 얻는다.

성경은 구원을 순교로 얻는다고 가르치지 않는다. 주님은 제자들에게 주를 위해 죽임당하도록 노력하라고 권하지 않으셨다. 여기서도 주님은 하나의 방식, 방향을 말씀하신 것이다. 예수님의 말씀은 단순히, 진정한 그리스도인은 죽음 앞에서도 물러서지 않는다는 뜻이다. 이를 달리 표현하면, 자기를 섬길지 주님을 섬길지 결정하는 문제에 부딪혔을 때 참된 제자는 자신에게 큰 손해가 있더라도 주님을 섬기기로 선택한다는 것이다.

다시 말하지만, 이것은 베드로의 경우와 같은 일시적인 실패를 절대 허용하지 않는다는 의미가 아니다. 베드로도 결국은 참된 제자임을 증명해 보였다. 때가 되자 그는 예수님을 위해 기꺼이 자기 목숨을 내놓았다.

누가복음 9장 23절은 "아무든지 나를 따라오려거든 자기를 부인하고 날마다 제 십자가를 지고 나를 따를 것이니라"라고 하는 비슷한 말씀을 기록한다. 여기에는 "날마다"라는 단어가 더 있음을 주목하라. 제자의 삶은 핍박을 불러들이는 삶이기에 날마다 자기를 부인하는 삶이어야 한다. 바울은 고린도 교인들에게 "형제들아 내가 그리스도 예수 우리 주 안에서 가진 바 너희에 대한 나의 자랑을 두고 단언하노니 나는 날마다 죽노라"(고전 15:31)라고 썼다.

날마다 자기를 부인한다는 개념은 예수를 믿는 것이 순간의 결단이라는 현대의 전제와 일치하지 않는다. 참된 신자는 평생 계약을 한 사람이다. "예수를 한번 믿어보세요."라고 쓰인 자동차 스티커는 참된 제자도와는 거리가 멀다. 신앙은 실험이 아니라 평생에 걸친 헌신이다. 그것은 날마다 십자가를 지는 것이요, 매일 그리스도를 위해 모든 것을 드리는 삶이다. 여기에는 만일을 위해 남겨둔 것도, 불확실한 것도, 주저하는 것도 없다(눅 9:59-61). 알고도 버리지 않거나, 의도적으로 그의 주재권을 차단하거나, 주님이 다스리지 못하도록 완고하게 지키는 것이 없다. 그것은 고통스럽지만 세상과 단절하는 것이요, 탈출구를 봉하는 것이요, 실패할 경우 의지할 안전장치를 모두 제거하는 것이다. 진정한 신자는 죽을 때까지 그리스도와 함께 나아간다는 것을 안다. 그들은 쟁기를 잡고 뒤를 돌아보지 않는다(눅 9:62).[4]

이것이 예수 그리스도를 따르려는 모든 사람이 반드시 가져야 할 자세요, 참된 제자의 요건이다.

---

[4] 이 구절에서 우리 주님이 뒤를 돌아보는 자는 하나님 나라에 적합지 않다고 하셨음을 주목하라.

23장

그리스도는
구주이면서 주님이시다

주재권 구원을 맹렬히 비난한 한 잡지 기사는 "그리스도를 주로 모시는 것이 구원의 조건이 되어야 하는가?"라는 질문으로 시작된다. 두 페이지밖에 안 되는 그 짧은 글에서 저자는 열 번 이상 "그리스도를 주로 삼는 것"에 대해 언급한다.[1] 이 표현은 우리 세대에서 아주 친숙해졌기에 성경에 나오는 용어라 생각하기 쉽다. 그러나 그렇지 않다.

성경은 사람이 그리스도를 주로 "삼는 것"에 대해 말하지 않는다. 다만 하나님은 친히 "예수를 주와 그리스도가 되게"(행 2:36) 하셨다. 그리스도는 만유의 주이시다(롬 14:9, 빌 2:11). 그래서 성경의 명령은 그리스도를 주로 "삼으라"는 것이 아니라 그의 주재권에 굴복하라는 것이다. 그의 주재권을 거부하거나 단순히 입발림으로만 인정하는 사람은 구원받지 못한다(고전 12:3,

---

1) Rich Wager, "This So-Called 'Lordship Salvation,'" *Confident Living*(July-August 1987), 54-55.

눅 6:46-49 참조). 마태복음 7장 22절은 그리스도의 주재권을 말로 혹은 지적으로 인정한 많은 사람이 하늘에 계신 아버지의 뜻대로 행하지 않은 결과 천국에 들어가지 못하리라고 전한다.

하나님의 말씀을 믿는 사람은 모두 예수님이 주님이심에 동의할 것이다. 사람이 예수님의 주재권에 동의하든 않든, 혹은 그의 권위에 굴복하든 않든 그와 상관없이 예수님은 언제나 주님이시다.

그럼에도 불구하고 일부 현대 복음주의 저자들은 복음 메시지에서 그리스도의 주재권이 지닌 위치에 의문을 제기한다. 그들은 그리스도가 주님이심을 부인하지는 않지만, 그 진리는 불신자에게 선포하는 기쁜 소식에서는 빼는 것이 좋다고 말한다. 앞에서 언급했던 글은 이렇게 썼다.

> 그리스도를 개인의 구주로 신뢰해 거듭나는 일은 필수적이다. 그러나 이것은 단지 첫 번째 결정에 불과하다. 예수님을 주로 인정하는 것은 신자들에 의해 이루어진다(원문 그대로임). …… 그리스도를 구주로 신뢰하는 결정과 그를 주로 삼는 것은 두 가지 별개의, 다른 결정이다(원문 그대로임). 처음 것은 불신자가 하는 것이고, 둘째 것은 오직 신자가 하는 것이다. 두 결정은 때에 따라 가까운 것일 수 있고, 먼 것일 수도 있다. 그러나 구원이 반드시 주재권에 선행해야 한다. 구원을 받았지만 그리스도를 자신의 삶의 주로 삼지 않는 일은 가능하기는 하지만 비참한 일이다.[2]

이것이 예수님이 전한 복음처럼 들리는가? 분명 그렇지 않다. 우리는 예수님이 자주 그의 주재권을 불신자들의 핵심적인 문제로 삼는 것을 보았

---

2) Ibid., 55.

다. 예를 들어 마태복음 19장에서 젊은 부자 관원에게 하신 말씀은, 그의 주재권을 인정하라는 것이었다. 그리고 마태복음 7장 21-22절과 누가복음 6장 46-49절에서 예수님을 주라고 부르지만 진정으로 알지 못하는 사람들의 거짓된 고백에 대해 주님이 도전하며 분명하게 밝히신 것은, 하나님의 권위에 대한 순종이 하나님 나라에 들어가기 위한 전제조건이라는 것이었다. 분명히 그의 주재권은 구원 메시지의 핵심적인 부분이다.

예수님은 하나님이시다

예수님을 주로 고백하는 것은 무엇보다 그가 전능한 하나님, 만물의 창조자요 유지자라고 시인하는 것이다(골 1:16-17). 이것은 심오한 진리 선언이다. 성경이 예수님을 하나님이라고 가르친다는 데는 이견이 거의 없다. 오직 이단들과 불신자들만 이 진리를 반박한다. 성경은 예수님을 하나님이라고 선언한다(요 1:1, 14절 참조). 성부 하나님은 그를 하나님이라고 부르신다(히 1:8). 예수님은 그의 신성을 보여주셨다. 그는 편재하시며(마 18:20), 전능하시고(빌 3:21), 불변하신다(히 13:8). 또 그는 죄를 사하시며(마 9:2-7), 경배를 받으시고(마 28:17), 만물에 대해 절대적인 권위를 가지셨다(18절). 그리스도는 인간의 육체 안에 하나님의 충만함을 지니신다(골 2:9). 그는 아버지와 하나이시다. 그는 요한복음 10장 30절에서 분명하게 "나와 아버지는 하나이니라"라고 말씀하셨다. 예수님을 비판하는 사람들은 예수님이 자신을 하나님이라 주장하고 있음을 여기서(33절)와 다른 많은 곳에서(예를 들어, 요 5:18, 8:58-59, 막 14:61-64) 분명히 이해했다.

우리는 그리스도가 하시는 일을 통해 행동하시는 하나님을 본다. 신약에 기록된 그의 말씀을 통해 하나님의 말씀을 듣는다. 그리스도가 표현하시는 감정을 통해 하나님의 마음을 느낀다. 그리스도가 명령하시면 그것이 곧 하나님의 계명이다. 그는 모르는 것이 없고, 할 수 없는 일이 없으며, 실패가 없으시다. 예수님은 가장 완전한 의미로 하나님이시다.

예수님은 주권자이시다

예수님은 하나님으로서 우리의 주권적 주님이시다. 예를 들어 예수님은 자신을 안식일의 주라고 주장하셨다(마 12:8). 이것은 율법 수여자로서 예수님의 권위가 법의 권위까지도 넘어선다는 의미이다. 요한복음 5장 17절을 보면 예수님은 "내 아버지께서 이제까지 일하시니 나도 일한다"고 하시며, 인간이 만든 법인 바리새인들의 안식일 법을 어길 권리가 그분께 있음을 주장하셨다. 이처럼 예수님은 하나님과 동등한 권위를 주장하셨다. 그래서 유대 지도자들은 여기에 분개해 예수님을 죽이려고 했다(18절). 그런 반대에 부딪혔을 때 예수님은 완고한 불신자들과 대화하지 않으셨다. 단순히 하나님으로서 자신의 내재적인 권위에 거듭 호소하실 뿐이었다(19-47절. 요 10:22-42 참조).

예수님의 때가 이르기 전에 유대 지도자들이 그를 죽일 수 없었다는 사실도 그의 주권을 증명한다.

내가 내 목숨을 버리는 것은 그것을 내가 다시 얻기 위함이니 이로 말미암아 아버지께서 나를 사랑하시느니라 이를 내게서 빼앗는 자가 있는 것이 아니라 내가 스스로 버리노라 나는 버릴 권세도 있고 다시 얻을 권세도 있으니 이 계명은 내 아버지에게서 받았노라 하시니라(요 10:17-18).

그의 권위의 영향력은 모든 사람에게 미친다. 사실상 모든 심판이 그에게 맡겨졌다. "아버지께서 아무도 심판하지 아니하시고 심판을 다 아들에게 맡기셨으니"(요 5:22). 그 이유는 "모든 사람으로 아버지를 공경하는 것 같이 아들을 공경하게 하려 하심이다"(23절). 주권자가 되실 그의 권리를 거절함으로써 아들을 모욕하는 사람은 아버지도 모욕하는 것이다.

최후의 심판 때, 모든 무릎이 꿇어 엎드리고 모든 혀가 그리스도를 주라 고백하며 하나님 아버지께 영광을 돌릴 것이다(빌 2:11-12). 물론 이것은 모든 사람이 구원을 받는다는 뜻이 아니라, 믿지 않고 죽은 사람들도 예수님의 주재권을 고백하지 않을 수 없게 된다는 뜻이다. 그의 주권은 한계가 없다. 마크 뮬러는 예수님의 주권의 영향력을 이런 말로 표현했다. "그는 전능하신 하나님, 대적할 수 없는 우주의 주권자이시며, 그리고 창조주와 구속자로서(요 1:9-13) 그의 위엄 있고 진정한 권위에 순종하고 복종할 것을 요구할 권리와 능력을 가지신다."[3]

예수님은 구주이시다

예수님은 주권적 하나님이시지만 스스로 인간 육체의 한계를 입고 죄 있는 인간 가운데 친히 거하셨다(요 1:14). 그는 세상에 계실 때 인간의 모든 슬픔과 고난을 겪으셨다. 다만 죄는 없으셨다(히 4:15). 그는 지상을 걸으셨고, 사랑을 보이셨으며, 능력을 드러내셨고, 하나님의 의를 행동으로 보여주셨다. 그러나 그는 종으로 처신하셨다. 바울은 빌립보 교인들을 향해 이렇게 말했다.

---

3) Marc Mueller, "Jesus Is Lord," *Grace Today*(August 1981), 6.

오히려 자기를 비워 종의 형체를 가지사 사람들과 같이 되셨고 사람의 모양으로 나타나사 자기를 낮추시고 죽기까지 복종하셨으니 곧 십자가에 죽으심이라(빌 2:7-8).

다시 말해서 그는 만유의 주권적 주님이지만, 모든 것을 버리고, 인류에게 알려진 가장 고통스럽고 수치스러운 죽음을 기꺼이 당하기까지 하셨다. 우리를 위해서 그렇게 하셨다. 그는 죄가 없기에 죽지 않아도 되셨지만(롬 6:23 참조), 우리 죄에 대한 형벌을 지셨다. "친히 나무에 달려 그 몸으로 우리 죄를 담당하셨으니 이는 우리로 죄에 대하여 죽고 의에 대하여 살게 하려 하심이라 그가 채찍에 맞음으로 너희는 나음을 얻었나니"(벧전 2:24).

우리를 위한 그리스도의 죽음은 최종적인 희생이었다. 그 희생이 우리 죄에 대한 형벌을 완전히 갚아서 우리가 하나님과 화평할 길을 열었다. 로마서 5장 8-9절은 "우리가 아직 죄인 되었을 때에 그리스도께서 우리를 위하여 죽으심으로 …… 이제 우리가 그의 피로 말미암아 의롭다 하심을 받았으니 더욱 그로 말미암아 진노하심에서 구원을 받을 것"이라 말한다.

죽으실 때도 그리스도는 주님이셨다. 그의 부활이 그 증거이다. 바울은 그리스도가 "죽은 자들 가운데서 부활하사 능력으로 하나님의 아들로 선포되셨으니"(롬 1:4)라고 말한다. 빌립보서 2장 9-11절은 예수님의 낮아지심과 죽음에 대한 하나님의 반응을 이렇게 기술한다.

이러므로 하나님이 그를 지극히 높여 모든 이름 위에 뛰어난 이름을 주사 하늘에 있는 자들과 땅에 있는 자들과 땅 아래에 있는 자들로 모든 무릎을 예수의 이름에 꿇게 하시고 모든 입으로 예수 그리스도를 주라 시인하여 하나님 아버지께 영광을 돌리게 하셨느니라.

그러므로 그리스도를 구주로 영접하라는 초청은 주님이시며, 아버지 하나님이 주라고 선언하셨고, 또 모든 무릎이 그의 주권에 꿇어 엎드리기를 명하시는 분을 받아들이라는 요구이다. 그를 영접하는 사람은 구원을 얻는다(요 1:12). 그러나 반드시 그의 전부를 영접해야 한다. "복되시고 유일하신 주권자이시며 만왕의 왕이시며 만주의 주시요"(딤전 6:15).

예수님은 주님이시다

예수님은 주님이시다. 성경은 일관적으로 그리스도의 주재권을 모든 방법을 통해 확언한다. 그는 심판의 주님이시다. 안식일의 주인이시다. 만물의 주인이시다(행 10:36). 신약에서는 예수님을 747회 이상 주(헬라어 퀴리오스)라고 불렀다.[4] 사도행전에서는 92회 주라고 불렀는데 구주라고 부른 것은 단 2회뿐이다. 분명히 초대 교회의 설교에서 그리스도의 주재권은 기독교 메시지의 핵심이었다.

성경이 구원의 조건을 제시하는 방법을 보면, 그리스도의 주재권이 복음 메시지의 중심이라는 사실이 분명하게 드러난다. 그리스도를 구주로 믿는 것과, 그를 주로 복종하는 것을 이분법적으로 나누는 사람들은 다음과 같은 수많은 성경 본문들의 믿음 초청을 해석하기 어렵다(다음 인용에서 강조는 저자 추가).

누구든지 **주**의 이름을 부르는 자는 구원을 받으리라(행 2:21).

---

[4] 신약의 퀴리오스 용법을 사전적으로 탁월하게 분석한 글을 보려면 다음 책을 보라. Kenneth L. Gentry, "The Great Option: A Study of the Lordship Controversy," *Baptist Reformation Review* 5(Spring 1976): 63-69.

이스라엘 온 집은 확실히 알지니 너희가 십자가에 못 박은 이 예수를 하나님이 **주와 그리스도**가 되게 하셨느니라(행 2:36).

주 예수를 믿으라 그리하면 너와 네 집이 구원을 받으리라(행 16:31).

네가 만일 네 입으로 **예수를 주**로 시인하며 또 하나님께서 그를 죽은 자 가운데서 살리신 것을 네 마음에 믿으면 구원을 받으리라 사람이 마음으로 믿어 의에 이르고 입으로 시인하여 구원에 이르느니라(롬 10:9-10).

이 본문들은 논쟁의 여지 없이 예수님이 전한 복음의 일부로서 그리스도의 주재권을 포함한다. 예수님의 주재권에는 통치, 권위, 주권 및 다스릴 권리의 개념이 포함됨을 이미 살펴보았다. 만일 이런 개념이 "예수를 주로 시인하며"(롬 10:9)라는 구절에 포함된다면, 구원을 얻고자 그리스도께 나아오는 사람은 반드시 그리스도께 순종함으로써(즉 그를 주로 복종하려는 각오로) 그렇게 해야 한다. 당연히 주재권 구원의 반대자들은 로마서 10장을 그들의 공격의 초점으로 삼았다. 근래 들어, 예수님을 주로 시인하지만 그의 권위를 거스를 수 있는지 설명하려는 글을 쓰는 사람이 계속 늘고 있다. 어떤 사람은 주라는 말이 성경에서 복음과 관련해 사용될 때는 "주권적 주인"이 아닌 "신"을 의미한다는 입장을 취한다. 찰스 라이리는 이런 논리를 펴는 사람 가운데 가장 논리적인 사람이다. 그는 이렇게 쓴다.

분명히 주님은 (종종) 주인을 의미하지만, 신약에서 이 말은 하나님(행 3:22), 소유주(눅 19:33), 선생(요 4:11), 인간이 만든 우상(고전 8:5) 그리고 남편(벧전 3:6)까지 의미한다. ……

고린도전서 12장 3절에서 바울은 "성령으로 아니하고는 누구든지 예수를 주(문자적으로는 주 예수)시라 할 수 없느니라"고 했다. 이 의미에서의 주는 여호와 하나님을 의미해야 하는데, 그것은 구원받지 못한 사람이 하나님의 성령을 받기 전에 그리스도를 부르면서 선생님(Sir)이라는 의미로 주라고 부를 수 있고 또 부른다는 단순한 이유 때문이다. ……

왜 주 예수님(신인[God-Man]을 의미한다)이라는 말이 하나님의 성령께서 인도해야만 그렇게 부를 수 있을 정도로 중요한 말일까? 그것은 이 말이 구주의 유일성에 초점을 두고 있어서 우리 구원의 정수가 되기 때문이다. 거의 모든 "구주"는 그 추종자들의 삶을 다스릴 권리를 주장한다. …… 그러나 기독교 외에 어느 종교가 한 분 안에 하나님과 사람이 동시에 존재한다고 주장하는 구주를 가지고 있는가? **만일 이 구절에서 주가 주인을 의미한다면, 유일성에 대한 주장이 없어진다.** 만일 이 구절의 주가 여호와 하나님을 의미한다면, 예수님은 유일한 분이며, 이것은 바로 기독교 구원 메시지의 핵심이다. ……

이와 동일한 강조가 로마서 10장 9절에 보인다. "네가 만일 네 입으로 예수를 주로 시인하며 …… 믿으면 구원을 받으리라." 이것은 예수를 하나님으로 고백하는 것이며 따라서 죄에서 구원하시는 신인(God-Man)에 대한 믿음이다(강조는 저자 추가).[5]

다른 말로 하면, 라이리 박사는 "주"가 "주권적 주인"을 의미한다고 주장하는 사람들은 믿음에 대한 부르심에서 그리스도의 신성과 관련된 의미를 제거하는 것이라고 주장한다. 그러나 이는 그릇된 주장이다. 주라는 말이

---

5) Charles C. Ryrie, *Balancing the Christian Life*(Chicago: Moody, 1969), 173-75.

"주인"이라는 의미임을 이해하기 위해 신성의 개념을 제거할 필요는 없다. "주"가 하나님을 의미한다고 한 라이리의 말은 분명히 맞다. 그렇다 해도 그것은 절대적 통치자라는 의미가 "주"라는 말에 내재한다는 견해를 강화시킬 뿐이다. 분명히 도마가 "나의 주 나의 하나님"(요 20:28)이라고 고백할 때 그는 신이라는 표현보다 "주"라는 표현을 사용했다. 그는 "나의 하나님이요 나의 하나님"이라고 하지 않았다. 그는 예수님이 하나님이시며 동시에 주인이심을 시인했다. 만일 예수님이 주권자가 아니시라면 과연 어떤 종류의 신이겠는가?

예를 들어, 로마서 10장 9절의 문맥을 살펴보자. 12절은 구주를 묘사하기 위해 "모든 사람의 주"라는 어구를 사용한다. 이것은 그가 유대인과 이방인, 신자와 불신자 동일하게 모든 사람의 주라는 의미이다. 이 단어에서 주권적 지배의 의미를 제거하고자 하는 해석은 무엇이든 전혀 성립되지 않는다. 이 진리를 9절에 적용하여 읽으면, 더욱 강력한 말이 된다. "네가 만일 네 입으로 예수를 주로 시인하며 …… 믿으면 구원을 받으리라."[6]

분명 성경이 복음 메시지와 관련해 예수님을 "주"라고 부른 모든 곳에서 주라는 단어에는 신성의 개념이 포함되어 있다. 그리스도는 하나님이심은 복음 메시지의 근본적인 요소이다. 그리스도의 신성을 부인하는 사람은 구원받을 수 없다(요일 4:2-3 참조). 그러나 신성 개념에는 권위, 통치, 명령할 권리가 내재되어 있다.[7] 그리스도의 권위를 거역하는 삶을 사는 사람은 어떤 의미로든 그를 주로 인정하지 않는 것이다(딛 1:16 참조).

---

6) 이것은, 로마서 10장은 "바울의 '주'라는 단어를 이해하는 데 분명한 정의를 제공하지 않는다."고 한 대럴 벅의 선언에 의문을 더한다. Darrell L. Bock, "Jesus as Lord in Acts and in the Gospel Message," *Bibliotheca Sacra* 143(April-June 1986): 147. 반대로, 로마서 10장 12절에 근거한다면, 바울은 주로서 그리스도의 권위의 범위에 한계를 두지 않았음이 분명하다.
7) 2장을 보라.

구원 얻는 믿음의 표시는 예수 그리스도의 주재권에 대한 복종이다. 어떤 사람이 그리스도께 속했는지 판단하는 분명한 시험은 그의 신적 권위에 엎드릴 의사가 있는가 하는 것이다. 고린도전서 12장 3절에서 바울은 "하나님의 영으로 말하는 자는 누구든지 예수를 저주할 자라 하지 아니하고 또 성령으로 아니하고는 누구든지 예수를 주시라 할 수 없느니라"라고 말하면서 이를 분명하게 밝힌다.

그렇다고 구원받지 못한 사람이 "예수는 주시라"라고 말할 수 없다는 의미는 아니다. 그들도 분명히 그렇게 할 수 있다. 예수님은 그를 주라고 하면서도 실제로는 믿지 않는 사람들의 모순을 친히 지적하셨다(눅 6:46). 심지어 귀신도 예수님을 알고 시인한다(약 2:19 참조). 마가복음 1장 24절은 예수님이 회당에서 가르치실 때 귀신들린 사람이 서서 외친 말을 기록한다. "나사렛 예수여 우리가 당신과 무슨 상관이 있나이까 우리를 멸하러 왔나이까 나는 당신이 누구인 줄 아노니 하나님의 거룩한 자니이다." 마가복음 3장 11절은 "더러운 귀신들도 어느 때든지 예수를 보면 그 앞에 엎드려 부르짖어 이르되 당신은 하나님의 아들이니이다"라고 했다고 전한다. 군대 귀신에 사로잡힌 사람 안에 있는 한 귀신은 "지극히 높으신 하나님의 아들 예수여 나와 당신이 무슨 상관이 있나이까"라고 부르짖었다(막 5:7).

고린도전서 12장 3절은 "예수는 주시라"라고 입으로만 말하는 것을 가리키지 않는다. 그 이상을 의미한다. 이것은 그에게 순종하고, 자신의 의지를 그의 주재권에 굴복시키고, 말은 물론 행위로도 그를 시인함으로써 그를 주로 인정하는 것을 포함한다(딛 1:16 참조). 이것은 결코 인간 행위의 복음을 조장하는 것이 아니다.[8] 예수님을 주로 고백하게 하는 분이 성령이

---

8) Wager, "This So-Called 'Lordship Salvation,' " 54을 참조하라. "그러나 구원의 전제 조건으로서 그리스도의 주재권은 은혜보다는 행위에 강조점을 둔다. 하나님은 인간에게서 아무것도 필요로 하지 않으신다. 그의 구원은 무조건적인 선물이다. 인간의 역할은 그 선물이 자기의 죄에 대한 충분한 대가라고 믿는 수납자의 역할 외에는 없다."

심에 주목하라. "성령으로 아니하고는 누구든지 예수를 주시라 할 수 없느니라." 예수님을 주로 복종하는 것이나 그를 구주로 믿는 것은 둘 다 공로를 쌓는 인간의 행위가 아니다. 둘 다 하나님의 호의를 얻기 위한 인간의 선행이 아니다. 둘 다 모든 믿는 자의 마음에서 일하시는 하나님의 주권적인 역사이다.

또한 이는 둘 중 어느 하나만 존재할 수 없다. 예수님은 주가 아니면 구주가 되실 수 없다. 예수님이 주가 아니라면 왕이나 메시아 또는 우리의 대제사장이 되실 수 없다. 그의 주재권을 떠나서는 구원 사역의 모든 측면이 불가능하다.

우리가 구원을 얻고자 예수님께 나아올 때는 만유의 주이신 분께 나아오는 것이다. 이 진리를 빠뜨린 메시지는 그 무엇이든 복음이라 부를 수 없다. 주가 아닌 구주, 죄에 대한 권위를 드러내지 않는 구속자, 자기가 구하는 자들에게 명령할 수 없는 연약하고 병든 메시아를 전하는 메시지는 잘못된 것이다.

예수님이 전한 복음은 그렇지 않다. 그 복음은 예수 그리스도를 주와 구주로 제시하고, 그를 영접할 사람은 그를 있는 그대로 받아들이라고 요구한다. 청교도 존 플라벨의 말을 빌자면 이렇다.

그리스도를 전하는 복음은 그의 모든 직임을 소개한다. 복음적 신앙은 그렇게 그를 영접해, 그에 의해 구속받을 뿐 아니라 그에게 복종하고, 그가 죽음으로 사신 결과와 열매를 얻을 뿐 아니라 그의 거룩한 삶을 본받는다. 곧 주 예수 그리스도를 전부 영접하는 것이어야 한다.[9]

---

9) John Flavel, *The Works of John Flavel* (London: Banner of Truth, reprint), 2:111.

토저도 이와 같은 맥락의 글을 썼다.

사람들에게 그리스도를 나눠서 믿으라고 전하는 것은 나쁜 가르침이다. 우리는 그리스도를 절반이나 삼분의 일 혹은 사분의 일만 영접할 수 없다! 우리는 그리스도의 한 직임이나 한 사역을 믿는 것으로는 구원을 받을 수 없다.[10]

모든 것의 주가 되지 못하는 구주를 소개하는 복음은 무엇이든 예수님이 전한 복음이라 할 수 없다.

예수님은 주님이시다. 그래서 그가 주님임을 거부하는 사람들은 그를 구주로 받아들일 수 없다. 그를 영접하는 사람은 누구든 그의 권위에 굴복해야 한다. 입으로는 그리스도를 영접한다고 하면서, 실제로는 그가 우리를 다스릴 권리를 거부하는 것은 완전히 모순이다. 한 손에 죄를 붙들고 있으면서 다른 한 손으로 예수님을 붙들려는 것은 헛된 행위이다. 우리가 여전히 죄에 매여 있다면 그것은 대체 어떤 종류의 구원인가?

---

10) 10〈A. W. Tozer, *I Call It Heresy!*(Harrisburg, Pa.: Christian Publications, 1974), 10-11.

The
Gospel
According
to
Jesus

네가 만일 네 입으로 예수를 주로 시인하며
또 하나님께서 그를 죽은 자 가운데서 살리신 것을
네 마음에 믿으면 구원을 받으리라
사람이 마음으로 믿어 의에 이르고
입으로 시인하여 구원에 이르느니라

로마서 10장 9-10절

인간의 눈으로 보면 예수님은 힘 있는 인간의 손에 희생당한 힘없고 불쌍한 사람처럼 보인다. 그러나 사실은 그 정반대이다. 예수님이 주관자이셨다. 며칠 후 그는 무덤에서 부활해 죽음의 사슬을 영원히 깨뜨림으로써 그것을 입증하셨다(고전 15:20-57). 지금도 예수님은 주관하고 계신다. "이를 위하여 그리스도께서 죽었다가 다시 살아나셨으니 곧 죽은 자와 산 자의 주가 되려 하심이라"(롬 14:9).

5부

예수님이 복음을
완전히 성취하셨다!

24장

만유의 주께서
승리를 완성하셨다

1966년, 무명의 힌두교 성자였던 라오라는 인물이 세계적인 명성을 누렸다. 별나고 허풍이 센 라오는 자신이 물 위를 걸을 수 있다고 확신하게 되었다. 그는 자기의 영적인 능력을 과신한 나머지 그 대단한 일을 직접 사람들 앞에서 해보겠다고 선언했다. 그는 표를 한 장에 100달러를 받고 팔았는데, 봄베이의 상류층 사람들이 그 장관을 보기 위해 집단으로 몰려왔다.

그 행사는 깊은 연못이 있는 넓은 정원에서 열렸다. 신자와 호기심 많은 사람들 600여 명이 몰려들었다. 흰 수염을 한 그 요가 수행자는 길게 늘어뜨린 옷을 입고 나타나 당당하게 연못가에 섰다. 그는 멈추어 조용히 기도했다. 군중은 경외하는 마음으로 침묵을 지켰다. 라오는 눈을 떠 하늘을 쳐다보고는 담대하게 발걸음을 내딛었다.

그리고 첨벙하는 곤혹스러운 소리와 함께 물속으로 사라졌다.

그 성자는 벌게진 얼굴로 허우적거리며 겨우 물에서 나왔다. 그리고 분노로 떨면서, 침묵 속에 어쩔 줄 몰라 하는 군중을 향해 삿대질을 하며 고함쳤다. "너희들 가운데 불신자가 있어!"

죽음으로 보이신 능력

이 세상의 모든 성자라는 사람들은, 진실로 물 위를 걸으신 분과 극명하게 대조된다. 예수 그리스도는 많은 기적을 행하셨지만 그저 보여주기 위해 행하신 것은 아니었다. 오히려 그가 자신의 영적 권위를 가장 크게 나타내신 순간은 바로 십자가에 달려 죽으실 때였다.

이해하기 힘들지만 그래도 사실이다. 예수님은 어떤 사람이나 어떤 사물에도 희생당하지 않으셨다. 그는 죄를 대속하기 위한 죽음이라는 구체적인 목적으로 오셨다(눅 19:10, 요 1:29). 그의 십자가 죽음은 환경과 사람 그리고 심지어 죽음에 대한 그의 권위를 생생하게 보여주는 것이었다. 십자가 죽음은 그의 지상 사역의 비극적 종말이 아니라, 그가 하려고 했던 모든 일의 정점이었다.

불행히도 이 성경의 진리는 종종 간과되고 있다. 수 세기 동안 사람들은 예수님을 죽인 책임이 누구에게 있는지 논쟁을 벌였다. 안타깝게도 일부는 이 문제를 이용해 예수님의 죽음에 대해 유대 민족 전체를 비난하면서 반유대주의를 정당화하기도 했다.

물론 예수님을 정죄한 유대 지도자들은 잘못이 있다. 그들은 음모를 꾸미고, 거짓으로 죄를 조작했으며, 로마 총독 빌라도를 협박해 자기들의 뜻을 이루었다. 그들은 결코 죄가 없지 않다. 로마 정부도 책임을 져야 한다. 예루살렘에서 로마를 대표했던 사람들은 공의를 포기하고 성난 군중을 달랬다. 그들은 무죄한 사람을 처형했다.

그러나 궁극적으로 예수님은 로마나 유대 지도자들의 희생자가 아니었다. 사도 베드로는 사도행전 2장 23절에서 예수님이 "하나님께서 정하신 뜻과 미리 아신 대로 내준 바 되었다"고 말한다. 예수님을 십자가에 못 박아 죽인 유대 지도자들과 로마 관원들은 분명 그들이 행한 죄에 대한 책임이 있다. 그러나 예수님이 어떻게 죽을 것인지는 하나님이 스스로 미리 정하신 바였다.

따라서 예수님의 죽음은 아버지의 뜻에 대한 아들의 순종 행위였다. 그래서 예수님은 이 과정을 완전히 주관하고 계셨다. 예수님은 "내가 내 목숨을 버리는 것은 그것을 내가 다시 얻기 위함이니 이로 말미암아 아버지께서 나를 사랑하시느니라 이를 내게서 빼앗는 자가 있는 것이 아니라 내가 스스로 버리노라 나는 버릴 권세도 있고 다시 얻을 권세도 있으니 이 계명은 내 아버지에게서 받았노라"(요 10:17-18)라고 하셨다.

잠시라도 사람이 예수님의 뜻에 반해 그를 죽일 수 있다고 생각하지 말라. 하나님의 계획은 인간이나 사탄의 계략으로 인해 바뀔 수 없다. 예수님은 빌라도에게 "위에서 주지 아니하셨더라면 나를 해할 권한이 없었으리니"(요 19:11)라고 말씀하셨다. 폭도들도 예수님을 죽이려고 했다. 한 번은 낭떠러지에 떨어뜨리려 한 적도 있고(눅 4:29-30), 거듭 돌로 쳐 죽이려고도 했다(요 8:59, 10:31). 그러나 예수님의 때가 아직 이르지 않았기에 예수님은 그들 사이를 그저 지나가셨다(요 7:30, 8:20 참조).

마침내 죽음의 때가 이르렀을 때 예수님은 그것을 아셨다(마 26:18). 예수님은 세상 죄를 지는 일에 따르는 고통과 고뇌를 완전히 이해하셨지만, 그럼에도 불구하고 기꺼이 순종하셨다. 요한복음 18장 4절은 겟세마네 동산에서 군인들이 예수님을 체포하러 왔을 때 "예수께서 그 당할 일을 다 아시고 나아가 이르시되 너희가 누구를 찾느냐"라고 하셨다고 말한다. 예수님은 자발적으로 자신을 그들에게 넘겨주셨다. 이제는 그의 시간이요 하나님이 미리 정하신 때였다.

세세한 예언의 성취

요한복음 19장 28-30절처럼 십자가 위에서 고통당하신 예수님의 전능하심을 잘 보여주는 성경 본문은 없을 것이다.

그후에 예수께서 모든 일이 이미 이루어진 줄 아시고 성경을 응하게 하려 하사 이르시되 내가 목마르다 하시니 거기 신 포도주가 가득히 담긴 그릇이 있는지라 사람들이 신 포도주를 적신 해면을 우슬초에 매어 예수의 입에 대니 예수께서 신 포도주를 받으신 후에 이르시되 다 이루었다 하시고 머리를 숙이니 영혼이 떠나가시니라.

십자가에 달리신 동안 예수 그리스도는 내내 하나님의 시간표 안에 계셨다. 하나님은 주권적으로 모든 사건을 이끄셨다. 한 단계 한 단계, 구약의 예언들이 세세하게 성취되었다. 특별히 시편 22편과 이사야 53장은 그의 죽음의 구체적인 면들을 예언적으로 요약하는데, 그 모든 말씀이 정확하게 이루어졌다.

예수님은 십자가에 달려 계시면서 "모든 일이 이미 이루어진 줄" 아셨다. 즉 한 가지 마지막 예언 외에는 다 이루어진 줄 아셨다. 그리스도께서 자신의 죽음을 예언적으로 말씀하시는 시편 69편 21절은 "그들이 쓸개를 나의 음식물로 주며 목마를 때에는 초를 마시게 하였사오니"라고 한다. 예수님은 "성경을 응하게 하려 하사 이르시되 내가 목마르다"(요 19:28)라고 하셨다. 그리고 군인들은 이에 반응했다. 그들은 하나님의 영향 아래 있었던 것이다. 하나님이 그 예언을 성취해 나가시는 중이었다.

어떤 사람들은 예수님이 자신의 삶과 죽음의 세부 사항들을 의도적으로 조작해 일부 구약의 예언들과 일치하게 한 사람에 불과하다고 주장한다. 1960년대에 나온 한 유명한 책이 바로 그런 주장을 했다.[1] 그 저자는 "성경을 응하게 하려 하사"와 같은 구절을, 예수님이 환경을 조작해 성경을 성취하는 것처럼 한 증거라고 지적했다.

그러나 그저 인간이 사람들을 현혹시키려는 것이었다면, 예수님처럼 거듭 여러 사건을 주권적으로 통제하지 못했을 것이다. 다음 구절이 그 이유를 증명한다. 예수님 한 분만이 아니라, 원수들을 포함해 주위의 모든 사람이 구약에 나온 예언의 세부 사항을 정확하게 성취했다. "거기 신 포도주가 가득히 담긴 그릇이 있는지라 사람들이 신 포도주를 적신 해면을 우슬초에 매어 예수의 입에 대니"(요 19:29). 구약의 예언이 말한 대로 그 일이 정확하게 이루어졌다.

해면을 우슬초에 매어 예수님의 입에 댔다는 것에 주목하라. 끝부분이 덥수룩하고 긴 갈대인 우슬초는 유대 제사 제도에서 역사적 의미를 가진다. 출애굽기 12장 22절은 첫 유월절에 양의 피를 적셔 문 인방과 좌우 설주에 바를 때 사용하는 도구로 우슬초를 지정했다. 우슬초는 레위기의 여러 제사에 사용되었는데(레 14:4, 6, 49-52, 민 19:6, 18), 이는 죄를 위한 제사와 매우 깊이 연관되어 있어서, 다윗은 그의 위대한 회개의 시를 쓸 때 "우슬초로 나를 정결하게 하소서 내가 정하리이다"(시 51:7)라고 했다.

---

[1] Hugh Schoenfield, *The Passover Plot*(New York: Bantam, 1965).

그러므로 진정한 유월절 양의 제사에 우슬초가 도구가 되는 것이 마땅하지 않은가! 로마 군인들이 과연 자기들이 하는 일의 연관성을 이해했으리라 생각하는가? 나는 그들이 이해하지 못했을 것이라고 확신한다. 그러나 예수님은 주권적으로 그들이 모든 세부 사항을 실천에 옮기게 하셨다. 물론 분명히 그들은 자기들이 예수님께 능력을 행사하고 있다고 생각했을 것이다.

다 이루었다!

30절은 예수님께서 신 포도주를 받으신 후에 "다 이루었다"라고 말씀하셨다고 한다. 헬라어로는 단 한 단어, "테텔로스타이"이다. 이 말은 희생자의 신음이나 저주가 아니다. 승리자의 선언이며 승리의 외침이다. "다 이루었다!"

이 구절이 지닌 풍성한 의미는 분명 인간의 머리로 다 찾아낼 수 없다. 과연 무엇을 이루었다는 것인가? 그의 지상 삶인가? 그렇다. 그러나 그보다 훨씬 많은 것이 있다. 구속 예언의 모든 세부 사항들인가? 분명히 그렇지만, 그것만은 아니다.

구속 사역이 완성되었다. 하나님의 법이 요구하는 모든 것, 죄에 대한 완전한 속죄, 의식법이 미리 보여준 모든 것(아버지께서 그에게 하라고 주신 일)이 이루어졌다. 아무것도 남지 않았다. 속전이 지불되었다. 죄의 짐이 해결되었다. 하나님의 공의가 만족되었다. 그리스도의 사역은 이처럼 완전히 성취되었다. 하나님의 어린양이 세상 죄를 지고 가셨다(요 1:29). 이제 죽어 부활하는 것 외에는 세상에 남은 일이 없다.

여기서 중요한 각주를 다는 것이 좋겠다. 예수님이 "다 이루었다"라고 하실 때, 그 의미는 그 말씀 그대로였다. 그가 하신 말씀에 아무것도 더할 수 없다. 많은 사람들은 그가 하신 일에 자기들의 선행을 보충해야 한다고 믿는다. 그들은 세례 등의 성례전이나 종교 의식, 자선 행위 또는 자기들의 노력으로 성취할 수 있는 다른 무엇을 통해 구속을 촉진해야 한다고 믿는다. 그러나 인간의 의로운 행위는 예수님이 우리를 위해 이루신 것을 확대할 수 없다. "우리를 구원하시되 우리가 행한 바 의로운 행위로 말미암지 아니하고 오직 그의 긍휼하심을 따라 중생의 씻음과 성령의 새롭게 하심으로 하셨나니"(딛 3:5). 우리의 구원의 시작과 끝은 예수 그리스도에 의해 완성되었다. 그래서 우리는 아무 기여도 할 수 없다.

만일 내가 사인펜으로 모나리자 그림에 무엇을 더하려 한다면 당신은 어떻게 생각하겠는가? 내가 망치와 정으로 미켈란젤로의 모세 상을 다듬으려 한다면 어떻게 생각하겠는가? 정말 우스운 일일 것이다. 그것들은 명작이다. 누가 더 손을 댈 필요가 없다.

무한히 더더욱, 예수님의 대속 사역도 이와 같다. 그는 우리의 죄에 대한 값을 완전히 치르셨다. 그는 우리의 구속을 사셨다. 그는 모든 의미에서 완전한 구원을 제공하셨다. "다 이루었다!" 그가 우리를 위해 성취하신 일에 우리가 더할 것은 아무것도 없다. "주재권 구원"도 다른 것을 제시하지 않는다.

성경은 우리 주님이 그의 사역을 다 이루신 후 "머리를 숙이니 영혼이 떠나가시니라"(요 19:30)고 전한다. 갑작스런 발작이나 졸도가 아니었다. 예수님은 그냥 머리를 숙이셨다. 헬라어를 보면 머리를 가만히 베개 위에 올리는 모습을 연상하게 된다. 정말 진실로, 그 누구도 예수님의 생명을 빼앗지 않았다. 예수님 스스로 자신의 생명을 내려놓으셨다(요 10:17-18 참조). 그는 그냥 조용히 자신의 영혼을 버려 아버지의 손에 맡기셨다(눅 23:46).

오직 만유의 주이신 전능자 하나님만 그렇게 하실 수 있다. 죽음도 예수님을 그분의 뜻과 상관없이 주장할 수 없다. 예수님은 자신에게 일어나는 모든 일을 완전히 주관하는 가운데 죽으셨다. 죽을 때조차도 그는 주님이셨다.

인간의 눈으로 보면 예수님은 힘 있는 인간의 손에 희생당한 힘없고 불쌍한 사람처럼 보인다. 그러나 사실은 그 정반대이다. 예수님이 주관자이셨다. 며칠 후 그는 무덤에서 부활해 죽음의 사슬을 영원히 깨뜨림으로써 그것을 입증하셨다(고전 15:20-57).

지금도 예수님은 주관하고 계신다. "이를 위하여 그리스도께서 죽었다가 다시 살아나셨으니 곧 죽은 자와 산 자의 주가 되려 하심이라"(롬 14:9).

그러므로 주님께서 우리를 보내 선포하라 하신 복음은 이것이다. 즉, 성육신한 하나님이신 예수 그리스도께서 스스로 낮아지셔서 우리를 위해 죽으셨다. 그는 우리 죄에 대한 형벌을 갚기 위해 죄 없는 희생제물이 되셨다. 그는 죽음에서 부활해 능력으로 자신이 만유의 주이심을 선포하셨다. 그는 겸손하고 회개하는 믿음으로 그에게 복종하는 죄인들에게 값없이 영원한 생명을 주신다. 이 복음은 오만한 반역자들에게는 아무것도 약속하지 않는다. 그러나 상하고 통회하는 죄인들에게는 생명과 경건에 속한 모든 것을 은혜로 제공한다(벧후 1:3).

부록 1. 사도들이 전한 복음
부록 2. 역사적 기독교가 전한 복음
부록 3. 흔한 질문들에 대한 답변
참고 문헌

부록

부록 1

사도들이 전한 복음

몇 년 전 저명한 집회 강사가 편지로 올바른 복음 제시법에 관한 나의 생각을 물었다. 그는 구원 얻는 믿음은 단지 복음의 사실들을 믿는 일일 뿐이라는 개념을 내가 인정해 주기를 기대하는 듯했다. 반대로 나는 이 책에 쓴 내용을 요약해서 보내주었다.

그는 내가 보낸 자료를 읽었지만, 나의 복음관은 사도들의 가르침이 아닌 예수님의 메시지에 기초했기 때문에 올바른 논증이 아닌 것 같다는 회신을 보냈다. 그는 "로마서 3장과 4장에 대한 당신의 강의 테이프를 보내주시면 감사하겠습니다."라고 썼다. "분명 이 은혜의 시대에는, 엄밀히 말해 타협 불가능한 이 주제에 관해 바울이 쓴 것에서 나온 분명한 이유들을 바탕으로 구원의 길을 가르치는 것이 가장 지혜로운 일입니다."

그는 "그러므로 '정확히 말하자면 십자가 이전의 것은 아무것도 복음이라 할 수 없다.'라고 한 메이첸(아마 이 시대 최고의 학자일 것이다)의 말에서 우리는 그의 지혜를 보게 됩니다."라는 말을 덧붙였는데, 그것이 나의 호기심을 자극했다. 그레샴 메이첸 박사는 개혁주의 전통의 장로교인이요, 학자였으며, 가장 분명하게는 신앙의 수호자였다. 어떤 뜻으로 이 말을 했든, 그가 그리스도의 가르침이 오늘날 복음전도의 기초가 되지 않는다고 했을 것 같지는 않았다. 그래서 나는 그 인용문의 출처와 문맥을 연구하면서 메이첸의 이런 말을 발견했다.

어떤 사람들이 예수님의 말씀은 그의 죽음과 부활로 끝난 율법 시대에 속하며, 따라서 예를 들어 산상수훈의 가르침은 지금 우리가 사는 은혜의 시대를 위한 것이 아니라고 주장하는 것(내가 보기에는 정말 어리석음에서 비롯된 망언이다)을 나는 안다.

그렇다면 그들을 사도 바울에게로, 즉 우리는 율법이 아니라 은혜 아래 살고 있다고 말했던 그 사도에게로 돌려보내야 한다. 이 문제에 바울은 어떻게 말하는가? 그는 하나님의 율법이 하나님의 은혜의 시대에는 효력이 없다고 말하는가?

전혀 아니다. 로마서 2장을 비롯한 그의 모든 서신서에서 그는 (암시적으로) 하나님의 법의 보편성을 주장한다. 심지어 이방인들도, 비록 그들은 구약에서 발견되는 하나님의 율법처럼 분명하게 나타난 법을 알지 못하지만, 그들 마음에 쓰인 하나님의 법이 있어서 불순종했을 때 핑계할 수 없다고 한다. 특히 그리스도인들은 하나님의 명령에 순종할 의무에서 해방된 것이 전혀 아니라고 바울은 주장한다. 이 사도는 그런 생각을 가장 치명적인 오류로 여긴다. 바울은 이렇게 말한다. "육체의 일은 분명하니 곧 음행과 더러운 것과 호색과 우상 숭배와 주술과 원수 맺는 것과 분쟁과 시기와 분 냄과 당 짓는 것과 분열함과 이단과 투기와 술 취함과 방탕함과 또 그와 같은 것들이라 전에 너희에게 경계한 것 같이 경계하노니 이런 일을 하는 자들은 하나님의 나라를 유업으로 받지 못할 것이요"(갈 5:19-21).[1]

바울과 사도들의 가르침을 주님의 말씀보다 위에 놓고, 둘은 서로 상반되거나 서로 다른 세대에 대한 말이라고 하는 것은 최악의 실수이다. 복음서들은 서신서들의 기초이다. 예를 들어 야고보서는 산상수훈의 주석처럼 읽힌다. 산상수훈을 다른 시대에 속한 것으로 여기려는 사람들은 거기에 담긴 모든 원리가 후기의 신약 저자들에 의해 반복되고 확대되었다는 사실을 해결해야 한다. "주재권 구원"을 없애기 원하는 사람들이 복음 메시지를 서신서에 국한시키려 노력한다 해도 아무 근거를 얻을 수 없다. 예수님의 복음은 그의 죽음과 부활이 이르기 전에는 완성되지 않았지만, 그 구성 요소들은 주님의 모든 가르침에서 분명히 나타난다. 영감을 받아 쓴 사도들은 모두 예수님이 전한 복음의 진리를 강조하고 확대했다.

바울

특히 바울은 이신칭의 교리의 옹호자였다. 그러나 그는 그리스도의 주재권(롬 10:9-10)과 신자의 삶에서 행위가 차지하는 위치(엡 2:10)를 인정했다. 그에게 믿음은 의의 열매를 맺지 못할 수도 있는 잠재적인 성질의 것이 아니었다. 그는 실제적인 의를 진정한 신앙의 필수적 필연적 결과라 보았다.

흔히 바울의 칭의관은 야고보의 칭의관과 다르다고 생각한다. 바울은 "사람이 의롭다 하심을 얻는 것은 율법의 행위에 있지 않고 믿음으로 되는

---

1) J. Gresham Machen, *The Christian View of Man*(Edinburgh: Banner of Truth, 1937), 186-87.

줄 우리가 인정하노라"(롬 3:28)라고 했는데, 야고보는 "사람이 행함으로 의롭다 하심을 받고 믿음으로만은 아니니라"(약 2:24)라고 했기 때문이다. 그러나 여기에는 모순이 없다. 바울은 인간의 행위로는 하나님의 호의를 획득할 수 없다고 했고, 야고보는 참된 신앙은 반드시 선한 행위를 낳는다고 했다. 바울은 거듭나지 못한 사람이 행위를 통해 하나님께 자비를 살 수 있다는 생각을 비난했고, 야고보는 참된 신자도 선한 행위를 못 할 수 있다는 생각을 정죄했다.

바울이 설명하는 구원 얻는 믿음은 역동적인 힘이 있어 필연적으로 실제적인 의를 낳는다. 그는 선한 행위가 전혀 없는 죽은 "신앙"을 받아들이지 않았다. 그는 로마서 3-5장에서 이신칭의를 강론한 후 "그런즉 우리가 무슨 말을 하리요 은혜를 더하게 하려고 죄에 거하겠느냐 그럴 수 없느니라 죄에 대하여 죽은 우리가 어찌 그 가운데 더 살리요"(롬 6:1-2)라고 썼다.

바울은 신자란, 죄에 대해서는 죽고 하나님에 대해서는 산 자로 보았다(11절). 그는 그리스도인이 죄의 지배에 굴복하는 것은 모순이라 여겼다. "너희 자신을 종으로 내주어 누구에게 순종하든지 그 순종함을 받는 자의 종이 되는 줄을 너희가 알지 못하느냐 혹은 죄의 종으로 사망에 이르고 혹은 순종의 종으로 의에 이르느니라"(16절). 그는 모든 그리스도인은 본질적으로 순종하는 사람이라 보았다. 이 말은 그리스도인은 죄를 짓지 않는다거나 죄가 없다는 뜻이 아니다. 죄의 지배에서 해방되어 의의 종이 되었다는 뜻이다. 그래서 바울은 "너희가 본래 죄의 종이더니 너희에게 전하여 준 바 교훈의 본을 마음으로 순종하여 죄로부터 해방되어 의에게 종이 되었느니라"(17-18절)라고 썼다.

바울 자신도 평생 죄와 심각하게 씨름했다. 로마서 7장 7-25절은 죄에 대한 그의 지속적인 싸움을 기술한다. 그러나 그 싸움 가운데서도 그는 반복해서 순종에 대한 갈망을 확언했다(15-16, 18, 21-22절. 이 책 18장 각주 13 참조).

바울은 하나님의 은혜를 정적인 속성을 지닌 것, 수동적으로 죄인을 받아주기만 하는 것으로 보지 않았다. 오히려 그는 생각과 행위를 변화시키는 역동적인 힘으로 설명했다. "모든 사람에게 구원을 주시는 하나님의 은혜가 나타나 우리를 양육하시되 경건하지 않은 것과 이 세상 정욕을 다 버리고 신중함과 의로움과 경건함으로 이 세상에 살고"(딛 2:11-12).

만일 바울의 이신칭의 교리가 죄를 내버려두고도 그리스도를 붙들 수 있게 한다고 생각한다면 다음 본문을 보기 바란다.

불의한 자가 하나님의 나라를 유업으로 받지 못할 줄을 알지 못하느냐 미혹을 받지 말라 음행하는 자나 우상 숭배하는 자나 간음하는 자나 탐색하는 자나 남색하는 자나 도적이나 탐욕을 부리는 자나 술 취하는 자나 모욕하는 자나 속여 빼앗는 자들은 하나님의 나라를 유업으로 받지 못하리라(고전 6:9-10).[2]

육체의 일은 분명하니 곧 음행과 더러운 것과 호색과 우상 숭배와 주술과 원수 맺는 것과 분쟁과 시기와 분 냄과 당 짓는 것과 분열함과 이단과 투기와 술 취함과 방탕함과 또 그와 같은 것들이라 전에 너희에게 경계한 것 같이 경계하노니 이런 일을 하는 자들은 하나님의 나라를 유업으로 받지 못할 것이요(갈 5:19-21).

---

2) 나는 "하나님의 나라를 유업으로 받는 것"에 대한 제인 호지스의 견해가 하나님 나라에 들어가는 것과는 사뭇 다르다는 것을 안다. 그러나 요한계시록 21장 7-8절은 이 구절들의 의미를 반박할 수 없게 한다. "이기는 자는 이것들을 상속으로 받으리라 나는 그의 하나님이 되고 그는 내 아들이 되리라 그러나 두려워하는 자들과 믿지 아니하는 자들과 흉악한 자들과 살인자들과 음행하는 자들과 점술가들과 우상 숭배자들과 거짓말하는 모든 자들은 불과 유황으로 타는 못에 던져지리니 이것이 둘째 사망이라."

너희도 정녕 이것을 알거니와 음행하는 자나 더러운 자나 탐하는 자 곧 우상 숭배자는 다 그리스도와 하나님의 나라에서 기업을 얻지 못하리니(엡 5:5).

형제들아 너희는 함께 나를 본받으라 그리고 너희가 우리를 본받은 것처럼 그와 같이 행하는 자들을 눈여겨보라 내가 여러 번 너희에게 말하였거니와 이제도 눈물을 흘리며 말하노니 여러 사람들이 그리스도의 십자가의 원수로 행하느니라 그들의 마침은 멸망이요(빌 3:17-19).

하나님이 우리를 부르심은 부정하게 하심이 아니요 거룩하게 하심이니 그러므로 저버리는 자는 사람을 저버림이 아니요 너희에게 그의 성령을 주신 하나님을 저버림이니라(살전 4:7-8).

바울이 생각한 진실한 믿음의 본질적인 증거는 믿음의 견인이다. 만일 누가 궁극적 최종적으로 믿음에서 떨어져 나갔다면, 이는 그 사람이 아예 진정으로 구속받지 않았음을 증명한다. "이제는 그의 육체의 죽음으로 말미암아 화목하게 하사 너희를 거룩하고 흠 없고 책망할 것이 없는 자로 그 앞에 세우고자 하셨으니 **만일 너희가 믿음에 거하고** 터 위에 굳게 서서 너희 들은 바 복음의 소망에서 흔들리지 아니하면 그리하리라 이 복음은 천하 만민에게 전파된 바요 나 바울은 이 복음의 일꾼이 되었노라"(골 1:22-23, 강조는 저자 추가). 바울은 떨어져 나간 사람들(후메내오나 알렉산더, 빌레도 등)을 불신자로 간주한다(딤전 1:20, 딤후 2:16-19 참조). 이는 구원의 영원한 안전에 대한 그의 가르침과 배치되지 않는다. 그들은 애당초 구원받지 못한 사람이었다. 그들의 믿음은 거짓이었다. 그들은 아예 처음부터 동기가 의심스러운 거짓 선지자였다(딤전 6:3-5 참조). 그들은 한때 진리를 안다고 고백했지만

"진리의 사랑을 받지 아니하여 구원함을 받지 못했다"(살후 2:10).

바울은 예수님이 전한 복음을 전파했다. 실로 그는 자신의 사도권을 방어하며 그 근거로 자신의 복음은 직접 예수님께 받은 것이라 주장했다(갈 1:11-12). 그는 자신의 사역 전체를 이런 말로 요약했다. "하늘에서 보이신 것을 내가 거스르지 아니하고 먼저 다메섹과 예루살렘에 있는 사람과 유대 온 땅과 이방인에게까지 회개하고 하나님께로 돌아와서 회개에 합당한 일을 하라 전하므로"(행 26:19-20, 20:20-27 참조).

유다

유다도 마찬가지로 그리스도를 안다고 고백하면서 그에 합당하게 살지 않는 사람들에게 경고했다. 그는 구원이라는 주제에 관해 서신을 쓰기 시작했지만, 배도의 위험을 경고하지 않을 수 없었다(유 3-4절). 그는 배도자에 대해 은혜 아래 산다고 하지만 부도덕하게 살면서 그리스도의 주재권을 거부하는 사람들이라고 썼다. "우리 하나님의 은혜를 도리어 방탕한 것으로 바꾸고 홀로 하나이신 주재 곧 우리 주 예수 그리스도를 부인하는 자니라"(4절). 그들의 마지막은 영원한 불의 형벌이다(7절). 유다의 말의 요지는 그리스도의 주재권을 부인하는 모든 자는 저주를 받는다는 것이다.

베드로

베드로는 교회 시대의 첫 번째 설교를 하며 "그런즉 이스라엘 온 집은 확실히 알지니 너희가 십자가에 못 박은 이 예수를 하나님이 **주와 그리스도**가 되게 하셨느니라"(행 2:36, 강조는 저자 추가)고 결론지었다. 그가 전한 예수는 단순히 팔을 벌리고 있는 구주만이 아니라, 순종을 요구하는 주셨다. "만유의 주 되신 예수 그리스도"(행 10:36). "이스라엘에게 회개함과 죄 사함을 주시려고 그를 오른손으로 높이사 임금과 구주로 삼으셨느니라"(행 5:31). 그래서 베드로는 죄 사함의 기쁜 소식을 전하기에 앞서 회개를 요구했다. 잃어버린 자를 향한 그의 초청은 회개로 시작되었다(행 2:38, 3:19 참조).

그러나 그는 구원을 처음부터 끝까지 (회개를 포함해) 인간의 노력이 아닌 하나님의 역사로 보았다(행 11:17-18). 신생은 하나님이 하시는 일이다(벧전 1:3). 하나님은 주권적으로 죄인을 선택해 구원으로 인도하신다(벧전 1:1-2, 벧후 1:10). 베드로는 하나님의 구원 사역을 이렇게 설명했다. "그의 신기한 능력으로 **생명과 경건에 속한 모든 것**을 우리에게 주셨으니 이는 자기의 영광과 덕으로써 우리를 부르신 이를 앎으로 말미암음이라"(벧후 1:3). 그렇지만 진정한 믿음의 증거는, 그 믿음이 신자의 삶에 낳는 미덕이라고 여겼다(5-9절). "그러므로 형제들아 더욱 힘써 너희 부르심과 택하심을 굳게 하라 너희가 이것을 행한즉 언제든지 실족하지 아니하리라 이같이 하면 우리 주 곧 구주 예수 그리스도의 영원한 나라에 들어감을 넉넉히 너희에게 주시리라"(10-11절). 베드로가 주장하는 의의 기준은 우리가 예수님께 들은 것과 동일하다. "너희가 순종하는 자식처럼 전에 알지 못할 때에 따르던 너희 사욕을 본받지 말고 오직 너희를 부르신 거룩한 이처럼 너희도 모든 행실에 거룩한 자가 되라"(벧전 1:14-15, 마 5:48 참조).

야고보

우리는 이미 야고보가 행위 없는 믿음은 죽은 믿음이요 헛된 믿음이라 한 것을 살펴보았다(약 2:17, 20). 그의 서신서 전체는 참된 믿음에 대한 시험을 다룬다. 곧 모든 신자의 삶에 나타나는 의의 열매, 다시 말해 시련 중의 인내(1:1-12), 말씀에 대한 순종(13-25절), 순결하고 더럽혀지지 않는 신앙(26-27절), 공평함(2:1-13), 의로운 행위(14-26절), 혀의 통제(3:1-12), 참 지혜(13-18절), 교만과 세상 사랑을 미워함(4:1-6), 겸손과 하나님에 대한 순종(7-17절), 지체 안에서의 바른 행위(5:1-20)를 보고 믿음을 알 수 있다고 말한다.

야고보서 4장 7-10절은 모든 서신서 가운데 가장 종합적인 구원 초청을 담고 있다. 야고보는 주로 참 신자를 대상으로 서신을 썼지만, 참 신자가 아닌 자에게도 관심을 가졌다. 참된 구원에 대해 아무도 속지 않기를 원했던 그는 2장의 죽은 믿음과 구별되는, 참되고 살아 있으며 구원 얻는 믿음을 요구했다. 그는 5장 20절에서 "죄인을 미혹된 길에서 돌아서게 하여 그의 영혼을 사망에서 구원하는 것"이 자신의 목적이라고 말했다.

4장 7-10절에 나오는 초청은 구원받지 못한 사람들, 즉 말씀을 듣기만 하고 행하지 않는 악한 자들(1:21-22 참조), 아직 죽은 믿음에 사로잡힌 자들(2:14-20 참조), 위로부터 내려온 것이 아니요 땅 위의 것이요 정욕의 것이요 귀신의 것에 속하는 지혜를 가진, 원망과 이기심과 교만이 가득한 거짓말쟁이들(3:15), 세상을 사랑해 하나님의 원수가 된 자들(4:4), 속사람은 여전히 정욕에 지배당하는 자들(4:5 참조), 교만하고 자긍하는 자들(4:6 참조)을 향한 것이다. 그들은 하나님의 은혜가 절실하게 필요하다. 그러나 하나님은 "겸손한 자에게 은혜를 주시기"(4:6) 때문에 야고보는 이 "죄인들"(성경에서 중생하지 못한 사람에게만 사용하는 용어)에게 교만에서 돌이켜 자신을 겸손하게 낮추라고 한다. 죄인을 향한 야고보의 초청은 열 가지 명령으로 설명된다. 하나님께 순복하라(구원), 마귀를 대적하라(충성 대상 변경), 하나님을 가까이하라(친밀한 관계), 손을 깨끗이 하라(회개), 마음을 성결하게 하라(고백), 슬퍼하며, 애통하며, 울며, 웃음을 애통으로, 즐거움을 근심으로 바꾸라(애통함). 그리고 마지막 명령 "주 앞에서 낮추라"는 회심한 사람의 마음 자세를 요약한다. 이 모두는 더욱 큰 은혜를 주시는 하나님이 하시는 일이다(4:6).

요한

사도 요한 역시 서신서 전체에서 참된 신자의 특징에 관해 썼다(요일 5:13 참조).[3] 확신 문제로 고민하는 사람을 위한 그의 조언은, 과거의 사건이나 믿은 순간에 소망을 두라고 하지 않는다. 오히려 그는 교리 시험과 도덕 시험을 제시했는데, 교리 시험은 먼저 순종을 요구했다.

만일 우리가 하나님과 사귐이 있다 하고 어둠에 행하면 거짓말을 하고 진리를 행하지 아니함이거니와(1:6).

우리가 그의 계명을 지키면 이로써 우리가 그를 아는 줄로 알 것이요 그를 아노라 하고 그의 계명을 지키지 아니하는 자는 거짓말하는 자요 진리가 그 속에 있지 아니하되(2:3-4).

누구든지 세상을 사랑하면 아버지의 사랑이 그 안에 있지 아니하니(2:15).

너희가 그가 의로우신 줄을 알면 의를 행하는 자마다 그에게서 난 줄을 알리라(2:29).

---

3) 요한일서에 대한 상세한 강해를 보려면 다음 책을 보라. John F. MacArthur, *Confession of Sin: 1 John 1:1-2:2*(Chicago: Moody, 1986), *Love Not the World: 1 John 2:3-17*(Chicago: Moody, 1986), *Marks of a True Believer: 1 John 2:18-4:21*(Chicago: Moody, 1987), *Assurance of Victory: 1 John 5*(Chicago: Moody, 1986).

주를 향하여 이 소망을 가진 자마다 그의 깨끗하심과 같이 자기를 깨끗하게 하느니라(3:3).

이 서신서 전체의 다른 수많은 본문도 이와 동일한 진리, 즉 진정으로 구원받은 사람은 죄를 짓는 생활 방식을 계속할 수 없다고 말한다(3:6-10). 요한이 제시하는 교리 시험은 예수님의 신성과 주재권도 언급한다.

거짓말하는 자가 누구냐 예수께서 그리스도이심을 부인하는 자가 아니냐 아버지와 아들을 부인하는 그가 적그리스도니 아들을 부인하는 자에게는 또한 아버지가 없으되 아들을 시인하는 자에게는 아버지도 있느니라(2:22-23).

이로써 너희가 하나님의 영을 알지니 곧 예수 그리스도께서 육체로 오신 것을 시인하는 영마다 하나님께 속한 것이요(4:2).

예수께서 그리스도이심을 믿는 자마다 하나님께로부터 난 자니 또한 낳으신 이를 사랑하는 자마다 그에게서 난 자를 사랑하느니라(5:1).

요한은 죄에 대한 믿음의 궁극적 승리를 확신했다. 그래서 신자에게 "세상을 이기는 자"(5:5. 계 2:7, 11, 26, 3:5, 12, 21, 21:7 참조)라는 특별한 이름을 붙였다.[4] "예수께서 하나님의 아들이심을 믿는 자가 아니면 세상을 이기는 자

---

4) '이기는 자'라는 말에 대한 탁월한 연구를 보려면 다음 책을 보라. James E. Rosscup, "The Overcomer of the Apocalypse," *Grace Theological Journal 3*(Fall 1982): 261-86. 로스컵 박사는 이 말이 "신자"와 동일함을 단정적으로 보여준다.

가 누구냐"(5:5). 요한에 따르면 참된 신자는 궁극적으로 이길 수밖에 없다.

히브리서 기자

그리스도를 안다고 말하고 지적으로는 받아들이지만 믿음으로 그를 붙들지 않는 사람을 향한 히브리서의 경고 본문들을 다른 책[5]에서 검토한 바 있다. 히브리서의 경고 본문들을 어떻게 해석하든 "오직 하나님은 우리의 유익을 위하여 그의 거룩하심에 참여하게 하시느니라 …… 화평함과 거룩함을 따르라 이것이 없이는 아무도 주를 보지 못하리라"라고 한 히브리서 12장 10-14절의 분명하고 명백한 의미를 무시하지 못할 것이다. 모든 말과 행위가 끝나는 날, 거룩함이 전혀 없는 사람은 하나님 앞에서 쫓겨나 영원한 멸망으로 들어갈 것이다(마 25:41 참조). 히브리서 12장의 맥락은 이것이 실제적인 거룩임을 확증한다. 히브리서 기자는 요한, 야고보, 베드로, 유다, 바울과 마찬가지로 진정한 믿음을 증명하려면 의로운 행위가 필요하다고 말한다.

내가 여기서 인용한 소수의 본문들은 사도행전과 서신서들이 그리는 구원의 길에 대한 풍성한 진리를 겉핥기식으로 모아놓은 것에 불과하다. 사도들의 구원론은 별도의 책에서 상세하게 다루었다.[6]

한 가지 분명한 사실은 예수님이 전한 복음이 바로 그의 사도들이 전한 복음이라는 것이다. 그것은 작은 문, 좁은 길이다. 그것은 값없이 주어지지만 모든 것을 요구한다. 그것은 믿음으로 얻지만, 신자가 삶과 행위에서 진정한 의의 열매를 맺지 않을 수 없다.

---

5) John F. MacArthur, *The MacArthur New Testament Commentary: Hebrews*(Chicago: Moody, 1983).
6) John F. MacArthur, *Faith Works: The Gospel According to the Apostles*(Dallas: Word, 1993).

부록 2
역사적 기독교가 전한 복음

복음 메시지에서 예수님의 주재권을 제거하려는 사람들은, 죄인들에게 죄를 버리고 그리스도께 헌신하며, 그의 계명에 순종하고 그에게 굴복하라고 요구하는 것은 갈라디아서의 율법주의와 동일한 이단이라고 넌지시 암시한다.[1] 이는 공노할 만한 근거 없는 주장으로, 지난 20세기 동안 가장 훌륭했던 참된 교회 지도자들 일부를 고소하는 것이다. "주재권 구원"을 새로운 교리로 설명하는 사람도 있는데 그 하나가 제인 호지스이다.

그(1세기 율법주의)와 같이, 복음의 완전성에 대해 가장 빈번하게 이루어지는 현대의 공격이 그리스도를 믿는 믿음의 중요성을 부인하지는 않는다.

---

1) Charles C. Ryrie, *Balancing the Christian Life*(Chicago: Moody, 1969), 170. 여기서 라이리는 이렇게 쓴다. "오직 믿음의 메시지와, 믿음 더하기 삶의 헌신 메시지가 둘 다 복음이 될 수는 없다. 그러므로 그중 하나는 거짓 복음으로 복음을 왜곡하거나 다른 복음을 전한 데 대한 저주를 받아야 한다(갈 1:6-9)."

오히려 그것을 주장한다. 그러나 믿음에 다른 조건들, 혹은 단서들을 덧붙여서 복음의 본질적 성격을 근본적으로 바꾼다. 종종 구원하는 종류의 믿음과 그러지 못하는 믿음이 구분된다. 구원하는 종류의 믿음은 항상 어떤 드러나는 형태의 순종을 낳는 믿음으로 여겨진다. 이렇게 함으로써 순종 자체가 최소한 인간과 하나님 사이 암시적인 거래의 일부가 된다. 그리하여 "구원하는" 믿음은 교묘하게 그 열매를 기준으로 재정의된다. 이 과정에서 복음이 무조건적으로 값없이 제공된다는 사실은 치명적이지는 않더라도 심각하게 훼손된다.[2]

그러므로 호지스의 평가에 의하면, 믿음이 반드시 순종을 낳는다는 개념은 새로 만들어진 것이며, 복음의 완전성에 대한 심각한 위협이다. 그는 이것을 유대주의자들이 초대 교회에 제기했던 위험과 동일하게 여긴다.

이것은 엄청난 비난이다. 이 주장은 교회 역사를 통해 입증되는가? 전혀 그렇지 않다. 사실 호지스가 복음에 대한 "현대의 공격"이라고 매도한 것은 정확하게 참된 교회가 늘 믿어온 것이다. 교회의 전 역사를 통틀어 위대한 성도들은 모두 구원이 신자의 성품과 행위 및 생활 방식을 완전히 변화시키지 못한다는 개념을 거부했다.

예를 들어 성경을 제외한 교회 문서 가운데 가장 오래된 것으로 1세기 말에 쓰였다고 추정되는 디다케는 "진리를 가르치지만 자기가 전파한 것을 실천하지 않는 선지자는 누구든 거짓 선지자이다."[3]라고 썼다. 2세기 초반에 쓰인, 안디옥의 주교 이그나티우스의 글에는 "중요한 것은 고백하는 순간의 행위가 아니라, 믿음에 의해서 지속적으로 동기화되는 것이

---

2) Zane C. Hodges, *The Gospel Under Siege*(Dallas: Redencion Viva, 1981), 4.
3) Cyril C. Richardson, ed., *Early Christian Fathers*(New York: Macmillan, 1970), 177.

다."⁴⁾라고 말했다. 또 하나의 초대 교회 문서로, 클레멘스의 제2서신으로 알려졌으며 AD 100년경 쓰인 글에는 이런 내용이 있다.

> 그를 그저 주라고 부르지만 말지니 그것이 우리를 구원하지 않기 때문이다. 그가 "나더러 주여 주여 하는 사람이 모두 다 구원받은 것이 아니요 바른 일을 행하는 자가 구원을 얻는다."라고 하셨기 때문이다. 그러므로 형제들아, 우리의 행동으로 그를 인정하자. …… 이 세상과 오는 세상은 서로 원수 사이이다. 전자는 간음, 부패, 탐욕, 거짓을 의미하고, 후자는 그것을 버렸다. 그러므로 우리는 둘 다의 친구가 될 수 없다. 하나를 취하려면 다른 하나를 포기해야 한다.⁵⁾

아우구스티누스는 AD 412년에 쓴 글에서 의의 행위를 성령이 개인의 삶에 역사한 필연적인 증거로 설명했다.

> 우리 편에서는 인간의 의지가 신적인 도움을 받아 의의 행위를 하게 됨으로, …… 그는 어떻게 살아야 하는지를 가르치는 교훈 외에 성령 또한 받아서, 그로 인해 마음이, 바로 하나님이신 그 최고이며 불변하는 선을 즐거워하고 사랑하게 된다. 이제 이렇게 되면 그는 보는 것으로 행하지 않고 믿음으로 행하게 된다. 그리고 거저 주시는 은사의 보증이신 그분으로 인해 그는 자기의 창조주에게 뜨겁게 매달리게 된다. 또 그 참된 빛을 전하려는 마음으로 불타게 된다. …… 그러나 우리가 이 감정을 느끼도록 "하나님의 사랑이 밖에서 우리 마음에 비치는 것"은 "우리 자신에게서 나

---

4) Ibid., 92.
5) Ibid., 194-95.

오는 자유 선택을 통해서"가 아니라 "우리에게 주신 성령을 통해" 이루어진다(롬 4:5).[6]

아우구스티누스가 죽은 후, 그의 교리는 죄인인 자기의 의지와 노력이 궁극적인 구원의 결정 요소라는 가르침인 반(半) 펠라기우스주의에 무너졌다. 가톨릭은 성례전의 행위를 갈수록 더 강조하기 시작했다. 그리하여 수도원 운동, 성직 제도와 로마 가톨릭은 결국 조직 교회의 구원에 대한 이해를 무너뜨리고 말았다. 구속에 대한 지배적인 견해는, 공로가 되는 행위를 인간이 수행하여 하나님의 호의를 획득해야 한다는 비성경적인 개념으로 변했다. 독신생활, 독거, 자책이 하나님을 달래기 위한 수단의 일부로 여겨졌다. 암흑기가 찾아왔고, 참된 복음의 빛을 가리는 것들만 가득했다.

종교개혁자들이 이신칭의의 진리를 재발견했을 때 이 어둠이 마침내 물러갔다. 종교개혁자들은 인간의 의지가 아니라 하나님의 주권이 구원을 결정하는 요인이라고 다시 가르치기 시작했다. 그들이 가르친 교리의 핵심은, 죄인이 구원을 얻는 도구는 행위가 아닌 믿음이라는 것이다. 이 진리는 로마 가톨릭이 기독교에 부과했던 종교적 노예제에서 수많은 사람을 해방시켰다. 그런데 종교개혁 신학이 실제적 의를 낳지 않는 신앙을 허용했을까? 절대로 아니다. 종교개혁을 주도한 사람들은 모두 참된 신앙은 반드시 선행으로 드러난다는 분명한 확신을 가졌다.

종교개혁의 시작을 상징하는 사건은 1517년 마르틴 루터가 95개 조항의 글을 비텐베르크 성당 문에 붙인 것이다. 처음 네 조항은 루터가 선행의 필요성을 어떻게 생각했는지 잘 보여준다.

---

6) Henry Bettenson, ed., *Documents of the Christian Church*(New York: Oxford, 1963), 54.

1. 우리의 주요 선생이신 예수 그리스도께서 "회개하라"라고 말씀하신 의미는 신자의 삶 전체가 회개의 행위여야 한다는 것이다.
2. 이 말씀은 사제에 의해 집행되는 참회(즉, 고백과 면죄)의 성례로 이해될 수 없다.
3. 그러나 예수 그리스도께서 오직 내적인 회개만을 의미하신 것도 아니다. 즉 외적으로 다른 종류의 육체 죽임이 나오지 않는다면 내적인 회개는 헛된 일이다.
4. 그러므로 자기 증오(즉, 참된 내적 회개)가 유지되는 동안은, 다시 말해 하나님 나라에 들어갈 때까지는 참회가 계속된다.[7]

루터는 이렇게 썼다.

그리스도를 믿는 믿음을 이렇게 가르칠 때에는, 선행도 역시 가르치게 된다. 이는 믿음으로 그리스도를 붙들었으므로 그를 통해 의롭게 되어, 이제 행위도 바르게 하기 시작하기 때문이다. 하나님과 네 이웃을 사랑하라. 하나님을 부르고 감사하고 찬양하고 고백하라. 이웃에게 선을 행하고 섬기라. 당신의 임무를 다하라. 이런 것이 진정 선한 행위로써, 이 믿음에서 흘러나오는 것이다.[8]

"루터는 믿음은 그와 함께 모든 종교적 행위들을 수반한다고 믿었다. …… 그는 단순한 율법적 선행은 사람이 복을 받고자 의도된 것이라 비난했지만, 믿음에서 나오는 선행은 옹호했다. 그에 의하면 선행은 믿음의 궁

---

7) Ibid., 186.
8) John Dillenberger, ed., *Martin Luther*(New York: Doubleday, 1961), 111-12.

극적 목표이다."[9] "루터에게 선행이란 하나님과의 관계를 결정하는 것이 아니다. 그것은 마치 밤이 지나 낮이 오듯이, 좋은 열매가 좋은 나무에서 나듯이 믿음에서 흘러나오는 것이다. 선행이 없으면 믿음도 없다."[10] 루터는 "만일 (선한) 행위와 사랑이 꽃을 피우지 않으면 진정한 신앙이 아니며, 복음이 아직 터를 잡지 못한 것이며, 그리스도를 아직 제대로 알지 못한 것이다."[11]라고 썼다.

루터는 우리가 선행이 아니라 믿음으로 구원을 얻는다는 진리를 위해 치열하게 싸웠지만, 신앙을 입증하는 데는 행위가 필요하다는 주장을 굽히지 않았다. 그는 그 유명한 로마서 주석 서문에서 이렇게 썼다.

많은 사람이 그렇게 이해하고 있지만, 신앙은 꿈같은 것도 인간의 환상도 아니다. 신앙에 대해 많은 많은 말이 있지만, 구원이 도덕적 발전이나 선행의 결과가 아님을 보면서도 그들은 올바로 구원받으려면 믿음만으로는 부족하고 반드시 "행함"이 있어야 한다고 선언하는 오류에 빠진다. 그 이유는, 그들이 복음을 들을 때 핵심을 놓치기 때문이다. 그들은 마음과 자신의 지혜로 그들이 "믿음"이라 부르는 개념을 만들어 그것을 진정한 신앙으로 취급한다. 그렇지만, 그것은 인간이 만든 것이요, 마음속 깊은 곳에서 상응하는 체험이 없는 개념에 불과하다. 그러므로 그것은 효과가 없고 더 나은 삶이 따르지 않는다.

그러나 신앙은 하나님이 우리 안에서 이루시는 것이다. 이것이 우리를 변화시켜서 우리가 하나님으로부터 거듭나게 한다(요 1장). 신앙은 옛 아담

---

9) Karl Theime, "Good Works," *The New Schaff-Herzog Religious Encyclopedia*(Grand Rapids: Baker, 1977), 5:19-22.
10) Dillenberger, *Martin Luther*, xxix.
11) Ibid., 18.

을 죽이고, 우리를 마음과 생각과 우리의 모든 능력에 있어 전혀 다른 사람으로 만든다. 그런데 이것은 성령에 의해 따라온다. 오 믿음이여, 얼마나 살아 있고, 창조적이며, 활동적이고, 능력이 있는가. 신앙은 항상 선한 것만 행한다. 신앙은 해야 할 선한 일이 있는지 묻지 않는다. 오히려 그 질문이 나오기 전에 그 행위를 하며 또 계속하고 있다. 이렇게 행동하지 않는 사람은 신앙이 없는 사람이다. 그 사람은 신앙을 더듬어 찾고 선행을 찾지만, 무엇이 신앙이고 무엇이 선행인지 모른다. 그런데도 불구하고 그는 신앙과 선행에 대해 말도 안 되는 소리를 계속한다. ……
참으로, 신앙에서 행위를 분리하기란 불가능하다. 그것은 불에서 빛과 열을 분리하기가 불가능한 것과 같다.[12]

루터의 동료이자 종교개혁 지도자였던 필립 멜란히톤은 이렇게 썼다.

만일 하나님께로 회심이 일어나지 않고 마음이 계속 양심을 거슬러 죄를 짓는다면, 죄 용서를 바라거나 죄 용서받는 참된 신앙이 없음이 명백하다. 하나님을 두려워하지 않고 오히려 계속 반항한다면 마음에 성령이 계시지 않는다는 뜻이다. 고린도전서 6장 9절 이하에 분명히 나타나듯 "음행하는 자나 간음하는 자 등은 하나님 나라를 유업으로 받지 못한다."[13]

사실상 종교개혁에서 나온 모든 신조가 선행을 구원 얻는 믿음의 필연적인 표현으로 여겼다. 1530년의 아우구스부르크 신앙고백은 이렇다.

---

12) Ibid., 23-24.
13) Clyde L. Manschreck, ed. and trans., *Melancthon on Christian Doctrine*(Grand Rapids: Baker, 1965), 182.

나아가 우리는 선행이 필요하다고 가르치는데, 우리가 선행으로 은혜받을 자격을 얻는다고 믿기 때문이 아니라 그것을 행하는 것이 하나님의 뜻이기 때문이다. 우리는 오직 신앙으로 죄 사함과 은혜를 얻는다. 그리고 신앙으로 성령을 받았기에, 우리의 마음은 이제 새롭게 되었으며, 그래서 새로운 애정을 가지게 되었고, 그리하여 그것들이 선한 행위를 낼 수 있게 되었다. 그래서 암브로스는 "신앙은 선한 의지와 선한 행동의 아비이다."라고 했다.[14]

1561년의 벨기에 신앙고백은 이렇게 되어 있다.

이 참된 신앙은, 하나님의 말씀을 듣는 것과 성령의 역사로 사람 안에 이루어지며, 그를 중생시켜 새사람으로 만들어, 새로운 삶을 살게 하고 죄의 굴레에서 해방시킨다고 믿는다. 그러므로 이 의롭게 하는 신앙이 사람들을 경건하고 거룩한 삶에 태만하게 한다는 것은 전혀 사실이 아니다. 오히려 신앙이 없으면 어떤 일도 하나님께 대한 사랑으로 하지 못하고 오직 자기 사랑이나 저주에 대한 두려움으로 하게 된다. 그러므로 이 거룩한 신앙이 사람 속에 열매를 맺지 못하는 것은 불가능하다.[15]

하이델베르크 교리문답(1563년)은 "이 교리(이신칭의)는 인간을 부주의하고 불경하게 만드는가?"라고 묻고, "아니요. 참된 신앙으로 그리스도 안에 심긴 사람들은 감사의 열매를 맺지 못할 수 없기 때문입니다."라고 답한다.[16]

---

14) Phillip Schaff, ed., *Creeds of Christendom*, 3 vols. (Grand Rapids: Baker, 1977), 3:24-25.
15) Ibid., 3:410-13.
16) *Heidelberg Catechism* (Freeman, S.D.: Pine Hill, 1979), 75.

도르트 신조(1619년)는 중생에서 성령이 하시는 일을 이렇게 기술한다.

그는 인간의 가장 깊은 곳에 들어가신다. 그는 그 닫힌 것을 여시고 굳은 마음을 부드럽게 하시며, 할례 받지 않은 것에 할례를 행하시고, 의지에 새로운 속성을 주입하신다. 이제까지 죽어 있던 것을 성령께서 살리셔서, 악하고 불순종하며 불량하던 데서 선하고 순종하고 고분고분하게 하시고, 행동할 동기와 힘을 주셔서 좋은 나무처럼 선한 행동의 열매를 맺게 하신다.[17]

웨스트민스터 신앙고백(1647년)은 성화 교리를 이렇게 요약한다.

효과적으로 부름을 받고 중생하여, 자기 안에 새 마음과 새 영이 창조된 사람들은 그리스도의 죽음과 부활을 통해 그리고 그의 말씀과 내주하시는 성령을 힘입어 실제로 그리고 개인적으로 더욱 성화된다. 죄가 몸 전체를 지배하던 것이 무너지며, 그로 인해 몇몇 정욕은 점점 더 약화되고 죽임을 당한다. 그리고 그들은 온전히 은혜 가운데 점점 더 많이 살리심을 받고 힘을 얻어 참된 거룩을 실천하기에 이르는데, 이 거룩이 없이는 주를 볼 수 없다. …… 비록 남아 있는 부패성이 당분간 지배할지 모르지만, 중생한 자는 거룩하게 하시는 그리스도의 영으로부터 지속적으로 힘을 공급받아 승리한다. 그렇게 성도들은 은혜 안에서 성장하면서 하나님을 경외하는 거룩을 완성해 나간다.[18]

---

17) Shaff, *Creeds of Christendom*, 3:590-91.
18) Ibid., 629-30.

역사적 개신교 신학은 실천적 의가 구원 얻는 신앙의 핵심적 필수적 결과라는 진리를 알고 강조했다. 개혁자 울리히 츠빙글리는 신앙이란 성령께서 신자 안에서 행하시는 지속적인 역사라고 보았다. 그래서 그는 참된 신앙은 결코 나태하거나 무기력할 수 없고, 모든 참된 그리스도인에게서 선한 행위를 만들어낸다고 믿었다. 그런 행위는 신자가 선택받았다는 증명이며 신앙에 대한 필수적인 증거라고 츠빙글리는 가르쳤다.[19]

존 칼빈은 이렇게 썼다.

우리는 선행이 없는 신앙이나, 선행 없이 존재 가능한 칭의를 꿈꾸지 않는다. …… 그러면 당신은 그리스도 안에 있는 칭의를 얻으려는가? 당신은 먼저 그리스도를 소유해야 한다. 그러나 그의 성화에 참여하는 자가 되지 않고는 그를 소유할 수 없다. 그리스도는 나누어질 수 없기 때문이다. …… 그러므로 우리가 행위 없이는 칭의를 얻었다 할 수 없지만, 행의로 칭의를 받지 않는 것이 정말로 사실이다.[20]

칼빈은 가톨릭 추기경 자코포 사돌레토와 벌인 논쟁에서 이렇게 썼다.

우리는 선행이 칭의에 어떤 역할을 한다는 주장을 부정한다. 그러나 의인의 삶에서는 선행의 완전한 권위를 주장한다. …… 값없이 주시는(은혜로 주시는) 의는 반드시 분명히 중생과 연결되어 있다. 그러므로 신앙과 행위가 얼마나 분리 불가능한가를 제대로 이해하려면, 이 사도가 가르치는 대

---

19) Basil Hall, "Ulrich Zwingli," Hubert Cunliffe-Jones, ed., *A History of Christian Doctrine* (Philadelphia: Fortress, 1978), 362.
20) John Calvin, *Institutes of the Christian Religion*, 2 vols. (Grand Rapids: Zondervan, 1972), 2:98-99.

로(고전 1:30), 우리의 칭의와 성화를 위해 주신 그리스도를 바라보라. 그러므로 값없이 주시는 신앙의 의가 있는 곳에는 그리스도도 계시며, 그리스도가 계신 곳에는 사람을 중생시켜 새 생명을 얻게 하시는 거룩의 성령도 계신다. 반대로, 진실함과 거룩을 향한 열심이 강력하지 않은 곳에는, 그리스도의 영도 그리스도 자신도 계시지 않는다. 그리고 그리스도가 계시지 않는 곳에는 의도 없고 신앙도 없다. 신앙은 성화의 성령이 없는, 의를 위한 그리스도를 받아들일 수 없기 때문이다.[21]

청교도들은 특별히 구원 얻는 신앙의 본질과, 신자의 삶에서 의의 행위가 하는 역할에 대해 많은 글을 썼다. 1658년에 윌리엄 거스리는 분명하게 "주재권 구원"에 대해 썼다.

경건한 사람은 누구든 그리스도를 영접하면 당당하게 하나님의 자녀라 불린다고 주장할 수 있다. "영접하는 자 곧 그 이름을 믿는 자들에게는 하나님의 자녀가 되는 권세를 주셨으니"(요 1:12). 나는 이 말이 가리키는 모든 의미에서 그리스도를 영접했다. 나는 그리스도에 의한 구원 계획을 좋아하고, 그 조건에 동의하며, 그리스도의 모든 직임, 즉 나를 다스리시는 왕과 나를 위해 제사를 드리고 중보하시는 제사장, 나를 가르치시는 선지자를 환영하며, 내 마음을 그를 위해, 또 그에게 내어드리고 가능한 한 그를 의지하기 때문이다. 영접한다는 말에 그 외에 어떤 의미가 있을 수 있을까? ……

은혜 상태의 두 번째 표이며 그리스도 안에 있는 참된 구원의 유익은 새

---

21) John C. Olin, ed., *A Reformation Debate* (Grand Rapids: Baker, 1966), 68.

로운 피조물이다. "그런즉 누구든지 그리스도 안에 있으면 새로운 피조물이라 이전 것은 지나갔으니 보라 새것이 되었도다"(고후 5:17). …… 당당하게 그리스도를 주장하는 모든 사람은 반드시 새로운 피조물이어야 한다. …… 이 새로운 피조물은 "새 사람"(골 3:10)으로 불리는데, 이는 범위를 나타내는 말이다. 즉 단순히 새로운 혀나 새로운 손이 아닌 새 사람이다. 이 사람 속에는 새 생명과 행동의 원리가 있는데, 곧 새로운 마음이다. 새로운 삶의 원리는, 삶의 행동이나 자기를 지으신 자의 "형상을 따르는" 행동을 주어, 그 부분이 모든 면에서 어느 정도 새로워지게 한다(골 3:10).[22]

조셉 얼라인의 사후에 출판된 작품(1672년)에는 다음과 같은 글이 있다.

그러므로 회심은 마음과 삶 둘 다의 철저한 변화에 있다. …… 만일 당신이 구원을 얻을 만큼 회심하기 원한다면, 당신 자신의 힘으로 그것을 이루려고 해서는 안 된다. 그것은 죽음에서 부활이요(엡 2:1), 새로운 창조이며(갈 6:15, 엡 2:10), 절대적으로 전능한 자의 일이다(엡 1:19). 이런 일은 인간의 능력으로 도달할 수 없지 않은가? 만일 당신에게 있는 것이 좋은 성격, 온유하고 순수한 기질 등 첫 출생에서 얻은 것뿐이라면 당신은 참된 회심과는 아무 상관이 없는 사람이다. 그것은 초자연적인 역사이다.[23]

청교도인 토마스 빈센트의 웨스트민스터 소요리문답 해설(1674)에 나오는 이 가르침은, 마치 현대에 유행하는 복음을 특별히 반박하는 글 같다.

---

22) William Guthrie, *The Christian's Great Interest*(Edinburgh: Banner of Truth, 1982), 24-25, 76.
23) Joseph Alleine, *An Alarm to the Unconverted*(Marshallton, Del.: National Foundation for Christian Education, n.d.), 26-27.

Q. 예수 그리스도를 어떻게 믿음으로 영접할 수 있습니까?
A. 복음에서 우리에게 소개된 대로 믿음으로 영접해야 합니다.

Q. 복음에는 그리스도가 어떻게 소개되어 있습니까?
A. 복음에는 예수 그리스도가 제사장, 선지자, 왕으로 소개되어 있습니다. 그러므로 우리가 그를 힘입어 구원을 받으려면 그를 영접해야 합니다.

Q. 사람은 언제 구원을 위해 그를 의지합니까?
A. 사람은 자신이 자기 죄로 인해 잃어버린 바된 상태이며, 모든 피조물의 부족함은 물론 자신의 무능력함 때문에 이 상태를 회복할 수 없음을 확신하고, 그리스도의 구원 능력과 의지를 알고 확신하여 피조물에 대한 모든 집착을 내려놓고 자신의 의를 버리며, 그리스도를 붙들고 그를 의지하며 구원을 위해, 오직 그분만을 신뢰할 때 그리스도를 의지합니다.

Q. 생명에 이르는 회개란 무엇입니까?
A. 생명에 이르는 회개는 구원하는 은혜로, 이를 통해 죄인이 자신의 죄를 진정으로 깨닫고, 그리스도 안에 있는 하나님의 자비를 이해하고, 자기 죄를 슬퍼하고 미워하며, 새로운 순종을 온전히 원하고 계속 노력하면서 죄에서 하나님께로 돌아서는 것입니다.

Q. 생명에 이르는 회개는 무엇으로 구성됩니까?
A. 생명에 이르는 회개는 주로 두 가지로 구성됩니다. 1) 죄에서 돌이키

고 죄를 버리는 것. "너희는 돌이켜 회개하고 모든 죄에서 떠날지어다"(겔 18:30). "자기의 죄를 숨기는 자는 형통하지 못하나 죄를 자복하고 버리는 자는 불쌍히 여김을 받으리라"(잠 28:13). 2) 하나님께로 돌아가는 것. "악인은 그의 길을, 불의한 자는 그의 생각을 버리고 여호와께로 돌아오라 그리하면 그가 긍휼히 여기시리라 우리 하나님께로 돌아오라 그가 너그럽게 용서하시리라"(사 55:7).

Q. 참된 회개의 일부라고 한, 죄로부터 돌아서는 것은 무엇입니까?

A. 참된 회개의 일부인 죄로부터 돌아서는 것은 다음의 두 가지로 구성됩니다. 1) 우리의 행위와 대화에 있어서 모든 중한 죄에서 돌이키는 것. 2) 우리의 마음과 감정에 있어서 다른 모든 죄에서 돌이키는 것.

Q. 진정으로 죄를 회개한 사람은, 그들이 회개한 그 죄를 다시 짓지 않습니까?

A. 진정으로 죄를 회개한 사람은 이전처럼 그 죄를 반복하는 죄의 삶을 살지 않습니다. 만일 회개한 후에 죄의 삶으로 돌아간다면, 그것은 그들의 회개가 바른 회개가 아니라는 명백한 증거입니다. 그러나 어떤 사람은 진정으로 죄를 회개했지만, 유혹에 넘어지고 기습을 받아서 자신이 회개했던 그 죄를 짓는 데 빠질 수도 있습니다. 그러나 그들은 그 안에 살지 않고 다시 일어서서 그것을 더욱 슬퍼하며 주님께로 다시 돌아옵니다.[24]

---

24) Thomas Vincent, *The Shorter Catechism of the Westminster Assembly Explained and Proved from Scripture*(Edinburgh: Banner of Truth, 1980), 226-31.

1692년에 토마스 왓슨은 이렇게 썼다.

우리는 은혜 가운데 그를 본받아야 한다. 그래야 비로소 우리는 영광 가운데 그와 교제할 수 있다. 은혜와 영광은 서로 연결되고 결합되어 있다. 은혜가 영광에 앞서는 것은 마치 새벽별이 태양을 안내하는 것과 같다. 하나님은 우리에게 복된 신분을 가질 자격을 주시고 적합하게 하신다. 술 취하는 자와 욕하는 자들은 영광 가운데 하나님을 누리기에 적합하지 않다. 주님은 그런 독사들은 그의 품 안에 두지 않으신다. 오직 "마음이 청결한 자는 하나님을 볼 것이다."[25]

1693년에 처음 출판된 토마스 맨튼의 야고보서 주석에는 이런 내용이 있다.

행위는 참된 신앙의 증거이다. 은혜는 죽었고 쓸모없는 습관이 아니다. 그것은 아무리 약하고 초기일 때도 효력을 내고 작용을 한다. …… 이것이 우리가 판단할 증거이며, 그리스도께서 판단하실 증거이다. …… 행위는 확신의 근거가 아니라 증거이다. 신앙의 기초가 아니라 확신을 격려하는 것이다. 선행을 보고 위로를 가질 수도 있지만, 위로는 선행에 기초하지 않는다. 행위는 소망의 씨앗이지 확신의 버팀목은 아니며, 선택의 증거이지 원인이 아니다. 행위는 영광의 전조이며 시작이다. 간단히 말해서 행위가 관계를 나타낼 수는 있지만 관계를 얻게 하지는 못한다.[26]

---

25) Thomas Watson, *A Body of Divinity*(Grand Rapids: Baker, 1979), 16.
26) Thomas Manton, *A Commentary on James*(Edinburgh: Banner of Truth, 1963), 239.

"맨튼은 하나님의 선택을 받은 자들의 견인을 강력하게 주장했다. 그러나 이 주장이, 거룩은 하나님의 백성을 구별하는 중요한 표시이며 또 '영원히 멸망치 않는다.'라고 하면서 의도적인 죄를 계속 짓는 사람은 위선자요 자기를 속이는 자라고 가르치는 데 걸림이 되지 않는다."[27]

또 한 사람의 청교도인 토마스 굿윈은 이렇게 썼다.

하나님을 거스른 일에 대한 애통함이 없는 곳에는, 마음에 하나님을 향한 선한 의지가 역사했다는 표시도 하나님을 사랑한다는 표시도 없다. 그러나 이런 것이 없으면 하나님이 결코 받아주시지 않는다. ……
그러지 않으면 회심의 가능성이 없다. 하나님은 회심의 가능성을 보기 전에는 용서하지 않으신다. 사람이 자기 죄를 고백하지 않으면, 그것도 쓰라림을 가지고 고백하지 않으면, 곧 그가 죄를 사랑한다는 표시이다(욥 20:12-14). 그가 죄를 숨기고, 남겨두고, 버리지 않는다면 그 죄가 입에 달다는 뜻이다. 그러므로 그가 죄를 고백하고 애통해하기 전까지는 죄가 그에게 쓰지 않다는 표시이며, 그러므로 그는 죄를 버리지 않는다. 사람은 죄가 쓰게 될 때까지는 죄를 버리지 않는다. 만일 그렇게 되면 그는 죄에 대해 쓰라림을 느낄 것이다(슥 12:10). "하나님의 뜻대로 하는 근심은 후회할 것이 없는 구원에 이르게 하는 회개를 이루는 것이요"(고후 7:10).[28]

주석가 매튜 헨리는 1700년대 초에 이런 글을 썼다.

---

27) J. C. Ryle, *Estimate of Manton*, cited in A. W. Pink, *Gleanings from the Scriptures: Man's Total Depravity*(Chicago: Moody, 1969), 289.
28) Thomas Goodwin, *The Work of the Holy Spirit in Our Salvation*(Edinburgh: Banner of Truth, 1979), 129.

우리는 단순한 신앙 고백을 의지해, 이것이 우리를 구원할 것이라고 생각하는 경향이 너무 많다. "우리는 기독교 신앙의 조항들을 믿습니다."라고 말하는 것은 값싸고 쉬운 신앙이다. 그런데 이것이 우리를 천국으로 데려가기에 충분하다고 상상하는 것은 큰 착각이다. 그렇게 주장하는 사람은 하나님께 잘못을 범하는 것이며, 자신의 영혼을 속이는 것이다. 거짓 신앙은 거짓 자선처럼 해로운 것으로, 이 둘은 모든 진정한 경건에 대해 마음이 죽어 있음을 보여준다. 마치 하나님이 행위가 없는 죽은 신앙을 즐거워하시기라도 하는 것처럼 당신은 영혼도 감각도 행동도 없는 죽은 몸을 잠시 동안 즐거워할 수 있을 것이다. …… 참된 신앙을 증거하는 행위는 자기를 부인하는 행위요, 하나님이 친히 명령하는 것이어야 한다. …… 제아무리 그럴듯한 신앙고백도 행위가 없으면 죽은 것이다. …… 우리는 다른 것 없이 하나만으로 의롭다 하심을 얻고 구원을 얻을 것이라고 생각해서는 안 된다. 이 하나님의 은혜 위에 우리가 서 있고 또 서 있어야 한다.[29]

17세기 후반과 18세기 초의 스코틀랜드 교회 지도자인 토마스 보스톤은 이렇게 썼다.

우리는 그리스도를 우리의 왕으로 영접하여 죄와 사망, 마귀, 세상의 지배를 버리고, 온전히 우리를 그분께 드려서 우리의 머리가 되시는 그분의 다스림을 받아야 한다. "여호와 우리 하나님이시여 주 외에 다른 주들이 우리를 관할하였사오나 우리는 주만 의지하고 주의 이름을 부르리이

---

29) Matthew Henry, *Commentary on the Whole Bible*(Old Tappan, N.J., Revell, n.d.), 981-83.

다"(사 26:13). "그의 아들에게 입맞추라 그렇지 아니하면 진노하심으로 너희가 길에서 망하리니 그의 진노가 급하심이라 여호와께 피하는 모든 사람은 다 복이 있도다"(시 2:12). 우리는 그를 우리의 왕으로 삼아서 삶과 힘과 보호와, 원수에 대한 승리를 위하여 매일 이를 적용하고 그를 의지해야 한다. "내 아들아 그러므로 너는 그리스도 예수 안에 있는 은혜 가운데서 강하고"(딤후 2:1). "그가 이같이 큰 사망에서 우리를 건지셨고 또 건지실 것이며 이후에도 건지시기를 그에게 바라노라"(고후 1:10).[30]

영국과 식민지 미국의 위대한 설교자요 신앙 수호자였던 조지 휘트필드는 1739년 8월 6일 일기에 이렇게 썼다.

설교 후에 한 사람과 만났다. 그는 몇몇 사람과 내가 염려하던 대로 도덕률 폐기론을 주장했다. 그렇게 아는 모든 사람이 거기서 돌아서기를 바란다. 왜냐하면 (우리 교회의 조항에 나오는 표현대로) 선한 행위는 신앙의 열매로서, 우리의 죄를 없앨 수 없고 또 하나님의 엄한 심판을 견딜 수도 없다. 그러나 그것은 칭의에 따라 오는 것이며 참되고 살아 있는 신앙에서 반드시 솟아나는 것이므로, 마치 나무를 열매로 구별하듯 그것을 통해 살아 있는 신앙을 분명히 알게 된다.[31]

1700년대 최고의 설교자요 가장 명확한 신학 사상가라고 할 수 있는 조나단 에드워즈는 이렇게 썼다.

---

30) Thomas Boston, "A Brief Explication of the First Part of the Assembly's Shorter Catechism," in *The Complete Works of the Late Rev. Thomas Boston, Ettrick*, 12 vols(Wheaton, Ill.: Roberts, 1980 reprint), 7:67-68.
31) George Whitefield, *Journals*(Edinburgh: Banner of Truth, 1960), 323-24.

하나님이 요구하시고, 하나님이 받아주시는 그 신앙은 우리를 무관심보다 약간 나은 상태로 올려주는 연약하고, 둔하고, 생명 없는 소원이 아니다. 하나님은 그의 말씀에서 우리의 영이 매우 진지하고 열정적이 되며, 우리의 마음이 강력하게 신앙에 매진할 것을 크게 강조하신다. ……
신앙의 삶을 산다고 하면서 체험이 없고, 또 아주 나쁜 삶을 사는 사람은 신앙에 대한 생각도 아주 어리석다. 그들은 자신이 어떤 삶을 살고 어떤 악한 짓을 하든 자신의 상태에 의심을 하는 것은 불신이라는 크고 사악한 죄이므로 심한 죄라 여긴다. 그리고 빛 또는 체험이 거의 없어도, 즉 가장 악한 삶을 살아도 자신이 좋은 상태에 있다는 소망을 확고부동하게 유지하면, 그것이 그가 강한 신앙을 가졌으며, 하나님께 영광을 돌리고, 바랄 수 없는 중에 바란다는 분명한 증거가 되기 때문에, 그는 아주 좋은 사람이며, 하나님을 아주 영화롭게 한다고 생각한다. 그러나 그들은 이런 신앙 개념, 즉 자신이 선한 상태에 있음을 확고하게 믿는 것이 믿음이라는 개념을 성경 어디에서 배웠을까? 만일 이것이 신앙이라면, 바리새인들이 가장 좋은 믿음을 가졌을 것이다. 그러나 그리스도께서는 그들 중 일부는 성령을 거스르는 사함 받을 수 없는 죄를 지었다고 가르치신다. ……
어쩌면 그들에게 좋은 상태에 대한 증거가 거의 없는 것은 불신 혹은 신앙이 거의 없기 때문일 수 있다. 만일 그들이 신앙의 행위에 대한 경험이 더 많아지거나 은혜의 역사를 더 많이 경험하게 되면, 그들이 선한 상태에 있다는 증거가 더 분명해질 것이며, 따라서 그들의 의심도 사라질 것이다. …… 부패한 죄를 죽이고 은혜 안에서 성장하여 그 은혜를 잘 사용하는 것 외에 다른 방법으로 확신을 얻는 것은 하나님의 계획이 아니다. 자기 성찰은 매우 중요하고 효과적인 임무로 결코 소홀히 해서는 안 되지만, 그것은 성도가 자신이 좋은 상태에 있다는 만족을 얻는 주된 수단이 되어서도 안 된다. 확신을 행위에서 얻으면 안 되듯이 자기 성찰에서 얻어서도 안 된다. 사도 바울은 주로 이렇게 확신을 얻었다. 즉, 어찌하든지 죽은 자 가운데서 부활에 이르기 위해 뒤에 있는 것은 잊어버리고 오직 앞에 있는 것, 하나님이 그리스도 예수 안에서 부르신 부름의 상을 향해 달려감으로써 얻었다. "그러므로 나는 달음질하기를 향방 없는 것 같이 아니하고"(고전 9:27). 그는 생각하는 것보다는 달음질하는 것으로 상 받을 확신을 얻었다. …… 믿음에 덕 등을 더함으로써 은혜 안에서 자라기 위해 부지런함을 다하는 것이, 우리의 부르심과 택함을 확실하게 하고, 그리스도의 영원한 나라에 넉넉히 들어감을 얻도록 베드로가 우리에게 주는 지침이다. 이런 일이 없으면 우리의 눈이 어두워져 어둠 속에 있는 사람처럼 되어, 우리의 옛 죄를 사해 주신 것도 장차 있을 하늘의 유업도 분명히 보지 못한다(벧후 1:5-11).[32]

영국의 침례교회 목사 존 길은 1767년에 이렇게 썼다.

성화의 기초는 중생에 있다. 이는 거룩한 원리로서 먼저 중생 안에서 형성된다. 새로운 피조물, 즉 새 사람은 의와 참된 거룩으로 창조되었다. 그것은 유효한 소명, 즉 거룩한 부르심으로 나타나는데, 이것은 사람이 자신의 죄악에서 돌아서는 회심에서 드러난다. 중생 때 시작된 그 거룩은 유효한 부르심과 회심으로 드러나고, 점진적인 역사인 성화로 계속되어, 영화로 이어지고 완성된다.[33]

---

32) Edward Hickman, ed., *The Works of Jonathan Edwards*(Edinburgh: Banner of Truth, 1979), 237, 259, 263.
33) John Gill, *A Body of Divinity*(Grand Rapids: Sovereign Grace, 1971), 552.

존 길은 참된 신자를 설명하면서 이렇게 썼다.

성도들은 그들의 왕이신 그분께 복종한다. 성도들은 그분을 자신을 가르치고 훈계하고 그의 교리를 받아들이게 하는 선지자로서 받아들일 뿐 아니라, 제사를 통해 자신의 죄를 사하시는 제사장으로, 또 그분의 법과 규례를 즐거이 순종하고, 그의 교훈은 모든 면에서 옳으며, 그의 명령은 무거운 것이 아니라 그를 사랑하여 지키고 준수하기 위한 원리에서 나온 것으로 여겨야 할 왕으로 받아들인다.[34]

찰스 스펄전은 1800년대 설교자들 가운데서 가장 잘 알려진 설교자이다. 그는 개인전도에 관한 책에서 이렇게 썼다.

한 영혼이 그리스도께 굴복했다는 또 다른 증거는 삶의 실제적 변화이다. 만일 그 사람이 집과 밖에서 이전과 다른 삶을 살지 않는다면, 그의 회개는 뒤집어져야 할 것이며 그의 회심은 가짜이다. 행동과 언어뿐 아니라 태도와 성격도 바뀌어야 한다. …… 알려진 어떤 죄의 권세 아래 머무르는 것은 우리가 죄의 종이라는 표시이다. "누구에게 순종하든지 그 순종함을 받는 자의 종이 되는 줄을 너희가 알지 못하느냐." 마음속으로 죄를 사랑하는 사람의 자랑은 헛되다. 그가 무엇을 믿고 무엇을 경험했든 단 하나의 죄라도 그의 마음과 삶을 다스리는 한 그는 여전히 악독이 가득하며 불의에 매인 바 된 상태이다. 참된 중생은 모든 악을 미워하는 마음을 심어준다. 그래서 하나의 죄라도 즐거워하는 한 바른 소망을 갖는 데 치

---

34) Ibid., 555.

명적이다. ……

삶과 고백은 조화를 이루어야 한다. 어떤 그리스도인이 죄를 버렸다고 고백하지만 실제로는 그러지 않는다면, 그 이름 자체가 사기이다.[35]

스펄전은 자서전에서 도덕률 폐기론자들과 싸운 일을 회고한다.

첫 목회지에서 나는 도덕률 폐기론자들(즉, 자신은 선택받은 자라고 믿기에 마음대로 살아도 된다고 주장하는 사람들)과 종종 싸웠다. 나는 그 이단이 완전히 사라지기를 바란다. 그러나 안타깝게도 나의 사역 초기에는 횡행했다. 내가 아는 어떤 사람은 술집 탁자에 앉아 술잔을 손에 쥐고, 그래도 자신은 하나님의 택함 받은 백성이라고 주장했다. 사람들은 그를 술집에서 쫓아냈는데, 나는 그 이야기를 들으며 그가 마땅한 대접을 받았다고 생각했다. 믿지 않은 사람들조차 그런 "택함 받은" 사람이 거기 있기를 원치 않는다. 죄(음주, 욕설, 거짓말 등) 가운데 살면서 자기는 주님의 택함을 받은 사람이라고 진정으로 주장할 수 있는 사람은 없다. 나는 사람들로 하여금 죄 가운데 살면서도 그리스도 안에서 안전하다고 뇌까리게 하는 도덕률 폐기론의 냄새를 조금이라도 풍기는 것은 무엇이든 정말로 역겹다. 우리는 선한 행위에 의해 혹은 선한 행위를 위해 구원받을 수 없지만, 선한 행위 없이 구원받을 수는 없다. 그리스도는 그의 백성 중 누구도 죄 가운데 둔 채 구원하지 않으신다. 그리스도는 자기 백성을 그들의 죄에서 구원하신다. 만일 어떤 사람이 성령의 도우심으로 하나님 보시기에 거룩한 삶을 살기 원하지 않는다면, 여전히 "악독이 가득하며 불의에 매인 바 된" 상태이다.

---

35) Charles H. Spurgeon, *The Soul Winner*(Pasadena, Tex.: Pilgrim, 1978), 32-33.

선한 행위를 떠난 "구원 얻는 신앙"은 웃기는 이야기이다. 구원받은 사람이 완전한 사람은 아니지만, 그 마음은 늘 완전해지기를 갈망한다. 그래서 십자가에 못 박혔다가 지금은 영광을 입으신 구주의 형상을 따라 지식적으로 그리고 실제 거룩면에서 완전하게 되는 날이 이를 것이다.

워터비치에서 목회할 때 예배당 앞쪽에 앉아 내가 자기 생각에 바른 교리를 설교하면 늘 고개를 끄덕이던 사람이 있었는데, 그는 이제까지 살던 옛 위선자들만큼이나 나쁜 사람이었다. 그는 내가 칭의에 대해 말하면 고개를 끄덕였다. 전가된 의에 대해 설교하면 또 고개를 끄덕였다. 그래서 나는 그가 고개를 끄덕이는 것을 고치거나, 아니면 잠시라도 고개를 가만히 있게 하려는 생각으로 이렇게 말했다. "하나님이 여러분을 선택하시는 것과 여러분이 여러분을 선택하는 것은 엄청난 차이가 있습니다. 하나님이 성령으로 여러분을 의롭다 하시는 것과 여러분 자신이 거짓 믿음이나 주제넘은 생각으로 스스로를 의롭다 하는 것은 크게 다릅니다. 그 차이는 이렇습니다." 그러자 그는 즉시 나를 지독한 아르미니우스주의자로 격하시켰다. "스스로 선택하고 스스로 의롭다 한 여러분에게는 하나님의 성령의 증거가 없습니다. 여러분에게는 진정한 경건의 증거가 없습니다. 여러분은 거룩한 사람이 아닙니다. 여러분은 죄 가운데 살면서 죄인처럼 행할 수 있습니다. 여러분에게는 마귀의 형상이 있습니다. 그런데도 여러분은 자신을 하나님의 자녀라 합니다. 어떤 사람이 하나님의 자녀라는 첫째 증거는 죄를 완전한 미움으로 미워하면서 거룩한 삶, 그리스도를 닮은 삶을 살려고 하는 것입니다." 그 늙은 도덕률 폐기론자는 이에 동의하지 않았지만, 나는 하나님의 말씀에 계시된 것을 설교하고 있음을 알았다.[36]

---

36) Charles H. Spurgeon, *Autobiography: Volume 1: The Early Years, 1834-1859*(Edinburgh: Banner of Truth, 1962), 224-25.

복음주의 성공회 주교인 J. C. 라일은 거의 한 세기 전에 이런 신랄한 글을 썼다.

실로 나는 하나님께 성별되지 않고도 회심할 수 있다는 증거가 어디에 있는지 의심스럽다! …… 사람이 회심하고 거듭나는 그날 하나님께 성별되지 않는다면, 나는 회심이 무엇을 의미하는지 알지 못하겠다. 회심이라는 그 엄청난 축복을 저평가하고 경시할 위험이 있지 않을까? 신자들에게 "더 높은 삶"을 두 번째 회심이라고 말함으로써, 성경이 새로운 출생, 새로운 창조, 영적 부활이라고 부르는 그 위대한 첫 장의 길이와 너비와 깊이와 높이를 경시하는 것이 아닌가? 내가 틀렸을지도 모른다. 그러나 지난 몇 년 동안 "성별"에 대해 많은 사람이 사용한 강한 표현을 들으면서, 가끔씩 이 말을 사용하는 사람들은 이전에 혹시 회심에 대해 알았더라도, 분명히 "회심"에 대해 낮고 부적절한 관점을 가졌음이 분명하다고 생각했다. 간단히 말해서 나는 그들이 성별되었다고 할 때 실제로 처음으로 회심한 것이 아닐까 하고 의심할 정도였다.[37]

프린스턴 신학교 신학 교수였던 벤저민 워필드는 이렇게 썼다.

믿거나 신뢰할 대상에 대한 인지, 그를 믿거나 신뢰할 만한 가치에 대한 동의 그리고 그를 참되고 신뢰할 만한 분으로 여겨 우리 자신을 맡기는 일이 없는 한 참된 신앙이 생기지 않는다. …… 우리 자신을 맡기지 못할 만큼 신뢰하지 않는 것을 믿는다고 말해서는 안 된다.[38]

---

37) John Charles Ryle, *Holiness*(Grand Rapids: Baker, 1979), 57.
38) Benjamin B. Warfield, *Biblical and Theological Studies*(Grand Rapids: Baker, 1968), 402-3.

R. A. 토레이는 당시 교장으로 있던 무디성경학교의 개인전도 교과서에서 학생들에게 복음 초청의 초점을 그리스도의 주재권에 두라고 했다. "할 수 있는 한 곧바로 예수 그리스도를 개인의 구주로 받아들이고, 또 그를 자신의 주와 주인으로 복종하도록 이끄십시오."[39]

초기 세대주의자이면서 댈러스 신학교 공동 설립자인 그리피스 토머스는 칭의와 성화의 분리 불가능성[40]과 함께, 신앙의 분명한 결과로서 선행의 필연성[41]을 인정했다. 그는 "사도 바울은 창세기 15장을 들어 신앙의 필요성을 입증하고, 야고보는 창세기 22장을 들어 행위의 필요성을 입증한다. 사도 바울은 행위는 신앙에서 솟아나야 한다고 가르치고, 야고보는 신앙은 행위로 입증되어야 한다고 가르친다."[42]라고 명쾌하게 설명했다. 그는 로마서 14장을 주석하면서 이렇게 썼다.

> 우리와 그리스도의 관계는 그의 죽음과 부활에 기초를 둔다. 그리고 이것은 그의 주재권을 의미한다. 실로 자기 백성의 삶에 대한 그리스도의 주재권은 바로 그가 죽고 다시 사신 목적이다. 우리는 그리스도를 우리의 주라고 인정했다. 죄는 거역이다. 그러므로 우리가 그를 우리의 주로 여기고 복종할 때 비로소 우리는 우리의 구주이신 그분에게서 용서를 받는다. 우리는 마음의 보좌에서 그분이 다스리시도록 시인해야 한다. 그가 우리의 마음에서 왕으로서 영광을 얻으실 때에 비로소 성령께서 들어오셔서 거하신다.[43]

---

39) R. A. Torrey, *How to Work for Christ* (Old Tappan, N.J.: Revell, n.d.), 32.
40) W. H. Griffith Thomas, *The Principles of Theology* (Grand Rapids: Baker, 1979), 186-87.
41) Ibid., 200-205.
42) Ibid., 205.
43) W. H. Griffith Thomas, *St. Paul's Epistle to the Romans* (Grand Rapids: Eerdmans, n.d.), 371.

근래에 와서 오스왈드 앨리스는 두 가지 언약에 대해 쓰면서 이렇게 말했다.

그리스도인은 은혜 언약을 통해 의의 행위의 쉬운 대체물로서의 신앙을 제공받는 것이 아니다. 신앙은 그리스도인에게 공로가 없고 그가 획득하지도 않은 의, 신앙으로 받는 그리스도의 의를 주는데, 그 의는 그리스도인이 자신의 고귀한 부르심에 합당하게 행해 바울처럼 "그리스도의 사랑이 우리를 강권하시는도다"라고 말하는 법을 배우도록 격려하고 요구한다. 그가 행위 구원을 기초로 하는 율법 아래 있지 않다는 사실은 그리스도인에게 모세의 율법보다 낮은 기준을 제시하는 것이 아니라 더 높은 기준을 제시한다. …… 예수님이 제자들에게 "내가 너희를 사랑한 것 같이 너희도 서로 사랑하라"고 새 계명을 주셨을 때, 율법의 기준을 능가하는 새로운 기준의 순종을 제시하신 것이다. 바울이 "우리가 믿음으로 말미암아 율법을 파기하느냐"라는 질문에 "그럴 수 없느니라 도리어 율법을 굳게 세우느니라"고 답하며 강조한 것은 전혀 이상한 일이 아니다.[44]

앨리스는 "도덕률 폐기론"이라는 항목에서 이렇게 덧붙였다.

신약의 전체적 가르침은, 칭의는 그 객관적 성화로서 모든 죄악으로부터 구속을 포함하고 있다는 것이다. 의의 열매를 맺지 않는 신앙은 살아 있는 신앙이 아니다. 은밀하게 사제를 찾아와 고백하여 사죄를 받음으로써 양심을 달랜 후 다시 도둑질과 폭력으로 되돌아간 강도는 마치 성전을

---

44) Oswald T. Allis, "The Covenant of Works," in Carl F. H. Henry, ed., *Basic Christian Doctrines*(Grand Rapids: Baker, 1962), 98.

"강도의 소굴"로 만든, 즉 성전을 자신의 악한 행위에 따르는 결과로부터 피할 곳처럼 만든 옛 유대인들과 같다.[45]

최근의 다른 저자들은 현대 교회에 도덕률 폐기론이 퍼지는 것을 분명하게 보면서 충격을 표했다. 한 예로 아더 핑크는 벌써 1937년에 현대 복음전도의 실패를 인식했다. 그는 이렇게 썼다.

그리스도의 구원이라는 말이 현시대 복음전도자에 의해 잘못 사용되고 있다. 거의 예외 없이 그는 듣는 사람들에게 구원은 은혜로 이루어지며 거저 주는 선물로 받고, 그리스도께서 죄인을 위해 모든 일을 다 하셨기에 죄인에게는 "믿는 것"(그의 보혈의 무한한 공로를 신뢰하는 것) 외에 남은 것이 없다고 한다. 이제는 이 개념이 "정통" 집단들 가운데 넓게 만연하고 자주 들리며 마음속에 뿌리를 내렸다. 그래서 누가 그것에 도전하면서 그것이 기만적이고 그릇될 정도로 부적절하고 일방적이라고 부정한다면, 그는 즉시 이단이라는 낙인을 받으며, 행위 구원을 심어줌으로써 그리스도께서 완성하신 일을 모독했다는 비난을 받게 된다. …… 구원은 은혜로, 오직 은혜로 얻는다. …… 그럼에도 하나님의 은혜는 거룩을 희생시키지 않는다. 결코 죄와 타협하지 않기 때문이다. 구원이 거저 주시는 선물임은 사실이지만, 빈손으로 받아야지 여전히 세상을 굳게 붙잡은 손으로는 받을 수 없다. …… 거역으로 철같이 단단한 마음은 구원 얻는 믿음을 가질 수 없다. 반드시 먼저 깨어져야 한다. …… 죄인들에게 그들의 우상을 버리지 않고도, 회개하지 않고도, 그리스도의 주재권에 굴복하지 않고도 구

---

45) Ibid., 99.

원받을 수 있다고 말하는 전도자는, 구원은 행위로 얻으며 천국은 자신의 노력으로 획득해야 한다고 고집하는 다른 사람들과 마찬가지로 잘못되고 위험한 사람이다.[46]

핑크는 이렇게도 썼다.

하나님의 은혜는 사람들을 그들의 의무에서 해방시킬 목적으로 주어지는 것이 아니라, 그 의무들을 더 기꺼이 더 감사함으로 수행할 강력한 동기를 주기 위해 주어진 것이다. 하나님의 은총을, 책임 이행 면제를 위한 근거로 삼는 것은 그의 은혜를 음탕함으로 바꾸는 것에 가까울 정도로 위험한 일이다.[47]

토저 역시 쉬운 믿음주의의 메시지를 전하는 사람들에게 이단이라는 비난을 퍼부었다. 그의 설교와 글 대부분은 우리 시대에 인기 있는 복음을 비난하고 있다. 베드로전서에 대한 그의 메시지는 그가 죽은 후에 편집 출판된 것으로『네 주인은 누구인가』(I Call It Heresy!, 규장)라는 적절한 제목이 붙어 있다. 토저는 이렇게 말했다.

(전에는) 자신의 전 존재를 하나님께 드리고 예수 그리스도를 자신의 구주는 물론 주로 삼아 주님의 뜻에 순종하는 사람이 아니면, 감히 집회 중에 일어서서 "나는 그리스도인입니다."라고 할 사람이 없었다. 그럴 때 비로소 그는 "나는 구원받았습니다."라고 할 수 있었다.

---

46) Arthur W. Pink, "Signs of the Times," *Studies in the Scriptures*, 16:373-75.
47) Pink, *Gleanings*, 291.

오늘날은, 그 행위가 얼마나 불완전하고 미흡하든 상관없이, 언젠가 더 높은 단계의 그리스도인의 삶이 가능하다는 단서를 주며 그들이 구원받았다고 말하도록 시킨다.

우리는 정말 예수 그리스도께 순종할 의무가 없다고 생각해도 되는가? 우리가 구원을 위해 그리스도께 부르짖는 순간부터 우리는 순종할 의무가 있다. 그러므로 우리가 그 순종을 하지 않는다면, 우리가 진정으로 회심했는지 의심할 이유가 된다!

나는 그리스도인들이 행동하는 것을 듣고 본다. 그들이 기독교 신앙을 고백하면서 하는 행동을 지켜보면서 그들이 진정으로 회심했는지 의문을 제기하게 된다.

형제들이여, 나는 이것이 우선 잘못된 가르침의 결과라고 믿는다. 그들은 주님은 병원이고 예수님은 곤경에 빠진 불쌍한 죄인들을 고쳐주는 대표 의사 정도로 생각한다!

그들은 "주님, 나를 고쳐주십시오. 그러면 내가 내 길을 갈 수 있겠습니다."라고 고집한다.

형제들이여, 그것은 나쁜 가르침이다.[48]

그리스도의 주재권에 대한 복종을 선택사항으로 만드는 교리는 무엇이든 나쁜 가르침이다. 분명 이것은 그리스도인들이 늘 확언해 왔던 교리에서 벗어났다.

그러므로 "주재권 구원"은 현대에 생긴 것도 이단적인 것도 아니다. 역사적 기독교 구원론의 핵심이다. 이것을 거짓된 가르침으로 낙인찍는 것

---

48) A.W. Tozer, *I Call It Heresy!*(Harrisburg, Pa.: Christian Publications, 1974), 18-19.

은 아무리 해도 무모하고 무분별한 일이다. 오히려 주재권 구원과 다르게 가르치는 것이 대대로 이어 온 기독교 가르침의 주류에서 벗어난 가르침이다.

부록 3
흔한 질문들에 대한 답변

이 책이 처음 출판된 직후부터 독자들의 편지를 받기 시작했다. 처음 몇 주 동안은 다른 주제에 대한 편지보다 이 책에 대한 편지에 답장을 더 많이 했다.

편지는 계속되었다. 그래서 직원들과 나는 모든 독자의 평과 질문에 일일이 답장을 보냈다. 다음은 가장 흔하게 제기되는 문제들에 대한 답이다.

Q1. 만일 목사님의 구원관이 옳다면, 어떻게 해야 사람들을 그리스도께 인도하여 즉각 확신을 줄 수 있습니까? 목사님은 사람들의 행위에서 확신을 찾아야 한다고 말씀하시는 것 같습니다.

A1. 우선, 저는 "확신을 주는 것"은 전도자의 임무가 아니라고 믿습니다. 그것은 성령께서 하시는 일입니다. "성령이 친히 우리의 영과 더불어 우리가 하나님의 자녀인 것을 증언하시나니"(롬 8:16).

그렇지만 복음의 약속에 근거한, 확신의 즉각적인 면이 있습니다. 십자가 위의 강도는 자기가 구원받은 것을 어떻게 알았습니까? 그는 주님으로부터 약속을 받았습니다. 성경에는 신자들에게 영원한 운명을 보장하는 약속이 많이 있습니다(예를 들어 요 3:16, 요일 5:1 등). 이 약속들은 진정한 신자에게 객관적인 확신을 제공합니다. 완전 초신자도 그런 약속들을 보고 어느 정도 확신을 가질 수 있습니다.

그 밖에도 주관적인 확신의 수단들에 대해 말하는 성경 본문들이 있습니다. 예를 들어 요한일서 2장 3절은 "우리가 그의 계명을 지키면 이로써 우리가 그를 아는 줄로 알 것이요"라고 합니다. 이러한 측면의 확신은 그 사람이 일관성 있게 주님과 동행하면서 커지고 깊어집니다. 일시적으로 죄 가운데 버티는 그리스도인은, 성령을 근심하게 하는 동안에는 이 측면의 확신을 잃게 됩니다.

로마서 15장 4절에는 주관적 객관적 측면의 확신이 모두 이야기되고 있습니다. "무엇이든지 전에 기록된 바는 우리의 교훈을 위하여 기록된 것이니 우리로 하여금 인내로 또는 성경의 위로로 소망을 가지게 함이니라."

성경이 주관적 확신에 대해 무엇을 가르치는지 이해하는 것 또한 중요합니다. 그렇다고 우리의 행위에서 확신을 찾으라는 말은 아닙니다. 우리 안에서 성령이 일하시는 것을 보고 확신을 가지라는 의미입니다. 다시 말하지만 친히 우리의 영과 더불어 우리가 하나님의 자녀인 것을 증언하시는 분은 성령이십니다(롬 8:16 참조).

우리는 구원받았다고 우리의 지성을 설득함으로써 확신을 얻어서는 안 됩니다. 참된 확신은 학문적인 것이 아닙니다. 확신을 갖게 하는 공식도 없습니다. 확신은 일평생 성장하는 과정에서 중요한 부분입니다.

Q2. 목사님은 신자가 상당 기간 죄 가운데 있을 수 있고 또 실제로 그렇다고 인정했습니다. 이 경우 자기 죄가 일시적인 실패인지, 구원받지 못한 증거인지 어떻게 압니까?

A2. 분명히 성경에서도 신자들이 때로 심각한 죄를 범하고 장기간 그 가운데 머무는 것을 봅니다. 다윗이 그랬고(삼하 11-12장, 시 51편), 롯도 그랬습니다(벧후 2:7-9). 그러나 그런 식으로 죄를 짓는 그리스도인은 확신을 누릴 수 없습니다. 물론 참된 그리스도인은 범죄해도 구원을 잃지 않습니다(롬 8:35-39 참조). 그러나 다윗도 구원의 즐거움을 잃었다고 증거했습니다(시 51:12).

신자들의 범죄는 그리스도의 영광을 가리는 일입니다(고전 6:15-17). 그들은 성령을 근심하게 합니다(엡 4:30). 그들은 사랑의 아버지께 징계를 받게 됩니다(히 12:5-7). 만일 그들이 계속 범죄하는데도 하나님의 징계를 받지 않는다면, 무언가 큰 문제가 있는 것입니다. "징계는 다 받는 것이거늘 너희에게 없으면 사생자요 친아들이 아니니라"(히 12:8).

나아가 우리 주님은 신자들 사이의 죄를 다루는 절차를 세우셨습니다.

네 형제가 죄를 범하거든 가서 너와 그 사람과만 상대하여 권고하라 만일 들으면 네가 네 형제를 얻은 것이요 만일 듣지 않거든 한두 사람을 데리고 가서 두세 증인의 입으로 말마다 확증하게 하라 만일 그들의 말도 듣지 않거든 교회에 말하고 교회의 말도 듣지 않거든 이방인과 세리와 같이 여기라 진실로 너희에게 이르노니 무엇이든지 너희가 땅에서 매면 하늘에서도 매일 것이요 무엇이든지 땅에서 풀면 하늘에서도 풀리리라 진실로 다시 너희에게 이르노니 너희 중의 두 사람이 땅에서 합심하여 무엇이든지 구하면 하늘에 계신 내 아버지께서 그들을 위하여 이루게 하시리라 두세 사람이 내 이름으로 모인 곳에는 나도 그들 중에 있느니라 (마 18:15-20).

예수님이 말씀하신 징계 절차는 특히 범죄한 사람이 참 신자인가 아닌가에 답하기 위한 의도가 있음을 주목하십시오. "만일 들으면 네가 네 형제를 얻은 것이요"(15절). 그러나 끝까지 듣지 않는 경우, "교회의 말도 듣지 않거든 이방인과 세리와 같이 여기라"(17절)고 했습니다. 즉, 그를 불신자로 여기고 복음전도 대상으로 여기라는 것입니다. 주님은 계속해서 이 과정을 통해 자신이 친히 이 세상 통치에 개입하겠다고 하십니다(20절).

의도적 고의적 죄와 주님께 대한 거역을 고집하는 사람을 확신의 약속으로 격려해서는 안 됩니다. 만일 그리스도에 대한 신앙을 고백하는 사람이 그렇게 죄를 범하는 경우, 마태복음 18장의 과정을 따라서 회개를 요구하십시오. 그러나 안전의 약속으로 격려해서는 안 됩니다. 그런 사람은 거짓된 소망에 매달릴 수 있습니다.

Q3. 저는 그리스도를 사랑합니다만, 계속 죄와 씨름하고 있습니다. 저의 구원을 의심해야 합니까?

A3. 아닙니다. 죄와 계속 씨름하는 것은 바울도 했던 일입니다(롬 7:7-25). 우리는 모두 계속해서 악한 생각, 악한 태도, 악한 습관, 악한 소원과 씨름합니다. 거짓된 확신인지 아닌지 확인해야 할 사람은 씨름하지 않는 사람이 아니라, 의도적으로 그리고 열심히 죄 가운데 머무는 사람입니다.

Q4. 만일 모든 그리스도인이 이미 그리스도의 주재권에 복종했다면, 바울이 로마서 12장 1-2절에서 신자들에게 단번의 복종을 명령한 이유는 무엇입니까?

A4. 바울은 이렇게 썼습니다.

그러므로 형제들아 내가 하나님의 모든 자비하심으로 너희를 권하노니 너희 몸을 하나님이 기뻐하시는 거룩한 산 제물로 드리라 이는 너희가 드릴 영적 예배니라 너희는 이 세대를 본받지 말고 오직 마음을 새롭게 함으로 변화를 받아 하나님의 선하시고 기뻐하시고 온전하신 뜻이 무엇인지 분별하도록 하라.

이 말씀에는 로마 신자들이 아직 그리스도께 복종하지 않았다는 암시가 전혀 없습니다. "너희 몸을 드리라"는 말은 헬라어에서 부정과거 시제입니다. 그래서 이것이 첫 번의, 단 한 번의 복종을 말한다는 주장이 나왔습니다. 그러나 그것은 부정과거형을 지나치게 단순화하여 이해한 것입니다. 바울의 이 명령은 단호하고 의도적이면서도 지속적인 복종을 하라는 요구로 보는 편이 더 정확합니다. 로마서 6장 17-18절을 보면 이 신자들이 "교훈의 본을 마음으로 순종하여 죄로부터 해방되어 의에게 종이 되었음"을 바울은 알고 있었습니다. 그러므로 그리스도께 복종할 것을 그들에게 처음 요구하는 것은 아님이 분명합니다.

"변화를 받아"라는 2절의 명령은 이 신자들이 이미 변화되었다(그리스도 안에서 새로운 피조물[고후 5:17])는 진실을 부정하지 않습니다. 마찬가지로 에베소서 3장 17절에서도 바울은 에베소 신자들을 위해 그리스도께서 믿음으로 말미암아 그들의 마음에 거하시기를 기도합니다. 그러나 이 말이 아직 그리스도께서 믿음으로 그들 마음에 거하시지 않는다는 뜻은 아닙니다.

성경의 명백한 가르침은 믿음, 복종, 변화된 삶은 다시 반복되지 않는 일회적 사건이 아니라는 것입니다. 신자들은 계속 믿음과 복종과 순종을 권면받습니다. 그것은 이들이 전에 이런 일을 한 적이 없다는 의미가 아닙니다. 이 세상에 사는 동안 하나님의 말씀을 부지런히 적용하라는 권면은 아무리 많이 받아도 지나치지 않습니다. 하나님은 그런 명령을 수단으로 사용하셔서 우리의 견인을 확고하게 하십니다.

Q5. "모든 것을 버리라", "자기에 대해 죽으라", "절대적인 복종" 등과 같은 말을 사용하시는 이유는 무엇입니까? 이런 절대적 명령들은 무섭습니다. 사람들이 그리스도로부터 돌아서는 것이 걱정되지 않습니까?

A5. 실제로 예수님이 친히 "이와 같이 너희 중의 누구든지 자기의 모든 소유를 버리지 아니하면 능히 내 제자가 되지 못하리라"(눅 14:33)라고 하셨습니다. 그리고 "아무든지 나를 따라오려거든 자기를 부인하고 날마다 제 십자가를 지고 나를 따를 것이니라"(눅 9:23)라고도 하셨습니다. 예수님은 이렇게도 설교하셨습니다.

> 내가 온 것은 사람이 그 아버지와, 딸이 어머니와, 며느리가 시어머니와 불화하게 하려 함이니 …… 자기 십자가를 지고 나를 따르지 않는 자도 내게 합당하지 아니하니라(마 10:35, 38).

> 만일 네 손이 너를 범죄하게 하거든 찍어버리라 …… 만일 네 발이 너를 범죄하게 하거든 찍어버리라 …… 만일 네 눈이 너를 범죄하게 하거든

빼버리라 한 눈으로 하나님의 나라에 들어가는 것이 두 눈을 가지고 지옥에 던져지는 것보다 나으니라(막 9:43-47).

무릇 내게 오는 자가 자기 부모와 처자와 형제와 자매와 더욱이 자기 목숨까지 미워하지 아니하면 능히 내 제자가 되지 못하고(눅 14:26).

그러니까 "손에 쟁기를 잡고 뒤를 돌아보는 자는 하나님의 나라에 합당하지 아니하니라"(눅 9:62)라고 하신 분은 예수님이십니다.

예수님은 불신자 무리에게 어려운 말씀을 하시면서 결코 단서를 달아 누그러뜨리지 않으셨습니다. 우리는 이런 예수님의 말씀을 거듭 인용해도 됩니다. 분명히 예수님은 마음을 다한 헌신을 고집하셨습니다. 반마음의 헌신을 수용하는 말씀으로 그 명령을 완화시키지 않으셨습니다.

우리 주님은 그런 명령 때문에 사람들이 돌아갈 것을 두려워하지 않으셨습니다. 주님은 "아버지께서 내게 주시는 자는 다 내게로 올 것이요"(요 6:37)라고 하셨습니다. 마찬가지로 저는 아버지께서 이끄시고 성령께서 찔림을 주시는 사람은 직설적인 하나님의 말씀에 돌아서지 않으리라 확신합니다.

Q6. 목사님은 아무도 완벽한 순종을 할 수 없다고 인정하십니다. 그것은 절대적 복종 명령의 힘을 약화시키지 않습니까?

A6. 구약에서도 모세의 율법을 완벽하게 지킨 사람은 없습니다. 그러나 그것이 율법에 의해 정해진 완벽의 기준을 약화시키지 않습니다.

요지는 복음이 인간으로서 불가능한 반응을 요구한다는 것입니다. 복음의 요구를 약화시켜서 고개를 숙이거나 손을 드는 것으로 누구나 반응할 수 있게 한다면, 그것이 바로 쉬운 믿음주의의 정수입니다.

"그렇다면 누가 구원을 얻을 수 있으리이까"(마 19:25)라는 질문은 당연한 질문입니다.

"사람으로는 할 수 없으나 하나님으로서는 다 하실 수 있느니라"(27절).

회심은 초자연적이며, 하나님이 이루시는 기적입니다. 신앙의 반응은 하나님의 은혜의 살리는 역사를 통해 신자들의 마음에 생겨납니다. 이 일은 우리가 1) 원하시는 것은 무엇이든 우리에게 명령할 권리가 그에게 있으며, 2) 우리는 죄로 인해 비참한 상태에 있기에 절대적 순종의 반응을 할 수 없음을 인정할 때 비로소 일어납니다.

Q7. 성경 어디에서 모든 신자가 영적으로 열매를 맺는다고 가르칩니까? 이것은 그리스도인의 삶에 실패의 여지가 없다는 의미입니까?

A7. 물론 우리는 모두 어느 정도 실패를 경험합니다. 그러나 참된 신자에게는 궁극적 실패(영구적으로 불신과 방탕한 죄로 돌아가는 것)가 불가능합니다. 로마서 8장 29-30절은 모든 신자가 궁극적으로 그리스도의 형상을 본받을 것을 보장합니다. 하나님의 영이 각 신자 안에 내주합니다(롬 8:9). 우리는 완전히 새로운 피조물이 되었습니다(고후 5:17). 그리고 우리는 그리스도의 형상으로 변화되고 있습니다(고후 3:18). 이런 진리들이 우리가 궁극적으로 실패할 수 없음을 보장합니다.

필연적으로 열매 맺는 일은 성경에서 거듭 강조됩니다. 창세기 1장 11절에 나온 창조의 기본 원리는 모든 것이 그 종류대로 열매를 맺는 것입니다. 이 진리를 명시적으로 강조하는 몇 가지 구절을 보시기 바랍니다.

악인은 불의의 이익을 탐하나 의인은 그 뿌리로 말미암아 결실하느니라
(잠 12:12).

그러나 무릇 여호와를 의지하며 여호와를 의뢰하는 그 사람은 복을 받을 것이라 그는 물가에 심어진 나무가 그 뿌리를 강변에 뻗치고 더위가 올지라도 두려워하지 아니하며 그 잎이 청청하며 가무는 해에도 걱정이 없고 결실이 그치지 아니함 같으리라(렘 17:7-8).

좋은 열매를 맺지 아니하는 나무마다 찍혀 불에 던져지리라(마 3:10).

나무도 좋고 열매도 좋다 하든지 나무도 좋지 않고 열매도 좋지 않다 하든지 하라 그 열매로 나무를 아느니라(마 12:33).

좋은 땅에 뿌려졌다는 것은 말씀을 듣고 깨닫는 자니 결실하여 어떤 것은 백 배, 어떤 것은 육십 배, 어떤 것은 삼십 배가 되느니라 하시더라(마 13:23).

못된 열매 맺는 좋은 나무가 없고 또 좋은 열매 맺는 못된 나무가 없느니라 나무는 각각 그 열매로 아나니 가시나무에서 무화과를, 또는 찔레에서 포도를 따지 못하느니라(눅 6:43-44).

나는 포도나무요 너희는 가지라 그가 내 안에, 내가 그 안에 거하면 사람이 열매를 많이 맺나니 나를 떠나서는 너희가 아무 것도 할 수 없음이라 (요 15:5).

이와 같이 좋은 나무마다 아름다운 열매를 맺고 못된 나무가 나쁜 열매를 맺나니 좋은 나무가 나쁜 열매를 맺을 수 없고 못된 나무가 아름다운 열매를 맺을 수 없느니라 아름다운 열매를 맺지 아니하는 나무마다 찍혀 불에 던져지느니라(마 7:17-19).

그러므로 내 형제들아 너희도 그리스도의 몸으로 말미암아 율법에 대하여 죽임을 당하였으니 이는 다른 이 곧 죽은 자 가운데서 살아나신 이에게 가서 우리가 하나님을 위하여 열매를 맺게 하려 함이라(롬 7:4).

한 독자는 십자가상의 강도가 이 원칙의 예외에 해당한다고 했습니다. 그러나 그 강도는 교회에 다니는 사람들이 평생에 걸쳐 맺는 열매보다 더 많은 열매를 몇 분 만에 맺었습니다. 그의 회개는 놀라운 행동 변화로 드러났습니다. 그는 비용을 계산했습니다. 그는 자신이 십자가형을 당하는 것이 정당하고 마땅하다고 인정했습니다. 그리고 그는 그리스도의 주재권에 굴복했습니다. 그는 구주를 "주"라고 불렀습니다. 그 죽어가는 강도는 무기력하고 열매 없는 신앙의 예가 될 수 없습니다.

Q8. 목사님은 현대 복음주의의 문제점에 대한 책임을 세대주의에 돌리는 것 같습니다. 목사님은 세대주의를 버리셨습니까?

A8. 아닙니다. 세대주의 자체는 쉬운 믿음주의나 도덕률 폐기론에 대한 책임이 없습니다. 세대주의는 아주 간단히 말하면, 하나님은 여전히 이스라엘 민족에 대한 미래 계획을 가지고 계시며, 구약 언약의 약속들은 문자적으로 성취될 것이라는 믿음입니다.

아이언사이드나 도날드 반하우스 그리고 나의 멘토이신 찰스 파인버그 박사 등 과거의 많은 훌륭한 세대주의자들이 이 운동 내에 있는 쉬운 믿음주의 경향에 반대했습니다. 불행하게도 현대의 세대주의자들은 이런 문제를 드러내서 말하려는 사람이 별로 없습니다. 올바른 세대주의자의 특징은 쉬운 믿음주의와 관련이 없습니다. 세대주의가 논리적으로 반드시 복음에 대한 값싼 은혜를 요구하지는 않습니다. 이런 가르침은 세대주의자의 가르침을 곡해한 것입니다. 저는 세대주의의 옳은 점은 인정하는 한편 세대주의 운동이 불행하게 문을 연 몇몇 문제를 지적하려 했습니다. 저는 성경적이라고 확신하는 세대주의의 특징들을 버릴 의사가 없습니다.

Q9. 우리 자녀에게 복음을 설명할 때 어떻게 하면 그리스도의 엄한 명령들을 완화시키지 않을 수 있습니까? 아이들도 구원받기 위해 그리스도의 주재권을 이해해야 합니까?

A9. 분명 어린아이들의 영적 진리를 이해하는 능력은 한계가 있습니다. 그러나 어른도 마찬가지입니다. 구원을 얻는 순간에 복음의 모든 진리를 지적으로 이해하는 사람은 매우 적습니다. 다행히 핵심적인 진리들은 어린아이도 충분히 이해할 수 있습니다. 예수님도 구원 얻는 믿음은 어린아이와 같은 믿음이라 설명하셨습니다(막 10:15). 참된 믿음은 높은 지력이나 정교한 신학 이해력, 복잡한 교리를 아는 지식이 필요한 것은 아닙니다.

아이에게 영적 진리를 가르칠 때는 반복이 특히 좋습니다. 복음을 단순하고 간단하게 제시하십시오. 그러나 긍정적인 반응을 했다고 해서 필요한 진리를 모두 알았다고 생각해서는 안 됩니다. 계속 설명하고, 설명을 부연하십시오. 너무 많은 사역자가 손을 든 것을 참된 회심으로 여깁니다.

성경을 사용하고 분명하게 설명해 주십시오. 어린이에게도 하나님의 말씀은 생명을 낳는 씨앗입니다(벧전 1:23). 나는 성경 없이 복음의 개요를 제시하는 방법을 좋아하지 않습니다. 오직 성경만이 권위 있게 인간의 마음(어린이의 마음도 포함됨)에 말할 수 있습니다.

미리 정해진 제시법이나 개요에는 또 다른 본질적인 위험 요소가 있습니다. 즉 어린이의 진정한 필요를 간과하거나, 어린이의 가장 중요한 질문에는 대답하지 않고 오로지 미리 정해진 순서를 따라가려는 성향입니다.

마지막으로, 구원 문제에 있어서는 어린이나 어른이나 같음을 명심하십시오. 복음은 어느 연령 집단에게든 동일한 메시지입니다. 마틴 로이드존스 박사는 이렇게 썼습니다.

> 우리는 다양한 연령 집단에 맞춰 복음을 수정하지 않도록 주의해야 한다. 젊은이를 위한 특별 복음, 중년을 위한 특별 복음, 노인을 위한 특별 복음 같은 것은 없다. 하나의 복음만 있다. 그러므로 우리는 연령 특성을 고려해 복음을 다듬고 고치지 않도록 주의해야 한다. 물론 이 하나뿐인 복음을 다양한 연령 집단에 적용하는 방법에는 차이가 있다. 그러나 이 차이는 다만 방법과 절차에 관한 것일 뿐이다.[1]

어린이들은 반드시, 죄란 하나님의 거룩하심을 거스르는 것이며, 그들 자신에게 죄가 있음을 이해할 수 있어야 합니다(물론, 그들의 경험 부족 때문에 어른들처럼 개인적인 죄의식을 가지지 못할 수 있습니다). 어린이들에게 지옥과 하나님의 진노에 대해 이야기해도 문제가 없습니다. 내 경험으로 볼 때 어린이들은

---

1) D. Martyn Lloyd-Jones, *Knowing the Times*(Edinburgh: Banner of Truth, 1989), 2.

그런 개념을 어렵지 않게 이해합니다. 그들은 잘못한 일에 대한 벌을 이해하며, 예수님이 다른 사람들의 죄를 대신해 벌을 받고자 죽으셨음을 이해할 수 있습니다. 더불어 예수님은 순종을 원하심을 말해 주어야 합니다. 그러면 예수님을 믿는 것은 순종하는 것임을 어떤 어른보다도 잘 이해할 것입니다. 이런 내용들이 반복 강조해야 할 진리입니다. 이것은 신앙 고백을 한 후에도 계속해야 합니다.

Q10. 바울이 고린도전서 3장에서 "육적 그리스도인"이라는 표현을 사용했는데, 어떻게 그 존재를 부정할 수 있습니까?

A10. 그리스도인들도 육적으로 될 수 있습니다. 다시 말해서 그리스도인도 육적으로 행동할 수 있습니다. 그러나 "육적 그리스도인"은 무한정 머물 수 있는 영적 존재의 자리가 아닙니다. 육적이라는 말은 성경에서 신자들의 항구적인 상태로 이야기된 적이 없습니다. 다시 말해서 그리스도인은 육적으로 행동할 수 있지만, 본성이 육적이지는 않다는 것입니다. 저는 이것을 구별하려 했습니다.

Q11. 쉬운 믿음주의 메시지를 들은 후 그리스도께 나아온 사람은 어떻게 해야 합니까? 그들의 믿음을 의심해야 합니까?

A11. 심겨진 하나님의 말씀은 영혼을 구원할 능력이 있습니다. 이것은 말씀에 따른 메시지에 결함이 있거나 혼란스러워도 마찬가지입니다. 예수님은 "아버지께서 내게 주시는 자는 다 내게로 올 것이요"(요 6:37)라고 하셨습니다. 하나님의 주권적 선택이라는 영광스러운 진리는, 하나님이 선택

하신 사람은 그의 말씀에 진정한 믿음과 회개로 반응할 것을 보장합니다. 그러므로 우리가 사랑하는 사람들이 듣는 복음이 온전하지 못하다 해도 그들의 마음에 하나님이 역사하실 것을 확신할 수 있습니다.

그렇다고 우리가 전하는 복음이 중요하지 않다는 말은 아닙니다. 쉬운 믿음주의의 문제는, 하나님의 선택을 받은 사람들이 구원받지 못하도록 하는 것이 아닙니다. 진정한 그리스도인이 아닌 사람들로 거짓 확신을 가지고 편안하게 살게 한다는 것입니다. 이는 마태복음 7장 21-23절에 나오는 비극으로 이어집니다.

Q12. 회심 때 그리스도를 따르는 비용을 의식적으로 계산하지 않아도 구원을 받을 수 있습니까?

A12. 그리스도를 따를 때 드는 비용을 명시적으로 계산하지 않고도 진정으로 거듭날 수 있습니다. 그러나 계산을 한 후 그것을 치를 의지가 없는 사람은 구원받을 수 없습니다. 다시 말하지만, 회심하는 순간에 그리스도의 주재권의 의미를 완전히 이해하는 사람은 없다고 생각합니다. 사실 우리 중 누구도 이 세상에서 그런 영적 사실을 완전히 알 수 있는 사람은 없습니다. 그러나 성령께서 참된 신자의 마음에 역사하셔서 신생의 순간에도 그리스도의 권위에 어느 정도 복종하게 하십니다.

Q13. 참된 그리스도인도 "타락"할 수 있습니까?

A13. 분명히 참된 그리스도인도 "타락"할 수 있습니다. 단 그것이 일정 기간 동안의 영적 둔감함이나 불순종에 빠지는 것을 의미한다는 조건입니

다. 타락한 사람은 그리스도의 징계를 받습니다(히 12:6-11). 징계를 받지 않는 사람은 참 아들이 아닙니다.

그러나 그리스도를 믿는다고 하면서 그를 사랑하지 않는 사람이 의도적으로 거역하는 것이나 경건치 못한 무관심을 항구적으로 유지하는 상태를 타락이라 한다면, 그것은 거짓 믿음의 표시입니다(요일 3:4-10, 마 7:21-23). 타락한 사람이라는 말은 때로 그리스도를 버리고 신앙을 포기한 사람을 설명하는 데 사용됩니다. 그 경우 그 사람은 진정으로 구원받은 적이 없습니다(요일 2:19, 요 8:31, 딤후 2:12).

성경에서 타락이라는 말은 두 가지로 사용됩니다. 이 말은 구약에서 이스라엘 민족을 언급할 때 사용되었습니다(렘 3:22, 31:22, 49:4, 호 4:16, 11:7, 14:4). 때로 이 말은 완고하게 하나님을 떠난 거듭나지 못한 사람의 행동을 말하는데(렘 8:5 참조), 이 의미라면 참된 그리스도인을 설명할 때 사용할 수 없습니다.

참된 신자들이 타락했다고 할 때도 있습니다(렘 14:7). 모든 신자들은 죄로 인해 성장을 멈추거나 침체에 빠지는 시기를 경험합니다. 이들은 마치 진흙 비탈의 송아지처럼 뒤로 미끄러지는 것 같아 보입니다(호 4:16 참조). 그 의미에서 이 단어는 참된 신자에게도 사용할 수 있습니다. 그러나 참된 신자도 신앙을 완전히 버릴 수 있다는 생각을 지지하는 데 사용할 수는 없습니다.

Q14. 고린도전서 3장 11-15절은 참된 신자도 완전히 열매 없는 삶을 살 수 있음을 입증합니까?

A14. 이 구절은 이렇습니다.

이 닦아둔 것 외에 능히 다른 터를 닦아둘 자가 없으니 이 터는 곧 예수 그리스도라 만일 누구든지 금이나 은이나 보석이나 나무나 풀이나 짚으로 이 터 위에 세우면 각 사람의 공적이 나타날 터인데 그 날이 공적을 밝히리니 이는 불로 나타내고 그 불이 각 사람의 공적이 어떠한 것을 시험할 것임이라 만일 누구든지 그 위에 세운 공적이 그대로 있으면 상을 받고 누구든지 그 공적이 불타면 해를 받으리니 그러나 자신은 구원을 받되 불 가운데서 받은 것 같으리라.

이 구절은 결코 그리스도인에게 열매, 즉 행위가 없을 수 있음을 의미하지 않습니다. 실제는 그와 정반대, 즉 모든 그리스도인은 여러 종류의 행위(사역, 섬김, 전도 등)를 하지만, 그 행위의 질은 다양할 수 있다는 것입니다. 그릇된 동기나 비성경적 방법의 선한 행위가 있기에 그 상급이 다를 것입니다. 그러나 참된 그리스도인에게 선한 행위가 전혀 없을 수는 없습니다.

Q15. 그리스도인이라고 말은 하면서 영적인 것에는 무관심한 사람을 어떻게 해야 합니까?

A15. 이는 그 길이 얼마나 좁은지 깨달은 사람들이 흔히 묻는 질문입니다(마 7:13-14). 교회 안에 있는 많은 사람(우리가 사랑하는 사람들 포함)이 진정한 신자가 아니라는 사실을 생각만 해도 두렵습니다. 나는 쉬운 믿음주의를 옹호하는 사람들이 그 신학을 택하는 이유가 그들이 사랑하지만 범죄하고 있는 사람을 천국으로 인도하기 위함은 아닌지 궁금할 때가 있습니다.

다른 사람의 영적 상태를 평가할 때 조심해야 할 두 가지 극단적 태도가 있습니다. 먼저 우리는 다른 사람의 마음속을 알 수 없기에, 궁극적으로 다른 사람의 구원을 판단하는 심판관이 아닙니다. 오직 하나님만이 그 일을 하실 수 있습니다(삼상 16:7). 그리고 사람들이 하나님께 대한 사랑과 그리스도에 대한 믿음을 표현하는 방법은 다양합니다.

그리고 우리는 구원에 대한 하나님의 말씀의 진리를 굳게 붙잡아 진정으로 구원받지 않은 사람에게 거짓 확신을 주어서는 안 됩니다.

만일 친구나 사랑하는 사람이 자신의 신앙 고백과 심각하게 다른 삶을 산다면, 당신의 우려를 솔직하게 말해 주기 바랍니다. 마태복음 18장 15-20절에는 이를 뒷받침하는 주님의 말씀이 있습니다. 예수님이 이 본문에서 요약하신 절차를 주의 깊게 사랑으로 따르면, 그가 그리스도 안의 형제자매인지, 아니면 "이방인과 세리"(17절)인지 알 수 있습니다. 어쨌든 그 사람에 대한 적절한 태도는 판단이 아닌 사랑과 동정이어야 합니다.

Q16. 복음관을 바꾸게 된 이유는 무엇입니까? 목사님의 책을 보면 목사님이 전에 믿었던 것에서 완전히 떠난 것처럼 보입니다.

A16. 복음에 대한 저의 견해는 바뀐 것이 없습니다. 약 25년 전, 제가 목사로서 한 첫 번째 설교가 두 가지 문과 두 가지 길에 대한 메시지였습니다(마 7:13-27). 1973년에 제가 처음 출판한 책은 『교회: 하나님의 몸』(The Church: The Body of Christ)이었습니다. 여기에는 구원에 관한 장이 있는데, 본서의 내용과 본질적으로 동일합니다. 1980년에 출간된 『천국 삶: 지금 여기서』(Kingdom Living: Here and Now)는 특별히 주재권 문제를 다루었습니다. 이역시 본서에서 처음으로 밝히거나 최근에 발전된 견해가 아닙니다.

그러면 왜 이 책이 출판되면서 큰 논쟁이 일어났을까요? 장담할 수 없지만, 이 책에서 처음으로 제가 동의하지 않는 사람들의 이름을 밝혔기 때문인 듯합니다. 그러지 않았다면 제 의견을 밝히는 것으로 넘겼을 분들이 제가 잘못됐다고 믿는 사람들을 거명한 까닭에 자극을 받은 것 같습니다.

Q17. 주재권 논쟁과 같은 불화를 일으키는 주제는 무시하고 그리스도의 지체들과 화합하는 것이 더 낫다고 생각하지는 않습니까?

A17. 저는 논쟁을 즐기지 않습니다. 때로 제가 논쟁자 역을 맡았음을 깨닫기도 하지만, 제가 의지적으로 공적 논쟁에 뛰어드는 때는 성경의 권위와 복음의 순결성에 위협이 되는 가르침을 알았을 때뿐입니다. 그런데 주재권 논쟁은 복음 자체를 다루는 것입니다. 이는 대충 무시하고 넘어갈 작은 차이가 아닙니다. 엄밀하게 말해 교회가 주의 깊게 생각하고 토의하고 논쟁해 합의에 이르러야 하는 그런 종류의 문제입니다.

안타깝게도 "주재권 구원" 문제는 불화를 일으켰습니다. 그러나 교회 회의에서 검토했던 중요한 교리가 모두 그랬습니다. 불행하게도 교리 논쟁은 종종 형제들 사이에 분열과 분쟁을 일으켰습니다. 그러나 그런 불화는 그 교리 문제를 다루는 책 때문이 아닙니다. 불화의 책임은, 의견 차이와 비판을 개인 공격이라 여겨 교리적 차이를 성경적으로 그리고 정직하게 직면할 의지가 없는 사람들에게 있습니다. 가장 중요한 이 문제에 대한 논의가 증오나 거친 인신공격으로 오염되지 않도록 해야 합니다.

분명 우리는 말할 때 공평하고 은혜롭고, 그리스도를 본받아야 합니다. 그러나 그렇게 중요한 문제를 두고 실제로 별 차이가 아닌듯 이야기할 수는 없으며 또 그렇게 해서도 안 됩니다. 심지어 초대 교회에서도 논쟁과 의견 차이를 그런 식으로 다룬 적이 없습니다(예를 들면, 갈 2:11-14).

참고 문헌

Alleine, Joseph. *An Alarm to the Unconverted.* Marshallton, Del.: National Foundation for Christian Education, n.d.

Allis, Oswald T. "The Covenant of Works." *Basic Christian Doctrines.* Carl F. H. Henry, ed. Grand Rapids: Baker, 1962.

Barclay, William. *The Gospel of Matthew*, vol. 2. Philadelphia: Westminster, 1958.

Behm, J. "Metanoia." Gerhard Kittel, ed. *Theological Dictionary of the New Testament.* Grand Rapids: Eerdmans, 1967.

Berkhof, Louis. *Systematic Theology.* Grand Rapids: Eerdmans, 1939.

Bettenson, Henry, ed. *Documents of the Christian Church.* New York: Oxford University Press, 1963.

Blauvelt, Livingston, Jr. "Does the Bible Teach Lordship Salvation?" *Bibliotheca Sacra* 142 (January-March 1986): 37-45.

Bock, Darrell L. "Jesus as Lord in Acts and in the Gospel Message." *Bibliotheca Sacra* 143 (April-June 1986): 146-54.

Boice, James M. *Christ's Call to Discipleship.* Chicago: Moody, 1986.

Boston, Thomas. *The Complete Works of the Late Rev. Thomas Boston, Ettrick*, 12 vols. Wheaton, Ill.: Roberts, 1980 reprint.

Calvin, John. *Institutes of the Christian Religion*, 2 vols. Grand Rapids: Zondervan, 1972.

Chafer, Lewis Sperry. *Grace.* Grand Rapids: Zondervan, 1922.

_____. *He That Is Spiritual*, rev. ed. Grand Rapids: Zondervan, 1967.

_____. *Systematic Theology.* Dallas: Dallas Seminary, 1948.

Cocoris, G. Michael. *Lordship Salvation-Is It Biblical?* Dallas: Redencion Viva, 1983.

Constable, Thomas L. "The Gospel Message." *Walvoord: A Tribute*. Chicago: Moody, 1982.

Dillenberger, John, ed. *Martin Luther*. New York: Doubleday, 1961.

English, E. Schuyler, et al., eds. *The New Scofield Reference Bible*. New York: Oxford, 1967.

Flavel, John. *The Works of John Flavel*. London: Banner of Truth, reprint.

Gallup, George, Jr., and David Poling. *The Search for America's Faith*. Nashville: Abingdon, 1980.

Gentry, Kenneth L. "The Great Option: A Study of the Lordship Controversy." *Baptist Reformation Review* 5 (Spring 1976): 63-69.

Gill, John. *A Body of Divinity*. Grand Rapids: Sovereign Grace, 1971.

Goetzman, J. "Conversion." Colin Brown, gen. ed. *New International Dictionary of New Testament Theology*, 1:357-59. Grand Rapids: Zondervan, 1975.

Goodwin, Thomas. *The Work of the Holy Spirit in Our Salvation*. Edinburgh: Banner of Truth, 1979.

Guthrie, William. *The Christian's Great Interest*. Edinburgh: Banner of Truth, 1982.

Hall, Basil. "Ulrich Zwingli." Hubert Cunliffe-Jones, ed. *A History of Christian Doctrine*. Philadelphia: Fortress, 1978.

Henry, Matthew. *Commentary on the Whole Bible*. Old Tappan, N.J.: Revell, n.d.

Hickman, Edward, ed. *The Works of Jonathan Edwards*. Edinburgh: Banner of Truth, 1979.

Hodges, Zane C. *The Gospel Under Siege*. Dallas: Redencion Viva, 1981.

_____. *The Hungry Inherit*. Portland: Multnomah, 1980.

_____. "Untrustworthy Believers-John 2:23-25." *Bibliotheca Sacra* (April-June 1978): 139-52.

Hogan, William LeGrange. "The Relationship of the Lordship of Christ to Salvation." Th.M. thesis, Dallas Theological Seminary, 1959.

Ironside, H. A. *Except Ye Repent*. Grand Rapids: Zondervan, 1937.

Larkin, Clarence. *Dispensational Truth*. Philadelphia: Larkin, 1918.

_____. *Rightly Dividing the Word*. Philadelphia: Larkin, 1918.

Lenski, R. C. H. *The Interpretation of Matthew's Gospel*. Columbus, Ohio: Wartburg, 1943.

Lightfoot, J. B. *The Epistle of St. Paul to the Galatians*. Grand Rapids: Zondervan, n.d.

Lloyd-Jones, D. Martyn. *Knowing the Times*. Edinburgh: Banner of Truth, 1989.

_____. *Romans: The New Man*. Grand Rapids: Zondervan, 1974.

_____. *Studies in the Sermon on the Mount*. Grand Rapids: Eerdmans, 1959.

Luther, Martin. *Table Talk*. Vol. 54. Theodore G. Tappert, ed. Helmut T. Lehmann, gen. ed. *Luther's Works*. 55 vols. Philadelphia: Fortress, 1967.

MacArthur, John F. *Assurance of Victory: 1 John 5*. Chicago: Moody, 1986.

_____. *Confession of Sin: 1 John 1:1-2:2*. Chicago: Moody, 1986.

_____. *Faith Works: The Gospel According to the Apostles*. Dallas: Word, 1993.

_____. *Kingdom Living Here and Now*. Chicago: Moody, 1980.

_____. *Love Not the World: 1 John 2:3-17*. Chicago: Moody, 1986.

_____. *The MacArthur New Testament Commentary: Hebrews*. Chicago: Moody, 1983.

_____. *The MacArthur New Testament Commentary: Matthew 1-7*. Chicago: Moody, 1985.

_____. *Marks of a True Believer: 1 John 2:18-4:21*. Chicago: Moody, 1987.

_____. *The Ultimate Priority*. Chicago: Moody, 1983.

_____. *Saved without a Doubt*. Wheaton, Ill.: Victor, 1985.

_____. *Security in the Spirit*. Panorama City, Calif.: Word of Grace, 1985.

_____. *The Security of Salvation*. Panorama City, Calif.: Word of Grace, 1983.

Macaulay, J. C. *Behold Your King*. Chicago: Moody, 1982.

Machen, J. Gresham. *The Christian View of Man*. Edinburgh: Banner of Truth, 1937.

Manschreck, Clyde L., ed. and trans. *Melancthon on Christian Doctrine*. Grand Rapids: Baker, 1965.

Manton, Thomas. *A Commentary on James*. Edinburgh: Banner of Truth, 1963.

Miller, Johnny V. Review of *The Gospel Under Siege*. Trinity Journal 4 (Spring 1983): 93-94.

Morgan, G. Campbell. *The Gospel According to John*. Old Tappan, N.J.: Revell, 1931.

Mueller, Marc. "Jesus Is Lord." *Grace Today* (August 1981): 6.

Murray, John. *Collected Writings*, 4 vols. Edinburgh: Banner of Truth, 1977.

Olin, John C., ed. *A Reformation Debate*. Grand Rapids: Baker, 1966.

Packer, J. I. *Evangelism and the Sovereignty of God*. Downers Grove, Ill.: InterVarsity, 1961.

Pink, Arthur W. *Eternal Security*. Grand Rapids: Guardian, 1974.

_____. *An Exposition of the Sermon on the Mount*. Grand Rapids: Baker, 1953.

_____. *Gleanings from the Scriptures: Man's Total Depravity*. Chicago: Moody, 1969.

_____. "Signs of the Times." *Studies in the Scriptures* 16: 373-75.

Richardson, Cyril C., ed. *Early Christian Fathers*. New York: Macmillan, 1970.

Robertson, A. T. *Word Pictures in the New Testament*. Nashville: Broadman, 1933.

Rosscup, James E. "The Overcomer of the Apocalypse." *Grace Theological Journal* 3 (Fall 1982): 261-86.

Ryle, John Charles. *Holiness*. Grand Rapids: Baker, 1979.

Ryrie, Charles C. *Balancing the Christian Life*. Chicago: Moody, 1969.

_____. *Dispensationalism Today*. Chicago: Moody, 1965.

_____. Foreword to Zane C. Hodges, *The Hungry Inherit*. Portland: Multnomah, 1980.

_____. *The Ryrie Study Bible*. Chicago: Moody, 1976.

Schaff, Phillip, ed. *Creeds of Christendom*, 3 vols. Grand Rapids: Baker, 1977 reprint.

Scofield, C. I., ed. *The Scofield Reference Bible*. New York: Oxford University Press, 1909.

Spurgeon, Charles H. *Autobiography: Volume 1: The Early Years, 1834-1859*. Edinburgh: Banner of Truth, 1962.

_____. *Expository Encyclopedia*. Vol. 4. Grand Rapids: Baker, 1977.

_____. *The New Park Street Pulpit*. Grand Rapids: Zondervan, 1962 reprint of 1858 volume.

_____. *The Soul Winner*. Pasadena, Tex.: Pilgrim, 1978.

Stanford, A. Ray. *Handbook of Personal Evangelism*. Hollywood, Fla.: Florida Bible College, n.d.

Stott, John R. W. *Basic Christianity*. London: Inter-Varsity, 1958.

_____. *Christian Counter-Culture*. Downers Grove, Ill.: InterVarsity, 1978.

Strong, Augustus. *Systematic Theology*. Philadelphia: Judson, 1907.

Thayer, Joseph Henry, trans. *Greek-English Lexicon of the New Testament*. Grand Rapids: Zondervan, 1962.

Thieme, Karl "Good Works." *The New Schaff-Herzog Religious Encyclopedia*. Grand Rapids: Baker, 1977.

Thieme, R. B. *Apes and Peacocks or the Pursuit of Happiness*. Houston: Thieme, 1973.

Thomas, W. H. Griffith. *The Principles of Theology*. Grand Rapids: Baker, 1979.

_____. *St. Paul's Epistle to the Romans*. Grand Rapids: Eerdmans, n.d.

Torrey, R. A. *How to Work for Christ*. Old Tappan, N.J.: Revell, n.d.

Tozer, A. W. *I Call It Heresy!* Harrisburg, Pa.: Christian Publications, 1974.

Vincent, Thomas. *The Shorter Catechism of the Westminster Assembly Explained and Proved from Scripture*. Edinburgh: Banner of Truth, 1980.

Vine, W. E. *Vine's Expository Dictionary of Old and New Testament Words*. Old Tappan, N.J.: Revell, 1981.

Vos, Geerhardus. *The Kingdom of God and the Church*. Nutley, N.J.: Presbyterian and Reformed, 1972.

Wager, Rich. "This So-Called 'Lordship Salvation.'" *Confident Living* (July-August 1987): 54-55.

Warfield, Benjamin B. *Biblical and Theological Studies*. Grand Rapids: Baker, 1968.

_____. Review of Lewis Sperry Chafer's *He That Is Spiritual*. *Princeton Theological Review* (April 1919): 322-27.

Watson, Thomas. *A Body of Divinity*. Grand Rapids: Baker, 1979.

Westcott, B. F. *St. Paul's Epistle to the Ephesians*. Minneapolis: Klock and Klock, n.d., reprint of 1906 volume.

Whitefield, George. *Journals*. Edinburgh: Banner of Truth, 1960.

Wiersbe, Warren W. *Meet Yourself in the Parables*. Wheaton: Victor, 1979.

Witmer, J. A. Review of Zane Hodges' *The Gospel Under Siege*. *Bibliotheca Sacra* 140(January-March 1983): 81-82.

사명선언문

너희가 흠이 없고 순전하여……세상에서 그들 가운데 빛들로
나타내며 생명의 말씀을 밝혀 _ 빌 2:15-16

1. 생명을 담겠습니다
만드는 책에 주님 주신 생명을 담겠습니다.
그 책으로 복음을 선포하겠습니다.

2. 말씀을 밝히겠습니다
생명의 근본은 말씀입니다.
말씀을 밝혀 성도와 교회의 성장을 돕겠습니다.

3. 빛이 되겠습니다
시대와 영혼의 어두움을 밝혀 주님 앞으로 이끄는
빛이 되는 책을 만들겠습니다.

4. 순전히 행하겠습니다
책을 만들고 전하는 일과 경영하는 일에 부끄러움이 없는
정직함으로 행하겠습니다.

5. 끝까지 전파하겠습니다
모든 사람에게, 땅 끝까지, 주님 오시는 그날까지
복음을 전하는 사명을 다하겠습니다.

서점 안내

광화문점   서울시 종로구 새문안로 69 구세군회관 1층
              02)737-2288 / 02)737-4623(F)

강남점   서울시 서초구 신반포로 177 반포쇼핑타운 3동 2층
              02)595-1211 / 02)595-3549(F)

구로점   서울시 동작구 시흥대로 602, 3층 302호
              02)858-8744 / 02)838-0653(F)

노원점   서울시 노원구 동일로 1366 삼봉빌딩 지하 1층
              02)938-7979 / 02)3391-6169(F)

일산점   경기도 고양시 일산서구 중앙로 1391 레이크타운 지하 1층
              031)916-8787 / 031)916-8788(F)

의정부점   경기도 의정부시 청사로47번길 12 성산타워 3층
              031)845-0600 / 031)852-6930(F)

인터넷서점 www.lifebook.co.kr